인조이 **미얀마**

인조이 미얀마

지은이 류영수
펴낸이 임상진
펴낸곳 (주)넥서스

초판 1쇄 발행 2007년 8월 25일
2판 7쇄 발행 2015년 12월 20일

3판 1쇄 인쇄 2018년 2월 15일
3판 1쇄 발행 2018년 2월 20일

출판신고 1992년 4월 3일 제311-2002-2호
10880 경기도 파주시 지목로 5
Tel (02)330-5500 Fax (02)330-5555

ISBN 979-11-6165-259-7 13980

저자와 출판사의 허락 없이 내용의 일부를
인용하거나 발췌하는 것을 금합니다.
저자와의 협의에 따라서 인지는 붙이지 않습니다.

가격은 뒤표지에 있습니다.
잘못 만들어진 책은 구입처에서 바꾸어 드립니다.

www.nexusbook.com
넥서스BOOKS는 넥서스의 실용 전문 브랜드입니다.

여행을 즐기는 가장 빠른 방법

인조이
미얀마
MYANMAR

류영수 지음

넥서스BOOKS

여는글

　미얀마는 이제 더 이상 우리에게 먼 나라가 아닙니다. 여러 해 동안 이어졌던 미국과 유럽의 경제 제재 조치가 해제되면서 미얀마는 개방의 문을 열고 여행자들과 사업가들을 맞아들이고 있습니다. 2013년 초부터 미얀마에는 투자 열기가 불기 시작하여 미얀마의 잠재력과 발전 가능성에 투자하려는 세계의 많은 기업과 사업가들이 마지막 남은 엘도라도를 향해 돈을 싸 들고 불나방처럼 몰려들고 있습니다. 지금 양곤에서는 호텔의 빈 방 구하기가 어려울 정도라고 합니다.

　이렇듯, 자료 하나 구하기 쉽지 않던 수년 전을 생각하면 상전벽해라고 할 만큼 미얀마는 계속해서 급변하고 있습니다. 여행을 하기 위해 홍콩이나 방콕을 경유해야 했던 과거와 달리 이제는 대한 항공이 직항편을 운항하고 있습니다. 짧아진 비행 시간만큼이나 사업가뿐만 아니라 미지의 나라 미얀마를 여행하러 가는 여행자들도 늘어나는 추세입니다. 수년 전에는 미얀마가 주로 배낭여행자들이 선호하는 곳이었다면 이제는 비싼 여행비를 지불하고서라도 꼭 한 번은 방문해 보고 싶은, 지구상에 마지막 남은 미개척 여행지로 인식되고 있습니다. 최근 몇 년 사이에 대도시의 호텔 요금이 많이 인상되었지만 대도시나 유명 관광지를 벗어나서 지방으로 가면 아직도 하루 20달러 이하로 머물 수 있는 게스트 하우스가 많이 있습니다.

　미얀마를 여행하려는 사람들에게 희소식이 하나 더 있습니다. 그간 반정부군이 활동하는 지역은 그들과의 충돌을 우려하여 외국인들의 출입이 금지되었었는데, 2013년부터 대부분 해제되어 마음 편하게 여행을 할 수 있게 되었습니다.

　미얀마 북쪽 카친 주의 미찌나와 푸타오, 친 주의 빅토리아 산, 주요 도시인 하카, 므라우(먀욱)로의 육로 이동, 라카인 주의 짜욱퓨, 과를 통한 양곤까지의 육로 이동, 남부의 더웨이, 미에익, 따닌따리 등 대부분의 지역이 금지가 풀려 여행 허가서 없이도 자유롭게 여행을 할 수 있게 되었습니다.

　따라서 이번 개정판에서는 미얀마의 대표 관광지뿐만 아니라 급변하는 미얀마의 최신 정보를 담고, 색다른 여행지를 찾는 배낭여행자의 요구에 부응하기 위해 노력하였습니다. 미얀마를 더욱 깊숙히 알고 싶어 하는 많은 여행자들에게 좋은 나침반이 되길 기원해 봅니다.

　개정판을 내는 데 많은 분들이 도와주셨습니다. 일일이 다 인사를 드리지 못하는 점 양해를 구합니다. 늘 아들을 걱정해 주시는 존경하는 부모님과 미얀마와 인연을 맺게 해 주신 사랑하는 장인·장모님, 그리고 예쁜 것이 죄라면 종신형 이상을 선고받을 사랑하는 아내 박소연, 이 세상에서 가치 있고 남들에게 소중한 사람으로 남길 바라는 사랑하는 딸 유진(예지)이와 아들 창주(승민), 그리고 인생의 멘토인 존경하는 김종수, 홍진희 님에게 이 책을 바칩니다.

　끝으로 미얀마의 발전과 평화를 기원하며 여행 중에 도움을 주신 모든 분들과 이름도 모르고 스쳐 간 많은 인연들에게 축복이 함께 하길 진심으로 기원합니다.

류영수

이 책을 보는 법

미리 만나는 미얀마

미얀마에서 꼭 가 봐야 할 명소와 꼭 해 봐야 할 일, 베스트 사진 촬영지, 음식, 미얀마인의 특징을 사진으로 보면서 미얀마 여행의 큰 그림을 그려 보자.

추천 코스

여행 전문가가 추천하는 미얀마 여행 코스를 보면서, 자신에게 맞는 일정을 세워 보자.

지역 여행

미얀마의 주요 관광지의 여행 정보와 추천 숙소, 먹을거리를 소개한다. 미얀마를 찾는 여행자라면 꼭 가 봐야 할 핵심 여행지 위주로 실었다.

테마 여행

미얀마에서만 특별하게 경험할 수 있는 테마별 여행 정보를 담았다.

황금의 땅 미얀마

미얀마의 기본 정보와 역사, 교통, 음식 등 미얀마 여행을 하기 전에 알아 두면 좋은 정보를 꼼꼼히 담았다.

여행 정보

여권을 만드는 것부터 비자 발급, 공항 출입국 수속에 필요한 정보 등 여행 전 알아야 할 필수 정보들이다.

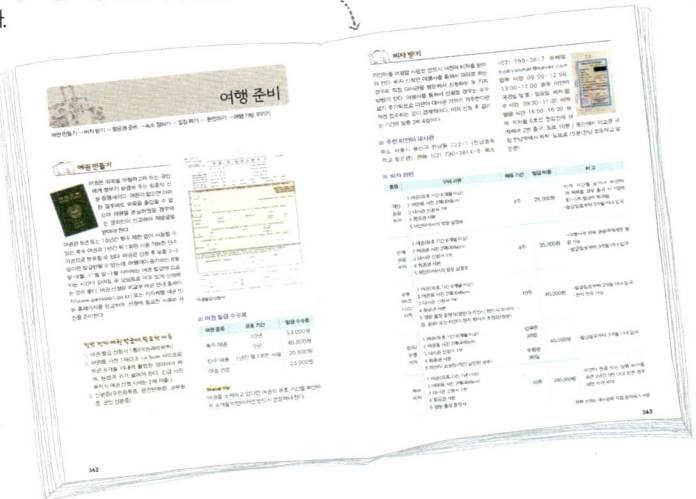

휴대용 여행 가이드북

Map Tour
각 지역의 지도가 담겨 있으며, 간편하게 손에 들고 다니며 볼 수 있다.

여행 회화
여행에 꼭 필요한 미얀마어와 영어 회화를 정리했다.

Notice 미얀마의 최신 정보를 정확하고 자세하게 담고자 하였으나 시시각각 변화하는 현지 사정에 의해 정보가 달라질 수 있음을 알려 드립니다. 특히 요금이나 시간 등의 정보는 시기별로 다른 경우도 있으니, 안내된 자료를 참고 기준으로 삼아 여행 전 미리 확인하시기 바랍니다.

CONTENTS

미리 만나는 미얀마
꼭 가 봐야 할 관광 명소 BEST 7 ●14
꼭 해 봐야 할 특별한 경험 BEST 7 ●16
미얀마의 포토존 촬영 명소 BEST 10 ●18
우리 입맛에 잘 맞는 음식 BEST 5 ●21
미얀마인의 특징 BEST 10 ●22

추천 코스
미얀마 여행, 얼마나 들까? ●26
미얀마 여행, 일정 짜기 ●28
직장인을 위한 주말 여행 ●30
파고다의 역사 속으로 불교 성지 순례 ●32
오랜 전통이 살아 있는 미얀마 문화 체험 ●35
구석구석 둘러보는 미얀마 완벽 일주 Ⅰ ●36
구석구석 둘러보는 미얀마 완벽 일주 Ⅱ ●38

지역 여행
양곤 ●44
쉐다곤 파고다 ●52
깐도지 호수 공원 ●60
술레 파고다 ●66
인야 호수 ●72
양곤 외곽 ●78
추천 숙소 · 먹을거리 · 즐길거리 ●82

양곤 근교 ●100
바고 ●102
짜익티요 ●106
몰래미야인 ●110
파안 ●116
추천 숙소 · 먹을거리 ●126

인레 호수 & 근교 ●132
인레 호수 ●136
따웅지 ●148
껄로 ●154
삔다야 ●160
추천 숙소 · 먹을거리 ●164

만들레이 & 근교 ●174
만들레이 ●180
아마라푸라 ●188
밍군 ●192
사가잉 ●196
삔우린 ●200
띠보 ●206
몽유와 ●212
미찌나 ●218
추천 숙소 · 먹을거리 ●223

바간 ●234
올드 바간 ●244
냥우 ●258
밍카바 ●266
뉴 바간 ●272
추천 숙소 · 먹을거리 ●274

서부 해안 ●282
해변 ●284
싯트웨 ●288
므락우 ●296
추천 숙소 · 먹을거리 ●306

테마 여행

위빠사나 수행자를 위한 명상 수행 센터 ●312
다채로운 즐거움이 있는 미얀마 축제 여행 ●320
때 묻지 않은 자연 속으로 미얀마 트레킹 ●324

황금의 땅 미얀마

개요 ●332
국경 정보 ●338
기후 ●346
교육 ●347
역사 ●348
종교 ●352
인구 ●355
특산품 ●357
교통 ●358
음식 ●362
건강 ●366

여행 정보

여행 준비 ●370
출국 수속 ●377
미얀마 입국 ●380
미얀마 출국 ●381
한국 입국 ●382

톡톡 미얀마 이야기

쉐다곤 파고다의 전설 ●57
아웅산 묘지 폭탄 테러 사건 ●59
길 위에서 만난 사람들 우 아웅 민 ●65
아웅산 수지 ●76
미얀마의 숙박 시설 ●89
미얀마 4대 도시, 몰래미야인 ●115
교통의 요지, 파안 ●119
마약왕 쿤사 ●124
인레 호수에서 멋진 사진 촬영하기 ●142
빠다웅족 ●145
환상적인 샨 주의 풍경 속으로 드라이브하기 ●153
껄로에서 멋진 사진 촬영하기 ●158
뻰다야 마을의 거미 전설 ●163
특별한 여행, 모곡 ●204
띠보에서 멋진 사진 촬영하기 ●209
길 위에서 만난 사람들 에이 셋 ●217
바간을 재미있게 여행하는 방법 ●242
바간의 역사 ●243
바간에서 멋진 사진 촬영하기 ●256
길 위에서 만난 사람들 원윈 ●271
싯트웨를 여행하는 방법 ●291
라카인 주의 종교 분쟁 ●295
므락우를 여행하는 방법 ●299
마하시 대선사 ●316

별책 부록

휴대용 미얀마 여행 지도
초간단 여행 회화

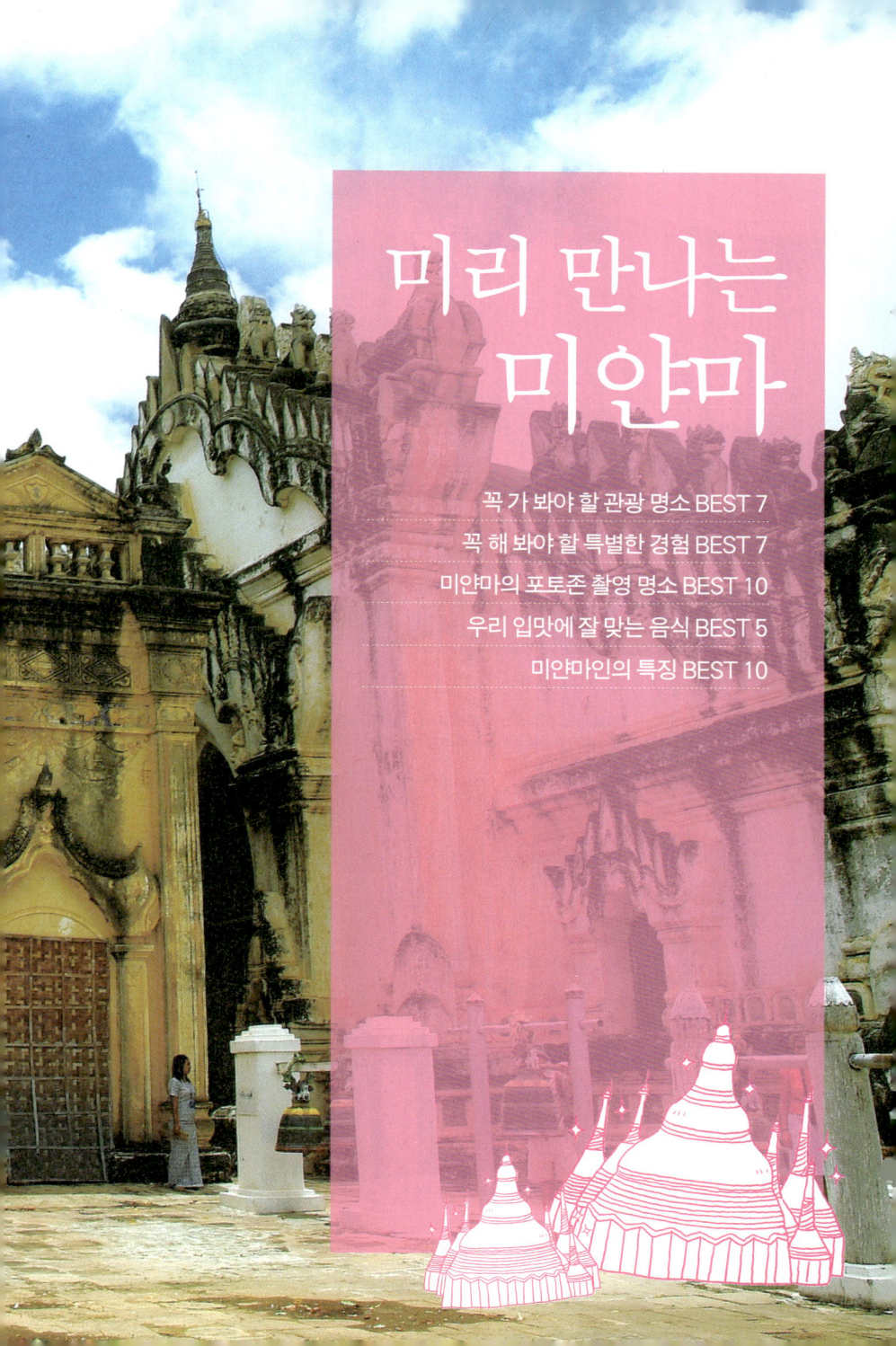

미리 만나는 미얀마

꼭 가 봐야 할 관광 명소 BEST 7

꼭 해 봐야 할 특별한 경험 BEST 7

미얀마의 포토존 촬영 명소 BEST 10

우리 입맛에 잘 맞는 음식 BEST 5

미얀마인의 특징 BEST 10

꼭 가 봐야 할 BEST 7
관광 명소

양곤 쉐다곤 파고다
미얀마를 대표하는 파고다. 탑 외벽에 붙여진 황금이 54톤에 이르며 탑 꼭대기에는 총 1,800캐럿의 다이아몬드가 장식되어 있다. p.52

Best 1

우 빼인 다리
만들레이 남쪽 아마라푸라에 위치한 다리로, 160년 전에 티크 우드로 만들어졌다. 건기에 우 빼인 다리 위로 지는 석양이 멋지기로 유명하다. p.190

Best 2

Best 3

인레 호수
해발 875m에 위치한 산정 호수로 길이 22km, 폭 11km의 거대한 호수다. 주변에 여러 소수 부족이 생활하고 있다. p.136

Best 4 나팔리 비치
미얀마의 서쪽 벵갈 만에 위치한 해변으로 그 길이가 3km에 이른다. p.286

Best 5 바간 아난다 파야
바간에서 제일 규모가 크고 아름다운 사원으로 인도 벵갈 지역의 사원 양식과 많이 유사하다. p.247

Best 6 므락우 꼬따웅 사원
독특한 외관의 9만 개의 불상이 있는 사원. 양곤에서 멀리 떨어진 오지여서 찾는 여행자들이 많지가 않아 아직은 순수함을 간직한 곳이다. p.304

Best 7 몰래미야인 짜익딴란 파고다
열대의 야자수가 가득한 몰래미야인과 딴륀 강이 360도로 조망이 되는 아름다운 전망 사원이다. p.113

꼭 해 봐야 할 BEST 7
특별한 경험

Best 1

양곤 순환 열차 타기
양곤을 한 바퀴 도는 순환 완행 열차다. 순환 열차를 타면 수많은 사람들을 만날 수 있다. 미얀마의 경제 발전으로 조만간 사라질지도 모르는 교통 수단 중 하나이다. p.69

슬로 보트 여행
만들레이에서 바간까지 슬로 보트를 타고 유유자적하면서 여행할 수 있다. 미얀마 서민들의 삶을 가까이에서 접할 수 있는 좋은 기회다. p.238

Best 2

Best 3

바간에서 마차 타기
마차를 타고 바간의 유적지를 돌아보는 여행으로 다른 지역에서는 경험하기 힘든 이색적인 경험이다. p.239

Best 4
껄로에서 트레킹하기
샨 스테이트의 멋진 풍경을 감상하면서 껄로에서 인레 호수까지 트레킹으로 갈 수 있다. p.157, 325

Best 5
세계에서 두 번째로 높은 곡테익 철교 통과하기
기차를 타고 만들레이에서 띠보로 가거나 띠보에서 삔우린, 만들레이로 갈 때 곡테익 철교를 지나게 된다. p.210

Best 6
양곤 19번가 꼬치 골목에서 꼬치구이 먹기
다양한 꼬치구이와 맛있기로 유명한 미얀마 맥주를 한잔 할 수 있는 곳이다. p.92

Best 7
위빠사나 수행 체험
미얀마는 부처가 깨달음을 얻은 수행법인 '위빠사나'가 그대로 남아 있다. 양곤 시내에 유명한 국제 수행 센터가 여러 군데 있어 단기간 체험이 가능하다. p.312

미얀마의 포토존 BEST 10
촬영 명소

Best 1

바간에서의 일출, 일몰
일출이나 일몰을 감상할 수 있는 전망 사원은 민예공 사원, 쉐산도 파야 등이 있다. p.256

Best 2

삔다야의 아침과 그 주변 들판
삔다야 주변의 겨울(건기)은 정말 아름답다. 들판은 온갖 꽃들로 알록달록 치장되고 주변에는 5일장이 선다. 들판과 현지인 그리고 5일장 풍경을 찍자. p.160

Best 3

인레 호수 및 쉐 인 떼인 유적지
해 뜨기 전과 해 질 녘에 보트를 타고 나가서 인레 호수의 모습을 사진에 담자. 호수 남쪽에 위치한 쉐 인 떼인 유적지, 수상 마을과 수상 시장, 남판 5일장 등 탐나는 피사체가 가득하다. p.136

짜익티요 황금바위와 킨푼 캠프의 아침 풍경

짜익티요 황금바위에서 하루 자면서 야경을 촬영하고, 킨푼 캠프 숙소 부근에서 이른 아침의 탁발 풍경과 시장 풍경을 찍는다. p.108

Best 4

Best 5

몰래미야인의 딴륀 강 석양

아름답게 물드는 딴륀 강의 석양을 찍고 나서 그 주변의 나이트 마켓이나 재래시장의 야경도 함께 담아 보자. p.110

Best 6

파안의 짜욱깔랍 파야의 일출

겨울(건기) 해 뜨기 전의 짜욱깔랍 파야 주변의 풍경은 환상적이다. p.121

양곤 순환 열차 및 재래시장 풍경

양곤 순환 열차를 타고 가면서 양곤 시민들의 모습을 찍거나 정차하는 간이역에 내려서 재래시장의 풍경을 촬영한다. p.69

Best 7

므락우의 유적지와 현지인, 그리고 밤하늘의 별

므락우에는 현지인들이 사원 바로 옆에서 살고 있어서 유적과 사람이 어울려 함께 살아가는 모습을 담을 수 있다. 뿐만 아니라 밤에는 오염되지 않은 밤하늘의 은하수를 찍을 수 있다.
p.296

아마라푸라 우 베인 다리의 일몰과 마하 간다용 수도원의 아침 탁발 사진

우 베인 다리 위로 지는 일몰은 정말 멋진 풍경이다. 다양한 모습의 사람들이 지나갈 때마다 풍경이 계속 바뀌기 때문에 사진 용량이 큰 메모리를 사용해서 연속적으로 많이 찍자. 다리를 건너면 나오는 마하 간다용 수도원에서는 아침 탁발 사진을 찍는다.
마하간다용 수도원에서 오전에(10시 전후) 시작되는 수백 명의 스님의 탁발 행렬은 장관이다. 1시간 정도 미리 가서 스님들의 일상을 촬영하고 탁발 행사를 찍자. p.188

나팔리 비치의 일몰과 에메랄드빛 바다

나팔리 인근 비치는 해변과 바닷물 색이 예뻐서 사진 찍기에 좋다. 해 질 녘 석양이 깔린 해변의 모습도 담아 보자.
p.286

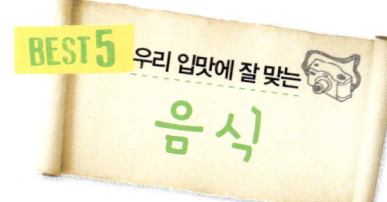

BEST 5 우리 입맛에 잘 맞는 음식

모힝가 Mohinga

모힝가는 메기 육수로 국물을 낸 쌀국수로 미얀마의 대표적인 전통 음식으로, 고소하면서도 깊은 맛에 영양도 만점이다. 미얀마 사람들이 아침으로 간단하게 즐겨 먹으며 미얀마 어디에서나 저렴한 가격으로 맛볼 수 있다.

볶음밥 터민쪼 Thamin Kyaw

미얀마 어디에서나 먹을 수 있는 대표적인 음식이다. 한국 여행자들의 입맛에도 잘 맞으며 들어가는 재료에 따라 이름이 약간씩 다르다.

미얀마 정식

우리나라의 백반처럼 쌀밥과 10여 가지의 다양한 반찬이 나오는 미얀마 정식이다. 흰 쌀밥은 보통 무한 리필되며 반찬이 대체적으로 우리 입맛에 잘 맞는다.

몽디 Mongdi

생선 육수에 돼지고기 비계를 얇게 썰어서 튀긴 고명이나 닭고기를 얇게 튀긴 고명을 얹어 주는 따끈한 잔치 국수와 비슷한 음식이다.

샨 카욱쉐 Shan Khaukshwe

샨 카욱쉐는 쌀국수에 고기와 채소를 고명으로 넣은 국수로 고추가 들어가서 얼큰하면서도 개운하다. 샨 카욱세와 같이 나오는 샨 김치와 간장에 마늘과 고추를 얇게 썰어 넣은 양념장도 맛있다.

미얀마인의 특징 BEST 10

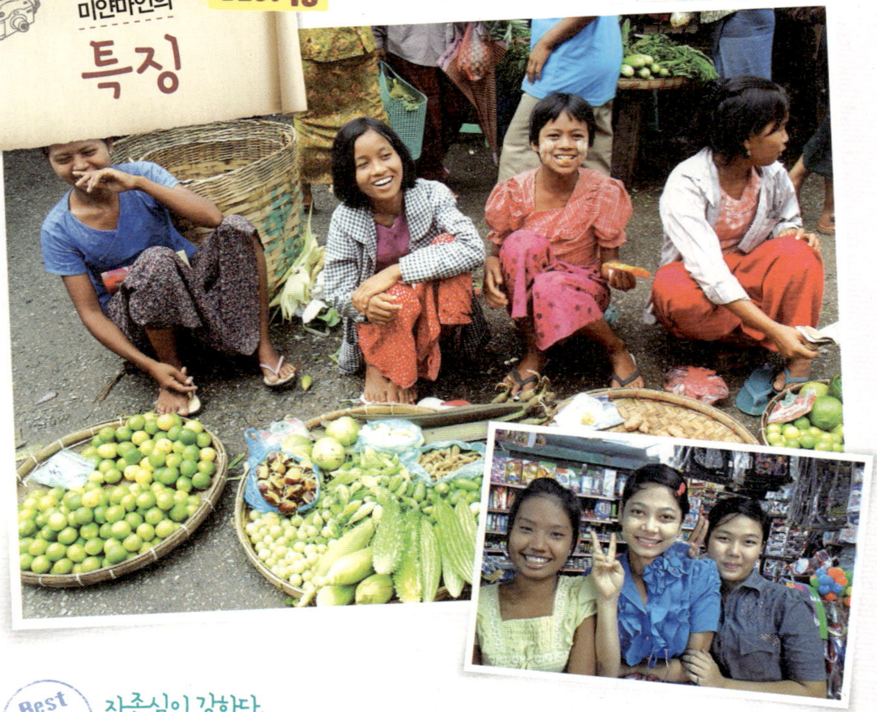

Best 1 자존심이 강하다.

미얀마 사람들은 대체적으로 자존심과 자부심이 강하고 자기 나라의 전통을 중시한다.

Best 2 거절이나 반대의 의사 표시를 직접적으로 하지 않는다.

미얀마 사람들은 상대방의 말에 동의하지 않더라도 정확하게 '싫다, 안 된다, 노(NO)'라고 직접적으로 표현하지 않는다. '알았다, 좋다, 알아 보겠다'는 말을 해 놓고도 사실은 그 반대인 경우도 많이 있다. 그래서 많은 외국인들이 미얀마인들과 비즈니스를 하면서 많은 시행착오를 겪는다.

Best 3 대체적으로 느긋한 편이다.

무더운 열대 기후와 온도의 영향으로 미얀마 사람들은 대체적으로 느긋한 편이다. 좀 더 여유 있는 마음으로 대해야 한다.

Best 4 의리가 있다.

아직은 순수한 마음을 가진 사람들이 많아서 상대방에 대한 믿음이 있다면 의리를 소중하게 여긴다. 불교의 영향으로 남을 속이는 일이나 도둑이 많지 않고 남을 돕는 것에 익숙하다.

Best 5 수줍음이 많다.

외국인과의 교류가 별로 없어서 외국인에 대한 호기심과 수줍음을 동시에 가지고 있으며 늘 밝은 미소를 선사한다.

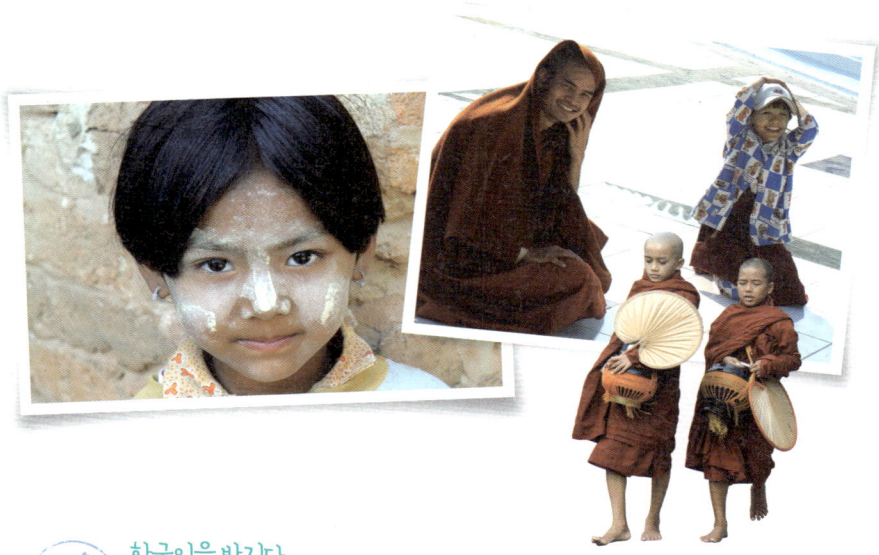

한국인을 반긴다.
수년 전부터 불기 시작한 한국 드라마와 K – Pop 열풍으로 한국 사람이라면 아주 귀한 대접을 받는다. 미얀마 국민의 70%가 매일 2시간 정도 한국 드라마를 보는 광팬으로, 아주 기초적인 한국어는 많은 사람들이 알고 있다. 한국인은 거의 연예인에 가까운 융숭한 대접을 받기도 한다.

타나카라는 천연 보습제를 바른다.
미얀마 사람들은 얼굴에 천연 보습제 겸 자외선 차단제인 타나카(Thanaka)를 바른다. 주로 여성과 어린이들이 많이 바른다. 타나카 나무를 말려 돌판에 물을 뿌리면서 갈은 후 얼굴에 바른다. 피부 보습과 자외선 차단 효과가 있는 일종의 천연 화장품이다.

무속이나 점성술을 좋아한다.
미얀마 사람들은 1,000년 전 왕조 시대부터 국가의 중요 의식이나 행사가 있을 때 무속인(왕의 책사)의 조언을 받는 경우가 많았다. 새로운 도읍지를 정하거나 사원을 건립할 때도 역사적으로 무속인의 조언에 따랐다. 현재도 사원 입구나 시내 곳곳에 손금, 점과 신수를 봐주는 점집이 많으며 젊은 사람들도 많이 이용하고 있다.

미얀마의 남성들은 반드시 한 번은 출가해야 한다.
미얀마의 남성들은 일생에 한 번은 '신뿌(Shinbyu)'라고 하는 단기간의 출가를 해야 하는데, 이는 보통 1개월에서 6개월 또는 1년 정도 사원에서 승려 생활을 하는 것이다. 신뿌를 해야 사회적으로 인정을 받는다.

여성들이 생활력이 강할 뿐만 아니라 영리하다.
양곤 대학의 80% 이상이 여학생일 정도로 미얀마의 여성들은 영리하고 일상생활에서도 남성들보다 생활력이 강한 편이다.

추천 코스

미얀마 여행, 얼마나 들까?
미얀마 여행, 일정 짜기
직장인을 위한 주말 여행
파고다의 역사 속으로 불교 성지 순례
오랜 전통이 살아 있는 미얀마 문화 체험
구석구석 둘러보는 미얀마 완벽 일주 Ⅰ
구석구석 둘러보는 미얀마 완벽 일주 Ⅱ

미얀마 여행, 얼마나 들까?

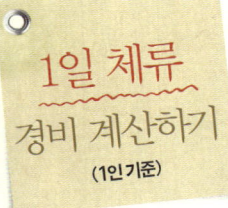

1일 체류 경비 계산하기
(1인 기준)

환율 1달러($)= 1,350짯(K)
(2018년 1월 기준)
※ 계산은 편의상
$1=K1,000로 하였습니다.

×10

 ## 숙박비

상	K200,000~500,000($200~500)
중	K40,000~100,000($40~100)
하	K20,000~30,000($20~30)

 ## 식사비

아침	대부분 숙소에서 무료 제공
점심	일반 K5,000~6,000 / 고급 K20,000~60,000
저녁	일반 K6,500~8,000 / 고급 K25,000~100,000

 ## 잡비

K5,000~10,000
타 지역으로의 이동 경비(비행기, 버스, 기차, 배) 및 유적지 방문 시 지불하는 입장료는 포함하지 않았으므로 해당 지역의 교통 요금을 참고하여 여유 있게 준비하는 것이 좋다.

여행 스타일에 따른 경비 계산하기

Point 숙박 및 교통비는 대도시를 기준으로 한 것으로, 지방으로 갈 경우 이것보다 30~40% 정도 적게 들 수도 있다.

멋과 여유를 찾는다!
럭셔리 여행

숙박비 K200,000~500,000($200~500)
식사비 K50,000 X 2=K100,000
교통비 K20,000
입장료 K5,000
잡 비   K10,000

총비용 K335,000~635,000($335~635)

가격 대비 성능을 고려한다!
실속 여행

숙박비 K40,000~100,000($40~100)
식사비 K8,000 X 2=16,000
교통비 K10,000
입장료 K5,000
잡 비   K10,000

총비용 K81,000~141,000($81~141)

알뜰살뜰만이 살 길이다!
배낭여행

숙박비 K20,000~30,000($20~30)
식사비 K5,000 X 2=K10,000
교통비 K10,000
입장료 K5,000
잡 비   K5,000

총비용 K50,000~60,000($50~60)

Tip 신용 카드나 여행자 수표(T/C)를 사용하기가 쉽지 않다. 될 수 있으면 현금을 여유 있게 준비하는 것이 좋다. 특히 달러는 구김이나 낙서, 접은 흔적이 없는 빳빳한 100달러(일련번호가 CB와 BJ로 시작되는 달러는 위조지폐가 발견된 적이 있어서 환전을 거부당할 수 있으니 주의)짜리로 준비해야 한다. 100달러가 환율이 제일 좋다. 잔돈은 1달러짜리로 15달러 정도 준비하면 된다.

미얀마 여행, 일정 짜기

취향대로 고르는 여행지

1 역사, 문화, 유적에 관심이 많다

양곤, 바고, 바간, 만들레이, 사가잉

2 편하게 휴식을 취하고 싶다

인레 호수, 삔우린, 껄로, 띠보, 나팔리 비치, 차웅따 비치, 응웨싸웅 비치

※단, 비치 쪽은 우기인 6~10월에는 추천하지 않는다.

3 불교 유적에 관심이 많다

양곤, 바고, 바간, 므락우

4 풍경과 유적, 사람들에게 관심이 많다

인레 호수, 따웅지, 바고, 짜익티요, 몰래미야인, 파안, 싯트웨

5 남들이 안 가 본 오지에 관심이 많다

타오, 미찌나, 바모, 인도지 호수, 싯트웨, 므락우, 하카, 더웨이, 미에익, 따닌따리, 꼬따웅

6 가족이나 어린이, 노약자 동반 여행

양곤, 바고, 인레 호수, 만들레이, 바간, 몰래미야인, 파안, 나팔리 비치

여유 있는 여행 일정

🚗 버스, 보트, 기차 등 대중교통 기준

6~7일
양곤 ➜ 바간 ➜ 바고 ➜ 짜익티요

8~10일
양곤 ➜ 바간 ➜ 만들레이 ➜ 사가잉 ➜ 몽유와 8일
양곤 ➜ 바간 ➜ 차웅따 비치 ➜ 빠떼인 8일
양곤 ➜ 바간 ➜ 나팔리 비치 ➜ 차웅따 비치 ➜ 응웨싸웅 비치 8~9일
양곤 ➜ 바간 ➜ 몰래미야인 ➜ 파안 8~9일
양곤 ➜ 바간 ➜ 싯트웨 ➜ 므락우 8~10일
양곤 ➜ 바간 ➜ 껄로 ➜ 삔다야 ➜ 인레 호수 ➜ 따웅지 9~10일

10일 이상
양곤 ➜ 바간 ➜ 만들레이 ➜ 삔우린 ➜ 띠보 10일 이상
양곤 ➜ 바간 ➜ 만들레이 ➜ 미찌나 ➜ 바모-카타 10~12일
양곤 ➜ 인레 호수 ➜ 만들레이 ➜ 바간 최소 10일 이상
양곤 ➜ 더웨이 ➜ 미에익 ➜ 꼬따웅 12일 이상

16~17일
양곤 ➜ 바간 ➜ 싯트웨 ➜ 므락우 ➜ 짜욱퓨
➜ 땅곡 ➜ 딴뒈(나팔리 비치) ➜ 과
➜ 차웅따 비치 ➜ 응웨싸웅 비치 16~17일

> **Tip** 미얀마의 경우 대부분 이동 경로가 멀어, 다른 지역으로 이동 시에는 일정을 아침 일찍 시작해야 하는 경우가 많다. 지역 간의 거리와 교통수단을 고려해 시간적으로 여유 있게 일정을 짜야 한다.

직장인을 위한
주말 여행

1일째 : 양곤 밍글라돈 국제공항 → 숙소

22:15 **양곤 밍글라돈 국제공항 도착**
공항 출국장에서 밖으로 나오면 택시들이 줄지어 기다리고 있다. 공항에서 양곤 시내로 가려면 택시를 이용하는 방법밖에 없다. 숙소가 시내일 경우 미얀마 현지인이나 외국인 여행자들과 합승을 하면 경비를 줄일 수 있다.

Tip 공항-시내 택시 요금
9마일 오션 부근 K3,000~4,000 / 깐도지 호수 부근 K7,000~9,000 / 술레 파고다 K8,000~9,000 / (Grab Taxi 애플리케이션을 추천)

23:50 **숙소 도착**
한국에서 숙소를 미리 예약하고 숙소에 픽업 서비스를 요청하는 게 좋다.

2일째 : 쉐다곤 파고다 → 마하시 수행 센터 → 깐도지 호수 공원 → 바고

06:00 **호텔에서 아침 식사**

07:00 **쉐다곤 파고다**
'황금의 언덕'이라는 이름답게 언덕 위에 거대한 크기의 파고다가 있고 주위에 작은 탑과 사원, 불상들이 있다.

09:00 **마하시 수행 센터**
스님들의 아침 탁발 행렬을 감상하고 수행 센터를 돌아본다.

11:00 **깐도지 호수 공원**
공원 내에 있는 로열 가든 레스토랑을 이용한다면 공원 입장료가 무료다. 산책하기 좋은 공원이다.

12:00 **로열 가든 레스토랑에서 점심 식사**
깐도지 호수 공원 내에 있는 고급 레스토랑이다. 호수를 풍경으로 분위기 내며 식사해본다.

14:00 **바고로 이동**

16:00 쉐모도 파고다 → 한타와디 파고다 → 쉐탈라웅 부처
미얀마에서 제일 큰 파고다인 쉐모도 파고다, 바고를 한눈에 내려다볼 수 있는 전망 좋은 한타와디 파고다, 미소가 아름다운 와불상 쉐탈라웅 부처를 둘러본다.

19:00 쪼샤 레스토랑에서 저녁 식사
중국 식당으로, 가격이 다소 비싸지만 음식은 맛있다.

21:00 바고에서 숙박

3일째 술레 파고다 → 보족 아웅산 시장 → 짜욱따지 와불 사원 → 공항

7:00 호텔에서 아침 식사

8:00 양곤으로 이동

10:00 술레 파고다
부처의 머리카락이 안치된 사원으로, 상가형 복합 사원 양식이다.

12:00 스카이 비스트로에서 점심 식사
사쿠라 타워 20층에 있으며 양곤 시내를 감상하며 식사를 하기에 좋다.

14:00 보족 아웅산 시장
양곤에서 가장 규모가 큰 시장으로 온갖 상점이 다 있다.

16:00 짜욱따지 와불 사원
양곤 시내에 있으며 거대한 와불상을 모신 사원이다.

18:30 저녁 식사
저녁 식사 후 공항으로 출발한다. 술레 파고다나 시내에서 출발할 경우 교통 체증을 감안하여 미리 출발해야 한다.

21:00 공항 도착
대한 항공 직항편을 이용하는 경우, 밤 9시까지 공항에 도착하면 된다.

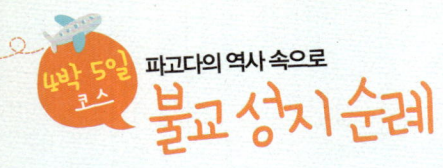
불교 성지 순례
4박 5일 코스 — 파고다의 역사 속으로

1일째 양곤 밍글라돈 국제공항 → 숙소

22:15 양곤 밍글라돈 국제공항 도착
대한 항공을 이용하여 양곤에 도착하면 밤 10시, 입국 심사를 받고 짐 찾아서 나오면 밤 12시 전후가 된다.

23:50 숙소 도착

2일째 바간으로 이동 → 올드 바간

06:30 바간으로 이동(국내선 비행기 이용)
간단하게 먹을거리를 준비해서 이동 중에 먹는다.

09:00 호텔 체크인 및 휴식

12:00 문 레스토랑에서 점심 식사
채소 요리 전문 레스토랑으로, 음식이 맛있는 집이다.

14:00 올드 바간
미얀마의 천년 고도이며, 2천 5백여 개의 탑으로 조성된 유네스코 지정 문화재 보호 지역인 바간의 탑군을 돌아본다. 3~4인이 1조로 탑승하는 마차를 타고 끝없이 펼쳐진 파고다의 역사 속으로 들어가 보는 것도 바간 여행의 묘미.

17:30 쉐산도 파야에서 일몰 감상
가장 바간스러운 풍경을 조망하며 멋진 사진을 찍을 수 있다.
(2017년 10월 18일 내린 폭우로 사원 저층부가 파손돼서 완전히 수리가 끝날 때까지 상층부는 출입 금지이다. 일출과 일몰은 블래디 사원 추천.)

19:00 호텔 레스토랑에서 저녁 식사

21:30 만들레이로 이동
야간 버스를 타면 다음 날 새벽 5시에 만들레이에 도착한다.

3일째   만들레이로 이동 → 아마라푸라 → 밍군 → 만들레이

05:00   만들레이 도착

06:00   호텔 체크인 및 휴식

09:30   아마라푸라
마하 간다용 수도원과 우 뻬인 다리를 둘러본다.

12:00   라쇼 레이 레스토랑에서 점심 식사
샨족 식당으로 뷔페식이다. 샨 스타일 음식은 우리 입맛에 대체로 잘 맞고 맛있다.

13:00   보트를 빌려서 밍군으로 이동
사설 보트를 대여하여 여유롭게 다녀온다.

14:00   밍군 대탑, 밍군 종
강가에 우뚝 선 웅장한 모습의 밍군 대탑과 세계에서 두 번째로 큰 밍군 종을 둘러본다.

17:00   만들레이로 이동

18:00   만들레이 힐에서 일몰 감상
만들레이 힐에서 바라보는 에야워디 강의 일몰을 감상한다. 만들레이 힐 주변에 있는 구도도 사원을 둘러본다.

19:30   골든 덕 레스토랑에서 저녁 식사
중국 음식점으로 미얀마에서 유명한 체인 레스토랑이다.

21:00   숙소

4일째   양곤으로 이동 → 쉐다곤 파고다 → 짜욱따지 와불 사원

06:00   아침 식사

09:00   양곤으로 이동
국내선 비행기 $136(성수기, 비수기에 따라 가격이 변동)

12:00　**로열 가든 레스토랑에서 점심 식사**
깐도지 호수 공원 내에 있는 고급 레스토랑이다.

14:00　**쉐다곤 파고다**
도보로 20~30분, 택시로 이동(1,500~2,000짯)

16:00　**짜욱따지 와불 사원, 인야 호수**
미얀마에서 두 번째로 큰 와불이 있는 짜욱따지 와불 사원과 인야 호수를 둘러본다.

18:00　**사바이 @ DMZ에서 저녁 식사**
가격 대비 음식이 맛있고 분위기도 깔끔한 태국 음식점이다.

20:00　**숙소**

5일째　마하시 수행 센터 ➡ 술레 파고다, 보족 아웅산 시장 ➡ 정션 스퀘어 ➡ 공항

06:00　**호텔에서 아침 식사**

09:30　**마하시 수행 센터**
깐도지 호수 공원 근처이므로 택시를 타고 간다.

12:00　**로열 가든 레스토랑에서 점심 식사**
깐도지 호수 공원 내에 있는 고급 레스토랑이다.

14:00　**술레 파고다, 보족 아웅산 시장**
부처의 머리카락이 안치된 술레 파고다와 양곤 최대의 시장인 보족 아웅산 시장을 둘러본다.

16:00　**정션 스퀘어에서 쇼핑**
8마일에 위치해 있으며, 미얀마 최대의 쇼핑몰인 정션 스퀘어에서 쇼핑을 한다.

18:00　**정션 문 베이커리에서 저녁 식사**
베이커리와 스낵, 간단한 한식, 중식이 가능하다.

21:00　**공항 도착**
대한 항공 직항편을 이용하는 경우 밤 9시까지 공항에 도착하면 된다.

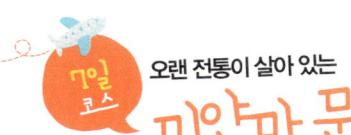

7일 코스 오랜 전통이 살아 있는 미얀마 문화 체험

1 양곤 도착
양곤 밍글라돈 국제공항 도착
숙소에서 휴식
양곤 숙박

2 양곤 ➔ 만들레이
마하 간다용 수도원,
우 뻬인 다리, 마하무니 파야,
구도도 파야,
만들레이 왕궁, 만들레이 힐
만들레이 숙박

3 만들레이 ➔ 바간
민예공 파고다, 아난다 파고다, 탓빈뉴 파야, 쉐지곤 파야
마누하 파야, 난 파야
바간 숙박

4 바간 ➔ 인레 호수
점핑 캣 사원, 수상 시장,
수상 마을
냥쉐 숙박

5 인레 호수 ➔ 바고
쉐모도 파고다, 쉐탈라웅 부처, 마하제디 파고다, 짜익푼 파고다
바고 숙박

6 바고 ➔ 짜익티요 (➔ 양곤)
황금바위
짜익티요에서 숙박 또는 양곤으로 돌아옴

7 양곤 시내 ➔ 공항
쉐다곤 파고다,
깐도지 호수 공원
공항으로 이동

구석구석 둘러보는
미얀마 완벽 일주 I

20일 코스

시계 반대 방향으로 여행 시

1 양곤 도착
양곤 밍글라돈 국제공항 도착
숙소에서 휴식
양곤 숙박

2 양곤
양곤 시내 관광
양곤 숙박

3 양곤 ➡ 바고
바고 관광
바고 숙박

7 양곤 ➡ 헤호 ➡ 삔다야 동굴 사원 ➡ 따웅지
비행기 또는 버스로 이동
따웅지 숙박

8 따웅지 ➡ 인레 호수 ➡ 헤호 ➡ 만들레이
비행기 또는 버스로 이동
만들레이 숙박

9 만들레이 ➡ 삔우린 ➡ 만들레이
자동차로 이동
만들레이 숙박

13 몽유와 ➡ 파코꾸 ➡ 바간
자동차로 이동
바간 숙박

14 바간 ➡ 뽀빠산 ➡ 바간
자동차로 이동
바간 숙박

15 바간 ➡ 양곤
비행기 또는 버스로 이동
양곤 숙박

19 므락우 ➡ 싯트웨 ➡ 양곤
비행기로 이동
양곤 숙박

20 양곤 ➡ 한국

- 북쪽 미찌나에서 바모 또는 만들레이까지 보트 이용 시
  ⋯⋯ 6일 추가 소요
- 띠보 또는 껄로에서 트레킹을 할 경우
  ⋯⋯ 5~6일 추가 소요(삔다야 추가 시 1~2일 추가 소요)

4 바고 ➡ 짜익티요 ➡ 양곤

버스로 이동
짜익티요 관광
양곤 숙박

5 양곤 관광

양곤 시내 관광
양곤 숙박

6 양곤 외곽 관광

양곤 외곽 관광
양곤 숙박

10 만들레이 ➡ 밍군 대탑 ➡ 잉와 ➡ 사가잉

보트, 자동차로 이동
사가잉 숙박

11 사가잉 ➡ 몽유와

자동차로 이동
몽유와 숙박

12 몽유와 ➡ 뽀윈다웅 ➡ 몽유와

자동차로 이동
몽유와 숙박

16 양곤

양곤 숙박

17 양곤 ➡ 딴돼 ➡ 나팔리 비치

비행기로 이동
나팔리 비치 숙박

18 나팔리 비치 ➡ 딴돼 ➡ 싯트웨 ➡ 므락우

비행기, 자동차 또는
보트로 이동
므락우 숙박

구석구석 둘러보는
미얀마 완벽 일주 II

시계 방향으로 여행 시

1 양곤 도착
양곤 밍글라돈 국제공항 도착
숙소에서 휴식
양곤 숙박

2 양곤
양곤 숙박

3 양곤 → 바고
자동차로 이동
바고 숙박

7 몰래미야인 → 파안
버스로 이동(2시간 소요)
파안 숙박

8 파안
파안 숙박

9 파안 → 만들레이
버스로 이동(10시간 소요)
만들레이 숙박

13 껄로 → 삔다야 → 껄로
삔다야 관광
껄로 숙박

14 껄로 → 인레 호수
버스, 픽업트럭(라인카), 택시로 이동(1~2시간 소요)
냥쉐 숙박

15 인레 호수
보트 투어
냥쉐 숙박

19 바간 → 양곤
버스(10시간 소요)나 비행기로 이동
양곤 숙박

20 양곤
양곤 숙박

21 양곤 → 싯트웨
비행기로 이동
싯트웨 숙박

25 싯트웨 → 땅곡
스피드 페리로 이동(11시간 소요)
땅곡 숙박

26 땅곡 → 딴돼 → 나팔리 비치
버스로 이동(3시간 소요), 딴돼에서 픽업 트럭으로 나팔리 비치(20~30분 소요)로 이동
나팔리 비치 숙박

- 북쪽 미찌나에서 바모 또는 만들레이까지 보트 이용 시
  ⋯ 6일 추가 소요
- 띠보에서 트레킹을 할 경우
  ⋯ 5~6일 추가 소요

4 바고 → 짜익티오
버스로 이동
짜익티오 숙박

5 짜익티오 → 몰래미야인
버스로 이동
몰래미야인 숙박

6 몰래미야인
몰래미야인 숙박

10 만들레이
만들레이 숙박

11 만들레이 → 껄로
버스로 이동(7시간 소요)
껄로 숙박

12 껄로
껄로 당일 트레킹
껄로 숙박

16 인레 호수 → 바간
버스(7시간 소요)나 비행기로 이동
바간 숙박

17 바간
일출, 일몰 감상
바간 숙박

18 바간 → 뽀빠산 → 바간
뽀빠산 다녀오거나 바간 사원 구경
바간 숙박

22 싯트웨 → 므락우
보트로 이동(4~6시간 소요)
므락우 숙박

23 므락우
므락우 숙박

24 므락우 → 싯트웨
보트로 이동(4~6시간 소요)
싯트웨 숙박

27 나팔리 비치 → 딴돼 → 양곤
비행기나 버스(11~12시간 소요)로 이동
양곤 숙박

28 양곤 → 한국
오전에 인근 달라 지역이나 딴륀 민속 마을 방문 또는 예레 파고다 방문

지역 여행

양곤
양곤 근교
인레 호수 & 근교
만들레이 & 근교
바간
서부 해안

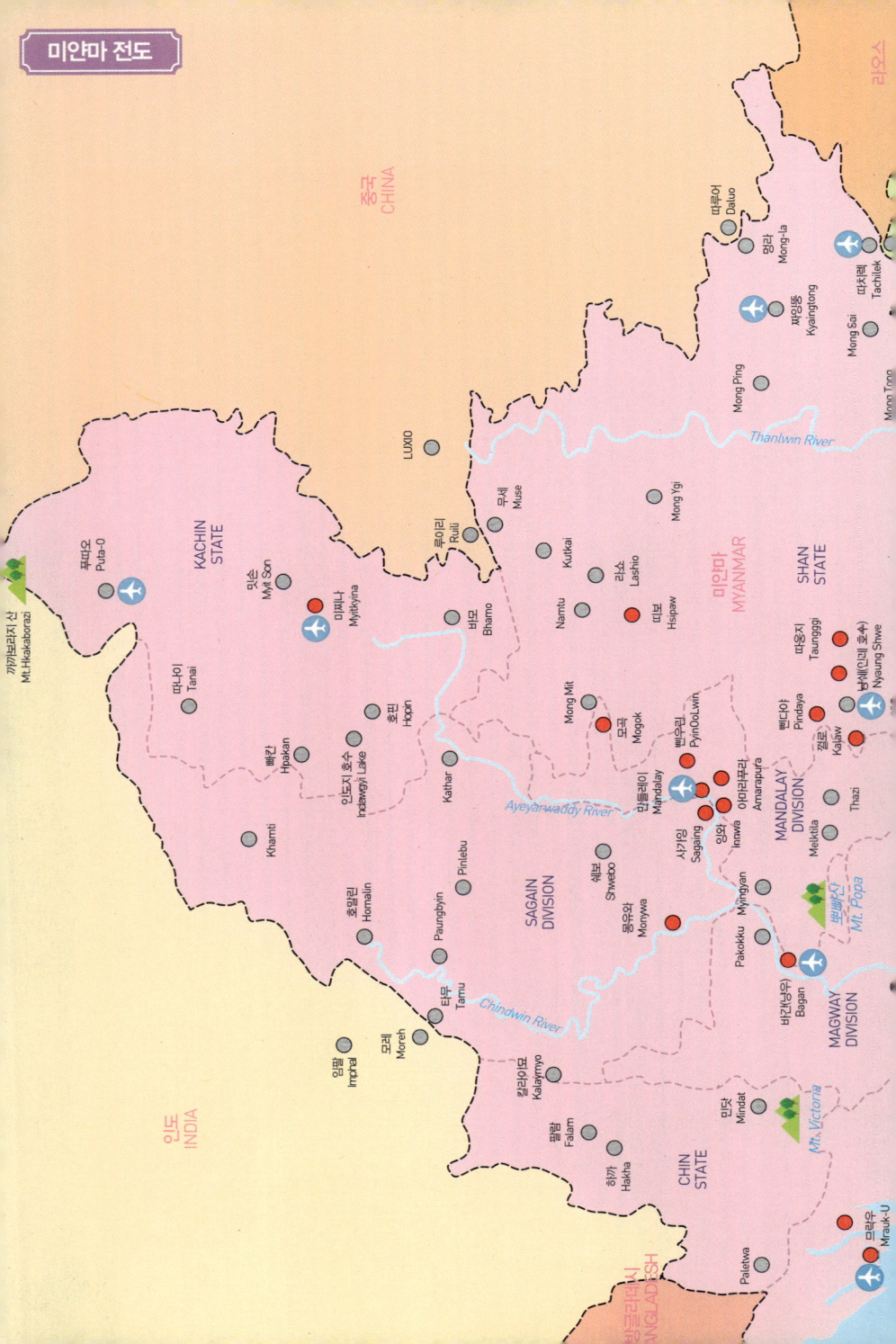

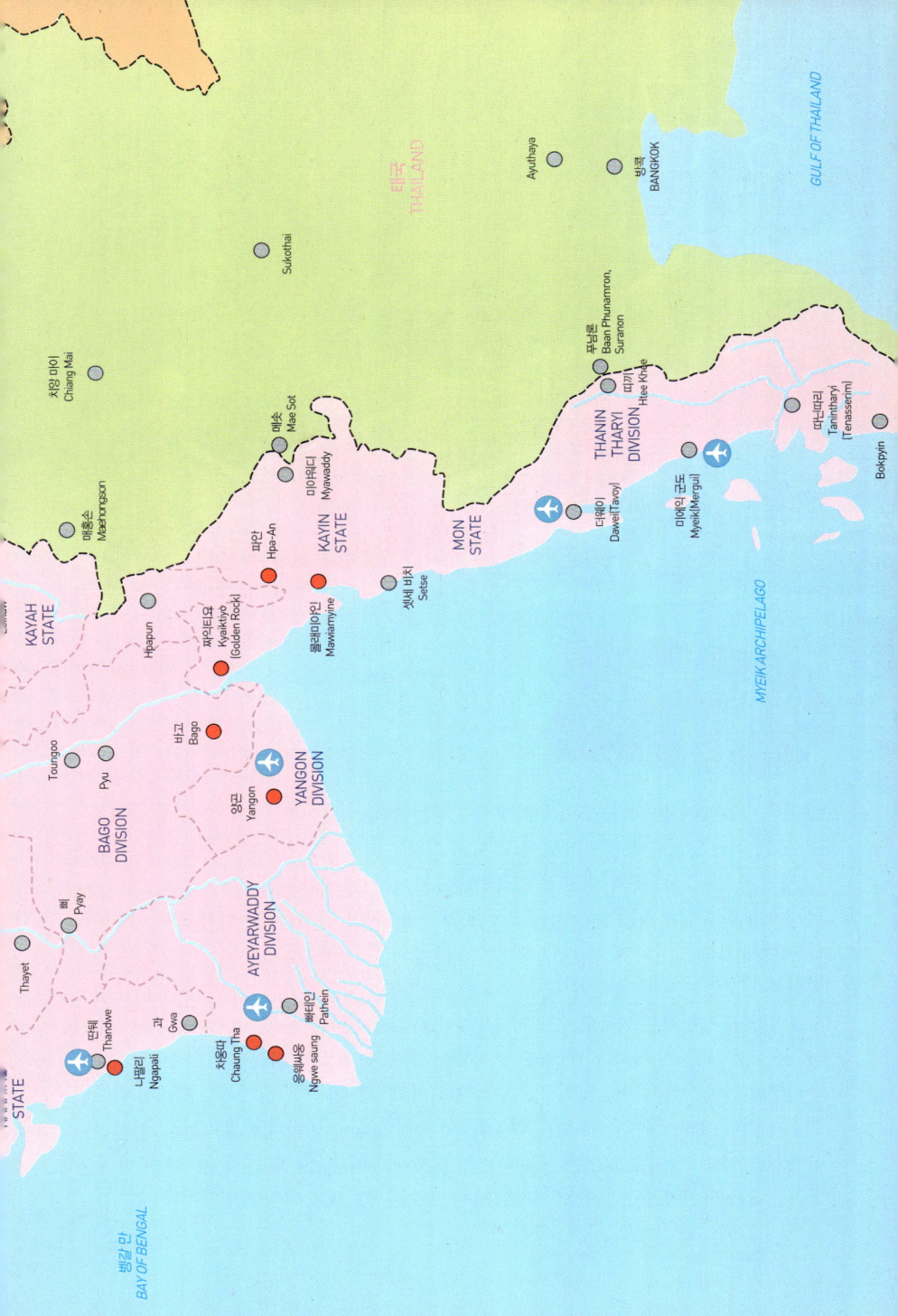

양곤

미얀마 최대의 상업 도시 양곤

양곤은 미얀마의 전(前) 수도로 우리에게는 랭군(Rangoon)이라는 이름으로 잘 알려져 있다. 1755년 알라웅페야 왕이 남쪽의 '다곤'이라는 지역을 정벌하면서 건설된 도시로, '분쟁의 종식'이라는 뜻의 '랭군'을 영국인들이 영어식으로 부른 것이 '양곤'이다.

아시아의 진주로 불리는 양곤 시는 북부에 있는 제2의 도시 만들레이와 더불어 미얀마를 지탱해 가는 도시이다. 2005년 행정 수도를 네피도(Naypyidaw)로 옮기기 전까지 미얀마의 수도였으며 행정, 경제, 교육의 중심 도시였다. 양곤의 현재 인구는 약 700만 명으로 양곤에 체류하는 한국인 수는 약 2,000~3,000명에 이른다.

양곤은 80% 이상이 녹지, 나무, 숲으로 뒤덮여 있어 '숲의 도시'라는 느낌이 든다. 시내 중심부에 깐도지라는 거대한 인공 호수가 자리하고 있으며 북쪽 지역에도 거대한 인야 호수가 있다. 양곤 강이 시 주위를 휘돌아 안다만(Andaman) 바다로 흘러든다. 안다만 바다와는 30km 떨어져 있으며, 옛날에는 항구 도시로 해상 물류의 큰 축을 차지했다.

양곤은 20~30년이 넘은 오래된 차량에서 나오는 매연으로 오염이 심했었는데 최근 들

어 오래된 차량의 신형 교체로 공기가 많이 좋아졌다. 또 다른 커다란 변화는 최근 몇 년간 차량의 급속한 증가로 양곤 시내에도 교통 정체 현상이 생겨난 것이다. 또한 양곤 도심에서는 고층 빌딩과 주상 복합 아파트의 건축도 활발히 진행 중이다.

양곤 BEST 3

쉐다곤 파고다   인야 호수   양곤 순환 열차

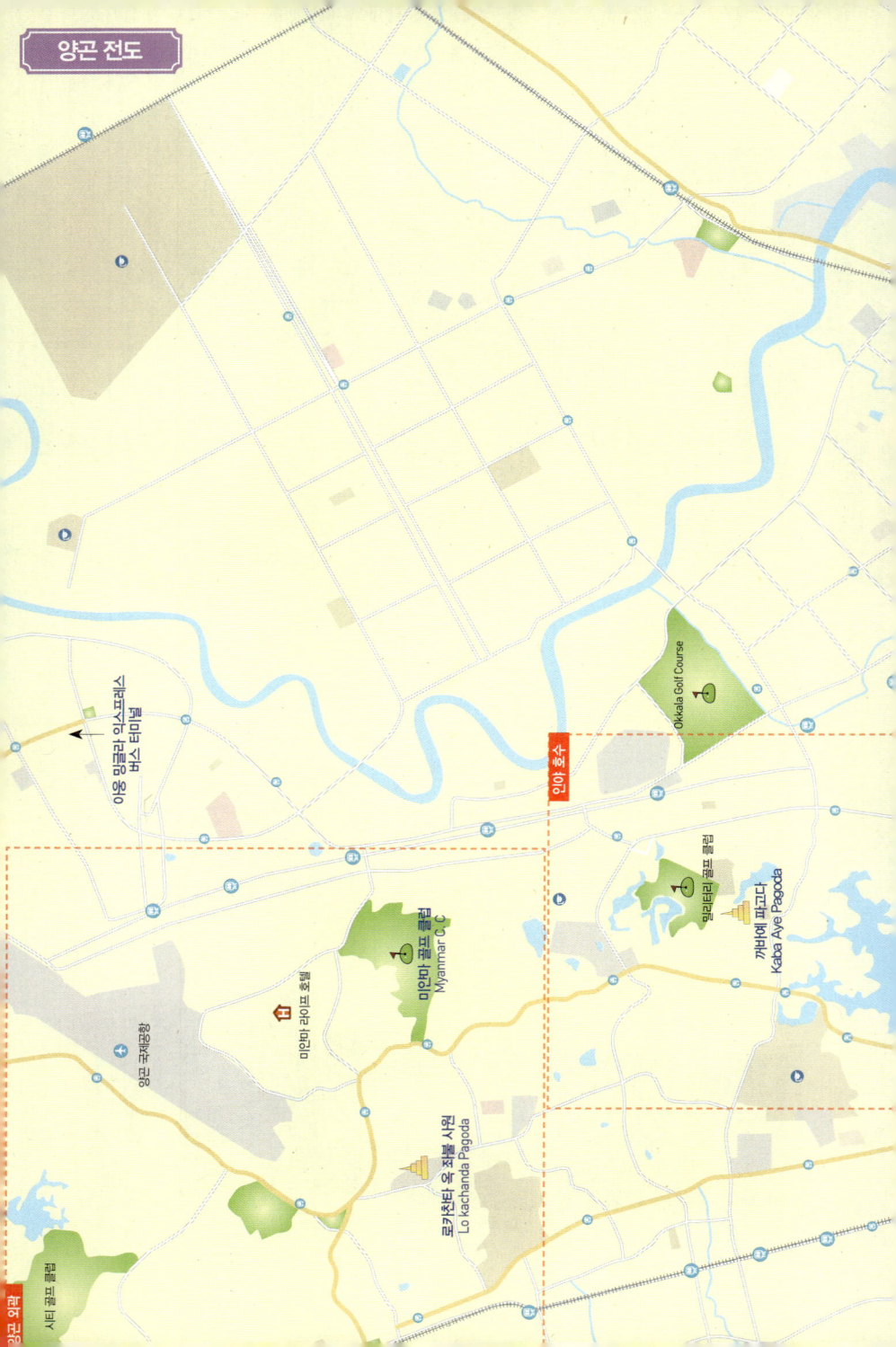

양곤 시내 교통수단

 양곤 및 미얀마의 대도시는 우리나라처럼 버스나 대중교통 노선이 지역별로 세분화되어 있지 않고, 버스 번호도 아라비아 숫자가 아닌 미얀마 글자를 사용하기 때문에 외국인 여행자가 이용하기에는 여간 힘든 일이 아니다. 도시 내에서의 이동은 주로 택시나 오토바이, 뚝뚝(삼륜차), 싸이카(인력거), 픽업트럭(라인카)를 이용한다.

버스   시내의 일정한 노선을 정규로 운행하나 위치를 잘 모르는 여행자들이 이용하는 데는 한계가 있다.

택시   여행자들이 가장 손쉽게 이용할 수 있는 교통수단으로, Grab Taxi 애플리케이션 사용을 추천(대도시만 가능).

오토바이, 뚝뚝(삼륜차)   택시의 반값으로 이용 가능하나 여성 여행자일 경우 안전을 위해 피하는 것이 좋다.

Tip 양곤에는 오토바이가 없다?
양곤에는 오토바이가 다니지 않는다. 군사 정부에서 시끄럽다는 이유로 양곤 시내에서의 오토바이 운행을 금지시켰기 때문이다. 양곤시 외곽이나 골목에서만 운행할 수 있으며 타 도시에서는 제한이 없다.

싸이카(인력거)   주로 가까운 거리를 갈 때 이용하면 좋다.

픽업트럭 (라인카)    도시 외곽이나 시골에서는 유용한 교통수단으로 주로 도시 간 이동이나 시골 마을 간 이동 시에 상당히 다양하게 운행된다. 아무 데서나 타고 원하는 곳에서 자유롭게 내릴 수 있다는 장점이 있다.

양곤 순환 열차   우리나라 서울 지하철 2호선처럼 양곤 중앙역에서 양 방향으로 양곤 도시를 한 바퀴 도는 순환 열차다. 양곤 전체를 한 바퀴 다 도는 데 약 3시간 정도가 소요되며 간이역에서 수시로 내리고 탈 수 있다. 열차의 시설은 낡았으며 지금은 사라진 우리나라 비둘기호 열차와 매우 유사하다. 양곤 서민들이 이용하는 저렴한 교통수단이다. 요금은 200K이고, 에어콘 열차는 400K이다.

다른 도시 가기 ▶ 교통수단

비행기   미얀마는 나라의 크기가 커서 국내선 비행기 운행은 발달한 편이다. 주요 관광지나 대도시로 운행되고 있으며 외국인은 내국인보다 두 배 가까운 요금을 낸다. 미얀마는 외국인에게 교통 요금과 입장료를 두 배로 받는 경우가 대부분이다.

미얀마 국내 항공권, 호텔 예약 사이트
oway.com.mm / www.flymna.com / www.airkbz.com / www.yangonair.com
www.airmandalay.com / www.airbagan.com / www.asianwingsair.com

고속버스 (시외버스)	도시 간을 운행하는 장거리 버스로, 우리나라 고속버스와 같다. 양곤의 여러 버스 터미널(목적지에 따라서 터미널이 다름)에서 출발한다. 여행자들이 다른 관광지로 이동할 때 제일 많이 이용하는 장거리 버스다. (버스 예매 : www.starticket.com.mm)
기차	양곤 중앙역에서 미얀마의 각지로 출발한다. 우리나라 기차에 비하면 열차의 상태가 비교할 수 없을 정도로 낡고 열악하며 철길도 상태가 좋지가 않아서 기차의 좌우 흔들림이나 상하의 롤링이 아주 심한 편이다. 버스에 비해서 요금도 비싸고 시간도 오래 걸리는 편이어서 그리 추천하는 교통수단은 아니다.
배	양곤에서 양곤 강 건너편에 있는 달라 지역으로 갈 때 배를 이용하며 양곤 강 크루즈가 생겨서 유람도 가능하다. 만들레이-바간, 미찌나-바모 / 카타 / 만들레이, 만들레이-양곤 등이 주요한 운행 루트다. 물이 불어나는 우기와 물의 수위가 낮아지는 건기에 운행 구간과 시간, 소요 시간 등이 달라진다.

▶ 주요 도시로의 교통편

양곤 – 바고 (80km)	버스(아웅 밍글라 버스 터미널)	05:30~22:00(배차 간격 1시간) / 1시간 30분 소요 / 요금 K5,000 기차(중앙역)	2시간 소요
양곤 – 파안 (298km)	버스	양곤–파안 06:30, 07:00, 08:00, 08:30, 09:30, 12:30, 13:00, 18:30, 20:00, 21:00/6시간 소요/K7,000 파안–양곤(짜약티요,바고) 09:00, 12:00, 12:30, 21:00, 22:00/K7,000~12,200
양곤 – 몰래미야인 (299km)	버스	05:00, 07:00, 07:30, 08:00, 08:30, 09:00, 10:30, 12:00, 14:30, 15:00, 17:00, 17:30, 18:30, 19:00, 20:00, 20:30, 21:00, 21:30, 22:00/7시간 소요/요금 K7,000~11,000 양곤 – 미야워디(Myawaddy, 태국 매솟과 인접한 국경 지역) 일반 버스(K15,000) 20:30 출발, VIP 버스(K20,000) 21:00 출발하여 오전 5시 전후로 도착. VIP 버스	05:00, 06:30, 08:30, 11:30, 18:30, 21:00 / 약 7시간 소요 기차	양곤 – 몰래미야인 06:30, 07:15, 02:00 / 9시간 소요 몰래미야인 – 양곤 06:00, 08:15, 11:25 / 요금 Upper Class $33 이상
양곤–인레 호수 (645km)	버스	양곤–쉐냥(냥쉐) 08:00, 15:00, 16:00, 16:30, 17:00, 18:00, 19:00 / 11시간 소요 / 요금 K12,000~27,000(VIP) 비행기	양곤 – 헤호 오전 출발 비행기는 바간–만들레이–헤호–양곤 순으로 운항, 오후 출발은 헤호–만들레이–바간–양곤 순으로 운항 / 요금(편도) $120 이상 헤호 – 냥쉐 택시로 이동 / 요금 $20~25
양곤–껄로 (656km)	비행기	양곤(만들레이, 바간) – 헤호 비행기 이용 헤호 – 껄로 차(버스, 택시, 픽업트럭, 오토바이 등) 이용 / 40분 소요 버스	08:00, 17:00, 18:00, 19:00/ 10시간 소요/ 요금 K15,000~27,000(VIP) 기차	양곤이나 만들레이에서 출발 시 따지에서 따웅지행으로 갈아타야 된다. 따지(Thazi, 93km) – 껄로 – 아웅반(Aungban) – 헤호 – 쉐냥 – 따웅지

양곤 – 따웅지 (651km)	버스 | 08:00, 15:00, 16:00, 16:30, 17:00, 18:00, 19:00 / 12시간 소요 / 요금 K13,000~27,000(VIP)
양곤 – 만들레이 (691km)	비행기 | 1시간 20분 소요 / 요금(편도) $126 이상 버스 | 08:00, 08:30, 09:00, 09:30, 16:30, 17:00, 18:00, 19:00, 19:30, 20:00, 21:00, 21:05, 21:15, 21:30, 22:00, 22:30 / 8시간 30분 소요 / 요금 K11,000~22,000(VIP) 기차 | 14시간 소요 / 요금 $40 이상
양곤 – 바간(냥우) (686km)	비행기 | 시계 방향 오전 출발–양곤–냥우(바간)–만들레이–헤호(인레)–양곤 순으로 운항 (40분 소요) 시계 반대 방향 오후 출발–양곤–헤호(인레)–만들레이–냥우(바간)–양곤 순으로 운항 (1시간 20분 소요) / 요금 $118(비수기, 성수기 가격이 다름) 버스 | 양곤 – 냥우(바간) 07:30, 08:00, 17:30, 18:00, 18:30, 19:00, 19:30, 20:00, 20:30, 21:00, 21:30 / 9시간 소요 / 요금 K15,000~22,000(VIP, 버스 회사 출발 시간에 따라서 같은 목적지라도 요금이 다름– 미얀마 전 지역 동일)
양곤 – 딴돼(나팔리 비치) (380km)	비행기 | 비수기에는 주 2회 운항 / 요금(편도) $120 이상 버스 | 딴돼 – 양곤 07:00, 14:30, 16:30 / 10시간 30분 소요 / 요금 K16,000
양곤 – 싯트웨 (904km)	비행기 | 12:30(매일 운행) / 1시간 30분 소요 / 요금(편도) $120 이상 버스 | 07:30, 08:00, 09:00 / 19시간 소요 / 요금 K19,000~22,000
양곤 – 미찌나 (1,479km)	비행기 | 요금 $162~200 이상 버스 | 10:00, 10:30, 11:00, 11:30, 12:00, 16:00 / 20시간 소요 / 요금 K35,000~41,000(VIP)
기타	버스 | 양곤 – 하카 28시간 소요 버스 | 양곤 – 더웨이 12:00, 14:00, 15:00, 16:00, 17:00, 17:30 / 12시간 소요 / 요금 K15,000

Travel tip

양곤 한인 여행사

- **대한 항공** Korean Air
주소 Room #1, Level-1, GuaRd of Honor Bldg., Yangon International Airport, Mingladon Tsp., Yangon 전화 533-264

- **코미 투어** Komy Tour Co. Ltd
주소 Room 3, Bldg 4, Wireless 3 St., Kaba Aye Housing, Mayangone Tsp., Yangon 전화 657-023, 667-410, 09-515-4003

- **강호 여행사** Kangho Travel Co, Ltd
주소 No. 148, A-One Chan Lane, 9 Mile, Mayangone Tsp., Yangon 전화 651-694, 664-141, 09-510-7730

- **그린 스카이 투어**
주소 E 1227, Thiri Condo, 9 Mile, Mayangone Tsp., Yangon 전화 09-4362-9999

- **예스굿미얀마 투어**
주소 355, Bldg 2F, Kaba Aye Pagoda Rd., Mayangone Tsp., Yangon 전화 667-170

- **투어 미얀마**
주소 Room 212, 213, Summit Park View Hotel, 350, Ahole Rd., Dagon Tsp., Yangon 전화 727-514, 215-624, 09-510-0369

- **투어 랜드** Tour Land Travels & Tours Co. Ltd
주소 No. 34, Ayeyarwaddy St., Ahlone Tsp., Yangon 전화 09-507-0006, 09-4200-03200

Best Course
베스트 코스

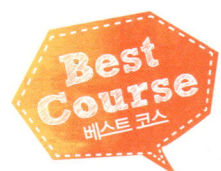

양곤 하루 코스

쉐다곤 파고다 → 깐도지 호수 공원 → 술레 파고다 → 보족 아웅산 시장

양곤은 미얀마의 이전 수도로 미얀마 최대의 도시라고 할 수 있다. 다른 지역과 달리 양곤 시내에서는 현대적인 건물과 잘 어우러진 파고다의 모습을 볼 수 있다.

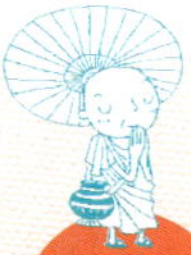

출발!

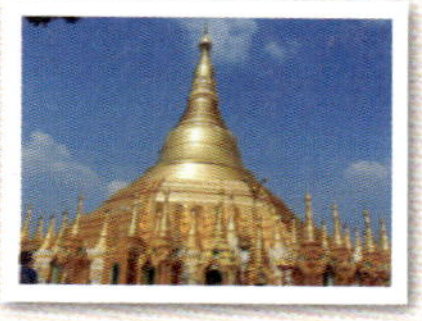

쉐다곤 파고다

오전 일찍 방문해서 천천히 사원 전체를 돌아보며 사진을 찍는다.

도보 15~20분

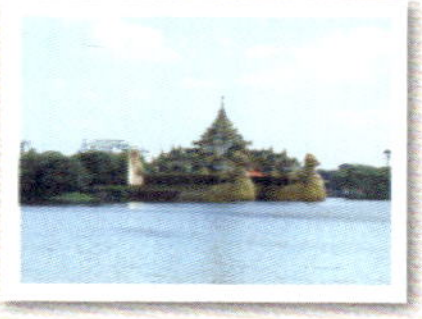

깐도지 호수 공원

아름답고 깔끔하게 잘 가꾸어진 공원이다. 호수 안에 좋은 레스토랑이 여럿 있으니 점심은 이곳에서 해결!

택시 10분

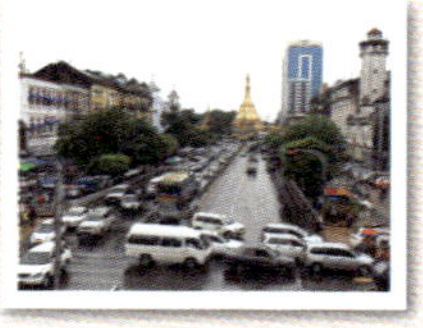

술레 파고다

양곤의 중심지로 술레 파고다 주변에 주요 관공서가 밀집되어 있다. 이곳 주변은 영국 식민지 시절에 형성된 계획 도시로, 바둑판처럼 길이 나 있으며 뒷골목 풍경을 구경하는 재미가 있다.

도보 5~10분

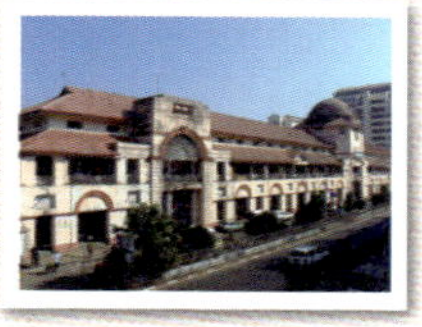

보족 아웅산 시장

양곤에서 제일 규모가 큰 시장으로 온갖 상점이 다 있다. 짯으로 환전할 여행자들은 이곳 금은방에서 하면 된다. 주변 레스토랑에서 저녁 식사를 하고 숙소로 돌아오면 된다.

쉐다곤 파고다
SHWEDAGON PAGODA

미얀마를 대표하는 사원

쉐다곤 파고다는 양곤 시민들뿐만 아니라 미얀마 국민 모두에게 상징적인 사원이다. 쉐다곤은 순금으로 외벽을 장식한 것으로 유명하며 파고다 정상부에 다이아몬드, 루비 등 수많은 보석들이 장식되어 있다.

양곤의 중심부인 깐도지 호수 부근에 위치해 있으며 파고다 북쪽 문 아래로 아웅산 폭탄 테러가 있었던 아웅산 국립묘지가 있다. 깐도지 호수 부근에서는 도보로 10분 정도 걸리며 술레나 기타 장소에서 방문할 때는 택시를 이용하면 된다.

> **TIP**
> **파고다(Pagoda)**
> '파야(Paya)', '제디(Zedi, 탑)'로도 불리며 산스크리트어로는 '스투파(Stupa)'라고 한다. 부처나 제자들의 유골, 유품, 경전, 불상 등을 모신 탑을 말한다.

쉐다곤 파고다 Shwedagon Pagoda

부처님 생전에 만들어진 유일한 황금의 언덕

미얀마는 흔히 황금의 땅이라고 불린다. 어디를 가나 높이 솟아 있는 황금색 파고다 때문이다. 쉐다곤 파고다는 양곤 시내 어디에서나 보이는 위치에 있다. '쉐(Shwe)'는 미얀마어로 '황금'이라는 의미이고, '다곤(dagon)'은 '언덕'이라는 뜻이다. 즉 '황금의 언덕'이다. 쉐다곤은 60m 높이의 언덕을 만든 후 그 위에 지어진 파고다로, 높이가 99.36m에 이르는 거대한 크기의 사원이다. 미얀마는 우기에는 4,000mm 가까운 많은 비가 내리기 때문에 침수를 피하기 위해서 높은 언덕을 만든 후 사원과 파고다를 건설하고 부처의 불발(머리카락) 사리탑을 만든 것으로 생각된다. 쉐다곤 파고다의 면적은 약 1만 평 정도이며 황금의 파고다를 중심으로 빙 돌아가면서 작은 탑과 사원, 불상들이 모셔져 있다.

쉐다곤은 동·서·남·북 사방에서 출입할 수 있도록 문이 나 있으며, 미얀마인들에게는 생전에 꼭 한 번은 방문해야 하는 성지이다. 쉐다곤은 밤새 기도의 불빛이 꺼지지 않으며, 밤새도록 조명을 밝혀 놓는다. 아침, 저녁(오후 4시 이후)으로 미얀마 사람들이 와서 기도를 한다. 쉐다곤 파고다에는 외국인에게 개인 가이드를 하려는 젊은이들로 항상 붐빈다. 대부분 영어가 능통하며 하루 종일 가이드해 주는 데 $25~30이다.

주소 Dagon, Yangon **오픈** 04:00~22:00 **요금** K8,000 **홈페이지** www.shwedagonpagoda.com

🌸 Travel tip

쉐다곤 파고다 입장 스티커

- 입장 시에 스티커를 옷에 붙여 준다. 스티커는 당일에 한해서 유효하며 매일 다른 색깔을 사용하므로 다음 날 재사용은 안 된다.
- 신발은 신발장에 맡기거나 비닐 봉투(여행 시에 휴대하면 유용)에 넣어 들고 다녀도 된다. 신발장에서 신발을 찾을 때는 K300~500 정도 보시하면 된다. 명상 센터에서 수행하는 사람은 수행 비자나 수행 증명서를 보여 주면 무료로 입장할 수 있다.

파고다 내부

1 서쪽 출입문 옆에는 탑 꼭대기의 보석 사진과 쉐다곤 파고다의 탑 건립과 보수 과정을 보여 주는 역사 전시관이 있다.

2 동쪽 출입문 위쪽에는 1435년 담마제디(Dhammazedi) 왕이 쉐다곤의 건립 역사를 새겨 놓은 석판이 있다. 몬, 미얀마, 팔리어로 새겨져 있으며, 오늘날에는 외국인도 읽을 수 있게 영어로도 만들어 놓았다.

3 법당에는 옥 불상도 모셔져 있는데 높이 99cm, 무게가 324kg이다.

4 쉐다곤 파고다 경내에는 모두 다섯 그루의 보리수(Bo tree, Banyan) 나무가 있는데, 1926년 메뎃 스님(Mehdet Sayadaw)이 심었다고 한다.

5 쉐다곤 대탑의 둘레에는 각종 동물상과 관욕식(부처를 물로 씻기는 의식)을 하는 옥불상이 모셔져 있다. 자신이 태어난 요일에 따라 정해져 있는 동물상에 가서 자신의 나이만큼 물을 뿌리면서 장수를 기원하고 복을 빌 수 있다.

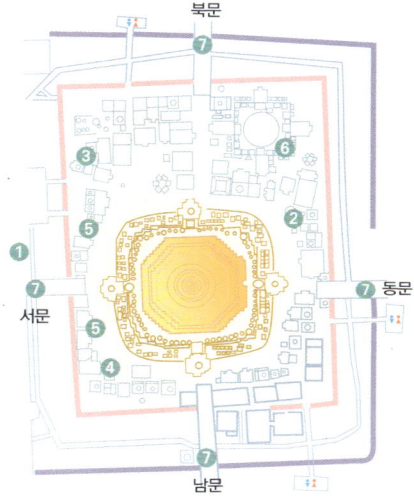

방향	출생 요일	수호성	상징 동물
동쪽	월요일	달	호랑이
서쪽	목요일	목성	쥐
북동쪽	일요일	태양	가루다(새)
남쪽	수요일 오전	수성	코끼리 (상아가 있는 상)
북서쪽	수요일 오후	수성	코끼리 (상아가 없는 상)
남서쪽	토요일	토성	용
북쪽	금요일	금성	두더지
남동쪽	화요일	화성	사자

6 북쪽 출입문 근처에는 부처의 전생담을 28가지로 표현해 놓은 그림판이 있다.

7 쉐다곤 파고다로 올라가는 출입문 방향의 긴 회랑 양옆으로는 불교용품을 파는 상점들이 즐비하게 늘어서 있다. 부처님께 공양 올릴 꽃을 파는 가게, 흑단이나 전단향으로 만든 염주, 불상을 파는 가게 등이 있다.

쉐다곤 파고다의 황금탑

다이아몬드와 수많은 보석으로 장식

황금탑은 1453년 한따와디(Hanthawady) 왕조의 신소부(Shin Saw Bu) 여왕이 자신의 몸무게만큼 황금을 보시하면서 시작되었다고 한다. 1774년에는 신뷰신(Sinbyushin) 왕이 쉐다곤을 재보수하여 탑의 높이가 99.36m에 이르렀다. 그 후로 많은 양의 황금이 보시되어 오늘날과 같은 탑이 되었는데, 1995년 조사에 의하면 현재 탑 외벽에 붙여진 황금판(8,688개)의 황금이 54,000kg(54톤)에 이른다고 한다.

탑의 맨 위 장식부에는 다이아몬드가 있으며 그 주변으로 수많은 보석이 장식되어 있다. 쉐다곤 북쪽 출입문 앞에는 탑 꼭대기의 다이아몬드를 볼 수 있는 망원경이 설치되어 있으며, 오후 4시경 북쪽 출입문 근처에서 탑의 꼭대기를 바라보면 햇빛에 반사되는 다이아몬드를 육안으로 볼 수 있다.

❈ 황금탑 꼭대기의 보석들

제일 꼭대기의 다이아몬드 장식물

높이 56cm
너비 27cm
다이아몬드 4,351개
총 1,800캐럿
제일 가운데 큰 다이아몬드 76캐럿

날개

길이 130cm
너비 76cm
무게 419kg
날개 및 우산 부분에 루비 2,317개
금종 1,065개
은종 420개

탑 꼭대기의 다이아몬드 장식물

날개

마하간다 종

사라질 뻔한 전설의 종

북서쪽에는 23톤의 마하간다(Maha Ganda) 종이 있는데 1775~1779년에 제작됐다. 제1차 영국-미얀마 전쟁이 끝난 다음 영국군이 이 종으로 무기를 만들기 위해 운반하다가 강에 빠뜨렸다. 영국군은 갖가지 방법을 동원해서 종을 끌어올리려고 했으나 결국 실패했다. 그러나 미얀마인들이 대나무 막대를 이용해 끌어올리자 아주 쉽게 올라왔다는 일화가 있다. 이렇게 해서 마하간다 종은 영국으로 이송되지 않고 쉐다곤 파고다 내에서 볼 수 있게 되었다.

쉐다곤 파고다의 전설

톡톡 미얀마 이야기

쉐다곤 파고다는 세계에서 유일하게 부처 생존 당시에 만들어졌다고 한다. 2500년 전 (B.C 600) 부처 생존 당시에 인도의 부다가야에서, 미얀마에서 온 상인 두 명(타푸사 Taphussa, 발리카 Ballika)이 벌꿀을 공양하자 부처는 자신의 머리카락 8개를 뽑아 주었다고 한다. 두 상인은 미얀마로 돌아와 오깔라파(Okkalapa) 왕에게 부처의 머리카락 8개를 바쳤다. 오깔라파 왕은 부처의 머리카락을 신전에 모신 게 쉐다곤 파고다 초기의 탑이며, 오깔라파 왕조 32대 왕인 바냐 우(Banya U)가 1372년에 지금의 쉐다곤 파고다 건립을 시작했다. 파고다 건립은 부처가 인도 쿠시나가르에서 열반에 든 후에 조성되었지만, 초기의 탑은 유일하게 부처의 생전에 세워진 불탑이다.

전설에 의하면 이때 파고다를 세울 언덕을 만들기 위해서 흙을 퍼낸 자리가 지금의 깐도지 호수(Kandawgyi Lake)가 되었다고 한다. 쉐다곤 파고다 바로 옆에 있는 커다란 깐도지 인공 호수는 그래서 더욱 전설의 신빙성에 무게를 실어 준다.

국립 박물관 National Museum

미얀마 여러 민족의 역사와 생활상

쉐다곤 파고다에서 그리 멀지 않은 곳에 위치해 있다. 흔히 생각하는 다른 나라의 국립 박물관에 비하면 규모나 시설, 진열 상태 등은 부실하다. 그래도 미얀마의 역사와 풍습을 엿볼 수 있고 조용하게 미얀마를 느끼기에 좋은 장소이므로 시간이 난다면 들러 보자.

1층에는 미얀마 고대 역사와 미얀마어에 관한 전시가 있고, 2·3층에는 민속 악기, 다양한 민족의 의상이나 생활 관습 등이 전시 및 재현되어 있다. 4층에는 현대 화가들이 그린 그림과 공예품 전시가 있다.

소지품은 경비원이 맡아 작은 사물함에 넣어 주고 사물함 키를 준다. 박물관에서는 실내 사진 촬영이 금지되어 있다.

주소 Pyay Rd., Yangon 11191 **오픈** 09:30~16:30 **휴관** 월요일, 국가 휴무일 **요금** $5 **사물함** 무료

아웅산 국립묘지 Martyrs' Mausoleum

아웅산 묘지 폭탄 테러가 일어났던 곳

이곳에는 미얀마의 독립 영웅이며 아웅산 수지의 아버지인 아웅산 장군이 묻힌 곳이다. 1947년 7월 19일 오전 10시 37분, 회의 중에 들이닥친 암살범에 의해서 아웅산 장군을 포함하여 총 9명의 리더가 희생당했고, 이곳에 묻혔다. 순교자 기념탑 아래쪽 가운데에 아웅산 장군(General Aung San)이, 왼쪽으로 타킨 미야(Thakhin Mya), 우바윈(U Ba Win), 사오 산 툰(Sao San Tun), 우 온 마웅(U Ohn Maung)이, 그리고 오른쪽으로 우바초(U Ba Cho), 만바킹(Mahn Ba Khing), 우라작(U Razak), 코 퉤이(Ko Htwey)가 잠들어 있다.

우리에게는 1983년 10월 9일에 일어난 아웅산 묘지 폭탄 테러 현장으로도 잘 알려진 곳이다. 아웅산 폭탄 테러 사건 후 순교일인 7월 19일에만 일반인에게 공개해 왔으나 2013년 6월 1일부터 완전히 개방되었다. 현재의 기념탑은 1984년 11월 3일에 만들어진 것이다.

주소 Ar Zar Ni St., Yangon **위치** 쉐다곤 파고다 북쪽 문(North Gate) 아래 길 건너편(도보 5분 이내) **휴관** 월요일 (휴관일에는 입장료 받는 근무자는 안 나오지만 출입문을 살짝 열어 놓는 경우도 있다.) **요금** K2,700($3)

아웅산 묘지 폭탄테러 사건

1983년 10월 9일, 전두환 대통령은 동남아 6개국을 공식 방문하기 위해 첫 번째로 미얀마(당시 버마)를 방문했다가 아웅산 국립묘지에서 북한 특수 요원들에게 폭탄 테러를 당했다. 이 사고로 당시 서석준 부총리, 이범석 외무부 장관, 김동휘 상공부 장관, 심상우 국회의원(개그맨 심현섭 씨의 부친), 이중현 동아일보 사진 기자 등 수행원 17명이 현장에서 순직하고 15명이 중경상을 입는 비극이 일어났다.

사건 당일인 1983년 10월 9일 서석준 부총리를 비롯한 수행원들과 경호원들은 아웅산 묘소에서 참배 행사를 위한 예행연습을 하고 있었고 사건 전날 미리 북한의 테러범 3명이 아웅산 묘소 건물 천장에 폭탄을 설치하고 아웅산 묘소 근처 숲 속에 숨어서 기회를 노리고 있었다. 이 폭탄은 1~2km의 먼 거리에서 원격으로 터트릴 수 있는 폭탄으로, 테러범 중 한 명인 신기철이 정확하게 10시 30분에 태극기를 휘날리는 벤츠 차량이 들어가고 애국가가 나오자 전두환 대통령이 도착한 걸로 착각하여 폭탄 3개를 터트렸다. 이계철 대사는 현장에서 순직했고 전두환 대통령은 간발의 차로 화를 면했다.

아웅산 묘지 폭탄 테러 사건은 김정일이 김일성의 허락을 받아서 인민군 정찰국 산하 특수 8군단 소속 특공부대 강창수 소장에게 명령을 내려 일어난 사건으로, 폭탄 테러를 맡은 행동대원은 조장 진모 소령, 조원 강민철 대위, 신기철 대위 3인 1조였다. 남한보다 북한과 더 우호적인 외교 관계를 유지하던 미얀마 정부는 북한에 의한 테러로 밝혀지자 곧바로 북한과 단교를 선언하고 북한의 외교관과 그의 가족들이 48시간 안에 미얀마를 떠나도록 했다.

테러범 중 신기철은 체포된 후 도주하다가 경비병 총에 맞아 사망했고, 진모 소령은 줄곧 묵비권을 행사하다가 사형을 선고받고 집행되었으며, 강민철은 수사에 적극 협조한 점이 참작되어 사형을 선고받았으나 집행 유예로 25년간 장기 수감 생활을 하다가 2008년 5월 18일 양곤 인세인 교도소에서 53세의 나이로 사망했다.

사건 후 북한과 단교를 유지해 오던 미얀마 정부는 2007년 4월 26일 북한과 재수교를 했다. 우리나라는 29년간 양국 정상 간 왕래가 없다가 2012년 5월 14일 베이징에서 한·중·일 정상회담을 마친 이명박 대통령이 극비리에 미얀마를 방문하였고 같은 해 10월 8일에 테인 세인 미얀마 대통령이 우리나라를 방문하였다.

폭탄 테러 사건 이후 일 년에 한 번, 아웅산 장군 순교의 날에만 한번 일반인들에게 개방되었던 아웅산 국립묘지가 2013년 6월 1일자로 일반인들에게 완전히 개방되었다.

깐도지 호수 공원
KANDAWGYI LAKE

양곤 시민들의 휴식처

양곤 시민들에게 휴식을 제공해 주는 호수 공원으로, 시내 중심부에 위치해 있다. 공원이 큰 편으로 한 바퀴를 도는 데 3시간 정도가 걸린다. 호수의 남쪽에는 양곤 동물원이 자리하고 있으며, 북쪽 출입문 입구에는 아웅산 장군의 동상이 있다. 호수 부근에는 거대한 와불로 유명한 짜욱따지 와불 사원과 위빠사나 명상을 수행하는 마하시 명상 센터가 있다. 호수에는 데이트 중인 젊은이들로 항상 붐비며 고급 레스토랑이 호수 안에 위치해 있다.

깐도지 호수 공원 Kandawgyi Lake

산책하기 좋은 데이트 코스

쉐다곤 파고다 바로 앞(동쪽 출입문 방향)에 있으며 인공으로 조성된 호수이다. 잘 가꾸어진 나무들과 공원으로 이루어져 있으며 아웅산 장군의 동상도 이곳에 있다. 호수 둘레가 약 3~4km 정도로, 걸어서 한 바퀴 돌면 50~60분 정도 소요된다. 호수 안에는 유명한 고급 식당들이 많은데 꺼러웨익 팰리스와 중국 식당인 로열 가든이 있다. 조용하고 아름다운 공원으로, 산책하기에 무척 좋으며 데이트하는 젊은이들을 많이 볼 수 있다.

오픈 04:00~22:00 **요금** K300(카메라 K500, 비디오 K1,000 / 호수 공원 안에 있는 레스토랑 또는 케러웨익으로 간다고 말하면 무료 입장 가능)

양곤 동물원 Yangon Zoological GaRden

연못과 정원이 있는 동물원

깐도지 호수 바로 옆에 있다. 가운데 커다란 연못이 있고, 입구에서 오른쪽으로는 꽃으로 가꾸어 놓은 정원이 있으며 조류와 원숭이, 포유류의 동물들이 있다. 호랑이 막사는 연못 제일 안쪽 끝에 있으며, 종일 늘어지게 잠만 자고 있다. 새로운 수도 네피도에 커다란 동물원을 새롭게 개장하느라 양곤 동물원의 동물을 많이 옮겨가서 이전보다 동물의 수가 많이 줄었다.

주소 Bo Min Kaung St., Yangon **오픈** 08:00~18:00(마지막 입장 16:30) **요금** 일반 K2,000, 어린이 K1,000

Travel tip

아웅산장군 동상

몇 년 전만 해도 공원 입장료를 내고 거기다 촬영비를 별도로 지불했던 아웅산 동상이 새로운 공원으로 변신했다. 깐도지 호수 공원 울타리를 동상 뒤편으로 옮기고 더 넓게 열린 공원으로 새롭게 단장을 해서 더 이상 공원 입장료나 촬영비를 낼 필요가 없다. 아웅산 수지 여사의 위상이 많이 높아졌음을 보여 주는 것이다.

보족 아웅산 박물관 Bogyoke Aung San Museum

아웅산 장군의 옛집

독일 대사관이 있는 골목길로 약 10분 정도 걸어 올라가면 낮은 언덕 위로 아웅산 장군이 살았던 집이 나온다. 아웅산 장군 가족이 1945년에서 1947년까지 살았던 2층 집을 박물관으로 꾸며 놓았다. 정문 옆 차고에는 아웅산 장군이 탔던 승용차가 보관되어 있다. 박물관 안에는 주로 당시 사용했던 가구와 가족 사진들로 꾸며져 있다.

주소 25 Bo Gyoke Museum Ln., Yangon **오픈** 09:30~16:30 **휴무** 월요일, 공휴일 **요금** K300 **주의 사항** 실내 사진 촬영 금지

짜욱따지 와불 사원 Chauk htat gyi Pagoda

거대한 와불이 있는 사원

이 사원은 거대한 와불로 유명하다. 미얀마에서 두 번째로 큰 와불로, 1973년 보수 공사를 하면서 길이와 너비가 조금 늘어났다. 현재 와불의 길이는 65.85m, 높이 18.62m에 이르러 보는 이를 압도한다. 이 와불은 2,000년 전에 처음 만들어졌으며 벽돌로 와불을 만든 후 회반죽으로 바깥 부분을 잘 바른 다음 그 위에 유약을 발라서 마무리한 것이다. 1930년에 대대적인 개보수를 통해 오늘날과 같은 모습을 갖추었으며, 불상에 유약을 바르고 새롭게 페인트칠을 해서 마치 플라스틱 주형 공장에서 방금 찍어 낸 듯한 느낌이 든다.

와불의 발바닥에는 108가지의 문양이 새겨져 있는데 이는 욕계, 색계, 무색계를 나타낸다. 와불 사원 안에는 각국에서 온 불자들이 보시한 금액과 이름이 적혀 있는 현판들이 많은데 한국인의 이름도 제법 보인다.

쉐곤다인 로드(Shwegondine Rd.)에 있는, 양곤에서 제일 고급 아파트 중의 하나인 골든 힐 타워(Golden Hill Tower)를 지나서 있다. 서양 관광객들로 늘 붐비는데, 택시 잡기가 힘들면 조금만 걸어가서 큰 대로에서 잡으면 쉽다.

주소 Reclining Buddha, Bahan Township, Yangon **오픈** 06:00~21:00 **요금** 무료

마하시 명상 센터 Mahasi Meditation Center

위빠사나 명상의 대명사

위빠사나(Vipassana) 명상의 대명사로 자리 잡은 마하시 명상 센터는 1947년 마하시 사야도(Mahasi Sayadaw, 1904~1982)에 의해 건립되었다. 부처의 가르침과 수행법을 배우기 위해 설립된 부다 사사나 누가하 협회의 초대 회장이던 우 트윈(U Thwin)이 당시 우 누(U Nu) 수상에게 부탁해서, 북부 작은 마을인 세이쿤(Seikkhun)에서 위빠사나 수행과 지도를 병행하던 마하시 사야도를 모셔 왔다.

명상 센터 정문을 들어가면 바로 왼쪽에 행정실이 있고 맞은편에는 여성용 명상 수행 대법당이 있다. 그 뒤편으로 공양을 위한 식당이 있다. 행정실을 지나서 조금 내려가면 있는 왼쪽 2층 건물이 마하시 대선사 기념관으로, 2층에는 생전에 사용하던 침대, 사무용품, 스님이 경행하던 장소 등이 있다.

매일 오전 10시에 마하시 대선사 기념관 아래쪽에서 스님들과 수행자들이 점심 공양을 위한 탁발

시작한다. 늦지 않게 오전 9시 40분쯤 도착해서 조금 기다리면 스님들의 탁발 행렬을 직접 볼 수 있다.

주소 16 Sasana Yeiktha Rd., Bahan Township, Yangon 전화 545-918 / 541-971 요금 무료 홈페이지 www.mahasi.org.mm 이메일 mahasi-ygn@mptmail.net.mm

---

Travel tip

위급 상황시 연락처

여행을 하다 보면 예기치 못한 위급 상황이 생길 수 있다. 강도를 만난다든지, 법적인 문제가 발생한다든지, 다쳐서 병원에 가야 한다든지, 지갑을 잃어버린다든지 등의 위급한 상황이 발생하면 아래의 연락처로 연락하면 도움을 받을 수 있다.

- **주 미얀마 한국 대사관**
  주소 No.97, University Avenue Rd., Bahan Township, Yangon 전화 527-142~4, 515-190 팩스 513-286 비상 연락처 09-4211-58030(위급 상황이나 급한 용무, 주말이나 공휴일, 24시간 비상 전화) 근무 시간 08:30~12:00, 13:30~17:00 홈페이지 mmr.mofat.go.kr 이메일 myanmar@mofat.go.kr

- **미얀마 긴급 전화 번호**
  경찰 199 화재 신고 191 교통사고 550-630

- **한국 주요 공관 연락처**
  대한 무역 투자 진흥 공사(KOTRA)
  주소 #607, Sakura Tower, 339 Bogyoke Aung San Rd., Kyauktada Tsp, Yangon 전화 255-453~6

  한국 국제 협력단(KOICA)
  주소 No.97, University Avenue Rd., Bahan Township, Yangon 전화 527-142~4

  재 미얀마 한인회
  주소 5-F, Aungmigalar St, 4 Quarter, Nayangone Tsp, Yangon 전화 +95-9431-18713 이메일 hanin@myanmarhanin.com

- **진미 한(Myint Han)**
  미얀마 사람으로, 2006년에 한국 여성과 결혼했다. 한국에서 몇 년 간 노동자로 일했으며, 착실히 일해서 번 돈으로 승합차를 구입하여 현재는 한국인들을 공항에 데려다 주거나 마중나가는 일, 여행 가이드 등 여행 사업을 하고 있다. 한국어도 유창해서 의사소통에 문제가 없으며 영어도 잘한다. 싹싹한 성격에 성품이 진실하다. 미한 씨는 한국에서 온 위빠사나 수행자들에게 인기가 좋다. 공항에 오가는 일이나 기타 문제가 생기면 연락해 보기 바란다.

  휴대 전화 09-51-10380 이메일 myinthan@hanmail.net / myinthan@empas.com

길 위에서 만난 사람들
우 아웅 민

양곤에서 만난 우 아웅 민(U Aung Myint, 37세) 씨는 택시 기사다. 내가 한국에서 왔다는 말에 그는 유창한 한국어로 이야기를 꺼냈다. 티코(한국에서 수입한 티코 택시가 많다) 택시를 몰고 있는 그는 경기도 마석 가구 단지에서 6년 정도 일했다고 한다.

다행히 좋은 사장님을 만나서 체불 임금 없이 착실하게 돈을 모아 미얀마로 돌아와 택시를 샀다고 한다. 미얀마에서는 10년 이상 된 중고차도 우리 돈 1,000만 원이 넘으며, 11~15인승 승합차의 경우 수천만 원이 넘는다. 등록비가 무척 비싼데 군부 실력자가 차량 등록 전권을 가지고 있어서 터무니없는 비싼 등록비를 받는 데다 등록비 일부를 상납하는 구조라고 한다. 우 아웅 민 씨는 택시 두 대를 소유하고 있으며, 집도 좋은 걸로 장만했다고 한다. 본인은 코리안 드림을 이룬 사람 중의 하나라며 자신처럼 한국에 가서 코리안 드림을 이룬 미얀마 사람들이 많다고 한다. 택시비도 조금 저렴하게 받은 우 아웅 민 씨, 한국에서의 좋은 추억을 간직하고 행복하게 잘 살기를 기원해 본다.

한국에서 일하고 있는 이주 노동자들은 2018년 기준으로 약 100만 명이 넘는다. 주로 중국, 몽고, 러시아, 미얀마, 네팔, 스리랑카, 방글라데시 등 아시아 거의 모든 국가에서 왔다고 할 수 있다. 그만큼 한국어는 이제 세계화되고 있다. 해외 여행 중에 한국어를 못 알아듣겠지 하고 말을 함부로 하거나 욕설을 하면 큰 봉변을 당할 수도 있다. 한국어를 잘하는 외국인들이 의외로 많다는 사실을 잊지 말자.

술레 파고다
SULE PAGODA

양곤의 역사, 경제, 문화, 정치의 상징

예전에는 양곤의 중심지로 번성했으나 점차 중심지가 깐도지 호수 부근으로 올라오고 있는 중이다. 술레 파고다 주변에는 차이나타운, 시청, 대법원, 보족 아웅산 시장, 스트랜드 호텔 등 중요한 관공서들과 게스트 하우스가 밀집해 있다. 영국 식민지 시절에는 술레 파고다를 중심으로 계획 도시를 건설했다고 한다. 그래서인지 이 지역은 바둑판처럼 블록이 반듯하게 건설되어 있어서 길을 찾기가 무척 쉽다.

쉐다곤이 미얀마 사람들의 자부심이라면 술레 파고다는 양곤 시민들에게 등대와 같은 존재이다. 대부분의 버스들이 이곳을 경유하며 보족 아웅산 시장 등 주요한 곳은 도보로 이동이 가능하다. 미얀마 민주화 운동의 거점이기도 했던 술레 파고다는 양곤의 역사, 경제, 문화, 정치의 상징이다.

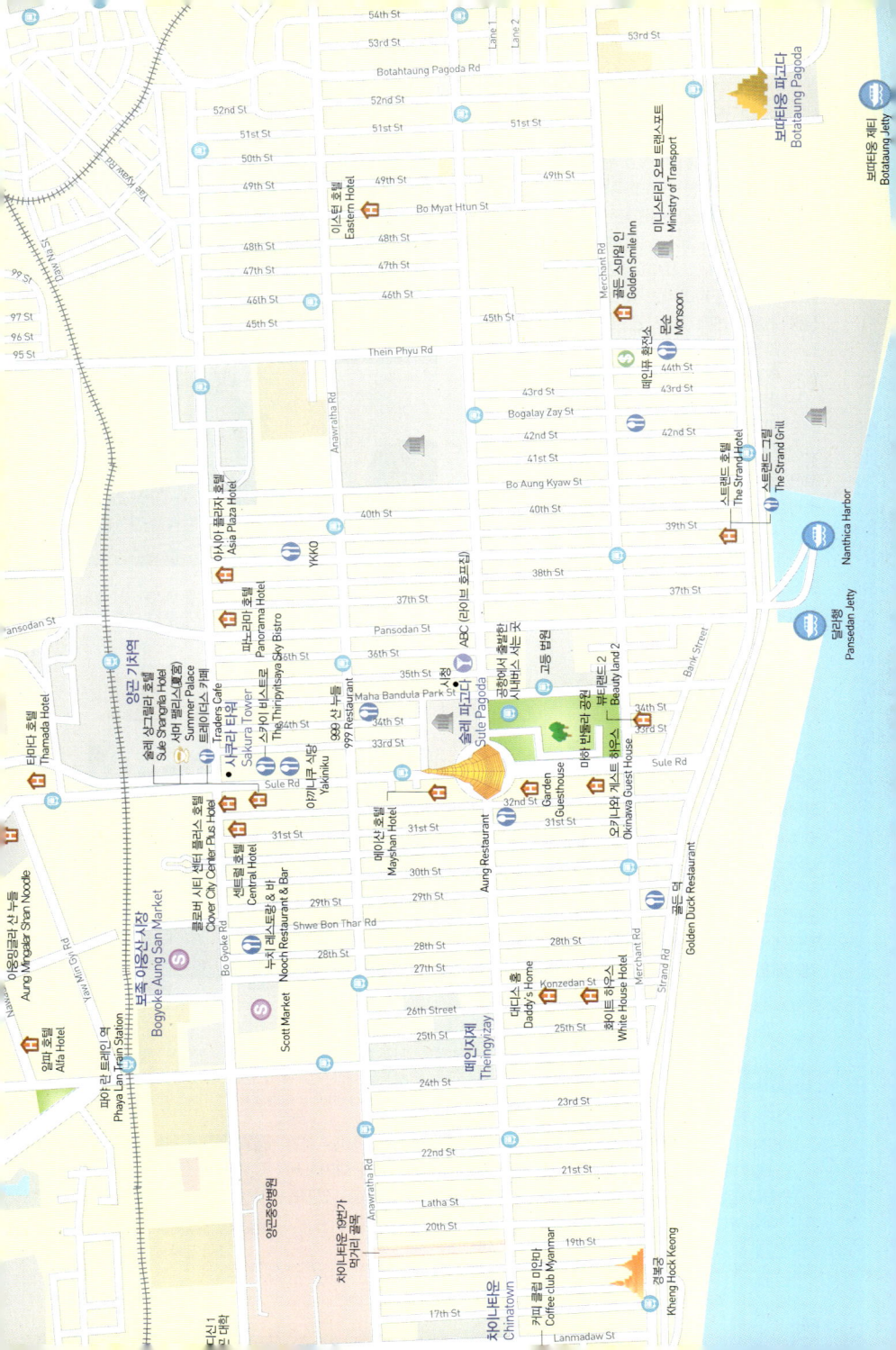

술레 파고다 Sule Pagoda

영국 식민지 시절의 계획 도시

미얀마 최대 도시인 양곤의 중심부에 위치한 술레 파고다(Sule Pagoda)는 쉐다곤 파고다와 더불어 양곤을 대표하는 파고다 중 하나이다. 내려오는 전설에 의하면 쉐다곤 파고다보다 약 2,500년 전에 건립되었으며, 쉐다곤 파고다는 술레 파고다에 존재하는 정령 낫(Nat) 신에게 계시를 받고 지금의 자리에 건립되었다고 전해진다.

술레 파고다는 높이 48m로 쉐다곤 파고다에 비해서는 낮은 편이다. 이곳에는 부처의 머리카락(불발)이 안치되어 있다. 술레 파고다는 상가형 복합 사원 양식으로, 1층에는 2~3평 규모의 상점들이 원형으로 빙 돌아가며 들어서 있는데 주로 전자 제품, 시계 수리점, 불교용품 판매점이 많다.

양곤 시청사 바로 옆에 위치한 술레 파고다는 미얀마 문화 및 정치의 중심지로 1988년에 있었던 8888 민주화 항쟁이나 2007년 반정부 시위의 중심이 되었던 장소이기도 하다.

주소 Maha Bandula Rd., Yangon 오픈 05:00~21:00
요금 $3(K3,000), 신발 보관 K1,000, 화장실 K1,000

사쿠라 타워

일본인 소유의 빌딩

술레 파고다에서 두 블록 위쪽에 있는 사쿠라 타워 빌딩을 중심으로 양곤의 중심부가 형성된다고 볼 수 있다. 이름에서도 알 수 있듯이 사쿠라 타워는 일본인 소유의 빌딩이다. 건물 1층에는 타이 항공 사무실이 있고, 옆으로 극장과 서점, PC방이 있다. 맞은편으로는 특급 호텔인 트레이더스 호텔이 있고, 양곤에서 제일 큰 시장인 보족 아웅산 시장이 5분 거리에 있다.

주소 339 Bo Gyoke Rd., Yangon

Travel tip

링머야(미얀마 국화빵)

미얀마 시장이나 거리를 걷다 보면 우리나라 국화빵과 똑같은 것을 파는 광경을 보게 되는데, 이것이 '링머야'라고 불리는 미얀마표 국화빵이다. 크기도 비슷하고 굽는 방식도 똑같다. 묽게 한 반죽을 주전자로 국화빵 틀에 붓고 안에는 단팥을 넣는다. 가격은 K200에 10개 정도이며 맛도 국화빵과 똑같다.

양곤 기차역

예약은 필수

기차역은 항상 많은 여행자들로 붐비며 미리 예약을 하지 않으면 당일 좌석을 구하기가 쉽지 않다. 좌석 예약에는 반드시 여권과 비자 번호가 필요하며 외국인은 달러로 계산해야 한다.

주소 Kun Chan Rd., Yangon 위치 아웅산 운동장 맞은편

양곤 순환 열차 Yangon Circular Train

서민들을 가까이서 만날 수 있는 열차

양곤에서 가장 서민적인 풍경과 사람들을 만날 수 있는 열차이다. 양곤 중앙역을 기점으로 양곤을 크게 한 바퀴(시계 방향, 시계 반대 방향) 도는 완행열차다. 총 38개의 간이역을 지나는데 역 주변에 커다란 재래시장이 여럿 있으니 내려서 구경해 보는 것도 좋다. 열차는 아무 역에서 타서 아무 역에서나 내릴 수 있다. 첫차는 양곤 중앙역에서 6시 10분에 출발하고 막차는 22시 10분에 들어온다. 양곤 중앙역에서 전체 순환 막차는 17시 10분에 출발한다. 예전에는 의자가 나무로 되어 있었지만 지금은 대부분 플라스틱 의자로 교체되었다. 외국인은 원칙적으로 별도의 칸에 타야 하지만 지금은 아무 칸에나 타도 제지하지 않는다.

숙소가 시내에서 조금 멀리 떨어져 있을 경우 근처에 있는 순환 열차 역에서 타서 양곤 중앙역까지 가는 것도 한 방법이다. 양곤 한 바퀴를 다 도는 데는 2

시간 30분~3시간 정도 걸리니 중간쯤에서 타서 양곤 중앙역까지(30~40분 소요) 가거나 반대로 시내 구경 후에 양곤 중앙역에서 타서 숙소 근처 역까지 오는 것도 방법이다.

양곤 순환 열차는 곧 사라질지도 모르니 그 전에 양곤을 방문하는 분들은 꼭 한번 타 보기를 추천한다.

요금 K200~400(에어콘 열차) 주의 사항 외국인은 여권 필요

보족 아웅산 시장 Bogyoke Aung San Market

없는 게 없는 시장

양곤에서 제일 유명한 시장으로 생필품, 선물, 의류, 화장품, 보석, 금은방, 칠기, 과일, 운동화, 가방, 목공예품, 론지(미얀마 전통 의상), 골동품 등을 취급하는 많은 가게들이 있다. 그림을 파는 곳도 있으며, 보석을 붙여서 만든 그림을 팔기도 한다. 달러를 짯으로 환전할 여행자는 이곳 금은방에서 환전하면 된다.

주소 Bo Gyoke Rd., Yangon 위치 시내 트레이더스 호텔 옆 보족 아웅산 로드(Bogyoke Aung San Rd.)를 따라 5분 정도 걸어가면 육교가 나타난다. 육교를 건너면 2층의 보족 아웅산 시장이 나온다. 주요 쇼핑몰은 1층에 있다. 건물 중간 지점에 있는 계단을 따라 아래층으로 내려가면 된다. 오픈 10:00~17:00 휴무 월요일

차이나타운 Chinatown

중국인들의 거주지

항구와 가까이 있고 밤에는 꼬치를 파는 노점들이 많이 있으며, 관음고묘(觀音古廟) 또는 광동관음 (Guang dong kwan yin, 廣東觀音)이라는 170년 된 중국 사찰이 있다. 마하반둘라 로드(Maha bandoola Rd.)와 신오단 거리(Sin oh dan St.)가 만나는 지점에도 중국 사찰인 경복궁(Kheng Hock Keong, 慶福宮)이 있다. 다른 나라처럼 차이나타운이 활성화되어 있지는 않지만 중국인들이 집단적으로 거주하므로 중국스러운 분위기를 느낄 수 있다.

위치 술레 파고다에서 서쪽으로 두 블록 정도 가면 차이나타운이 시작된다. 24번가(24th St.)에서 18번가(18th St.)에 이르는 지역으로 마하반둘라 로드(Maha bandoola Rd.)와 란마도 거리(Lanmadaw St.)가 만나는 지점이 차이나타운의 중심이라고 할 수 있다.

떼인지제 Theingyizay

인도계 미얀마인들이 많은 차이나타운

차이나타운 안에는 현지인들이 떼인지제라고 부르는 인도계 미얀마인들의 거주 지역이 있다. 술레 파고다에서 마하반둘라 로드(Mahabandoola Rd.)를 따라 걷다 보면 24번가(24 St.)~26번가(26 St.)가 나오는데 이곳이 떼인지제다. 떼인지제는 전체적으로 밤 문화가 발달하지 않은 미얀마에서 그나마 밤 문화가 가장 발달한 곳이다.

Travel tip

떼인지제의 나이트 클럽

임팔라(임빠야)를 비롯해서 여러 나이트클럽이 있다. 말이 나이트클럽이지 우리나라의 나이트를 생각해서는 실망한다. 양곤에서 갈 만한 곳으로는 JJ(쩨쩨), NASA(JJ 맞은편 빌딩), 채널 V, 9 Floor, 파이오니아(Pioneer), V6, 파크 로열 호텔 내 클럽(Park Royal Hotel), DJ Bar(인야 레이크 호텔 옆), 세도나 호텔 내 클럽(Sedona Hotel)이 있다. 보통 저녁 8시 30분에 개장해서, 업소에 따라 다르지만 새벽 2시 정도까지 한다. 입장료는 업소마다 다른데 보통 K5,000~7,000 정도 하며 음료나 맥주를 준다. 참고로 미얀마는 태국 이상으로 에이즈(AIDS) 보균자가 많은 곳이라고 세계적인 에이즈 예방 치료 단체인 UN AIDS가 밝히고 있다. 공식 자료로는 2003년에 33만 명이 보고되었으나 그 후의 기록은 없다. 세계적으로 에이즈 감염 증가 속도가 연평균 35%라는 점을 감안하면 병원과 위생 상태가 안 좋은 미얀마는 최소 100만 명 이상으로 추정되며 유흥가 종사 여성의 30% 이상이 에이즈 감염자로 추정되고 있다.

항구 지역

양곤 강의 하구
양곤 강은 양곤의 서부와 남부를 지나서 안다만 바다로 흘러든다. 차이나타운 아래 스트랜드 로드(Strand Rd.)에 5개의 부두(Jetty)가 있다. 부두에는 화물선에서 짐을 내리는 부두 노동자들로 북적이며 40kg의 쌀 한 가마니를 배에서 부두 밖 하치장까지 옮겨 주고 K200씩 받는다. 양곤 강을 이용하는 여객선의 터미널도 같이 있는데 강 건너 달라(Dala) 지역이나 바고, 바간, 만들레이까지 여객선이 운항한다.

킹 웨일 양곤 리버 크루즈 RV King Whale Yangon River Cruise

크루즈를 타고 양곤 강 유람
2013년 11월 9일부터 양곤 강에서 크루즈 운행이 시작되었다. 양곤 보따타웅 부두(Botahtaung Jetty)에서 승선한다. 오전 여행, 반나절 여행, 강 여행과 일몰 여행 등이 있으며 일정이나 여행 스타일에 맞게 선택하도록 한다.

요금 12:00 이전 외국인 $20, 내국인 K15,000 12시 이후 외국인 $30, 내국인 K20,000

선택 여행
- 양곤 리듬 크루즈(Yangon Rhythm Cruise)
  월~목요일($10): 주스, 간단한 스낵
  금~일요일($10): 맥주 또는 음료, 후라이드 치킨
  전화: 01-206266, 09730-35867

보따타웅 파고다 Botataung Pagoda

부처의 불발을 직접 볼 수 있는 유일한 사원
양곤 강과 스트랜드 로드(Strand Rd.), 보따타웅 파고다 로드(Botataung Pagoda Rd.) 사이에 있다. 부처의 치아 사리와 불발(머리카락)이 보존되어 있으며 탑 내부로 들어가 탑 중앙에 있는 불발을 직접 볼 수 있는 유일한 사원이기도 하다.

주소 Strand Rd., Yangon 오픈 06:00~21:00 요금 $3

인야 호수
INYA LAKE

고위층 저택이 몰려 있는 호수 부근

깐도지 호수 공원과 더불어서 양곤에서 유명한 호수 공원이다. 인야 호수는 양곤 북쪽의 공항 가는 방면, 부촌 지역에 위치해 있으며 호수 주변으로 미얀마의 내로라하는 고위층의 저택이 몰려 있다. 민주화의 상징인 아웅산 수지 여사의 집도 바로 이곳에 있다. 양곤 대학이 호수 인근에 있으며 한국, 미국 대사관도 이 근처에 있다.

인야 호수 인근에 세도나, 미카사 같은 고급 호텔이 위치해 있으며 작은 규모의 놀이동산도 있다.

인야 호수 Inya Lake

미얀마 최고 권력자들의 주거지

깐도지 호수보다 4배 이상 넓은 호수로, 양곤에서 제일 땅값이 비싼 곳이기도 하다. 호수 주변으로 미얀마의 최고 실력자들이나 권력자들의 저택이 자리하고 있다. 양곤 대학과 한국 대사관도 이곳에 있다. 우리에게 널리 알려진 아웅산 수지 여사의 집도 바로 이곳에 있다. 몇 년 전만 해도 아웅산 수지 여사의 집 도로 양쪽에 바리케이드를 쳐 놓고 오가는 사람과 자동차를 검문했었다. 수지 여사의 집을 사진 찍다 발각되어 바로 추방당한 사진 작가도 여럿 있었다. 하지만 지금은 사진을 찍어도 아무 문제가 없다. 아웅산 수지 집 앞을 지나치게 되면 내려서 기념사진을 찍자.

호수를 빙 돌아가면서 마련된 벤치에는 미얀마의 젊은 연인들이 나란히 앉아서 데이트를 즐기는 광경을 목격할 수 있다.

위치 양곤 북쪽에 위치해 있으며 공항에서 시내로 들어가다 보면 옆으로 보인다. **오픈** 24시간

아웅산 수지의 집

미얀마 보석 박물관 Myanmar Gems Museum

세계에서 제일 큰 루비 원석을 볼 수 있는 곳

미얀마는 루비와 사파이어 보석의 원산지이다. 인야 호수 근처 꺼바예 파고다 인근에 있는 보석 박물관은 4층 건물로, 1~3층은 보석을 판매하는 상점들이고 4층이 박물관이다. 박물관에는 세계에서 제일 큰 루비 원석과 대형 진주를 전시해 놓고 있다. 사진 촬영은 금지다.

주소 6 Kaba Aye Pagoda Rd., Yangon **전화** 665-842 **오픈** 09:30~16:00 **휴무** 매주 월요일, 공휴일 **요금** $5

꺼바예 파고다 Kaba Aye Pagoda

부처의 진신 사리를 친견하다

미얀마의 모든 종교를 관할하는 종교성이 자리하고 있는 사원으로, 인야 호수 위쪽에 있다. 이 꺼바예 파고다에는 인도 산치 대탑에서 영국의 고고학자 알렉산더 커닝험이 발굴한 부처와 목련 존자, 사리불 존자의 사리가 모셔져 있다. 인도가 영국으로부터 독립을 하면서 반환받은 것을 미얀마의 초대 수상인 우 누가 인도 정부에 간청해서 일부를 분배받았다고 한다. 사원 방문자들은 돋보기 형태의 보관함에 있는 부처의 진신 사리를 직접 볼 수 있다.

종교성 위쪽으로는 승가 대학이 자리하고 있는데 이 대학은 종교성에서 실시하는 승려 국가 고시에 합격해야만 입학 자격이 주어지는 최고의 엘리트 승려 대학이다.

꺼바예 파고다는 황금 부처와 부처의 진신 사리가

보관된 중요한 사원이라 그런지 내부가 마치 튼튼한 금고와 같은 형태로 되어 있어서 그 안에 모셔진 황금 부처의 모습이 안쓰럽다.

주소 Kabar Aye Pagoda Rd., Yangon **위치** 양곤 시내에서 공항으로 가다 보면 길에서 정문이 바로 보인다. **오픈** 06:00~21:00 **요금** 무료

마하 빠자나라

사원 뒤의 커다란 홀

사원 뒤에 있는 커다란 홀은 1만 명을 수용할 수 있는 크기로, 인도의 왕사성 경전 1차 결집 장소인 칠엽굴을 본따서 조성한 것이며 '마하 빠자나라'라 부른다. 이곳에서는 1954~1956년 경전 제6차 결집이 이루어졌다.

나가 유리 공예 공장 Na Gar Glass Factory

짜욱따지 와불상의 유리 눈을 만든 공장

전통적인 유리 공예 공장으로, 양곤 시내에서는 조금 떨어진 거리에 있다. 짜욱따지 와불상의 유리 눈을 이 공장에서 만들었다고 한다. 유리 공예에 관심이 있는 여행자는 한번 방문해 보기 바란다.

인야 호수 서쪽 유니버시티 에비뉴 로드(University Avenue Rd.)를 따라 가다 인세인 로드(Insein Rd.)를 만나면 인세인 로드 북쪽 방향으로 조금 올라가 야우지 짜웅 거리(Yawgi Kyaung St.)에 있다. 양곤 대학교 북쪽 방향에 있다.

주소 152 Yawgi Kyaung St., Hlaing Township, Yangon **위치** 시내에서 택시로 갈 경우 편도 K8,000 정도 하며 왕복일 경우 K10,000 정도 한다. 대부분의 택시 기사들이 이곳 위치를 잘 모르기 때문에 양곤 도시 지도를 참고해서 알려 주어야 한다. **전화** 526~053 **오픈** 9:30~11:00, 12:30~15:30 **요금** 무료

아웅산 수지 Aung San Suu Kyi

1945년 6월 19일 미얀마에서 출생한 아웅산 수지는 미얀마 독립의 영웅인 아웅산 장군의 딸로 군사 독재 정부에 의해 12년 동안 가택 연금 생활을 하다 2010년 11월에 해제되었다.

수지 여사는 1960년 인도 대사로 부임한 어머니를 따라 뉴델리에서 어린 시절을 보냈고 영국 옥스포드 대학교에서 정치, 철학, 경제를 공부했다. 대학 시절 만난 티베트 학자 마이클 아리스(전 옥스포드 대학교 교수)와 1972년 결혼을 해서 두 아들을 두고 있다.

결혼 후 영국에 머물던 아웅산 수지 여사는 1988년 위독한 어머니를 보러 잠시 귀국했다가 군사 정권의 폭정에 신음하는 조국을 외면할 수 없어 미얀마 민주화 운동에 뛰어들었다. 이를 두고 볼 수 없었던 미얀마 정부는 1989년 7월, 수지 여사를 가택 연금하였다. 가택 연금 상태에서 치러진 1990년 5월 총선에서 전체 의석 485석 가운데 392석을 차지하는 압승을 거뒀으나 군사 정부는 선거 무효화 조치를 취하고 정권을 이양하지 않았다.

노벨상 위원회는 1991년에 아웅산 수지의 미얀마 민주화 운동에 대한 공로를 인정하여 노벨 평화상 수상자로 결정하였으나 군사 정부가 출국을 허용하지 않는 바람에 영국에 있던 남편과 아들이 대신 상을 받았다. 1999년 남편 아리스가 전립선암 말기 선고를 받고, 마지막으로 아내 아웅산 수지를 만나보겠다며 미얀마 입국 비자를 신청했으나 미얀마 군사 정부가 이를 거부하자 깊은 절망에 빠졌다. 군사 정부는 대신 아웅산 수지에게 미얀마를 떠나 남편을 만나라고 압력을 넣었다. 아웅산 수지는 이번에 조국을 떠났다가는 다시는 돌아오지 못한다는 사실을 알고 남편이 위독해도 출국하지 않았다. 1999년 남편 아리스는 끝내 쓸쓸하게 홀로 숨졌다.

2015년 아웅산 수지가 이끄는 야당 NLD(민족민주동맹) 선거에서 압승을 거뒀지만, 외국인과 결혼한 사람은 대통령에 출마할 수 없다는 미얀마 헌법에 따라 2016년 대통령 선거에서 NLD당의 틴초 후보가 당선되면서 정권 교체가 이루어졌다. 국내외적으로 아웅산 수지가 실제적인 대통령 역할을 수행하고 있지만, 공식적인 직책은 외무부 장관이다.

2017년 발생한 미얀마 군부의 소수 부족 로힝야족 살해, 고문, 성폭행 등 심각한 인권유린을 수수방관했다는 이유로 현재 아웅산 수지는 국제적으로 심각한 비난의 대상이 되어 있다. 심지어는 노벨 평화상 수상을 취소하라는 국제적인 청원이 일고 있다.

양곤 외곽

양곤의 발달로 새롭게 주목받는 지역

양곤 국제공항이 위치한 북쪽 외곽 지역에는 아웅 밍글라 시외버스 터미널과 로카찬타 옥 좌불 사원, 컨벤션 센터, 한인이 운영 중인 GSR 호텔 및 골프장 등이 있다. 양곤의 발달로 외곽 지역 역시 공단과 산업 단지의 조성이 활발하게 진행되고 있다. 또한 최근 미얀마의 개방 정책으로 항공 여객과 물류가 급격히 증가하여 지금의 국제공항 위쪽, 바고 인접한 지역에 제2의 국제공항 건설이 추진 중에 있다.

시내 동남쪽에 위치한 미얀마 다민족 전통 마을은 대표적인 부족의 전통 가옥을 재현한 마을로 우리나라의 민속촌에 해당한다. 다민족 마을 건너편으로는 딴뢴 신도시가 새롭게 조성되고 있는데 양곤의 부자들과 양곤에 거주하고 있는 외국 기업의 주재원들이 많이 선호하고 있다.

로카찬타 옥 좌불 사원 Lokachanda Pagoda

거대한 옥 좌불상을 모신 사원

양곤의 외곽 지역에 위치한 로카찬타 사원은 아주 최근에 건립된 사원이다. 이 사원의 원래 이름은 로카찬타 아바야라바무니(Abayarabamuni)로 2002년에 착공해서 2004년에 완공되었다. 로카찬타 사원은 미얀마 북쪽에서 커다란 옥이 발견되면서 그 옥으로 불상을 조성해 모시기 위해 건립되었다.

옥 좌불상

거대한 옥돌을 다듬어 완성된 좌불상

1992년 만들레이 북쪽 석재 광산인 사진(Sagyin) 지방에서 1,000톤에 달하는 옥 광맥이 발견되었다. 이 소식을 전해 들은 미얀마의 한 재벌이 그 광산을 통째로 사서 옥으로 불상을 조성하기로 하였다. 옥의 훼손을 막기 위해 광산의 바깥부터 조금씩 파 들어가는 방법으로 매일 300명, 연 인원 10만 명의 인부가 동원돼 1년에 걸친 작업 끝에 옥을 완전히 파냈다. 이때 인부들은 모두 무보수로 참여한 자원 봉사자들이었다고 하니 그들의 불심이 놀라울 따름이다.

마침내 캐낸 1,000톤짜리 옥돌은 현장에서 1993년부터 우마웅지란 사람과 그의 아들에 의해 7년간에 걸쳐 대략적인 좌불 형태로 다듬어졌다. 그 무게가 500~600톤에 이르렀고 불상의 높이가 약 11m에 달했다. 이렇게 대략적으로 완성된 옥 좌불상은 1999년 드디어 화물선에 실려 에야워디 강을 따라 양곤에 도착했다. 총 운반 일수는 15일이 걸렸는데 이는 옥 좌불상 운반 소식을 들은 에야워디 강가의 도시나 마을에서 옥 좌불상을 축하하는 행사를 성대하게 여는 바람에 3~4일 정도면 도착하는 기간이 15일로 늘어났다고 한다.

이 옥 좌불상은 한여름인 우기에 이송되었는데 그 기간에 비가 한 번도 내리지 않았다고 한다. 미얀마는 우기인 여름에는 하루도 빠짐없이 억수 같은 비가 쏟아지는데 신기한 일임에 틀림없다.

양곤으로 이송된 옥 좌불상은 마무리 작업을 거쳐

서 이곳 로카찬타 사원에 모셔지게 되었다. 한 가지 아쉬운 점이 있다면 옥 좌불상의 훼손을 막기 위해 사방으로 유리 보호벽을 쳤다는 사실이다. 유리 보호벽 안에 모셔진 옥 불상은 새장 속에 갇힌 새 같은 느낌이 든다.

아웅 밍글라 익스프레스 버스 터미널 Aung Mingalar Express Bus Terminal

미얀마 각지로 가는 버스를 탈 수 있다

양곤 시내에서 북쪽으로 양곤 국제공항 외곽에 있다. 고속버스 터미널에 해당하며 미얀마 각지로 출발한다. 유명 도시나 관광지는 표가 빨리 매진되기 때문에 여행 출발 하루나 이틀 전에 미리 예매를 해 놓는 것이 좋다. 여권이나 영문 이름만 있으면 예약이 가능하고 짯(K)으로 계산해도 된다.

위치 시내에서 40분 정도 걸리며 버스로 가기에는 쉽지 않고 외국 여행자들은 주로 택시나 픽업트럭을 이용한다.(픽업트럭 1인당 K1,000~2,000 / 구간별 택시 요금 (아웅 밍글라 버스 터미널 기준, 미터 요금이 아니라 타기 전 가격 협상) 술레 파고다 K9,000~11,000(합승 시 1인당 K3,000), 9마일 오선 K3,000~4,000, 깐도지 호수 공원·레인보우 호텔 K8,000~9,000

미얀마 다민족 전통 마을 National Races Village

다민족 전통 가옥에서 듣는 다민족 생활사

우리나라의 민속촌과 유사한 마을로 미얀마 여러 민족의 전통 가옥들을 공원처럼 만들어 놓았다. 각 민족 전통 가옥에는 해당 민족의 사람들이 간단하게 가옥의 구조나 민족의 역사 등을 설명해 준다. 가옥의 1층은 기념품 및 과자 같은 스낵을 파는 상점 형태이다.

입구로 들어가면 난민 타워(전망대)가 나오고 라카인 마을(집 한 채가 한 마을), 바마 마을, 까인 마을, 몬 마을, 친 마을, 리드 호수가 나오고 카친 마을, 산 마을, 꺼야 마을이 있다. 면적은 제법 넓어서 천천히 걸어서 둘러본다면 족히 2~3시간은 걸린다. 마을 입구에서 관광 셔틀과 자전거(유료)를 빌려 주니 이용해 보자.

시간적으로 여유가 있는 여행자들은 반나절 정도 시간 내서 다녀올 만하다.

강변(Bago River)에 위치(양곤에서 차로 30~40분) 오픈 09:00~17:30 (국가 공휴일 휴무) 요금 K3,000($3) / 관광 셔틀 1대 K9,000(12~15명 탑승 가능)

위치 딴륀 다리(Than Hlyin Bridge) 건너기 전 왼쪽 바로

Travel tip

입구 앞에 주차된 택시들은 담합이 된 기사들이라 양곤 시내까지 K10,000 이상 비싸게 부른다. 입구에서 나와서 왼쪽으로 2~3분만 걸으면 바로 큰길이 나오는데 거기서 택시를 잡으면 K5,000~7,000이면 9마일(오선)까지 가능하다.

추천 숙소

최근 미얀마가 민주화 조치를 취하고, 미국, 유럽 연합(EU)의 경제 제재가 일부 완화되면서 전 세계의 관광객과 기업, 투자가들이 마지막 남은 엘도라도(El dorado, 황금의 땅)를 찾아서 미얀마로 몰려들고 있다. 그래서 양곤, 만들레이 등 대도시와 바간, 인레, 나팔리 비치 등 유명 관광지는 숙소가 많이 부족한 편이다. 호텔 신축이 많이 진행되고는 있지만 앞으로 몇 년간은 성수기(10월-4월)에 유명 관광지나 대도시의 숙박 상황이 쉽지 않을 전망이라 여행 시 미리 숙소를 예약하고 이동해야 한다. 외출 시에는 꼭 묵고 있는 호텔이나 게스트 하우스의 명함을 가지고 다니면 숙소로 돌아오는 길에 요긴하게 쓸 수 있다. 대부분의 숙소에서 간단한 토스트, 과일, 커피 정도의 아침 식사가 무료로 제공된다.

양곤 시내 중심부

술레 샹그릴라 호텔 Sule Shangrila Hotel
샹그릴라 체인으로 미얀마 최고의 호텔이다. 주로 사업가들이 선호한다.

에 건립된 유서 깊은 건물로 영국 식민지 시절 〈달과 육 펜스〉로 유명한 작가인 서머싯 몸(Somerset Maugham)과 〈1984년〉의 작가 조지 오웰(George Orwell)이 머물렀던 호텔이기도 하다.

주소 92 Strand Rd., Yangon 전화 243-377 요금 슈피리어 스위트 $391~868, 디럭스 스위트 $426~945, 스트랜드 스위트 $800 이상 홈페이지 www.ghmhotels.com 이메일 Info@hotelthestrand.com.mm

센트럴 호텔 Central Hotel

보족 아웅산 시장 맞은편, 트레이더스 호텔 옆에 위치해 있다. 현지인이 사용하는 룸은 상태가 안 좋으므로 외국인용 룸으로 달라고 부탁한다. 1층

에 다나 모 비행기 티켓 사무실(Dana Moe Air ticket, 389-436~8)과 시티 홀리데이(City Holiday) 여행사가 있다.

주소 223 Sule Pagoda Rd., Yangon 전화 242-828 요금 디럭스·클럽 룸 $250~800 이상 홈페이지 www.shangri-la.com 메일 thyn@shangri-la.com

스트랜드 호텔 The Strand Hotel
샹그릴라 호텔과 더불어 미얀마 최고의 호텔이다. 영국 식민지 시절에 개업한 호텔로, 오랜 역사를 자랑한다. 최근에 싱가포르 자본과의 합작 투자로, 새롭게 리모델링하여 최고의 시설을 갖추고 있다. 비즈니스를 위한 편의 시설도 갖추고 있다. 1896년

주소 335 Bogyoke Aung San Rd., Yangon 전화 241-001~20 요금 슈피리어 $60, 디럭스 $95, 스위트 $120 이상, 엑스트라 베드 $20

아시아 플라자 호텔 Asia Plaza Hotel

양곤 중심부에 자리 잡은 3성급 호텔로, 낡은 편이지만 방은 넓고 깨끗하다.

주소 277 Bogyoke Aung San Rd., Corner 38th St., Yangon 전화 391-070~1 요금 디럭스 $60, 이그제큐티브 $66, 로열 스위트 $96, 로열 스위트 트리플 $126 홈페이지 www.asiaplazahotel.com 이메일 hotelasiaplaza@gmail.com

술레 파고다 주변

가든 게스트 하우스 GaRden Guest House

술레 파고다 바로 옆 건물로, 찾기가 쉬워서 배낭여행자들이 많이 선호한다.

주소 No. 441-445, Maha bandoola St., Yangon 전화 253-779 요금싱글 $8~17

삔우린 II 게스트 하우스 Pyin Oo Lwin II Guest House

시청 건물(술레 파고다 옆 회색 건물) 뒤에 있다. 3층에 있고 온수가 나오며 종업원들이 친절하다. 주변 게스트 하우스보다는 비싼 편이다.

주소 3Rd floor, 184 Maha bandoola GaRden St., Yangon 전화 243-284 요금싱글 $10, 더블 $20

화이트 하우스 호텔 White House Hotel

술레 파고다 근처에 있다. 옥상은 아침 식사를 하는 장소로, 과일 뷔페식으로 정평이 나 있다. 7층까지 계단으로 올라가야 하며 시설이 다소 낙후되었다. 술레 파고다 주변 전망은 좋은 편이다. 밤 10시 이후부터는 손님을 받지 않고 11시에 문을 잠그고 다음 날 아침 5시에 다시 개방한다.

주소 71 Kon zay dan St., Yangon 전화 240-780 요금 도미토리 $12, 싱글 $18~25(에어컨), 더블 $22~30(에어컨) 이메일 whitehouse@mptmail.net.mm

대디스 홈 Daddy's Home

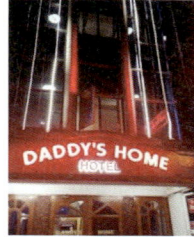

화이트 하우스 호텔 바로 근처에 있다. 많은 한국 여행자들이 추천하는 집이다.

주소 170 Kon zay dan St., Yangon 전화 252-169 요금 싱글 $15(공동 욕실), 더블 $25

골든 스마일 인 Golden Smile Inn

화이트 하우스에서 네 블록 정도 떨어져 있으며 종업원이 친절하다. 온수가 안 나온다.

주소 644 Merchant St., Yangon 전화 273-589 요금 싱글 $15(공동 욕실), 싱글 $20(개인 욕실), 더블 $25(개인 욕실)

메이샨 호텔 Mayshan Hotel

술레 파고다 바로 위 이슬람 사원을 지나면 나온다. 주인이 친절하며 전체적으로 깔끔하다. 에어컨, 온수, TV가 있다.

주소 117 Sule pagoda Rd., Yangon 전화 252-986~7 요금 싱글 $45(창문 없음), 더블 $55~59(창문 있음), 트리플 (창문 있음) $79 홈페이지 www.mayshan.com 이메일 info@mayshan.com

오키나와 게스트 하우스 Okinawa Guest House
술레 파고다 옆 가든 게스트 하우스 골목길 32번가 초입에 있다. 깔끔한 삼각형 모양의 3층 단독 주택으로, 흰 기둥에 빨간색이 칠해져 있다. 방은 깨끗하지만 창문이 작아서 답답한 느낌이 들고 가격이 싼 편은 아니다. 3층은 도미토리이고 식사는 건너편 식당에서 한다. 숙소 이름을 보면 일본인이 주인일 것 같지만 아무런 관계가 없다. 매니저 여자가 불친절하다는 평이 많긴 하지만, 위치가 좋아서 머물기는 괜찮다. 에어컨, 온수 시설, TV가 있다.

주소 No.64, 32nd St., Yangon 전화 374-318 요금 싱글 $17~25, 더블 $28, 도미토리 $9(공동 욕실) · 15 · 20

오키나와2게스트 하우스 Okinawa 2 Guest House
기존 오키나와 게스트 하우스 맞은편에 위치해 있다. 2014년 새롭게 오픈해 시설이 깔끔하다.

주소 No.89, 32nd St, Pabedan Tsp, Yangon 요금 더블 $23~30, 도미토리 $10 전화 385-728

마더랜드 인 2 Motherland Inn 2
직원들이 친절하고 많은 배낭여행자들이 좋아하는 곳이다. 공항 무료 픽업 서비스를 해 주는데 그것을 감안하면 가격이 괜찮은 편이다. 성수기에는 꼭 1~2주 전에 이메일로 예약하는 것이 좋다. 술레 파고다에서 조금 떨어져 있는 것이 단점이다.

주소 No. 433 Lower Pazun Daung Rd., Yangon 전화 291-343, 290-348 요금 싱글 $27~30, 더블 $30~35, 트리플 $42 홈페이지 www.myanmarmotherlandinn.com 이메일 motherlandinn2@gmail.com

뷰티 랜드 2 Beauty Land 2
쉐다곤 근처의 뷰티 랜드 1과 술레 근처 뷰티 랜드 2가 같은 주인이다. 주인장은 친절하나 시설은 가격 대비 특별한 것이 없다. 성수기라서 다른 호텔에 방이 없을 때 도전해 보자.

주소 No. 188-192, 33Rd St., Kyauktada Township, Yangon 전화 240-054 요금 스탠다드 $26~56, 슈피리어 $34~73, 패밀리 $45~93 이메일 beautyland@goldenlandpages.com

파노라마 호텔 Panorama Hotel
양곤 중앙역에서 가까운 위치에 있어 시내 접근성이 좋다. 시설은 센트럴 호텔과 유사하다. 저렴한 호텔에서 묵기 원하는 여행자들에게는 괜찮은 선택이다.

주소 294-300, Pansodan St., Kyauktada Tsp, Yangon 요금 슈피리어 $50, 스위트 $65 이상 전화 251-986~5, 253-077 이메일 panoramaygn@myanmar.com.mm

깐도지 호수 주변

레인보우 호텔 Rainbow Hotel

깐도지 호수 근처 윙가바에 위치한 호텔로, 한국인이 주인이다. 주변에 쉐다곤 파고다(도보 10분), 깐도지 호수 공원(도보 5분), 마하시 명상 센터, 아웅산 장군 박물관이 있어서 접근성이 좋고, 술레 파고다까지 차로 10분(택시비 K2,000~3,000) 걸린다. 아침이 한식으로 제공되며 사업차 오는 분들이 많이 찾는다. 시설은 조금 낡았으나 양곤의 호텔비가 비싼 걸 감안하면 가격 대비 괜찮으며 처음 미얀마를 방문하는 사람들은 많은 정보를 얻을 수 있다. 저렴한 가격의 숙소를 원하는 배낭여행자들에게는 조금 부담스러울 수 있다. 사모님이 친절하기로 소문이 나 있다.

차트리움 호텔 Chatrium Hotel

(구)호텔 니꼬가 새롭게 리모델링하면서 이름을 차트리움 호텔로 변경했다. 쉐다곤 파고다, 보족 아웅산 시장, 술레 파고다까지 무료 셔틀 버스를 운행한다. 공항까지 20km이며, 쉐다곤 파고다까지는 도보로 15분 걸린다.

주소 40, Natmauk Rd., Tamwe Township, Yangon 전화 544-500, 09-512-5687 팩스 544-400, 544-344 요금 디럭스 $182~195, 클럽 디럭스 $201~214, 로열 레이크 스위트 $703 홈페이지 www.chatrium.com 이메일 info.chry@chatrium.com

거버너스 레지던스 The Governor's Residence

양곤 최고의 호텔 중 하나이다. 은퇴한 여유 있는 유럽인들이 많이 찾는다. 가격만큼이나 부대시설과 서비스가 좋다.

주소 No. 3, Wingabar Lane, Bahan Township, Shwe gon taing, Yangon 전화 543-681, 549-717, 543-928 서울 예약 사무소 (02) 336-0223, 332-3223 팩스 549-872 요금 싱글 $20~25, 더블 $30~35, 스페셜 $40~45, 도미토리 $15 홈페이지 www.myrainbowhotel.com 이메일 yangonrainbowhotel@gmail.com 카카오톡 floret1010

주소 No. 35, Taw Win Rd., Dagon Township, Yangon 전화 229-860, 229-862 팩스 228-260 요금 디럭스 $460, 거버너스 $500, 주니어 스위트 $570 이상 홈페이지 www.governorsresidence.com 이메일 reservations@governorsresidence.com

차트리움 호텔

파크 로열 호텔 양곤 Park Royal Hotel Yangon

몇 년 전만 해도 중급 호텔 가격이었으나 최근에는 거의 고급 호텔 가격을 유지하고 있다. 시내로의 접근성이 좋다.

주소 33 Alan Pya Phaya Rd., Dagon Township, Yangon 전화 250-388 팩스 252-478 요금 디럭스 $170, 프리미어 $200, 오키드클럽 $230, 앰버서더 스위트 $400 이상 홈페이지 www.parkroyalhotels.com 이메일 enquiry@parkroyalhotels.com.mm

사보이 호텔 Savoy Hotel

쉐다곤 파고다(1km)와 가까운 곳에 위치하고 있으며 유명한 태국 음식점인 사바이@DMZ(구 Sabai Sabai)가 근처에 있다. 실외 수영장이 있으며, 양곤 공항까지 11km이다.

주소 129 Dhammazedi Rd., Yangon 전화 526-289, 526-298, 526-305 팩스 524-891~2 요금 디럭스 $275, 스위트 $390 홈페이지 www.savoy-myanmar.com 이메일 reservation@savoy-myanmar.com

서밋 파크 뷰 호텔 Summit Park View Hotel

쉐다곤 파고다 근처에 위치해있다. 시내 접근성이 좋으며 아침 식사가 괜찮다고 알려져 있다. 가격대비 만족도가 높은 호텔 중 하나이다.

주소 350, Ahole Rd., Dagon Tsp, Yangon 전화 211-888, 227-990, 227-992~3 요금 슈피리어 $115, 디럭스 $135, 프리미어 $151, 스위트 $188~258 홈페이지 www.summityangon.com 이메일 summit@summityangon.com.mm

유자나 가든 호텔 Yuzana Garden Hotel

타마다 극장 근처에 위치해 있으며 수영장을 구비하고 있다.

주소 44, Signal Pagoda Rd., Mingalar Nyunt Tsp, Yangon 전화 248-944, 240-989, 248-941~2 팩스 240-994, 240-074 요금 슈피리어 $60 이상, 디럭스 $85 이상, 스위트 $100 이상

타마다 호텔 Thamada Hotel

시내 중심가에 위치해 있으며 1층의 369 식당이 유명하다.

주소 5 Signal Pagoda Rd., Yangon 전화 243-639, 243-640~3, 242-722 팩스 245-001 요금 슈피리어 $55~100 홈페이지 www.Thamadahotel.com

인야 호수 & 공항 주변

미카사 호텔 아파트먼트 Micasa Hotel Apartments

특급 수준의 호텔로 인야 호수 부근에 있다. 근래 들어서 한국인들이 많이 이용한다.

주소 No.17 Kaba Aye Pagoda Rd., Yangon 전화 650-933 요금 디럭스 $125, 스위트 $161~172, 투 베드룸 스위트 $244 홈페이지 www.myanmar.micasahotel.com 이메일 bc.micasa@mptmail.net.mm

세도나 호텔 Sedona Hotel

인야 호수 근처에 있는 고급 호텔로 주변 환경이 비교적 안전하고 조용한 곳이다. 공항에서 멀지 않으며, 시내까지는 차로 15~20분 정도 걸린다. 사업가들이 많이 이용하며 배낭여행자들에게는 숙박요금이나 시내의 접근성면에서 그냥 그렇다. 공항에서 11km, 쉐다곤 파고다까지 6km 거리에 있다

주소 No. 1, Kaba Aye Pagoda Rd., Yankin Tsp., Yangon 전화 860-5377 요금 슈피리어 $158~200, 디럭스 $145~250, 스위트 $250~345 홈페이지 www.sedonahotels.com.sg 이메일 contact@keppellandhospitality.com

클라시크 인 Classique Inn

양곤의 대표적 부촌인 골든 밸리에 위치한, 깔끔하고 고급스러운 인테리어가 돋보이는 숙소이다. 늘 인기가 많아서 최소 1~2주 전에 홈페이지를 통해서 예약을 해야 방을 얻을 수 있다. 대형 특급 호텔보다 가정집 같으면서도 조용하고, 높은 품격을 느끼고 싶은 사람에게 추천.

주소 53B, Shwe Taung Kyar St.(Golden Valley Rd.), Bahan Tsp, Yangon 전화 525-557, 505-021, 524-813, 503-968 요금 클래식룸 $70, 티크룸 $90, 발코니 $120 홈페이지 www.classique-inn.com 이메일 info@classique-inn.com

호텔 양곤 Hotel Yangon

8마일(씻마일) 정션에 위치한 호텔로 공항에서 차로 10분 거리이다. 주변에 9마일 오션이 있으며 공항에서는 가까우나 시내 슐레 파고다에서는 좀 멀다.

주소 91/93 Corner of Pyay Rd. 8 mile Junction, Mayangone Tsp, Yangon 전화 667-708, 667-788 요금 디럭스 $100~140, 이그제큐티브 스위트 $145~200 이메일 hotelyangon@hotelyangon.com.mm

호텔 코롤라 Hotel Corolla

공항에서 차로 10분 거리인 9마일에 위치. 가격 대비 깔끔하고 만족도가 높은 숙소다.

주소 No, 1(B), Taw Win Rd., Mayangone Tsp, Yangon 전화 651-832, 655-984~5 요금 싱글·더블 $60 이상

클로버 시티 센터 플러스 호텔
Clover City Center Plus Hotel

시내 중심가 슐레 샹그릴라 호텔 바로 옆에 있어서 여행자들에게는 최상의 위치라고 할 수 있다. 길 건너가 보족 아웅산 시장이며 도보로 10~15분이면 차이나타운, 슐레 파고다 등 다운타운의 중요한 볼거리를 볼 수 있다. 최근 리모델링을 해서 깨끗한 편이며 조식이 괜찮고, 와이파이를 이용할 수 있다.

주소 No.229, 32nd ST, Pabbedan Tsp 전화 377-975 요금 디럭스 $50, 프리미엄 디럭스 $70 이상 이메일 info2@clovercitycenter.asia

골든 실크 로드 호텔 Golden Silk Road Hotel

레인보우 호텔 사장님이 양곤 국제공항 인근에 2013년에 새롭게 오픈한 예쁜 호텔이다. 로카찬타 옥좌불 사원, 미얀마 컨벤션 센터, 소바이공 터미널이 5분 거리에 위치한다.

주소 No. 7, Shankone St., Nanthar Kone Qt, Insein Tsp, Yangon 전화 09-4500-26135, 642-214, 647-689, 647-568~9 팩스 642-916 요금 $50 이상 이메일 gsrhotel@gmail.com

호텔 시드니 Hotel Sidney

인야 호수 위쪽 8마일 인근 파라미 로드와 짜익잉 파고다 로드 사이에 위치한 신축 호텔로, 시설 대비 가격이 좋다.

주소 No. 8-L, Mindhama Rd.(between Parami Rd.& Kyaik Waing Pagoda Rd.), Mayangone Tsp 전화 966-9600, 655-770 팩스 652-091 요금 슈피리어 $75~150, 이그제큐티브 스위트 $120~250, 인터커넥팅룸 $204~380, 로열 스튜디오 $221~410 홈페이지 www.hotelsidneymyanmar.com 이메일 info@hotelsidneymyanmar.com

애비뉴 64 호텔 Avenue 64 Hotel

2013년에 오픈한 호텔로 8마일 근처에 있어서 공항이 가깝고 조식을 제공한다. 와이파이를 이용할 수 있다.

주소 No.64, Kyitewn Pagoda RD, Mayangone Tsp 전화 656-912 요금 디럭스 $165, 그랜드 디럭스 $210, 발코니 스위트 $255, 마디그라 $400 이상 홈페이지 www.avenue64hotel.com 이메일 info@avenue64hotel.com

호텔 얀킨 Hotel Yankin

최근에 오픈한 호텔답게 깔끔하며 인야 호수 위쪽에 위치하고 있다. 시설 대비 비교적 저렴한 숙소로 조식을 제공하고, 와이파이를 이용할 수 있다.

주소 No.186, Lu nge thitsar ST, Yankin Tsp 전화 855-0283 팩스 663-948 요금 스탠다드 $30, 슈피리어 $55, 디럭스 $70, 펜트하우스 $100 홈페이지 www.hotelyankin.com 이메일 enquiry@hotelyankin.com

미얀마의 숙박 시설

미얀마는 시설 대비 숙박 가격이 비싼 편으로, 신축 건물보다는 오래된 건물이 많으며 특히 게스트 하우스의 경우 건축한 지 오래되어서 낡고 지저분한 경우가 많다. 어린이나 노약자를 동반한 가족 여행이나 1주일 이내의 단기 여행자, 숙소 청결 상태에 민감한 여행자, 또는 사업차 오는 사람들은 중급 이상($100 이상)의 호텔에서 머무는 것을 추천하고, 시장 조사차 온 장기 체류자나 장기 배낭여행자일 경우 저렴한 게스트 하우스($20~30 이하)에서 머무는 것을 추천한다.

호텔은 기본적으로 외국인, 내국인 둘 다 숙박을 허용하는 라이센스(허가증)를 갖고 있지만 게스트 하우스의 경우 외국인 전용과 내국인 전용, 외국인과 내국인 둘 다 가능한 곳, 이렇게 3종류로 나뉜다. 미얀마는 법적으로 사원을 제외하고는 외국인은 반드시 숙박 허가가 있는 호텔과 외국인 숙박 허가증이 있는 게스트 하우스에서만 숙박할 수 있다. 즉 허가 없이 현지인의 집에서 숙박하면 불법이다.

외국인, 내국인 둘 다 가능한 게스트 하우스의 경우 건물이 매우 낡고 방 상태가 불결하고 열악한 경우가 많으니 가능하면 외국인 전용 게스트 하우스를 이용하는 게 좋다. 숙박 요금은 성수기와 비수기로 나눠서 가격이 다르게 책정된다.

일반적으로 성수기에는 게스트 하우스 요금이 비수기보다 $5~10 정도가 인상되는 데 비해서, 중·고급 호텔일수록 인상의 폭이 40~50% 정도로 커진다. 이 책의 숙박 요금은 성수기를 기준으로 했다. 호텔(게스트 하우스 포함)에 따라서는 비수기(5월~9월)에 성수기(10월~4월) 요금의 30~40% 할인된 가격으로 머물 수도 있다. 숙소에 따라서는 약간의 할인이 가능한 곳도 있으니 시도해 보기 바라며 미얀마는 숙박 요금의 변동이 자주 일어나므로 정확한 숙소 비용은 여행 전에 이메일로 미리 문의해 보는 것이 좋다.

미얀마 현지 여행사에 호텔 예약을 부탁하면 조금 할인된 가격으로 투숙할 수 있다(일명 여행사가격으로 불리며 정상 가격의 70~80% 선에서 판매).

먹을거리

양곤은 미얀마의 경제, 문화의 중심지답게 고급 식당과 먹거리들이 많이 있으며 한국인이 운영하는 한식당도 90% 이상이 양곤에 몰려 있다.

거리에서 간단하게 먹을 수 있는 포장마차부터 샤부샤부, 태국 음식, 일식, 이탈리안 레스토랑, 프랑스 레스토랑까지 다양한 식당이 있으며, 최근 들어 외국의 글로벌 패스트푸드점도 앞다투어 들어오고 있다. 우리나라 롯데리아가 외국 패스트푸드점으로는 제일 먼저 성공적으로 자리를 잡았다.

쉐다곤 파고다

몬순 Monsoon

깔끔하고 분위기 있는 레스토랑으로 아시아 음식과 미얀마 음식 전문이다. 분위기 대비 가격이 저렴한 편이라 많은 외국 여행자들이 좋아한다.

주소 No.85/87, Theinbyu RD, Botataung Tsp 전화 295-224 오픈 11:00~22:00

야끼니꾸 Yakiniku

일본식 고기구이집이다. 해산물을 비롯해서 소고기, 돼지고기, 닭고기를 취급한다.

주소 No. 357 Shwebonthar St. 844, U Wisara Rd., (34)WaRd, North Dagon Tsp 전화 09-505-9445

샤키즈 Sharky's

양곤에서 보기 드문 2층 건물의 화덕구이 정통 피자집이다. 파스타, 버거, 해산물 요리를 메인으로 하며 샐러드 및 사이드 메뉴도 즐길 수 있어 가볍게 식사를 할 수 있다. 실내는 갤러리 같은 깔끔한 분위기로 1층에는 패스트리와 각종 와인, 젤라또, 유제품, 육류와 식자재도 판매한다. 샤키스에서 만들고 판매하는 모든 식자재는 100% 미얀마산이다.

주소 117, Dhamazedi Rd., Kamayut Tsp., Yangon 위치 Savoy Hotel 옆 Dhamazedi Rd. 대로변 안쪽에 있음) 전화 524-677, 373-009 오픈 09:00~22:00

커피 서클스 Coffee Circles

다마제디 로드에 위치한 외양이 캡슐처럼 동그란 이색적인 커피숍이다. 2층 건물의 1층은 커피숍, 2층은 레스토랑으로, 이탈리아 메인 요리와 브런치 및 다양한 음료가 가능하다. Wi-Fi가 된다.

위치 107/A, Dhamazedi Rd., Yangon(CB Bank 맞은편) 오픈 07:00~24:00 전화 525-157

깐도지 호수

레인보우 호텔 한국 식당

레인보우 호텔 1층에 있다. 김치찌개가 맛있으며 밑반찬이 깔끔하게 나온다.

전화 543-681, 549-717, 543-928 요금 김치찌개·순두부찌개 K6,300 이상

사바이 @ DMZ

태국 레스토랑이다. 가격 대비 음식이 맛있고 분위기도 깔끔하다. 레인보우 호텔에서 도보로 20분 걸린다. 맛과 분위기, 가격 모두 추천할 만한 식당이

다. 저녁에는 손님이 많아서 미리 예약을 하는 것이 좋다. 부가세와 서비스료가 각각 10%씩, 음식값의 총 20%가 추가된다.

주소 162, Dhamazaydi Rd., Bahan Tsp. Yangon 전화 525-078

로열 가든 Royal GaRden Restaurant

깐도지 호수 공원 안에 있다. 일본 대사관을 지나서 차트리움 호텔 방향으로 5분 정도 걸어가면 공원 안에 레스토랑이 보인다. 외국인은 공원 입장료를 받지만 레스토랑에 식사하러 간다고 말하면 무료로 입장이 된다. 고급스러운 중국 식당으로, 부유층 자제들의 결혼식 피로연장으로 많이 이용된다.
서비스와 맛 모두 만족스러우며 가격은 비싼 편이다. 딤섬이 맛있으며 메뉴판이 사진으로 되어 있으므로 보고 주문하면 된다. 딤섬 역시 사진첩이 있어서 맛있어 보이는 것으로 1판(3~4개)씩 주문한 다음에 맛을 보고 추가 주문하면 된다. 2인 기준으로 요리 3개와 맥주를 마시면 대략 서비스료와 세금 포함해서 K15,000 정도 나온다.
로열 가든으로 가기 직전 공원 안에 있는 돌핀 레스토랑은 그다지 추천하지 않는다.

분부터 2시간 동안 식당 무대에서 미얀마 전통 무용, 음악 등을 공연한다. 앞자리에 앉으려면 전화로 미리 예약을 해 놓는 것이 좋다.

전화 290-546~7 오픈 18:00~21:00, 쇼타임 18:30~20:30 요금 1인당 $35~37 홈페이지 www.karaweikpalace.com 이메일 karaweikpalace@gmail.com

세븐 업 핫 포트 7Up Hotpot

깐도지 호수 공원 근처 마하시 명상 센터로 들어가는 길을 지나자마자 사야 산 거리(Saya San St.)에 위치해있다. 중국계 식당으로 샤부샤부 요리를 즐길 수 있다. 가격은 적당한 수준이며 주로 화교들이 많이 찾는다.

주소 Nat Mauk Rd., Yangon 위치 보족 아웅산 동상 지나서 바로 전화 546-923, 546-202 시간 딤섬 06:30~14:15, 점심 11:00~14:15, 저녁 18:00~22:15 요금 게 요리(작은 사이즈) K5,500, 통닭구이(한 마리, 작은 사이즈) K3,300, 맥주 1병 K2,000, 채소 볶음 K3,500, 요리(작은 사이즈) K4,500~5,000 정도

꺼러웨익 팰리스 홀 Karaweik Palace Hall

깐도지 호수 공원 안에 있는 커다란 황금빛의 배 모양을 한 선상 레스토랑이다. 정부에서 운영하는 음식점으로 뷔페식이며 맥주는 별도로 비용을 내야 한다. 오후 6시부터 영업을 시작하며 저녁 6시 30

주소 24, Saya san Rd., Bahan Tsp 전화 541-416, 542-710

마이 타이 Mai Thai

태국 음식점으로 고급스럽다. 음식 맛도 좋고 서비스도 좋은데 가격이 비싸다. 사바이@DMZ보다 20% 정도 더 비싸다. 향이 강한 고수(팍취, 샹차이)를 싫어한다면 음식을 주문할 때 "난난빙 마테바네"라고 말하면 넣지 않는다.

주소 197/1-3, West Shwe gon daing 5th Rd., Bahan Tsp 전화 383-662, 375-158

술레 파고다

한국관

양곤에서 교민들에게 제일 인기 있는 한국 식당.

주소 24-B, Pyi Thu St., Pyay Rd., 7th Mile, Mayangone Tsp 전화 09-4320-5136, 662-757 이메일 Hankookkwan@mptmail.net.mm

the Cafe & BBQ

카페 겸 레스토랑. 파스타 등 면 요리가 가능하다. 시내 보족 아웅산 시장 센트럴 호텔 근처에 있다.

주소 No. (359, 363), Corner of Bogyoke Aung San Rd. & 31th St., Pabedan 전화 388-981

아웅밍글라 샨 누들

파크로열 호텔 뒤편 음식점 밀집 지역에 있다. 샨 누들은 대부분 우리 입맛에 잘 맞고 맛있다.

주소 No.34, Boyamyunt St. & corner of Nawwaddy St. 전화 09-505-0778 오픈 09:00~21:00

999 샨 누들 숍
999 Shan Noodle Shop

시내 술레 파고다 근처 34번가(34th St.)에 있는 샨스타일의 면 요리 전문점이다. 대체적으로 샨족의 음식은 우리 입맛에 무척 잘 맞는다. 다양한 면 종류가 있으

며 우리 입맛에는 '난요벙(Nan yo boung)'이라는 돼지 갈비를 작게 잘라서 끓인 면이 잘 맞는다. 샨족이 즐겨 먹는 그들의 김치도 한번 맛보기 바란다. 향이 강한 고수를 싫어한다면 음식을 주문할 때 "난난뻰 마테부" 또는 "난난뻰 머테네"라고 말하면 된다.

전화 389-363, 384-779 오픈 06:30~19:00 요금 1그릇 K1,000~1,800

차이나타운 19번가 꼬치구이 골목(세꼬랑)

골목 양쪽으로 200m 정도 꼬치구이 식당이 들어서 있으며 거리의 야외 테이블에서 숯불 꼬치구이를

즐길 수 있다. 생맥주를 곁들여서 먹는 꼬치구이는 일품이다.

위치 아노여타 로드(Anawrahta Rd.)와 마하반둘라 로드(Mahabandoola Rd.) 사이의 19번가 골목길 요금 꼬치당 K500~1,000 오픈 17:00~22:00

골든 덕 Golden Duck Restaurant

오리 요리 전문점으로 양곤 강 부두 하역장 근처에 있다. 스트랜드 호텔 맞은편 스트랜드 길 아래에 있으며 뒤로는 양곤 강이다. 판소단 부두(Pansodan Jetty) 대합실이 근처에 있다. 넓은 주차장이 딸린

큰 규모의 2층 식당으로 100년이 넘는 전통을 자랑한다. 가격 대비 음식이 맛있다. 현지 주민들이 많이 이용하며 2층은 오후 5시 이후부터 연다. 부두와 근처 대합실을 구경한 다음 점심 식사를 하면 좋다. 일반 식사와 해산물 요리도 있다.

주소 222-224 Strand Rd., Yangon 전화 241-234, 372-603

서머 팰리스(夏宮) Summer Palace
샹그릴라 호텔 안에 위치한 중국 식당이다.

주소 223, Sule Pagoda Rd., Yangon 전화 242-828(교환 6663, 6483, 6480) 오픈 연중 무휴 이메일 f&b.thyn@tradershotels.com

샹그릴라 카페 Traders Cafe

샹그릴라 호텔 안에 위치한 레스토랑으로 미얀마, 인도, 유럽 등 여러 나라의 요리를 만날 수 있다.

주소 223, Sule Pagoda Rd., Yangon 전화 124-2828

르 플롱터 Le Planteur
프랑스 음식점으로 깔끔한 분위기를 자랑하며 인레 호수 뷰 포인트 레스토랑과 주인이 같다. 가격은 조금 높은 편이다.

주소 22, Kaba Aye Pagoda Rd., Bahan Tsp., Yangon 전화 541-997 이메일 leplanteur@mptmail.net.mm

YKKO
미얀마 국수류와 BBQ, 아이스크림, 팥빙수를 먹을 수 있는 곳으로 음식 맛이 깔끔하고 가격도 적당하다고 소문난 집이다.

주소 No. 286, Seikkanthar St., Kyautada Tsp., Yangon 전화 379-754 오픈 10:00~22:00

누치 레스토랑 & 바 Nooch Restaurant & Bar
태국 음식과 중국 음식을 전문으로 하는 식당으로 1990년 말레이시아에서 처음 설립됐다. 그 후 뉴욕, 상하이, 싱가포르, 쿠알라룸푸르에 지점을 냈으며 태국 음식이 주 종목이고 일식과 중식을 추가했다.

주소 No. 387/397, Room K1, Upper Shwe Bon Thar Rd., Pabedan Tsp., Yangon 전화 378-166 홈페이지 noochbar.com

스트랜드 그릴 The Strand Grill
스트랜드 호텔 안에 있는 고급 음식점이다.

전화 243-377 주소 92 Strand Rd., Yangon

스카이 비스트로 The Thiripyitsaya Sky Bistro
시내 사쿠라 타워 20층에 있는 전망이 좋은 바(Bar) 스타일의 카페로, 양곤 시내를 감상하기 좋다. 스테이크 등 서양 요리를 맛볼 수 있으며 커피나 주스, 아이스크림을 먹을 수 있다. 음식 맛은 가격 대비 별로다. 가격은 비싼 편으로 식사보다는 커피를 마시는 장소로 추천한다.

주소 20th Fl., Sakura Tower, 339 Bo Gyoke Rd., Yangon 전화 255-255 오픈 09:00~22:30, Bar 18:00~22:30 요금 커피 K3,500, 주스 K3,500 이메일 stower@myanmar.com.mm

커피 클럽 미얀마 Coffee club Myanmar

양곤 최초의 커피 전문점이라는 자부심을 가진 곳으로 브런치, 커피, 차, 샌드위치, 샐러드, 케이크, 머핀, 컵 케이크가 있으며 Wi-Fi가 된다.

주소 11th St와 Mahabandoola Rd. 사이 전화 224-360, 09-432-07764 오픈 08:30~19:00 홈페이지 www.facebook.com/coffeeclubmyanmar/timeline

인야 호수 & 공항

한강

8마일(쎗마일) 호텔 양곤 건너편에 위치해 있으며 공항에서 가깝다. 음식이 전체적으로 맛있으며 가격이 한식으로는 저렴한 편이다. 환전소(공항과 환율이 비슷하다)가 식당에 딸려 있어서 달러를 환전하기 편하며, 특히 순두부찌개가 맛있다.

주소 95(B), Kyaikwine Pagoda Rd., 8 mile, Junction Mayangone Tsp 전화 664-171, 09-513-7026, 09-862-5969 요금 순두부찌개 K4,500

그린 마일(스낵, 호프 바)

9마일 오션에 위치해 있다. 분식과 간단한 음주 및 한식이 가능하다.

주소 No. 1, Bawga St., Pyay Rd., 9 mile 1/2, Mayangone Tsp 전화 661-336, 09-4319-2000

아리랑

양곤에서 제법 유명한 한식당이다. 단체 예약 가능.

1호점

주소 No. 8, Near Hledan Traffic, Thri Mingalar St., Kamayut Tsp 전화 536-508, 09-506-9804 이메일 Arirang536508@gmail.com

2호점

주소 No, 197, U Chit Mg Rd., Near Gwatalit Traffic Lights, Bahan Tsp 전화 09-4933-5172

아리랑

Her's

한국 분식집으로 메뉴로는 김밥, 비빔밥, 양념 치킨, 스파게티가 있다.

1호점

주소 33 B-1, Ayeyeiknyein, Parami Rd., Mayangone Tsp 전화 663-636

2호점

주소 No. B-048, Basement-1, Pyay Rd., Taw Win Shopping Centre 전화 860-0111

롯데리아

글로벌 외식 기업으로는 최초로 2013년 4월에 미얀마 최대 쇼핑몰인 정션 스퀘어에 1, 2층 200석 규모로 오픈했다. 8월에는 1, 2층 150석 규모로 2호점을 꺼бэ에 파  고다 로드에 오픈했다. 롯데리아는 유명 프랜차이즈 패스트푸드점이 없는 미얀마에서 선점을 할 것으로 예상되며 이미 양곤에서 명소가 되고 있다.

주소 No. 10E, Kha Paung St., 6 Mile, Hlaing Tsp 전화 525-947 오픈 09:30~21:00

한일관

양곤에서는 제법 유명하고 규모가 있는 한식당이다. 찌개류와 탕 종류가 유명하다.

주소 9 1/2 Mile Okkarl St., 10 Mile, Mayangone Tsp 전화 662-475

쿠스 한국 식당 Koo's Korean Restaurant

공항에서 가까운 9마일 오션 콘도 뒤편에 위치한 한식당으로 냉면이 맛있기로 유명하다. 조용한 분

위기와 독립된 방, 깔끔한 분위기로 사업가들이 현지 바이어 식사 접대용으로 많이 찾는다. 단골손님의 80% 이상이 일본인과 미얀마인일 정도로 현지에서 맛을 인정받았다. 밑반찬도 깔끔하고 맛이 좋다. 손님 접대나 고급스러운 한식을 즐기는 사람에게 추천.

주소 A-1, Taw Win Rd., 9Mile, Mayangone Township 전화 656-657~8, 09-504-6076

문 베이커리(Cafe 베이커리 & 패밀리 레스토랑)

주인은 2004년 처음 문을 연 문 베이커리는 현재 18개의 지점을 운영 중이다. 베이커리와 스낵, 간단한 한식, 중식이 가능하다. 미얀마 유명 가수의 뮤직 비디오나 드라마의 촬영 장소로 나올 정도로 현지인들에게 양곤의 명소가 되었다.

Moon Bakery 1
주소 No.366, Mahabandoola Rd., Corner of 38th St. & Seikkanthar St., Kyauktada Township, Yangon 전화 253-018 홈페이지 www.moonbakery.net

Moon Bakery 2
주소 No. 166, Sule Pagoda Rd., Kyauktada Township, Yangon 전화 373-361

후지 커피 하우스
Fuji Coffee House

양곤에서 볶음밥과 샤부샤부를 잘하는 집으로 한국인들 사이에 인기가 높다. 인야 호수에 위치해 있으며 인근에 유니세프 사무실이 있다. 근처에 양곤 대학교가 있으니 시간이 되면 한번 방문해 보는 것도 좋다. 후지 커피 하우스 맞은편에 양곤 외국어 대학교가 있다.

주소 116, University Avenue Rd., Yangon 전화 535-371, 512-561 오픈 10:00~22:00 이메일 fujihouse@yangon.net.mm

에스에스 푸드 채널 SS Food Channel

체인 음식점으로 깔끔한 분위기에 가격은 적당한 편이다. 딤섬, 중국 요리, 유럽 요리, 바비큐 요리가 있다.

주소 60, Sayasan Rd., Bahan Tsp., Yangon 전화 556-224, 553-941

나차 레스토랑 Le Nacha

2층 건물의 깔끔하고 현대적인 식당으로 타이, 치앙마이 스타일, 중국, 프랑스, 스위스 음식이 가능하다. 삐에 로드(Pyay Rd.)와 신소부 로드(Shin Saw Pu Rd.) 사이에 위치해 있다. 시티 마트에서 30m 거리다.

주소 85 Shin Saw Pu Rd., Sanchaung Tsp 전화 09-450-013761, 094-210-38225 이메일 info@lenacha.com

텐 마일 퀴진 Ten Mile Cuisine

태국 요리와 중국 요리를 파는 식당으로 제법 규모가 있다. 10마일에 위치해 있으며 양곤 국제공항에서 가깝다.

주소 No. 145, Pyay Rd.(10 Mile), Mayangone Tsp 전화 660-417, 09-420-255038 오픈 10:00~22:00

아지신 Ajishin Japanese Restaurant

일식집으로, 모던한 인테리어와 깔끔한 분위기를 자랑한다.

주소 18(B) Thukhawadi Lane, Suniran Park, Yankin Tsp, Yangon 전화 562-701, 129-3640, 09-430-73747 오픈 11:30~23:00 휴무 월요일 홈페이지 www.ajishin.com 이메일 info@ajishin.com 페이스북 ajishinmyanmar

와사비 스시 레스토랑
Wasabi Sushi Japanese Restaurant

미카사 호텔 인근에 위치한 일식집으로, 다마제디 로드에 지점이 있다.

본점

주소 20B, Kaba Aye Pagoda Rd., Yankin Tsp(Near Micasa Hotel) 전화 666-781, 09-425-020667, 09-503-9139

지점

주소 Dhamazedi Rd., Bahan Tsp, Yangon(Market Place by City Mart on 1st floor) 전화 523-840(교환 206), 09-430-67440

미스터 기타 카페 Mr. Guitar Cafe

라이브 생음악을 즐기며 맥주를 마실 수 있는 곳으로 쎄야싼 로드 위시 호텔을 지나서 골든 덕 레스토랑 길 건너편 해선 훠궈 식당 옆 계단을 따라 내려가면 있다. 택시 기사에게 "쎄야싼 란 미스터 기타 뚜와메"라고 말하면 된다. 저녁 8시부터 11시까지 통기타 공연이 있다.

주소 22, Sayasan Rd., Bahan Tsp, Yangon 위치 쎄야싼 로드 위시 호텔을 지나 골든 덕 레스토랑 옆 식당이 있는데 식당 옆 계단을 따라 내려가면 된다. 전화 701-270 이메일 naymyosay@myanmar.com.mm

싸이스 타코스 Sai's Tacos

멕시코 음식점이다.

주소 32, Inya Myaing Rd., Yangon 전화 514-950

카페 디바 Cafe's Dibar

이탈리안 레스토랑이다.

주소 104/A, University Avenue Rd., Kamayut Tsp, Yangon 오픈 10:00~22:00 전화 09-511-4932

파파 피자 Papa pizza

꺼바예 로드 펄 콘도에 위치한 피자집이다.

주소 Shop 1, GA16, Block C, Pearl Condo, Kaba Aye Rd., Yangon 전화 378-166

코카 수키 레스토랑 Coca Suki Restaurant

샤부샤부 음식점으로 맛이 괜찮다는 평을 듣고 있다.

주소 350, Summit Park View Hotel, Ahlon Rd., Dagon Tsp., Yangon 전화 211-888, 211-999 이메일 coca@myanmar.com.mm

긴키 키즈 스넥 바 Ginki Kids Snack & Bar

미얀마의 부잣집 10대들이 주손님인 음식점으로, 미얀마 부잣집 10대들의 라이프스타일을 엿볼 수 있다.

주소 18, Kanbawza St., Golden Valley (1), Bahan Tsp., Yangon 전화 09-431-19972, 09-730-41320 오픈 10:00~24:00

골든 크랩 Golden Crab

게 요리 전문점이다.

주소 7, Saya San Rd., Bahan Tsp., Yangon 전화 09-73139172

누치 레스토랑 & 바 Nooch Restaurant & Bar

태국 음식과 중국 음식을 전문으로 하는 식당으로 1990년 말레이시아에서 처음 설립됐다. 그 후 뉴욕, 상하이, 싱가포르, 쿠왈라룸푸르에 지점을 냈으며 태국 음식이 주 종목이고 일식과 중식을 추가했다.

주소 No. 387/397, Room K1, Upper Shwe Bon Thar Rd., Pabedan Tsp., Yangon 전화 378-166 오픈 11:00~22:00 홈페이지 noochbar.com

후루사토 일식 Furusato Japanese Restaurant

1985년에 개업한, 제법 역사가 있는 일식집이다. 초밥, 회, 샤부샤부, 로바다야키 등 대부분의 일식이 가능하다.

주소 No.137, West Shwegondine Rd, Bahan Tsp, Yangon 전화 556-265, 09-730-81914 오픈 11:00~14:00, 17:00~22:00 / 연중 무휴

오페라 L'Opera Italian Restaurant

인야 호수 주변에 위치한 이탈리안 레스토랑으로 깔끔한 집이다.

주소 62 D, U Htun Nyein St., Mayangone Tsp., Yangon 전화 665-516, 660-976 오픈 11:00~14:00, 18:00~22:30 홈페이지 www.operayangon.com

ABC(라이브 호프집)

생맥주 집으로 주로 올드 팝을 노래하는 컨트리 스타일의 라이브 호프집이다.

주소 404 Mahabadoola St., Yangon 위치 술레 파고다 근처 35번가(35th St.)와 36번가(36th St.) 사이 전화 377-558 오픈 19:30~21:30

아카시아 티 살롱 Acacia Tea Salon

새롭게 먹자 거리로 떠오르고 있는 싸야싼 로드에 위치한 카페로 깔끔하고 고급스러운 분위기이다. 커피, 티, 샌드위치, 케익, 식사가 가능하다.

주소 52, Sayasan Rd., Bahan Tsp, Yangon 전화 554-739 오픈 08:00~22:00 홈페이지 www.acaciateasalon.com

즐길 거리

양곤행 직항기가 생기면서 한가롭게 골프를 즐기려는 골퍼들에게 미얀마는 떠오르는 신천지가 되고 있다. 특히 겨울에도 따뜻한 미얀마는 골퍼들에게 단비 같은 휴식을 제공해 주고 있다.
우리나라 골프장에 비해서는 아직 여러모로 부족 하지만 열대의 따뜻한 날씨 속에서 여유롭게 골프를 즐기기에는 미얀마가 좋은 선택이라 생각되며 해마다 방문객이 늘어날 것으로 예상된다. 미얀마 골프 여행을 원하는 사람은 미얀마 내 한국 여행사로 연락하여 문의하면 된다.

마사지 및 노래방

수 마사지 Soo Health Care

9마일 오션에 위치한, 한국인이 운영하는 마사지 집이다. 삐 로드(Pyay Rd.) 오션 큰길가 반 다 리빙 몰(Van. Da living Mall) 뒤편에 위치한다. 깨끗한 건물에 깔끔한 인테리어와 서비스로 가격 대비 많은 여행자들이 만족한다. 발 마사지와 전신 마사지가 가능하다. 여유 있는 현지인들이 주고객일 정도로 단골이 많다.

주소 No. 5, (9 Mile) Weik Za Nyi Naung St., Mayangone Tsp., Yangon 전화 664-279, 09-310-65957

브이 아이 피 네일 아트
VIP Nail Art & Foot Reflexology

한국인이 운영하는 네일 아트 숍으로, 마사지도 가능하다.

주소 No. 30(C), Thiringalar Lane, Attia Rd., Kamayut Tsp., Yangon 전화 534-238

세리 미용실

피부 미용 및 경락, 스포츠 마사지가 가능하다.

주소 No. 118, Dhamazedi Rd., Bahan Tsp., Yangon 전화 524-396

튤리파노 스파 Tulipano Spa

헤어, 네일아트, 마스크, 왁싱, 발 마사지, 바디 마사지(타이 & 오일), 사우나, 바디 마스크 등이 가능하다.

주소 No. 77, Than Lwin Rd., Kamayut Tsp., Yagnon 전화 527-747 오픈 09:00~21:00

골프장

펀 라잉 골프 클럽 Pun Hlaing Golf Resort

양곤 시내에서 차로 25~30분 (8Km) 거리에 위치한 골프장으로 미얀마의 YOMA 은행이 소유자이다. 남아공 출신의 세계적인 골퍼 게리 플레이어 (Gary Player)가 직접 설계해서 2000년에 개장한 미얀마 최고의 골프장이다.
펀 라잉 리조트 내에 위치한 골프 클럽은 코스 길이 6,800m에 총 18홀로 구성되어 있으며, 페어웨이(Fairway)가 길고 헤저드(HazaRd)가 많아 초보자들에게는 난이도가 있는 골프장이다.
관리가 잘 되어 있으며 유럽풍의 클럽 하우스와 골프장 내 인공 호수가 많아 주변 경관이 멋지다. 그린 피가 타 골프장보다 조금 비싸고 주말 예약이 힘들다.

주소 Pun Hlaing Golf Estate Avenue, Hlaing Tharyar Tsp., Yangon 전화 684-020, 684-024 휴무 월요일 요금 주중 $65(회원 $55), 주말(법정 공휴일 포함) $90(회원 $70) 캐디 피 $8, 팁 K10,000

양곤 골프장 Yangon Golf Club

영국 식민지 시절인 1909년에 설립된 미얀마 최초의 18홀 골프장이다. 오랜 역사만큼이나 미얀마에서 열리는 국제 대회의 80% 이상을 개최하는 곳으로 편 라잉 골프장과 더불어서 미얀마를 대표하는 골프장이다. 양곤 북쪽에 위치해 있고 시내에서 차로 25~30분(10Km) 정도 걸리며 총 7,100m의 골프 코스가 있다.

주소 Kha Yae pin St., Da Nyin Gone WaRd, Insein Tsp., Yangon 전화 635-563, 635-617, 09-732-54835 휴무 월요일 요금 주중 $40~50, 주말 $45~55 홈페이지 www.yangongolfclub.com

YCDC Yangon City Golf Resort

양곤 시청이 운영하는 직영 골프장으로, 1994년에 오픈한 실버 코스(Silver Course)와 폰디 코스(Pondy Course)가 있고 총 36홀이다.
실버 코스 18홀은 무난한 편이나 폰디 코스 18홀은 물이 많아서 조금 힘들다. 양곤 국제공항에서 차로 10분 거리에 위치해 있다.

전화 641-342, 641-669 주소 Thiri Mingalar St., Ywama East WaRd, Insein Tsp., Yangon 휴무 연중 무휴 요금 주중 $51, 주말 $56

디펜스 서비스 골프 클럽
Defence Service Golf Club

군인 골프장으로 외국인은 출입이 자유롭다. 타 골프장보다 그린 피가 저렴한 편이다. (현재 외국인은 출입 금지)

주소 Khayay Pin St., Near Tatmadaw Hospital, MingalaRdon Tsp., Yangon 전화 635-449 요금 주중, 주말 동일 $30~40 캐디 피 K1,000, 팁 K7,000

한타와디 골프 클럽 Hantharwady G. C

한국인이 많이 선호하는 골프장으로 1995년에 개장했으며, 총 18홀에 코스 길이가 6,700m이다. 바고 초입에 위치하여 양곤에서는 거리가 좀 멀다(차로 1시간 30분)는 단점이 있다. 조용하고 한적하기는 한데 우기에는 라운딩이 불가능하다.

로열 밍글라돈 골프장 Royal MingalaRdon C. C

2010년에 개장한 신생 골프장이다. 신생 골프장답게 국제적인 시설과 클럽 하우스를 갖추고 있으며, 총 18홀에 코스 길이가 6,500m다. 워터 해저드가 많고 깊은 러프(rough)가 있는 것이 특징이다.

주소 Khayae Pin Rd., Mingaladon, Yangon

양곤 근교

양곤과 함께 발전하는 근교도시

경제, 문화의 중심지인 양곤은 시골에서의 인구 유입으로 나날이 거대 도시로 팽창해 가고 있다. 양곤 인구의 급증은 다시 인근 변두리 지역의 신도시 개발로 이어지고 있다. 도시의 동쪽에 위치한 딴륀 지역은 현재 신도시 개발이 한창 진행 중인 곳으로, 양곤 시내에서 자동차로 30~40분 걸리며 양곤 강과 바고 강이 합쳐지는 곳에 위치해 있다. 딴륀 지역은 미얀마의 계획 신도시답게 고급 주택과 학교, 상가가 어우러지는 우리나라의 분당, 일산과 같은 고급 주택가로 개발 중이며 향후 양곤에서 가장 집값이 비싼 부촌이 될 것으로 예상되고 있다.

양곤 강 너머 남쪽에 위치한 달라 지역은 주로 가난한 사람들이 거주하는 양곤의 소외된 변두리 지역이지만 곧 양곤 강을 가로지르는 다리가 완공되면 거대한 규모의 산업 공단 지역으로 개발될 예정이다.

현재 양곤에서 가장 부유한 지역 중 한 곳인, 양곤의 서쪽에 위치한 펀라잉 골프장과 리조트 지역 역시 최근 고가 도로의 완공으로 교통 정체가 풀리면서 고급 주택 건설과 상가 건설로 새로운 신도시로 급부상하고 있다.

양곤 근교의 큰 도시와 유명 관광지로는 바고와 짜익티요가 있다. 몬족의 수도였던 바고는 양곤에서 북쪽으로 약 80km 정도 떨어진 곳에 위치해 있으며 많은 파고다가 남아 있는 고도이다. 바고에서 남쪽으로 약 70~80km 떨어진 곳에 위치한 짜익티요의 산 정상에 위치한 '황금바위'는 미얀마 사람들이 죽기 전에 꼭 한 번은 방문하고 싶어하는 성지다.

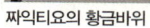
양곤 근교 BEST 3

짜익티요의 황금바위

몰래미야인의 짜익딴란 파고다

파안의 짜욱깔랍 사원

바고
BAGO

과거의 영광을 간직한 역사의 도시

바고는 양곤에서 북쪽으로 80km 떨어져 있는 도시로, 자동차로 2시간 정도 걸린다. 중부나 남동부의 몰래미야인으로 향하는 철도의 분기점이다. 몬족의 수도였던 역사적인 도시지만 지금은 작은 소도시로 전락해 버렸다. 바고는 따통(Thaton)에서 온 두 명의 몬족 공주에 의해서 건설된 도시로, 1287~1539년 몬 왕조 시기에 미얀마의 중심지로서 번영했다. 1757년 알라웅파야(Alaungpaya) 왕에게 정복되면서 몬족의 영화는 끝나고 말았다.

요금 바고 지역 유적 입장료 1인당 $10(쉐모도, 쉐탈라웅 사원에서만 표 검사), 사진 촬영비 K500~1,000(사원에 따라 받는 곳이 있음)

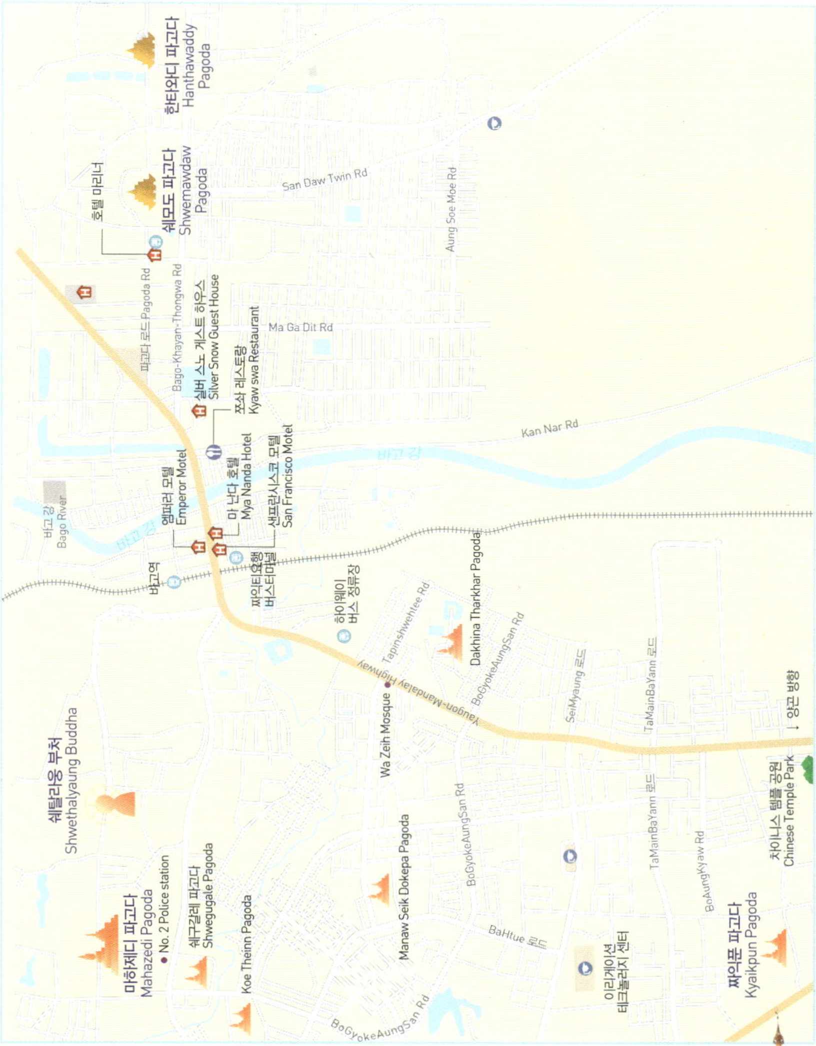

양곤–바고	버스 | 05:30부터 매시간 운행(북부, 만들레이, 인레 호수, 남부 짜익티요, 파안, 몰래미야인, 더웨이, 미에익을 가기 위해서는 반드시 바고를 거쳐간다.) / 요금 K5,000
	기차 | 하루 8편 / 2시간 30분 소요 / 요금 $2~5
바고–양곤	버스 | 07:00(수시 출발) / 2시간 소요 / 요금 K5,000
바고–만들레이	버스 | 05:30, 06:30, 07:30, 20:30 / 7시간 소요 / 요금 K13,000~15,000

103

쉐모도 파고다 Shwemawdaw Pagoda

미얀마에서 제일 큰 파고다

쉐모도 파고다는 '위대한 황금의 신(神)'이란 뜻으로 탑의 높이가 114m나 되는, 미얀마에서 제일 큰 파고다이다. 바고 기차역 동북쪽 방향으로 2km 정도에 위치하며 그리 멀지 않다. 1000년 전 몬족에 의해서 건립되었으며 부처의 머리카락 두 개를 모셨다. 바고의 파고다 축제가 벌어지는 3~4월 중에 방문하면 더욱 좋다.

Travel tip

쉐모도 파고다의 역사

처음	23m의 높이로 건립
825년	25m로 개축
840년	27m로 개축
1796년	보도파야 왕이 91m로 증축
1912년	대지진으로 탑이 훼손됨
1917년	지진으로 떨어진 탑 상층부 우산 부분 보수
1930년	대지진으로 우산 부분이 다시 떨어짐
1954년	오늘날의 탑 높이로 재보수

한타와디 파고다 (힌타 곤) Hanthawaddy Pagoda (Hintha Gon)

바고를 한눈에 볼 수 있는 사원

쉐모도 파고다 뒤편에 위치해 있는 한타와디 파고다는 바고를 한눈에 내려다볼 수 있는, 전망이 좋은 사원이다. 계단을 따라 올라가면 파고다에 도착한다. 전설에 의하면 원래 이곳은 바다였으나 '힌타(Hintha)'라는 전설의 새가 내려앉은 후 육지로 변했다고 한다. 파고다 정문에서 계단을 조금 내려오면 '낫(Nat)' 사당이 있다. 우리의 신당과 비슷한 모습으로, 굿과 비슷한 낫 의식이 열린다.

요금 무료

마하제디 파고다 Mahazedi Pagoda

부처의 치아 사리가 모셔진 사원

마하제디는 '커다란 탑(Stupa)'이라는 뜻이다. 서기 1560년에 건설된 유서 깊은 사원으로 버잉나웅(Bayinnaung) 왕에 의해서 건설되었다. 1930년의 대지진으로 사원의 일부가 파손되었으며 1982년에 보수가 완전히 끝났다. 마하제디 사원은 버잉나웅 왕이 스리랑카 캔디로부터 기증받은 부처의 치아 사리를 모시기 위해서 건립한 사원이다. 이곳에 있던 치아 사리는 1539년 바고가 침략을 받았을 때 따웅우(Taungoo)로 옮겨졌고, 후에 다시 만달레이 근처인 사가잉(Sagaing)의 까웅무도 파고다(Kaunghmudaw Pagoda)에 안치되었다.

짜익푼 파고다 Kyaikpun Pagoda

4면에 조각된 좌불상

1476년 담마제디(Dhammazedi) 왕에 의해서 건립되었으며 30m의 높이로 4면에 좌불상이 조각되어 있다. 북쪽의 좌불이 부처님이고 차례로 과거 삼불인 가섭불, 구류손불, 구나함모니불이다. 전설에 의하면 네 명의 자매가 불상을 조성할 때 참여했는데 결혼을 하게 되면 그때마다 불상이 하나씩 파괴될 거라고 했다고 한다. 그 후 자매 중의 한 명이 결혼을 해서 1930년 대지진 때 불상이 파괴되었다고 미얀마 사람들은 말한다. 현재는 전부 복원되어 있다.

위치 바고에서 양곤으로 가는 도로 옆에 있으며 바고에서 1.5km 정도 떨어져 있다. **요금** 무료

쉐탈랴웅 부처 Shwethalyaung Buddha

완성도가 높은 와불상

미소가 아름다운 와불상으로 유명한 쉐탈랴웅 사원은 서기 994년 몬족의 미가데파 2세(Migadepa II) 왕에 의해서 건설되었다고 한다. 1757년 꽁바웅(Kongbaung) 왕조의 알라웅파야 왕에 의해서 몬족의 수도였던 바고가 함락되면서 쉐탈랴웅의 와불은 정글 속에 버려져 방치된다. 그 후 불상의 존재가 잊혀졌다가 미얀마가 영국의 식민지이던 시절인 1880년, 영국이 철도를 건설하던 중 정글에서 와불을 발견하게 되었다. 1930년에 재보수를 하면서 와불의 베개 부분을 이탈리아 대리석으로 만들었다. 이 와불의 크기는 길이 55m, 높이 16m로 양곤의 짜욱따지 와불상보다는 작지만 와불 자체의 완성도는 훨씬 훌륭하다고 알려져 있다.

위치 바고 기차역에서 양곤 방향인 서쪽으로 약 1km 거리에 위치해 있다.

짜익티요
KYAIKTIYO

부처님의 불발 사리를 모신 황금바위

짜익티요 산 정상(1,102m)에 7.3m 높이의 바위가 걸려 있다. 이 바위 위에 조그마한 파고다가 놓여 있는데 순례자들이 소원을 빌면서 이 바위에 금박을 붙이면서 바위가 황금색이 되었다. 그래서 이 바위를 황금바위(Golden Rock)라고 부른다.

미얀마 사람들에게 양곤의 쉐다곤 파고다와 더불어 죽기 전에 꼭 방문하고 싶은 장소가 바로 짜익티요 황금바위 사원이다. 부처님의 불발(머리카락) 사리를 모셨다고 전해지는 황금바위 사원은 미얀마의 불교 현실을 잘 보여 준다. 이 황금바위는 불교의 정통성과는 다소 거리가 있는 미얀마의 정령 신앙인 '낫'에 가깝다.

양곤–짜익티요	버스 | 짜익티요 산 아래 킨 푼 캠프까지 가는 직행 버스를 이용 / 08:00~16:00 / 5시간 소요 / 요금 K7,000~8,000 / 기타 도시에서 올 경우 짜익토에서 하차 후 픽업트럭(라인카)을 타고 킨 푼 캠프(20분 소요)로 오면 된다.
바고–짜익티요	버스 | 익스프레스 버스 이용 / 3시간 소요 / 요금 K5,000 **Tip** 우기에 비가 많이 내리면 계곡의 물이 불어서 황금바위로 올라가는 길이 수시로 폐쇄되니 사전에 확인이 필요하다. 양곤에서 160km 정도 떨어져 있다.
짜익티요–만들레이	버스 | 킨 푼 캠프에서 짜익토까지 픽업트럭으로 이동해서 만들레이행 버스 탑승 / 버스 출발 20:00 / 9시간 소요 / 요금 K20,000
짜익티요–파안, 몰래미야인	버스 | 킨 푼 캠프에서 짜익토까지 이동해서 남부행 버스 탑승 / 버스 출발 09:00, 11:00 / 4~6시간 소요 / 요금 K7,000 이상

황금바위 Golden Rock

낫 신앙의 성지

미얀마 사람들이 제일 많이 찾는 성지라고 할 수 있으며 순수 불교 수행자나 스님들보다는 '낫' 신앙을 믿는 사람들이나 일반인들이 많이 찾는다. 사람들은 이 짜익티요 황금바위 사원을 방문해서 간절히 소원을 비는 것을 생애 최고의 기쁨으로 받아들인다. 통행이 끊기는 여름철 우기를 제외하고는 연중 순례자들로 가득하다. 순례자들이 소원을 빌기 위해 일출과 일몰 시간에 맞추어 황금바위 앞에서 열심히 기도하는 모습은 경건하기 그지없다.

황금바위는 정상 광장에서 왼쪽으로 절벽 위에 걸쳐 있고 그 주변에는 많은 사람들이 소원을 빌면서 열심히 바위 위에 금박을 붙인다. 금박 1통에 5달러 정도 하는데 명함 크기의 얇은 금박지가 5장 들어 있다. 황금바위를 지나서 내려가면 크고 작은 흰색의 파고다들이 여러 개 있다. 그 아래쪽에 현지 미얀마 사람들이 숙박할 수 있는 여관들이 여러 채 있다.

요금 $6(여권과 비자 번호 기록함), 사진 촬영비 K300

Travel tip

짜익티요의 아침 풍경

해가 떠오를 때 짜익티요 버스 터미널 부근의 아침 풍경은 사진 작가들에게 놓칠 수 없는 장면을 연출한다. 햇살 사이로 수많은 순례자들이 걸어가는 모습이나 탁발을 나온 스님들의 모습은 보는 것만으로도 감탄을 자아낸다. 하지만 스님들이 탁발을 위해 길게 줄 선 행렬을 가로질러 가서는 안 된다. 미얀마 어디에서나 절대로 스님들의 탁발 행렬을 가로질러 가서는 안 된다.

황금바위로 가는 길

짜익티요 산길을 따라서

익스프레스 버스로 짜익티요 버스 터미널에서(Kin pun Camp 지역) 내린 후, 터미널 반대편에 있는 트럭 버스를 타고 짜익티요 산으로 올라간다. 트럭 버스는 큰 트럭을 개조한 차로, 35명이 탈 수 있다. 만차가 되면 출발하며 하루 종일 수시로 왕복한다.
거리는 약 9km로 꼬불꼬불 산길을 따라 30분 정도 걸린다. 예전에는 트럭버스 중간 정류장에서 전부 하차해서 산 정상까지 1시간 이상을 걸어가야 했으나, 지금은 산 정상 트럭버스 정류장까지 운행한다. 중간 정류장에서 하차해서 걸어서 올라갈 수도 있다. 길은 넓으나 날씨가 덥기 때문에 오르내리는 길은 무척 힘들다.
가파른 길을 올라가다 보면 대나무로 만든 가마를 타고 가는 노약자나 서양 관광객들도 볼 수 있다.

[트럭 버스]
시간 06:00~18:00(손님이 꽉 차면 바로 출발) 요금 1인당 편도 K2,500~3,000(자리에 앉은 다음에 차장이 받으러 오면 주면 된다.)

[대나무 가마]
요금 편도 $10 이상(2~4명이 메는 대나무 가마)

쉬어 갈 곳

체크 포인트

현지인들의 숙소촌

가는 길 옆 쉴 만한 곳

입장료를 받는 체크 포인트 사무실을 지나 내려가면 가운데 커다란 광장이 있고, 오른쪽에 현지인들이 묵는 큰 강당 같은 곳이 있다. 바람이 심할 때나 비가 올 때는 들어가서 쉬어도 되지만 외국인의 숙박은 안 된다. 현지인들만 가능하다. 그 옆으로는 게스트 하우스가 있는데 시설도 안 좋을 뿐만 아니라 수많은 성지 순례자들로 넘쳐나서 방값도 무척 비싸다.

요금 산 아래 $8~30, 산 정상 $50~100 이상

몰래미야인 (몰메인)
MAWLAMYINE

아름다운 열대의 도시

몰래미야인(몰메인)은 티베트에서 발원하여 파안(Hpa-An)을 거친 딴뤈 강(Than Lwin, 살원 강, 길이 약 2,800km)이 감싸 흐르는 아주 아름다운 도시이다. 도시 전체가 야자수로 뒤덮여 있어서 열대 지방의 느낌을 흠뻑 풍긴다. 도시의 중심부에 자리한 사원들은 언덕 위에 있어서 전망 사원이라고 말할 정도로 전망이 기막히게 좋다. 도시가 나무로 덮인 숲 속 같은 몰래미야인 시내가 360도로 조망이 되며, 사원에서 바라보이는 시내 중심부에 자리한 감옥마저 흡사 커다란 사원처럼 느껴진다. 영국 식민지 시절에 건설한 이 감옥은 규모만 봐도 당시 몰래미야인이 얼마나 번창한 도시였는지를 대변한다. 감옥은 지금도 사용 중이라고 한다.

양곤 – 몰래미야인 (299km)	버스	05:00, 07:00, 07:30, 08:30, 10:30, 12:00, 14:30, 15:00, 17:00, 17:30, 18:30, 19:00, 20:00, 20:30, 21:00, 21:30, 22:00 / 6시간 30분 소요 / 요금 K7,000~11,000
	기차	02:00, 06:30, 07:15 / 약 9시간 소요 / 요금 Upper Class $33 이상
몰래미야인 – 양곤	기차	06:00, 08:15, 11:25 / 약 9시간 소요
몰래미야인 – 파안	버스	06:00~16:00 매 시간마다 있음 / 약 2시간 소요 / 요금 K2,000
몰래미야인 교통	자전거	렌트해서 시내에서 이용
	뚝뚝	근교로 나갈 때 렌트 / 요금 반나절 K15,000, 하루 K20,000~25,000
몰래미야인–미야워디	승합차	수시 출발 / 약 6시간 소요 / 요금 K13,000 (국경 개방 06:00~18:00) / 묵는 숙소에서 예약 가능
몰래미야인–찌익티요	버스	07:00, 13:00 / 5시간 소요 / 요금 K7,000
몰래미야인–만들레이	버스	18:00 / 11시간 소요 / 요금 K16,000
몰래미야인–딴부자얏	픽업트럭(라인카)	수시 출발 / 약 2시간 소요 / 요금 K3,000
몰래미야인–미에익	버스	15:00, 17:30 / 요금 K22,000~32,000(VIP)
몰래미야인–더웨이	버스	17:00 / 12시간 소요 / 요금 K16,000
몰래미야인–파안	보트	08:00 / 5시간 소요(몰래미야인 출발 파안 도착), 3시간 소요(파안 출발 몰래미야인 도착) / 요금 K10,000 이상 (숙소에서 표 구입 가능, 몰래미야인에서는 브리즈 게스트 하우스, 파안에서는 쏘 브라더스 게스트 하우스에 문의, 비정규적으로 운항하니 사전에 확인 필요)

Travel tip

몰래미야인 근교 볼거리

몰래미야인 북쪽으로 50~60km 거리에 몬 왕국의 고도였던 따톤(Thaton)이 있으며, 남쪽 50km 지점의 딴부자얏(Thanbyuzayat) 인근에 있는 셋세 비치(Setse beach)가 유명하다. 딴뷰자얏 인근에 UN군 묘지와 죽음의 철도가 있다. 제2차 세계 대전 때 일본군이 연합군 포로 및 한국을 비롯한 아시아 여러 나라에서 강제 징용된 사람들을 시켜 건설한 철도로 16개월 만에 완성되었다. 미얀마 딴부자얏에서 태국 농쁠라둑(Nong Pladuk)까지 이어지는 415km의 철도로 공사 기간 중에 총 11만 6천 명 이상이 사망하여 악명 높은 죽음의 철도로 불린다. 몰래미야인에서 남쪽으로 29km 떨어져 있는 무돈(Mudon) 인근에 세계에서 제일 크다는 160m의 와불 야다나 따웅(Yadana Taung)이 있다.

짜익딴란 파고다 Kyaik Than Lan Pagoda

최고의 전망을 지닌 아름다운 사원

미얀마 전체를 통틀어서 가장 아름다운 사원을 뽑으라면 1, 2등을 할 정도로 정말 너무나 멋진 사원이다. 열대의 야자나무가 가득한 몰래미안과 딴륀 강이 360도로 조망이 되며 일출과 일몰을 모두 감상할 수 있는 최고의 전망대. 역사가 무척 오래된 유서 깊은 사원이며 몬 전통 스타일로 지어졌다. 입구에서 엘리베이터를 이용(무료, 보통 K500 보시)해서 올라가면 된다.

짜익딴란 파고다는 기원전 308년 부처님 시대에 딴린(Than Lin) 언덕에 세워졌으며, 그 당시 사원의 높이는 46m였다고 한다. 당시 왕이던 뭇삐 라자(Mutpi Raza)는 부처님이 여행 중에 들렀던 딴린 언덕에 파고다를 세우기로 했다. 뭇삐 라자 왕은 가난한 사람이나 부자나 상관없이 경의를 표할 수 있도록 부처님의 치아 사리와 머리카락을 금으로 싸서 은, 루비, 각종 보석과 3개의 경전과 함께 이 파고다에 안치했다. 이처럼 부처님의 치아 사리와 머리카락을 안치해 놓은 곳을 적멸보궁(寂滅寶宮)이라고 한다.

요금 무료

마하무니 파야 Mahamuni Paya

시내를 한눈에 볼 수 있는 사원

만들레이에 있는 마하무니 파고다와 더불어 유명한 사원이다. 전통적인 몬 스타일의 사원 건축 양식으로 주변의 건물들이 아주 특이하면서도 예술적 가치가 느껴지는 아름다운 건축물이다. 법당 불상 뒤편으로 붙은 타일들이 하늘색을 띠며 특이한 느낌을 준다. 몰래미야인 시내 한가운데 언덕에 위치하여 시내가 한눈에 조망이 된다.

요금 무료

우 지나 파고다 U Zina Pagoda

방문객을 반기는 두 마리의 나가

사원 입구 계단 양쪽에 커다란 나가(Naga)가 벽을 타고 길게 늘어져 있는 모습이 인상적인 사원이다. 원래 나가는 코브라를 의미하는데 중국으로 넘어가면서 용으로 변했다고 한다. 우 지나 사원 입구의 나가는 몸통은 미얀마의 커다란 비단뱀이고 머리는 코브라보다는 용에 가깝다. 사원 입구 왼편에 제법 커다란 수영장 같은 것이 있는 것으로 봐서 이곳에서 미얀마 비단뱀을 키우지 않나 싶다. 우 지나 사원 역시 언덕 위에 있어서 딴뤈 강과 몰래미야인 시내가 360도로 조망이 된다. 사원으로 올라오는 동서남북 사방의 계단마다 커다란 나가가 장식되어 있는데 그 모습이 아주 볼 만하다.

요금 무료

미얀마 4대 도시, 몰래미야인

남부 몬 주(Mon State)의 수도로 몬 주 전체 인구는 약 3백만 명에 이른다. 몰래미야인은 양곤에서 299km 떨어진 도시로 미얀마 4대 도시 중 하나일 정도로 크다. 도시 이름이 부르기 쉽지 않은데 현지인들은 몰래미야인에서 '미'에 악센트를 주어서 발음한다. 몰래미야인은 영국 식민지 시절인 1827년에서 1852년까지 주요 항구로서 군사적, 경제적으로 중요한 역할을 했다. 제2차 세계 대전 때 일본군이 미얀마를 침공할 때 제일 먼저 상륙한 곳이기도 하다. 〈버마의 나날들(Burmese Days)〉을 집필한 작가 조지 오웰(George Orwell)이 1920년도에 이곳에서 영국 경찰로 근무를 하기도 했다.

몰래미야인 가는 길 풍경

몰래미야인 가는 길은 그리 힘들지 않다. 주로 평야 지대로 험한 산길이나 꼬불꼬불한 길이 없고 도로 상태도 그리 나쁘지 않다. 몰래미야인이 가까워 오면 열대 지방의 상징인 야자수들이 차창 한가득 나타난다. 몰래미야인 바로 앞 딴륀 강 건너편에는 빌루 쭌(Bilu Kyun)이라는 커다란 섬이 있다. 이 섬은 브리즈 게스트 하우스(Breeze Guest house) 조금 아래, 나이트

묘마 제티

마켓 가기 전 묘마 제티(Myoma jetty)에서 배를 타면 갈 수 있다. 또 시내 북쪽 딴륀 강 가운데에는 작은 샴푸 섬(Shampoo Island, Gaungse Kyun)이 있다.

고대 몰래미야인은 이미 기원전부터 부처님의 말씀이 전해진 땅이며 인도와 항구를 통한 무역이 발달해 있었다. 초기 상좌부 불교(테라와다-고타마 싯다르타가 사용한 언어인 빨리어로 쓰인 경전을 사용하여 대승불교보다 부처의 가르침에 더 가깝다는 평을 듣고 있다)가 그대로 전해진 땅이며, 인도인들은 몰래미야인을 기원전부터 이미 '황금의 땅'으로 불렀다고 한다.

나이트 마켓

딴륀 강 너머의 빌루 쭌

파안
HPA AN

꺼인 주의 수도

꺼인 주(Kayin State, 카렌족)의 수도로 주의 총 인구는 약 140만 명이다. 양곤에서 자동차로 7~8시간 소요되는 거리로 태국과 접경 지역이 멀지 않은 곳이다. 주변에 석회암 지대가 많아서 멋진 산이 있으며 시멘트와 녹차가 많이 생산된다. 파안 가는 길은 가로수가 양쪽으로 나무 터널을 이루고 있으며 이런 멋진 길이 1시간 반 가량 이어진다.

파안은 꺼인 주 수도이기는 해도 작은 마을에 불과하다. 자전거로 반나절 정도면 충분히 시내를 다 둘러볼 수 있다. 파안 시내에는 특별히 볼 만한 게 없지만 10~20km 정도 외곽으로 나가면 동굴 사원과 멋진 사원들이 있으니, 하루나 이틀 머물면서 파안 외곽 지역을 구경하기 바란다.

양곤 – 파안	버스	06:30, 07:00, 08:00, 08:30, 09:30, 12:30, 13:00, 18:30, 20:00, 21:00 / 6시간 소요 / 요금 K7,000~13,000
파안 – 양곤 (짜익티요, 바고)	버스	13:00, 19:00 / 7~8시간 소요 / 요금 K5,000 이상(양곤, 바고 동일)
파안 – 만들레이	버스	18:00 / 14시간 소요 / 요금 K15,000 이상
파안 – 몰래미야인	버스	06:00~16:00(매 시간마다 있음) / 2시간 소요 / 요금 K2,000(몰래미야인에서 파안으로 올 때는 버스 기사나 조수에게 쏘 브라더스 게스트 하우스에 내려 달라고 말하면 된다)
파안 – 미야워디	택시, 픽업트럭	4~5시간 소요 / 요금 K10,000 이상 / 숙소에서 예약 시, 픽업하러 옴
양곤 – 미야워디	버스	양곤 아웅 밍글라 버스 터미널에서 탑승 / 20:30, 21:00(VIP) / 8시간 소요 / 요금 K15,000~20,000(VIP)
미야워디 – 양곤	버스	14:00 / 8시간 소요 / 요금 K15,000~20,000(VIP)
몰래미야인 – 미야워디	픽업트럭	07:00 / 6시간 소요 / 요금 K5,000~13,000
파안 인근으로 이동	픽업트럭(라인 카)	요금 K500~1,000
파안 시내 교통	오토바이 렌트(기사 포함)	꼬군 동굴 사원, 야따빤 동굴 사원(우기에는 물이 차서 못 감), 짜욱깔랍 파야, 룸비니 가든, 꺼인 빌리지, 싸다르 동굴 사원, 꼬까따웅 동굴 사원, 라카나 빌리지 / 총 6시간 소요) / 요금15,000K, 따웅갈래 수도원(파안에서 20km 이상)을 다녀올 경우 K20,000 뚝뚝	1일 K15,000 자전거	1일 K2,000, 반나절 K1,000

Travel tip

오토바이 기사 및 뚝뚝 기사 추천

오토바이

라슈(Larshu, 46세) 씨는 쏘 브라더스 게스트 하우스 스텝 중 한 명이다. 파안 근교에 거주하며 남편과 사별한 24살 연상녀와 사는 로맨티스트이다. 왜 나이 차이가 많이 나는 사람과 결혼했냐고 물었더니 사랑하기 때문이라는 순정파 아저씨다. 부인이 데려온 딸이 시집을 가서 낳은 손녀딸과 부인, 이렇게 세 식구가 함께 살고 있다. 영어가 가능하고 오토바이를 천천히 잘 운전한다. 오토바이로 하루 파안 근교를 여행할 분들에게 추천한다. 안전을 위해 헬멧 착용은 필수다.

전화 09-3141-2379 이메일 shisho.grace135@gmail.com

뚝뚝(모터 택시)

쏘 아웅(Saw Aung, 40대) 씨는 뚝뚝 기사다. 현지 식당에서 밥 먹다 알게 된 분으로, 한국말로 의사소통에 큰 어려움이 없다. 한국에서 몇 년간 일을 한 적이 있어서 그렇다고 한다. 뚝뚝 기사가 한국어를 한다면 가이드가 있는 거나 마찬가지여서 여러모로 많은 정보를 얻을 수 있다. 가격도 다른 기사보다 저렴하게 부른다. 한국어로 대화가 가능한 기사를 만나기 쉽지 않은 파안이라 추천한다.

전화 09-4505-40886 요금 1일 K10,000~15,000, 반나절 K5,000~10,000(외곽으로 멀리 나갈 경우 거리에 따라 K5,000 정도 추가될 수 있음)

교통의 요지, 파안

2013년, 미얀마의 미야워디(143km, 마와디, Myawaddy)와 태국의 매솟(Mae sot) 간의 국경이 개방되면서 미야워디와 양곤 중간에 위치한 파안이 교통의 요지로 새롭게 부상하고 있다. 공식 개방 이전에도 암암리에 국경 밀무역을 해 와서 파안은 암시장이 일찍부터 발달했다. 시내에는 간판 없는 대형 창고형 슈퍼가 서너 개 운영 중인데 주 고객은 양곤이나 대도시에서 귀동냥으로 듣고 오는 손님들과 대형 도매업자들로, 세금이 없다 보니 지역 상점에서 사는 것보다 최대 10배 이상 싸다고 한다. 취급 상품도 세제, 음료수 등 생필품부터 공산품까지 다양하다. 파안 시내를 다니다 보면 도시 규모에 비해서 의외로 외제 신차가 많아서 의아할 때가 있다. 바로 국경을 통해 태국에서 몰래 들여오는 차들로 공식적으로 차량 등록을 하지 못하기 때문에 파안 근교 지역만 운행한다고 한다. 미얀마의 승용차는 차량 등록비가 자동차 가격과 맞먹을 정도로 비싸다.

외국인은 파안에서 타마냐 수도원(Thamanya Monastery, 40km)까지 방문이 허용되고, 그 외 지역은 파안 시내 기점 25km 이내만 방문이 허용되고 있다. 현재 태국 매솟에서 미얀마 미야워디를 거쳐 파안, 몰래미야인으로 육로 입국이 가능하다. 단, 외국인에게는 국경 비자를 발급하지 않으니 미리 비자를 받아 와야 한다.

파안의 모스크와 무슬림

파안의 중앙 시장

파안 시장 Hpa-An Central Market

여러 과일을 만나볼 수 있는 시장

파안 시장은 그리 크지는 않다. 쏘 브라더스 게스트 하우스에서 아래로 50m만 가면 우측에 있다. 파안에는 우리나라 고구마와 같은 고구마도 있다. 포도가 1kg에 K500, 망고가 1개에 K200~300, 곰 바나나(피젠 바나나)가 1다발(15개)에 K700이고, 수박이 1조각에 K200, 1통에는 K1,000~1,500 정도 한다.

오픈 06:30~18:30

꼬군 동굴 사원 Kawgoon Cave

재미난 전설이 전해져 내려오는 동굴

꼬군 동굴은 석회암으로 이루어진 천연 동굴로, 해발 35m의 저지대인 파안의 딴뤈 강 북쪽인 꼬군 마을에 위치해 있다. 동굴 내부에는 벽화, 잉크 비문, 돌 비문 및 몬 비문, 석회암과 사암에 새겨진 테라코타 명판(名板)이 봉헌된 많은 유물이 있다. 아울러서 후기 바간 왕조(13세기)의 문화유산을 이 동굴에서 볼 수 있다.

입구 왼쪽에 온화한 미소를 띠고 있는 부처는 재미있는 전설을 가지고 있다. 전설에 따르면 옛날에 전쟁을 위해서 길을 가던 수많은 군인들이 이곳 동굴 사원을 지나가게 되었는데 오직 한 군인만이 이 부처 앞에 무릎을 꿇고 간절히 기도를 드렸다고 한다. 그 후 근처에 있는 딴뤈 강을 건너는데 타고 가던 배가 뒤집혀서 군인들 모두 사망했지만 간절히 기도를 드렸던 군인 한 명만 유일하게 살아남았다는 이야기가 전해진다. 이 이야기를 듣고 다시금 그 부처를 보면 미소가 정말 매력적이다.

동굴은 길이가 길지는 않지만 넓이는 넓은 편이다.

동굴 입구 바로 앞에 10m 정도 되는 와불이 안치되어 있고 동굴 안에는 세 좌의 와불이 삼면으로 놓여 있다.

동굴 벽에는 아주 많은 작은 불상이 장식되어 있으며 일부는 훼손되거나 누군가가 떼어 간 흔적도 보인다. 듬성듬성 사라진 흔적을 보면 유적 관리의 허술함을 실감할 수 있다. 불상에 칠해진 금빛은 진짜 금이라고 한다. 동굴 천장과 외벽에 빼곡히 새기거나 깎은 수많은 불상이 미얀마 사람들의 불심을 대변해 준다.

요금 $3(K3,000), 사진 촬영비 K500(안 받기도 함)

짜욱깔랍 파야에서 바라본 주변 풍경

짜욱깔랍 파야 Kyauk ka lat Paya

아침 안개 위로 떠오르는 일출이 환상적

파안 시내에서 약 8km 정도 떨어진 곳에 위치해 있다. 바위 위에 있는 파고다의 모습이 약간은 초현실적인 인상을 주는 사원이다. 다리 건너에 있는 신축 사원에는 많은 스님들이 경전을 읽으면서 공부를 한다. 일반 사원이라기보다는 수도원이라 할 수 있다. 건물 왼쪽으로 돌아가면 바위 위로 올라가는 계단이 있다. 계단을 따라 올라가면 파안의 멋진 풍경이 한눈에 들어온다.

짜욱깔랍 파야의 겨울철(성수기)은 환상적인 일출로 유명하다. 아침 안개에 싸인 호수 위로 떠오르는 일출은 정말 놓치면 후회하는 멋진 장면이다.

짜욱깔랍 파야 가기 전 오른쪽에 새롭게 신축한 대리석 좌불상은 높이가 대략 4~5m로 제법 크다. 뒤편의 제가빈 산(Zwegabin Mt, 900m)을 배경으로 앉아 있는 모습에서 품격이 느껴지는 불상이다. 미얀마는 불상을 주로 시멘트로 많이 만들어서 유적의 역사적 의미가 별로인데 비해서 이 불상은 대리석으로 조성하여 시간이 흐르면 훗날 훌륭한 유물이 되리라 예상된다.

신축 짜욱깔랍 사원

신축 짜욱깔랍 사원의 대리석 좌불

짜욱깔랍 파야

이곳은 숙소에서 20분 정도 걸리므로 일출을 찍기 위해서는 새벽 5시 반에는 출발해야 한다.

위치 오토바이나 뚝뚝 추천(여러 명이 합승하면 저렴) **요금** 무료

룸비니 가든 Lumbini Garden

불상 정원

짜욱깔랍 사원에서 조금만 더 가면 룸비니 가든이 나온다. 이곳은 말 그대로 부처를 모신 정원이다. 제가빈 산자락 아래에 조성된 정원으로 현재 약 2,500여 개의 불상이 모셔져 있다. 불상을 시멘트로 조성하여 유물로서의 가치는 많이 떨어진다. 경제적인 이유겠지만 대리석으로 했으면 하는 아쉬움이 있다. 타 종교인이나 불상에 큰 관심이 없는 여행자들에게는 그냥 스쳐 가는 불상 정원 같다.

미얀마를 여행하다 보면 어디를 가든지 금색의 파고다와 수많은 시멘트 불상을 만나게 된다. 비슷비슷한 불상과 파고다에 때로는 식상함을 느끼기도 하지만, 미얀마 사람들의 간절한 소망과 부처님에 대한 순수한 마음을 봤을 때, 어려운 시절의 억눌린 마음을 불상 조성을 통해 풀고자 한 것은 아닐까 하는 생각도 든다.

요금 무료

싸다르 동굴 사원 Saddar Cave

긴 동굴과 아담한 호수

파안은 석회암 지대로 주변에 천연 동굴이 많다. 미얀마 사람들의 불심은 이런 동굴을 그냥 놔두지 않고 그 안에 부처를 모신다. 대부분의 동굴 사원이 그리 깊지 않은 동굴인데 반해서 싸다르 동굴은 작은 산 하나를 통과하는, 길이가 제법 긴 동굴이다. 여느 동굴과 마찬가지로 내부에는 물이 있어서 이끼가 많고 바닥이 무척 미끄러우므로 사고에 주의해야 한다. 동굴을 나가면 아담한 호수가 나타난다. 성수기인 겨울철에는 배가 대기하고 있다. 여럿이 한 배를 타고 호수를 한 바퀴 돌아보는 데 일인당 K1,000인데 홀로 배를 탈 경우는 K2,000이다. 주변에 싸단 동굴 사원(Sadan Cave)이 있다.

요금 무료 주의 사항 지갑, 여권, 카메라 등이물에 젖지 않도록 방수팩이나 2겹 지퍼락 비닐봉투를 준비한다.

꼬까따웅 동굴 사원 Kawtka Thaung Cave

탁발하는 스님상이 인상적

라카나 마을(Latka Na Village) 입구에 있는 동굴 사원으로, 파안 시내에서 약 15km 정도 떨어져 있으며, 차로 30여 분 정도가 소요된다. 꼬까따웅 동굴 사원 옆에는 붉은 가사를 입고 탁발하는 모습을 재현한 수백 개의 스님상이 아주 인상적이다. 동굴 내부에는 커다란 나가(뱀)와 함께 있는 불상을 비롯하여 대리석 좌불상이 수십 개 안치되어 있다. 동굴 안쪽 깊숙한 곳에는 부처님의 뼈 진신 사리가 모셔져 있다. 어두워서 그냥은 안 보이므로 동굴 입구에 있는 관리인에게 플래시를 빌리거나 미리 플래시를 가져가기 바란다. 미얀마는 부처가 설법한 인도와 가까워서 많은 사원에 부처의 진신 사리가 안치되어 있다. 성지 순례를 하는 불자들에게는 부처의 진신 사리가 모셔진 사원을 관람하는 것은 큰 행운이라고 할 수 있다.

요금 무료

부처의 진신 사리

탁발하는 스님상

마약왕 쿤사 Khun Sa

마약왕으로 전 세계에 악명을 떨쳤던 쿤사(Khun Sa, 1934. 1. 17.~2007. 10. 26.)는 본명이 장치푸(張奇夫)로, 중국계 아버지와 샨족 어머니 사이에서 출생하였다. 쿤사는 '부(富)의 왕자'라는 의미로 그는 처음부터 반군이 아니라 원래는 미얀마 정부군 장교였다. 1960년대 초 쿤사는 샨족 반군을 토벌하는 임무를 띠고 반군을 토벌하다, 샨 지역에서 양귀비 재배에 앞장서면서 40년 가까이 전 세계 마약(아편, 헤로인)의 70~80%를 공급했다. 1970년대부터 사병(私兵)을 조직하기 시작했고, 이후 태국, 라오스, 미얀마와의 국경에 거주하는 카친족, 라후족 등 소수 민족을 흡수하여 골든 트라이앵글(황금 삼각주)을 마약 밀매의 장으로 만들었다. 1969년 미얀마 정부군에 의해 체포되어 쿤사 군대가 와해 위기에 빠졌지만 정부군과 인질 교환으로 풀려나서 1974년 복귀에 성공했다. 1985년 쿤사는 미얀마 동북부의 태국 접경 지역 전체를 지배하는 반군 지도자로 떠올랐고 1만여 명의 몽 타이군(MTA)을 거느린 거대 반군 조직의 리더가 되었다. 쿤사는 1993년 12월 미얀마 정부와의 평화 협상을 거부하고 태국 접경인 샨 주의 독립을 선언하고, 호몽(Ho Mong, 샨 주에 위치한 태국과 미얀마의 접경 지대)을 샨국의 수도로 선포했으나 미얀마 정부는 쿤사 반군을 마약 범죄 단체로 규정하고 평화 협상 대상에서 제외시켰다. 미얀마 정부는 1994년 카친 반군과 카렌 반군 등 11개 소수 민족 반군과 평화 협정을 체결했으나 쿤사 반군에 대해서는 범죄 단체로 보고 대규모 소탕전을 벌였다. 이 소탕 작전으로 쿤사 반군은 커다란 타격을 입었다. 계속되는 정부군의 소탕작전으로 1996년에 쿤사는 호몽에 있는 자신의 기지에서 미얀마 정부에 투항하였으며, 1만 명에 달하던 반군들도 자진 해산했다. 일부 반군은 태국 접경 밀림 지역으로 들어가 반군 생활을 계속하고 있다.

쿤사는 투항의 조건으로 여생의 안전과 자신의 핵심 측근들의 안전 보장, 그리고 루비, 금광 광산과 호텔 등 막대한 수익 사업권을 보장받은 것으로 알려졌다. 그는 양곤에서 미얀마 정부의 보호 속에 호의호식하다가 74세의 나이로 2007년 10월 26일 양곤의 자택에서 사망했다. 사망 전까지 고혈압과 당뇨, 하반신 마비, 언어 장애를 겪은 것으로 알려져 있다.

미얀마 정부군은 2000년대 들어서도 지속적으로 산발적인 반군 소탕 작전을 벌여 오고 있다. 통계에 따르면 미얀마 소수 민족 반군들의 무장 투쟁이 본격화된 1985년부터 현재까지 반군 1만 5천 명이 사망했고, 국경 접경 마을에서 생활하던 소수 민족 중에서 태국으로 넘어가 난민 신세가 된 숫자가 약 50만 명에 달한다고 한다.

> **TIP 활동 중인 반정부군 현황**
> - 카렌 민족 해방군(KNLA, Karen National Liberation Army)
> - 카레니 민족 진보당군(KNPPA, Karenni National Progressive Party Army)
> - 카친 독립군(KIA, Kachin Independence Army)
> - 민주 카렌 불교군(DKBA, Democratic Karen Buddhist Army)
> - 샨 주 남부군(SSA-South, Shan State Army)
> - 와 주 연합군(UWSA, United Wa State Army)
> - 몬 민족 해방군(MNLA, Mon National Liberation Army)
> - 몽 타이군(MTA, Mong Thai Army)
> - 빨라웅 주 해방군(PSLA, Palaung State Liberation Army)
> - 친 민족군(CNA, Chin National Army)
> - 미얀마 민족 민주 연합군(MNDAA, Myanmar National Democratic Alliance Army)
> - 버마 학생 민주 전선(All Burma Students Democratic Front)

추천 숙소

고급 호텔과 중급, 하급 호텔, 그리고 외국 여행자들을 위한 저렴한 숙소인 게스트 하우스가 있는데, 숙박 요금이 최근 1~2년 사이에 몇 배로 급등했다. 고급 호텔은 주로 비즈니스로 온 사업가들이 많이 이용하며 순수한 여행자들은 주로 중급 호텔이나 게스트 하우스를 이용한다. 양곤뿐만 아니라 미얀마 전체적으로 숙박 시설은 열악한 편으로 정부의 여러 가지 규제로 인해서 신축 호텔과 게스트 하우스가 많지 않다. 최근 들어서 새로운 신축 호텔이 들어서고 있으니 예전 명성에 얽매이지 말고 신축 호텔이나 신축 게스트 하우스를 우선적으로 체크해 보기를 추천한다.

바고

마 난다 호텔 Mya Nanda Hotel

바고 철길을 넘자마자 오른쪽에 있으며 2~4층을 사용한다. 게스트 하우스 수준이지만 건물은 깔끔하다. 큰길가 말고 뒤편 방으로 달라고 하면 무척 조용하다. 주인은 인도계 사람으로 여주인이 상냥하고 영어도 잘한다. 특히 짜익티요를 여행할 사람은 이 호텔에서 묵으면 편하다. 호텔 옆 큰길가에 있는 상점이 짜익티요 가는 익스프레스 버스 정류장이라서 표를 사면 알아서 태워 준다. 아침에 호텔 앞 큰길에서 자전거로 출근하는 수많은 사람들의 모습을 구경할 수 있다.

주소 No.10, Main Rd., Pye, Bago 전화 095-019799, (052) 22175 요금 싱글 $10 이상, 더블 $15~30(에어컨, 개인 욕실, TV, 냉장고, 온수), 조식 $1

실버 스노 게스트 하우스
Silver Snow Guest House

시계탑 근처에 있으며 에어컨은 없고 방마다 선풍기가 있다. 독립된 욕실이다.

요금 싱글·더블 $10~30

엠퍼러 모텔 Emperor Motel

바고 기차역에서 가까우며 마 난다 호텔 길 건너편에 있는 최신 녹색 건물이다.

주소 8/2, Min St., Zaiganine North Qtr., Bago 전화 (052) 21349, 22108 요금 싱글 $15, 더블 $20~25(에어컨, 개인 욕실, 온수)

샌프란시스코 모텔 San Francisco Motel

기차 철길을 넘자마자(Main Rd.) 왼쪽에 있다.

주소 14, Main Rd., Kantharyar Qtr, Bago 전화 (052) 21394 요금 싱글 $15, 더블 $20

짜익티요

골든 록 호텔 Golden Rock Hotel
짜익티요에서 조금 떨어진 곳에 있지만 시설은 좋은 편이다.

전화 (052) 70174, 양곤 예약 전화 (01) 502-479, 536-553 요금 $50~100 이상 홈페이지 www.visitmyanmar.net/hotels 이메일 grtt@goldenrock.com.mm

마운틴 톱 호텔 Mountain Top Hotel
짜익티요 산 체크 포인트 전에 있는 호텔로, 길 오른쪽에 있다. 벽돌로 지은 아담한 형태의 단층 호텔이다.

전화 양곤 예약 전화 (01) 502-479, 536-553, 536-174 요금 $50~100 이메일 grtt@goldenrock.com.mm

짜익또 호텔 Kyaikhto Hotel
최고의 뷰 포인트를 자랑하는 호텔로 정부 소유 호텔이다. 체크 포인트 전 왼쪽에 있으며 나무로 지어진 방갈로 형태의 호텔이다.

전화 양곤 예약 전화 (01) 663-341

시사 게스트 하우스 Sea Sar Guest House
짜익티요 익스프레스 버스 터미널 앞 음식점의 뒤편에 있다. 방갈로 형태의 독립된 집이 여러 개 있는 게스트 하우스로 조용하고 시설도 좋다. 산 정상에서 숙박을 하지 않을 여행자들은 이 게스트 하우스를 적극 추천한다. 종업원들이 친절하며 게스트 하우스가 운영하는 음식점도 있다.
스님들의 아침 탁발 공양을 보거나 사진을 찍으려면 오전 6시 20분 전에는 음식점 앞으로 나가야 볼 수 있다.

주소 Kin Pun Camp 요금 싱글 $10~15(방갈로), 더블 $25~30(선풍기, 개인 욕실, 온수, 에어컨)

몰래미야인

응웨모 호텔 Ngwe Moe Hotel
강변에서 가깝고 브리즈 게스트 하우스와 같은 스트랜드 로드에 위치해 있다. 시설은 그냥 그렇다.

주소 383, Extended Lake St., Corner of Kyaikthoke Pagoda Rd. & Strand Rd., Mawlamyine

아트란 호텔 Attran Hotel
딴륀 대교가 바라보이는 강변에 위치해 있다. 정원이 넓어서 리조트 느낌이 나며 샴푸 섬에서 가깝다. 위치가 최적이며 방갈로 타입의 객실을 지니고 있다. 가격 대비 시설이 별로인 점이 아쉽다.

요금 슈피리어 $80~180, 스위트 $100~230

신데렐라 호텔 Cinderella Hotel

시내에 위치해 있으며 많은 여행자들에게 가격 대비 만족도가 높은 호텔로 평가되고 있다.

주소 No. 21, Baho Rd., Sitkei Gone Quarter, Mawlamyine 요금 슈피리어 더블 $45~120, 디럭스 · 슈피리어 트윈 $50~130

브리즈 게스트 하우스 Breeze Guest house

강변에 자리하고 있어 위치가 좋다. 마켓, 제티가 가깝고 바로 앞에 딴뤼 강과 바다가 펼쳐져 있다. 전에는 파안까지 사설 보트를 운행했으나 현재는 중단된 상태다. 건물이 영국 식민지 시절에 지어진 것으로, 무척 오래되어 낡고 시설은 좋지 않지만 여행 정보가 많아서 배낭 여행자들은 선호하는 편이다. 2층 창 쪽 방을 추천한다.

요금 스탠다드(선풍기, 공동 욕실) $12~35, 스탠다드(에어컨, 공동 욕실) $20~50

오로라 게스트 하우스 Aurora Guest house

몰래미야인에서 브리즈 게스트 하우스와 더불어 제일 저렴한 숙소다. 가격 대비 나쁘지 않다.

주소 277 Lower Main Rd., Mawlamyine 요금 싱글 $7 이상, 더블 $15 이상(에어컨, 개인 욕실)

샌달 우드 호텔 Sandal Wood Hotel

시설이 깔끔하며 4명이 잘 수 있는 패밀리룸을 구

비하고 있다. 여행자들에게 좋은 평을 듣고 있다.

주소 278 Myoma Tadar St., Mawlamyine 요금 싱글 · 더블 $20 이상

몰래미야인 스트랜드 호텔
Mawlamyaing Strand Hotel

2011년에 오픈한 신축 호텔인데 시설이 가격 대비 별로라는 평이 많다. 강변에 위치해서 전망은 좋다. 브리즈 게스트 하우스에서 강변을 쭉 따라가면 된다.

주소 Strand Rd., Phat Tan Quarter, Mawlamyine 요금 슈피리어 · 디럭스 $80~200

> **Travel tip**
>
> 몰래미야인의 3, 4월은 무덥기로 유명하다. 이 기간에 이곳을 여행하는 분들은 숙소 선택 시 에어컨 유무를 확인해서 에어컨이 있는 숙소를 잡기 바라며, 낮에는 정전이 자주 되니 디지털 기기 사용이나 밧데리 충전 시 유의하기 바란다.

파안

쏘 브라더스 게스트 하우스
Soe Brothers Guest house

배낭여행자들에게 너무나 유명한 게스트 하우스다. 스텝들이 영어에 능통하고 친절하며 많은 여행 정보를 얻을 수 있다. 오토바이나 뚝뚝 섭외, 동행자 섭외를 부탁하면 모집해 준다. 직접 제작한 파안 유명 관광지 지도를 달라고 하면 준다. 건물이 오래되어 시설은 낡은 편이다.

주소 No. 2/146, Thitsa St., Hpa-an 전화 (058) 21372
요금 싱글 $6 이상, 더블 $12 이상(공동 욕실, 조식 불포함)

파라미 모텔 Parami Motel

파안 시내 사거리(쏘 브라더스 옆, 한 블록 다음)에 위치한 모텔로 시설은 깔끔한 편이다. 스텝들도 친절하다. 아침이 포함된 가격이다.

주소 No. 304, Pagoda Rd., Ward(2), Hpa-an 전화 (058) 21647, 21648 요금 그레이드 1 $38(현지인 K18,000), $40(현지인 K30,000) / 그레이드 2 $33(현지인 K13,000), $35(현지인 K20,000) / 엑스트라 베드 $15, 조식 포함

그랜드 힐 호텔 Grand Hill Hotel

가격 대비 그다지 좋지 않은 호텔로 성수기에 혹시 빈 방을 구하지 못했다면 알아보기 바란다.

주소 Sin Phyu shin St.(Yadanadipa), No. 9 Quarter, Hpa-an 전화 (058) 22286

호텔 앤젤 랜드 Hotel Angel Land
2013년에 지어진 신축 호텔이다. 가격은 비싸다.

주소 4/600, Pha Dauk St., 4 Qt, Hpa-an 요금 슈피리어 $110~260, 디럭스 $125~320, 스위트 $170~420

호텔 제가빈 Hotel Zwekabin

새롭게 신축된 방갈로 타입의 호텔로 파안 시내에서 차로 20여 분 떨어진 외곽에 위치한다. 제가빈 산의 경치가 멋진 곳이지만 배낭여행자에게는 가격이나 위치가 맞지 않는다. 방과 욕실이 무척 크고 시설도 깨끗하며, 아침은 뷔페식으로 제공된다. 편안한 여행을 선호하는 가족 여행, 연로한 분이 있는 여행, 신혼여행중인 분들께 추천한다.

주소 Mawlamyine Rd., Pa-an 요금 스탠다드 $60 이상

골든 스카이 게스트 하우스
Golden Sky Guest House

쏘 브라더스 게스트 하우스와 더불어 파안에서 제일 저렴한 숙소이다. 위치는 쏘 브라더스 게스트 하우스에서 시장 앞길로 5분 정도 강 쪽으로 가면 된다. 7~8월 우기에는 종종 물이 범람해서 중앙 시장 아래 길이 어른 허벅지까지 잠겨서 통행에 어려움을 겪기도 한다. 스텝들이 영어를 잘하지 못한다.

주소 2 West Thidar Ward, Hpa-an 요금 싱글 $10~15 이상, 더블 $20~25 이상(에어컨, 개인 욕실)

그 밖의 호텔
쉐가피 호텔(Shwe ga pya Hotel)
전화 09-870-0100

타이거 호텔(Tiger Hotel)
전화 (058) 21392

골든 스타 호텔(Golden Star Hotel)
전화 (058) 21510

먹을거리

강과 바다를 접하고 있는 남부 지역에는 생선과 해산물이 많이 난다. 시원한 강바람이 부는 야외에서, 강 위로 지는 석양을 보며 즐기는 식사는 비록 값싼 음식이라도 여느 특급 호텔 레스토랑 부럽지 않은 낭만을 선사한다. 강변에 있는 해산물 레스토랑에서 근사한 식사를 하거나 몰래미야인 나이트 마켓(야시장)에서 딴륀 강의 일몰을 즐기며 현지 친구들과 시원한 미얀마 맥주 한잔하기를 추천한다.

바고

쪼솨 레스토랑 Kyaw swa Restaurant
중국 식당으로, 마 난다 호텔을 조금 지나 큰길가에 있다. 음식은 맛있는데 가격이 비싸다.

주소 No.6 Main Rd., Bago 전화 (052) 21610 요금 야채 볶음밥 K1,200, 닭고기 볶음면 K1,500, 볶은 게 발 요리 K3,000

몰래미야인

Ykko 레스토랑
1988년에 오픈한 레스토랑으로 가격이 비싸지도 않으면서 맛있다고 소문난 집이다.

주소 Corner of Kannar St.& Htarwai Bridge St., Htarwai Bridge, Sit Kae Kone Township, Mawlamyine
전화 09-401-591212

미초 Mi Cho
인도 음식점으로, 음식이 맛있다는 평이다.

주소 North Bogyoke Rd., Mawlamyine

리버 뷰 레스토랑 River View Restaurant
케밥과 생선 카레가 맛있는 집이다.

주소 Mandalay Ward, Mawlamyine 전화 09-557-25764

본 지 Bone Gyi
미얀마 음식과 중국 음식을 하는 레스토랑이다.

주소 No, 1-B, Strand Rd., Mawlamyine

찬찬먀애 Chan Chan Myae
규모가 작은 현지 음식점인데 맛이 좋다. 태국 음식점이다.

주소 No. 33, Natsin St., Taungwine Qr., Mawlamyine

찬타 레스토랑 Chan Thar Restaurant
샌달 우드 호텔 옆에 위치해 있으며 가격이 싸고 맛있다.

주소 Off South Bogyoke Rd., Mawlamyine

비어 가든 2 Beer Garden 2
밤에 맥주 한잔 할 수 있는 곳으로 간단한 식사와 꼬치구이를 판다.

주소 58 Strand Rd., Mawlamyine

나이트 마켓 Night Market
딴륀 강변에 위치한 최고의 야외 레스토랑이다. 넓은 공터에 간이 포장마차들이 들어선다. 꼬치구이와 식사가 가능하며 맥주나 음료수도 있다. 해 지기 전에 가서 딴륀 강변으로 지는 일몰을 보며 먹는 식

딴뷘 강변의 노을

나이트 마켓

사는 최고라 하겠다. 스트랜드 로드에 있으며 경찰서, 제티가 근처에 있다.
나이트 마켓에서 100m 정도 위로 길을 따라 올라가면 강변에 커다란 시푸드 레스토랑이 있다. 꼬치가 1개에 K100, 어묵은 1개에 K200이다. 꼬치구이를 먹을 때는 잘 익었는지 꼭 확인하고 먹자. 고기라서 덜 익은 걸 먹으면 설사가 날 수 있다.

파안

쉐타다 레스토랑 Shwe Thadar Restaurant
볶음밥, 볶음면, 야채볶음, 달걀 프라이 등 식사가 가능하다.

위치 쏘 브라더스 게스트 하우스 바로 옆

산마뚜 레스토랑 San Ma Tu Restaurant
미얀마 정식 식당으로 반찬이 뷔페식으로 제공되니 선택하면 된다. 음식이 맛있고 많은 여행자들이 추천하는 식당이다.

주소 1/290 Bogyoke St.

뉴 데이 제과 & 스낵 New Day Bakery & Snack
커피와 과일 셰이크, 다양한 종류의 빵과 간단한 스낵을 먹을 수 있는 곳이다.

주소 3/624 Bogyoke St. 위치 사거리 위쪽 보족 거리(Bogyok St.)에 있다.

나이트 마켓의 꼬치구이

인레 호수 & 근교

인레 호수가 있는
샨 주 여행

양곤에서 동북쪽으로 약 705km 떨어진 곳에 위치한 인레 호수는 미얀마 여행에서 필수로 방문하는 여행지 중 하나다. 인레 호수는 해발 875m에 위치한 산정 호수로, 연중 시원한 기후 때문에 많은 여행자들이 선호하는 지역이며 특히 유럽 여행자들이 많이 찾는 곳이다. 인레 호수는 규모가 남북으로 약 22km, 동서로 약 11km에 이르는 거대한 호수이며 대나무의 부력으로 만든 '쭌 묘'라는 수상 농장에서 토마토나 오이, 채소를 수경 재배하는 것으로 유명하다.

호수의 남쪽에 위치한 쉐 인 떼인 유적지는 수백 년 동안 그대로 방치되어 무너지고 훼손되었는데 그 모습이 애잔한 느낌을 주는 곳이다. 호수의 아래쪽에는 삼카 빌리지가 있어서 빠오족과 더누족을 만날 수 있는 '삼카 투어'를 할 수 있다. 인레 호수의 관문이 되는 냥쉐 시내 인근에는 포도 농장인 '레드 마운틴 와이너리'가 있고, 호수 건너편에는 까웅다잉 온천이 있다.

인레에서 약 25km 떨어진 곳에는 샨 주의 주도인 따웅지가 있다. 고산 지대에 위치한 도시 따웅지는 시원한 기후로 미얀마 사람들이 피서를 가는 곳이다. 도시에서 남쪽으로

40km 떨어진 곳에 '까꾸'라는 불교 유적군이 있으며 현재 1,054개의 파고다가 남아 있다. 인레에서 자동차로 약 2시간 걸리는 껄로는 해발 1,315m의 높은 고도와 선선한 기후, 그리고 주변의 다양한 소수 부족 마을이 있어 트레킹하기 좋은 곳으로 유명하다. 또한 껄로에서 북동쪽으로 2시간 거리에 위치한 삔다야는 주변의 들판 풍경이 아름답다. 특히 1~2월에 방문하면 노란 유채꽃을 비롯한 알록달록한 꽃들로 수놓인 들판의 멋진 풍경을 만날 수 있다.

인레 호수&근교 BEST 3

인레 호수 사진 촬영

쉐 인 떼인 유적지

껄로 트레킹

인레 호수
INLE LAKE

샨 주의 고요한 산정 호수

인레 호수는 샨 주(Shan State)에서 제일 유명한 관광지이자 유럽인들이 제일 좋아하는 미얀마의 관광지이다. 해발 875m에 위치해 있으며 남북으로 22km, 동서로 11km에 이르는 거대한 산정 호수다. 우기에는 약 1.5배 정도 늘어나서 남북의 길이가 최대 33km까지 늘어난다. 샨 주는 고원 산악 지대여서 여름철에도 비교적 선선하다. 이곳을 여행할 때는 반드시 점퍼나 긴팔 옷이 필요하다.

다양한 소수민족이 살아가는 인레 호수 주변은 트레킹 코스로도 인기가 높다. 시간적 여유가 있다면 트레킹을 한번 해 보기 바란다.

양곤-인레 호수	**비행기** | **양곤-헤호** 오전 출발 비행기는 바간-만델레이-헤호-양곤 순으로 운항, 오후 출발은 헤호-만델레이-바간-양곤 순으로 운항한다. / 40분 소요 / 요금 편도 $120 이상 **헤호-냥쉐(35km)** 택시로 1시간 소요 / 요금 $20~25 정도 **버스** | **양곤-쉐냥** 마지막 버스 19:00 출발 / 11시간 소요 / 요금 K13,000~27,000(VIP) **쉐냥-냥쉐(13km)** 택시, 픽업트럭, 오토바이, 뚝뚝 등 / 요금 택시 K4,000~6,000, 픽업트럭·오토바이·뚝뚝 K1,000 정도 **쉐냥-양곤** 마지막 버스 18:30 / 약 11시간 소요
쉐냥에서 다른 지역으로 이동하기	**쉐냥-껄로** | **기차** 09:30 출발 / 약 3시간 소요 **버스** 12:30 출발 / 약 2시간 소요 / 요금 K3,000 **쉐냥-삔다야** | **버스** 12:30 출발 / 약 2~3시간 소요 / 요금 K3,000 **택시나 픽업트럭 이용 가능**
헤호에서 다른 지역으로 이동하기	**헤호-바간(냥우)** | **비행기** 10:10(40분 소요), 16:55(1시간 20분 소요, 헤호-만델레이-바간-양곤) / 요금 $97~107 **헤호-딴뒈(나팔리 비치)** | **비행기** 10:20, 13:30(1시간 소요) / 요금 $122 **헤호-만델레이** | **비행기** 09:25, 16:55(35분 소요) / 요금 $76~86
냥쉐에서 다른 지역으로 이동하기	**냥쉐-따웅지** | **승용차 투어** 시내, 재래시장, 인레 호수 뷰 포인트 방문, 쉐냥 익스프레스 버스 터미널(양곤행)까지 승용차를 빌려 반나절 정도 구경하고 터미널까지 데려다 주는 서비스다. 숙소 문의. / 요금 $35~40 **냥쉐-바간(냥우)** | **버스** 07:00, 19:00, 20:00(VIP) / 8시간 소요 / 요금 K13,000~22,000(VIP)

Travel tip
택시 합승하기

버스 정류장(지방 여행 중 소도시 길거리 정류장일 경우)에서 버스를 기다리다 보면 장거리 가는 택시가 같은 방향으로 가는 합승 승객을 찾는 것을 볼 수 있다. 예를 들어, 택시가 따웅지에서 만델레이까지 가는 경우에 이 택시는 쉐냥, 껄로, 따지를 거쳐 만델레이까지 간다. 승객이 한두 명일 경우 택시 기사는 가는 도중에 있는 정류장마다 들러서 같은 방향의 합승 승객을 찾는다. 이 경우 합승 승객은 버스 요금보다 K1,000~2,000 정도만 더 주면 택시로 편하게 목적지까지 갈 수 있다. 기본적으로 호텔이나 게스트 하우스 앞까지 데려다 주고 간다. 이미 버스표를 끊어서 기다리고 있을 경우라도 표를 산 곳에 말하면 바로 현금으로 환불해 준다. 아니면 버스표를 미리 사지 말고 버스표 파는 사람에게 여행 목적지를 말하며 택시 합승을 부탁하면 지나가는 택시나 픽업트럭에게 말해 주기도 한다.

인레 호수 하루 코스

점핑 캣 사원 ➡ 수상 시장 ➡ 인따족 수상 마을 ➡ 수상 경작지 ➡ 쉐 인 떼인 유적군

인레 호수는 사진 촬영하기 최고의 장소다. 사진 장비를 철저히 챙겨서 출발하자.

모터보트로 출발!

보트로 40분 ➡

보트로 20분 ➡

점핑 캣 사원
예전에는 고양이가 점프 묘기를 부렸는데, 이제는 더 이상 묘기를 선보이지 않는다. 불상들이 모두 목조로 오랜만에 문화재적인 가치가 느껴지는 사원이다.

수상 시장
장이 서는 날에 맞춰 가면 좋은 구경을 많이 할 수 있다. 이곳도 좋은 사진 촬영 장소이다.

보트로 20분

⬅ 보트 25분

⬅ 보트 5분

쉐 인 떼인 유적군
폐허가 된 파고다를 만날 수 있다. 둘러보는 데 3시간 이상 소요된다.

수상 경작지
(쭌 묘, Kyun myaw)
호수 위에 대나무의 부력을 이용해서 채소 및 방울토마토, 바나나를 수경 재배하는 농장을 볼 수 있다.

인따족 수상 마을
호수 위에 집을 짓고 살아가는 인따족을 가까이에서 만날 수 있다. 이곳도 좋은 사진 촬영 장소!

Tip 사진 촬영이 목적일 경우 최고의 코스
06:20 숙소에서 출발 ···➡ 일출 시간에 맞춰 고기 잡는 어부들 촬영 ···➡ 인따족 수상 마을 촬영 (3~4시간 소요)

인레 호수의 수상 마을

호수 위에서 살아가는 사람들

광활한 인레 호수 안에는 17개의 수상 마을이 있으며 약 1,500여 명의 인따족(Intha) 사람들이 생활하고 있다. 주로 호수에서 물고기를 잡거나 수경 재배로 채소나 방울토마토를 생산한다. 호수에서 자라는 갈대를 이용하여 밭을 만들고 그 위에 흙을 덮은 후 대나무의 부력을 이용해 호수 위에 띄워서 수경 재배하는 농사법을 사용하는 '쭌 묘(Kyun Myaw)'라는 수상 농장이다. 농약이나 비료는 일체 사용하지 않고 호수에서 자라는 수초를 잘라서 비료 대용으로 사용하는데 그 효과가 대단하다고 한다. 오염이 전혀 없는 자연 농사법인 것이다.

호수의 깊이는 평균 3m 정도이며 제일 깊은 곳이 6m를 조금 넘는다. 인따족은 호수 위에서 태어나서 자라고, 학교도 수상 학교를 다닌다. 이른 아침에 노를 저으며 배를 타고 학교로 가는 어린이들을 보면 경외감마저 느껴진다. 이들은 발로 노를 젓는 것을 아주 잘하는데, 호수가 넓다 보니 앉아서 노를 저으면 방향 감각을 잃어버린다고 한다. 그래서 일어서서 한 발로 노를 저으면서 위치를 파악하고 원하는 방향으로 간다.

요금 $10(인레 호수 체크 포인트) 주의 사항 보트를 탈 때는 반드시 구명조끼를 입도록 하자.

Travel tip

인레 호수 주변의 소수민족들

인레 호수 주변에는 다양한 민족이 거주하는데 인따족(Intha), 샨족(Shan), 그리고 빠오족(Pa-O)이라고 하는 따웅뚜족((Taungthu)이 있다. 호수 주변에 거주하는 소수민족의 인구는 총 7만 명 정도다.

인레 호수 투어

인레 호수를 구석구석 둘러보는 방법

보트 투어는 보통 수상 가옥으로 된 직물 공장(연꽃 줄기에서 실을 뽑음), 기념품점, 전통 담배 제조 공장, 은 공방, 빠다웅족(목에 링을 감아서 목이 긴 부족)이 하는 기념품점 등 4~5곳의 상점을 들른다. 쇼핑이나 상점에 관심이 없으면 원하는 상점 1~2곳만 들르고, 인따족 어부들이나 수상 농장(쭌 묘), 수상 가옥(기본 코스이지만 좀 더 오래 구경하자고 한다), 또는 수상 시장이나 5일장이 열리는 데로 가자고 하면 불필요한 시간 낭비를 줄일 수 있다.

인레 호수에서 며칠 지낼 여행자의 경우 하루는 보트 투어(쉐 인 떼인 유적 포함), 하루는 5일장 구경을 한다. 인레 주변에 5일장이 많이 서는데, 숙소에 문의해서 일정이 맞으면 보트 투어 때 들러도 된다. 그 밖에 삼카 존 투어(Samkar Zone Tour)를 다른 여행자들과 함께 하거나, 인레 호수 주변 5시간, 8시간 트레킹을 하거나, 따웅지 구경과 더불어 까꾸(Kakku, 따웅지에서 40Km, 인레 호수에서는 차로 2시간 거리) 유적지를 돌아보는 코스를 추천한다.

리멤버 인 근처에 위치한 불교 박물관(Buddha Museum)에 대나무로 만든 불상이 있다. 관리나 보존 상태가 좋지 않지만 불상에 관심이 있는 여행자에게는 추천한다.

1일 투어 보트 1대당 K18,000~20,000(성수기는 더 비쌀 수 있음), 승선 인원 4~5명 **일출과 일몰** K3,000~5,000 추가 **쉐 인 떼인 유적지 포함** K3,000~5,000 추가 **1일 적정선** K18,000~20,000 **삼카 존 투어(Samkar Zone Tour)** 보트 1대당 K50,000, 최대 승선 인원 5명 **지역 입장료** 무료 **가이드 요금** 무료 **불교 박물관 입장료** $2

빠웅 도 우 파야 Phaung Daw U Paya

잃어버린 다섯 개의 불상이 되돌아온 자리

인레 호수 수상 시장 부근에 있으며 콘크리트로 지은 현대식 사원이다. 현지인들이 많이 찾는 이 사원에는 작은 크기의 부처 5좌가 모셔져 있다. 사람들이 소원을 빌면서 붙인 금박으로 인해서 불상의 형태를 알아보기 어렵고 흡사 공 두 개를 얹어 놓은 것 같은 모습이다.

전해 오는 이야기에 의하면 오래전에 불상 다섯 개를 배에 싣고 축제를 하던 중 배가 뒤집혀서 불상이 모두 호수에 빠져 찾을 수 없었다고 한다. 그 후 세월이 한참 지나 우연히 고기를 잡던 어부가 잃어버렸던 불상 다섯 개를 모두 발견했는데 그곳이 지금의 사원 자리라고 한다.

요금 무료

점핑 캣 사원 (가페짜웅) Jumping Cat

고양이 묘기를 볼 수 있었던 사원

호수의 중간 지점쯤에 있으며 보트 투어 중에 한 번은 들르는 곳이다. 보트로 출발해서 40분 정도 걸리고, 사원이 목조로 건축되었으며, 불상들도 모두 목조로 만들어졌다. 사원 이름에서도 알 수 있듯이 이 사원의 대웅전에는 고양이가 여러 마리 있는데 이 고양이가 점프하는 묘기를 부리는 것으로 유명했다. 스님이 둥그런 훌라후프 같은 원형 장난감을 들고 있으면 고양이가 그 속을 점프하는 묘기를 부려서 붙여진 별칭이 '점핑 캣'이다. 그러나 2012년부터 더 이상 고양이들의 묘기를 볼 수가 없다. 고양이는 지금도 많이 있지만 묘기를 선보이지는 않는데 정부 고위 당국자가 금지시켰다는 소문만 있을 뿐이다.

요금 무료

쉐양삐 수도원 Shwe Yaunghwe Kyaung

원형 창문이 인상적인 수도원

쉐냥에서 냥쉐(인레 호수)로 가다 보면 냥쉐 입구 1km 전 오른쪽에 쉐양삐 수도원이 있다. 18세기에 건축된 수도원으로 나무로 만들어서 무척이나 아름답다.

특히 수도원의 창문을 원형으로 내서 인상적인 모습이다. 오전 중에 방문을 하면 많은 동자승들이 불경을 공부하는 모습을 볼 수 있다. 사진 촬영도 오전에 하기를 추천한다.

요금 무료

🌸 Travel tip

빠웅 도 우 파야 축제

매년 9~10월이면 꺼러웨익이 뱃머리에 장식된 배에 다섯 부처를 태우고 다리로 노를 저어 14개 마을을 순회하는 축제를 벌인다. 이때 여성은 불상에 접근하거나 금박을 붙일 수 없으며 불상을 배경으로 사진을 찍는 것도 금지된다.

까띠나 축제

음력 9월 15일부터 (양력 10월 말~11월) 와소(Waso)가 끝나면 까띠나 축제가 한 달간 진행된다. 이 기간에 따웅지 시내를 방문하면 빠오족의 축제를 볼 수 있다. 단, 10월 중순부터 말까지는 인레 호수가 만수위가 되기 때문에 냥쉐 지역의 저지대 주택가와 도로가 물에 잠겨 맨발로 다녀야 하는 경우가 많다.

톡톡 미얀마 이야기

인레 호수에서 멋진 사진 촬영하기

📷 Photo Point

① 아침 6시 이전에 기상해서 6시 20분쯤 보트를 타고 일출 전과 일출 모습을 찍는다. 이른 아침에 고기 잡는 어부들의 모습도 멋진 사진이 된다. 전날 숙소에서 보트를 미리 예약하면 된다.
보트 렌트 요금 K15,000(2시간 기준)

② 오후 1시부터 3시에 다시 한 번 보트를 타고 수상 가옥으로 간다. 수상 마을을 돌면서 집중적으로 사진을 찍는다.

③ 오후 5시에 일몰을 찍는다. 호수 위에서 고기 잡는 어부 뒤편으로 지는 노을은 잊을 수 없는 광경이 된다. 인레 호수는 주변 산이 높아서 해가 일찍 넘어간다.

📷 Photo Know-how

① 일몰 촬영 시 사진의 노출은 피사체가 아닌 화면 전체 노출로 놓고 피사체는 실루엣(검게 나오는 것)으로 나오게 찍는 것이 좋다. 지는 해에 노출을 맞추고 카메라에 나오는 노출보다 1단계 많게(+) 촬영한다.

② 이른 아침에는 노출이 낮게 나오므로 카메라의 ISO 감도를 400~1600 정도로 높여서 찍는다. 노출이 부족하면 슬로 셔터가 되어 사진이 흔들릴 가능성이 크다. 날이 밝아지면 ISO 감도를 다시 100~200으로 재조정한다.

③ 여름보다는 겨울에 더 멋진 일출과 일몰을 볼 수 있다.

④ 미얀마 여행을 하면서 좋은 작품 사진을 많이 찍으려면 아침 일찍 일어나야 한다. 아침 햇살이 커다란 바니안(보리수) 나뭇가지와 안개 속으로 비치면 세계 어느 곳에서도 볼 수 없는 장관이 연출된다. 보통 스님들의 아침 탁발 공양이 6시~6시 40분 정도이니 이 역시 일찍 일어나야 볼 수 있다.

냥쉐 Nyaung Shwe

인레 호수 여행의 거점 마을

냥쉐는 '황금의 보리수(Golden Banyan Tree)'라는 뜻으로 '양웨(Yaung hwe)'로 불리기도 한다. 인레 호수를 구경하고 숙박하기에 가장 좋은 곳이다. 호텔과 게스트 하우스 및 음식점이 많이 있고 보트를 빌리기도 쉽다. 단, 10월 25일(양력) 무렵에는 인레 호수가 만수위로, 물이 넘쳐 저지대 및 도로가 일부 물에 잠기기도 한다. 그러나 여행에 지장을 줄 정도는 아니다.

쉐 인 떼인 유적지 Shwe Inn Dain Pagoda

허물어져 가는 대형 유적군

쉐 인 떼인 유적의 시작은 기원전 273~232년에 씨리 담마 소까(Siri Dhamma Sawka) 왕이 작은 파고다를 기증하면서 시작되었다고 한다. 오랜 역사를 자랑하는 쉐 인 떼인 유적군은 제대로 관리를 하지 않아서 많은 파고다들이 허물어지고 무너져 내려서 지금은 폐허가 된 느낌이다.

냥쉐 보트 선착장에서 배를 타고 남쪽으로 30여 분을 달려가면 쉐 인 떼인으로 들어가는 좁은 수로가 나온다. 좁은 수로를 노련한 보트 기사가 지그재그로 20여 분 달려가면 쉐 인 떼인 유적지 입구에 도착한다. 배에서 내려 조금 걸어가면 오른쪽으로 유적군이 하나 나오는데 규모가 크지는 않지만 나름 운치가 있다. 본격적인 쉐 인 떼인 유적군으로 가려면 다시 돌아나와야 하는데, 나오면 큰 운동장 같은 광장이 나온다. 그곳을 가로질러 가면 양옆에 기념품 파는 상가가 나오고 그 길을 쭉 따라 올라가면 폐허가 된 유적군이 나타난다. 쉐 인 떼인 유적의 초입부터 산꼭대기까지 이어지는 길 옆 긴 계단은 무려 400개 이상의 나무 기둥을 사용해서 지붕을 만들었다. 뜨거운 햇살이 싫은 여행자는 계단을 이용하면 되고 산길이 좋은 여행자는 길을 따라 30분 정도 올라가면 된다.

현존하는 파고다들은 13세기경 샨족이 만든 것으로, 따웅지 외곽의 까꾸 유적지와 비슷한 시기다. 이곳에서 바라보면 주변 경관이 멋지게 들어온다. 또

한 파고다 위로 나무가 자라고 있는 모습, 흙 속에 묻혀 가는 불상, 벽화와 테라코타가 떨어진 파고다들을 만날 수 있다.

1999년의 조사에 의하면 쉐 인 떼인 유적군의 파고다는 1,054개라고 하는데 그 이후에 새롭게 조성되었거나 조성되고 있는 파고다를 합하면 그 숫자는 훨씬 많다. 천천히 둘러보면 2~3시간 정도가 걸린다.

요금 무료

빠다웅족 Padaung

미얀마의 동북쪽과 태국의 서북부 국경 지역에 주로 거주하는 소수민족으로 빠다웅은 '목이 긴 사람'이라는 뜻이며 서양인들은 기린족(Long neck tribe)이라고 부른다. 이들은 목이 길수록 미인이라고 생각하기 때문에 일생 동안 목에 놋쇠로 된 목걸이(Coil)를 착용하는 습관을 가졌다고 알려져 있는데, 옛날에 빠다웅족이 주로 살았던 장소가 호랑이가 서식하는 밀림이나 산악 지역이다 보니 호랑이가 목을 물어뜯는 것을 방지하고 다른 민족이 빠다웅족 여성들을 약탈해 가는 것을 막고자 하는 이유에서 놋쇠 목걸이를 했다는 것이 학계의 정설이다. 목에 무거운 놋쇠 목걸이를 하는 풍습은 알고 보면 살아가기 위한 고육지책이었던 것이다. 목걸이를 하면 목이 늘어나서 길어지는 것이 아니라 사실은 목걸이의 무게 때문에 쇄골이 내려앉아서 목이 길어 보이는 것이라고 하니 건강을 위해서는 없어져야 할 악습이라고 하겠다.

지금은 관광객들을 위한 상업적인 목적으로 소수만이 하고 있다. 태국에서는 일부 나쁜 상인들이 소수 부족의 어린이들을 납치 또는 인신매매를 한 뒤 관광 상품으로 이용해 한동안 커다란 사회 문제가 되기도 했다. 다행히도 미얀마에서는 아직 이런 불미스러운 일은 없는 것 같다. 인레 호수에 있는 빠다웅족 사람들은 주로 호수 위에 있는 기념품 상점에서 전통적인 방법으로 직물을 짜는 모습을 보여 주거나, 전통 의상을 입고 기념품 가게에서 일하고 있다.

까웅다잉 온천 Khaung Daing Natural Hot Spring Inle

천연 온천수로 피로를 풀 수 있는 야외 온천

여행으로 지쳤을 때 따뜻한 천연 온천수로 피로를 풀 수 있는 곳이 까웅다잉 야외 온천이다. 냥쉐에서 약 10km 정도(차로 30분, 자전거로 1시간 내외) 떨어져 있으며 인레 호수 건너편에 있다. 많은 여행자들이 자전거를 빌려서 온천을 즐기고 온다.

까웅다잉 온천 가기 직전 왼편에 있는 허름한 건물도 천연 야외 온천장이다. 예전에는 이곳에서 스님들과 마을 주민들이 무료로 온천을 이용했다고 하는데 지금은 이용하는 사람이 없다. 이곳에서 잠시 둘러보면 온천수가 나와서 흘러가는 것을 직접 볼 수 있다. 물이 무척 뜨거우니 화상에 주의해야 한다.

인레 호수를 바라보며 즐기는 야외 온천은 크게 공용(Public)과 특실(Special), 개인실(Private)로 나뉜다. 공용은 커다란 야외 욕조에 여러 명이 함께 사용하고, 특실은 작은 야외 욕조에 가족이나 연인들 4~5명 정도가 사용한다. 개인실은 건물 안에 방을 여러 개 만들어 놓아서 조금 답답한 느낌이 들기도 한다.

부대시설로는 개인용 사물함과 탈의실, 샤워장이 있고, 간단한 식사와 음료, 와인을 즐길 수 있는 바(Cafe & Bar)도 있다. 냥쉐에서 택시를 이용할 경우 왕복 K10,000 정도 한다.

까웅다잉 온천 가는 길

주소 Nyaung Wun Village, Group of Taung Po Gyi Village, Khaung Daing, Nyaung Shwe City, Shan State 전화 09-493-64876, 양곤 사무실 (95-1)503-733, 501-280 오픈 04:00~18:00(아침, 저녁으로 붐비며 11:30~17:00 사이가 다소 한산), 연중 무휴 요금 공용 $5, 특실·개인실 $8(성수기, 비성수기 동일) 홈페이지 www.hotspringinle.com 이메일 hotspringinle@gmail.com

헤호 Heho

인레 호수와 따웅지로 가는 길목

헤호는 교통의 요지로, 인레 호수나 따웅지로 가는 4번 도로가 지나고 있다. 4번 도로는 따웅지나 인레 호수에서 삔다야(Pindaya)나 껄로(Kalaw), 만들레이(Mandalay), 양곤(Yangon)으로 가는 도로이기도 하다. 인레 호수로 가기 위해서 비행기를 이용할 경우에도 헤호 비행장에 내리게 된다. 헤호는 작은 마을에 불과한데 비행기와 도로가 지나는 길목에 있어서 중요한 역할을 하고 있다.

특별히 헤호 자체에 볼거리는 없고 여행자들에게는 그냥 지나쳐 가는 마을이다. 헤호 비행장에서 나오면 택시들이 기다리고 있다. 인레 호수로 갈 여행자는 잘 흥정해서 타면 된다. 인레 호수의 냥쉐까지 가는 택시 요금이 $20~25이고, 약 1시간(35km) 소요된다.

레드 마운틴 포도 농장 & 와이너리 Red Mountain Estate Vineyards & Winery

인레 호수를 바라보며 마시는 와인 한잔

인레 호수에서 놓치면 안 되는 곳이 바로 레드 마운틴 포도 농장 겸 양조장이다. 냥쉐에서 인레 호수 왼쪽 7km 떨어진 산 중턱에 자리한 와이너리는 조용하면서도 여유롭고 평화롭다. 와인이 익어가는 농장 저장 창고를 구경할 수 있으며 생산된 와인을 직접 사거나 먹어 볼 수 있는 바도 있다.

산 중턱 와이너리에서 와인 한잔을 하며 바라보는 인레 호수의 모습은 평화 그 자체이다. 많은 여행자들은 자전거를 빌려서 하루 다녀오기도 하고 택시나 뚝뚝, 오토바이를 이용해서 다녀올 수 있다.

요금 입장료 무료 **와인 가격** 병 350ml K5,500, 1L K10,000 **자전거 렌트** 하루 K1,500, 반나절 K1,000 **택시 투어** 왕복 K6,000 정도, 반나절 투어(온천+와이너리) K16,000~23,000 정도

쉐냥 Shwe Nyaung

넓고 평평한 분지

쉐냥은 4번 도로의 통과 도시로 인레 호수로 가는 냥쉐(13km) 지역과 따웅지로 가는 길의 갈림길에 있는 도시이다. 또한 북쪽으로 43번 도로도 통과하는 교통의 요지이다. 평평하고 넓은 분지 형태의 도시로 규모가 제법 크다. 인레 호수에서 양곤으로 가는 익스프레스 에어컨 버스를 타기 위해서는 이곳 쉐냥으로 나와야 한다.

따웅지
TAUNGGYI

샨 주의 주도

따웅지는 해발 고도 1,430m에 위치한 도시로, 샨 주의 주도이다. 따웅지는 메인 로드(Main Rd.)를 중심으로 많은 호텔과 현대적인 건물들이 들어서 있으며 도시 주변 거주자까지 약 10만 명 정도의 인구가 산다. 인레 호수에서 쉐냥을 거쳐 커다란 산을 올라가면 펼쳐지는 도시로, 해발 고도가 높아서 여름철에도 20도 내외의 서늘함을 유지한다. 이곳에서 태국과의 국경 지대인 쩽뚱(Kengtung)까지는 약 456km로, 공식적으로 외국인 여행자가 들어갈 수 있는 미얀마 동부 마지막 지역이다. 따웅지를 벗어나면 실제적으로 미얀마 정부의 치안이 미치지 못하는 반군의 영역이라고 할 수 있다. 따웅지는 밀무역이 암암리에 존재하며 국경 지대에서 재배한 아편이 수시로 거래되기도 한다.

양곤 – 따웅지 (726km)	비행기	헤호 공항 도착 / 40분 소요
	버스	08:00, 15:00, 16:00, 16:30, 17:00, 18:00(VIP), 19:00(VIP) / 11~12시간 소요 / 요금 K13,000~27,000(VIP)
따웅지 – 양곤	비행기	헤호 공항 출발 / 40분 소요
	버스	07:00, 08:00(일반, VIP), 16:00, 16:30(VIP), 17:00(일반, VIP), 17:30(VIP), 18:00(일반, VIP), 18:30, 19:00(일반, VIP) / 요금 K15,000~27,000(VIP)
따웅지 – 만들레이 (336km)	비행기	헤호 공항 출발 / 30분 소요
	버스	08:00, 09:00, 09:15, 19:00, 20:00 / 6시간 30분 소요 / 요금 K11,000~22,000(VIP)
따웅지 – 바간 (328km)	비행기	헤호 공항 출발 / 40분 소요
	버스	19:00(VIP) / 8시간 소요 / 요금 K22,000(VIP)

Tip 쉐냥 버스 정류장에서 만들레이 방향으로 가는 택시 합승
버스 정류장에서 표 판매하는 곳에서 택시 합승으로 가고 싶다고 부탁하면 지나가는 택시 합승시켜 주기도 한다. 여성 단독 여행자일 경우는 혹시 모를 사고 때문에 추천하지 않는다.

신따웅 산

따웅지나 헤호를 거쳐 양곤이나 바간, 만들레이로 갈 때 반드시 넘게 되는 산이 있다. 껄로를 지나면서 시작되는 신따웅 산(Mt.Sintaung, 해발 1833m)으로 이 산을 돌아오는 데 약 3시간 정도가 걸린다. 원래 샨 주는 산악이 험난하고 지대가 높아서 자동차들이 엉금엉금 기어가는 곳이다. 특히 우기가 끝나는 10월 중순에는 도로 사정이 더욱 안 좋다. 11월 건기가 되면서 대부분의 도로가 보수되므로 11월 이후로는 여행하는 데 전혀 문제없다.

따웅지의 축제

3월 까꾸 파고다 축제(Kakku Pagoda Festival)
5월 불꽃 축제(Pa-O Firework Festival)
11월 풍등 축제(Ballons-flying Festival), 까띠나 축제(Kathina civara)

*숙소에 문의

따웅지 시내

재래시장을 거쳐 야또메 파야까지

도시 중간 지점에 양쪽으로 재래시장이 펼쳐지는데 다양한 민족 사람들을 볼 수 있는 곳이다. 따웅지 주변 산악 민족들이 수시로 장을 보거나 보석을 팔기 위해서 내려오므로 시내를 걷다 보면 다양한 산악 민족을 만날 수 있다.

따웅지 재래시장에서 일곱 블록 더 올라가 우회전해서 골목길을 따라가다 보면 야또메 파야(Yat Taw Me Paya)가 나오는데 이곳이 바로 뷰 포인트(전망대)다. 날씨가 맑으면 인레 호수와 쉐냥이 한눈에 들어온다.

샨 주 문화 박물관 Shan State Cultural Museum

샨 주 소수민족의 전시품

따웅지 호텔 근처에 있다. 샨 주에 거주하는 35개 소수민족들의 의상, 악기, 생활용품 등을 전시하고 있으며 2층에는 샨족, 카친족, 친족 대표들이 미얀마 연방에 합의한 서류가 전시되어 있다.

오픈 10:00~15:30 **휴관** 매주 월요일 **요금** $2

🌸 Travel tip

쉐냥에서 따웅지로 가는 길

쉐냥에서 따웅지로 가려면 커다란 산을 올라가야 한다. 산악 도로의 양쪽 가로수는 재팬 트리라고 불리는 나무로, 11월에는 노란 꽃을 피우는데 그 향기가 무척 진하다. 난초꽃 향기처럼 달콤하면서도 진한 향수 같은 냄새가 난다. 따웅지 시내 메인 도로로 들어가는 입구까지 재팬 트리가 진한 향기를 뿜어 낸다.

보석 마켓 Gem Market

시내의 보석 시장
시내 북동쪽으로 있는 보석 시장은 옥, 루비, 사파이어를 취급한다. 이쪽의 산악지대에서 채굴되는 루비는 최고의 품질을 자랑하는데 주로 태국으로 다 밀반출되고 이곳 시장이나 길에서 파는 보석은 가짜라고 보면 된다.

영업 시간 12:00~16:00

빠오족 문화 센터

빠오족의 문화관
시장 근처 머천트 가(98 Merchant St.)에 있는 빠오족(Pa-O)의 문화관이다. 따웅지 지역에는 빠오족이 많이 거주한다.
'알에서 나왔다'라는 뜻인 빠오족은 검은색 옷을 입고 머리에 터번 같은 것을 쓴다. 대부분 따웅지 인근의 샨 주에 거주하고 있으며 주민의 80% 이상이 기독교 신앙을 가지고 있다.

까꾸 유적지 Kakku

빠오족의 성지
까꾸는 따웅지에서 남동쪽으로 약 40km 떨어진 곳으로 께꾸(Kekku)라고도 부르며 다양한 스타일의 파고다를 볼 수 있는 곳으로 빠오족의 성지다. 쉐 인 떼인 주변 유적지와는 분위기가 조금 다르고 독특하다. 탑들을 돌아보면 아주 정교하고 멋진 문양과 조각상을 많이 볼 수 있다. 10여 년 전에는 훼손된 상태 그대로여서 오히려 오래된 유적의 느낌이 많이 느껴졌으나 최근에는 보수를 한 데다가 및 주변을 깨끗하게 단장해서 새롭게 조성된 공원 같은 느낌이 들기도 한다.

까꾸는 최근에야 외국 여행자들에게 방문이 허용된 곳으로 방문 전에는 반드시 따웅지에 위치한 G.I.C(Golden Island Cottage. CO. LTD) 사무실을 방문해서 입장료 1인당 $3과 빠오족 가이드 비용 $5을 지불하고 가이드와 함께 방문해야 한다.

일반적으로 빠오족 마을이나 인근 커피 재배 농장을 방문하고 까꾸 유적지를 보기도 하고 그 반대로

유적지를 방문하고 따웅지나 인레 호수로 돌아오는 길에 빠오족 마을과 커피 재배 농장 또는 와인 농장을 방문하기도 한다.

따웅지에서 차로 1시간여 떨어진 곳에 위치했으며, 택시를 렌트하여 반나절 또는 하루 렌트해서 다녀온다. 냥쉐 지역에서 택시를 하루 렌트할 경우 $50~60(기사, 기름값 포함) 정도 한다. 따웅지에서 렌트할 경우는 $10~20 정도 더 저렴하게 빌릴 수 있다.

환상적인 샨주의 풍경 속으로 드라이브하기

드라이브 코스는 삔다야(Pindaya)에서 껄로(Kalaw) 방면으로 조금 내려와서 지온(Kyon)이라는 작은 마을에서 만들레이로 가는 샛길이다. 아새미나나욱민 산(Mt. Ashaemyinanaukmyn, 해발 2,363m, 산유마 산맥)을 넘어서(4~5시간 소요) 예우(Ye-U), 묘지(Myogyi)라는 작은 마을을 지나 짜욱세(Kyaukse)를 거쳐서 만들레이로

가는 지방 국도로, 삔다야를 조금 지나면서부터 1, 2월에는 우리나라의 봄(4~5월 초)과 같은 풍경이 펼쳐진다.

지온(Kyon)에 접어들면 들판은 초록빛 풀과 노란 유채꽃, 감자꽃, 무꽃으로 뒤덮이며 바둑판 같은 붉은 색 밭들이 온갖 종류의 꽃으로 알록달록 치장된다. 길 옆으로는 분홍색의 벚꽃이 피어 있으며 중간중간 오렌지 농장을 지나쳐 간다. 미얀마의 1~2월이면 타 지역은 건기로 척박한 모습이지만 샨 주의 산악 지대는 1~2월에도 봄 같은 4월 말의 풍경을 보여 준다. 미얀마 전역에서 이곳 말고는 구경할 수 없는 멋진 풍경이다. 사진 애호가나 전문 작가들에게는 멋진 촬영지가 될 수 있는 지역이다.

이 코스는 자동차를 렌트하지 않고는 갈 수가 없다. 도로가 워낙 험난해서 정규 버스는 이 길을 이용하지 않는다. 그만큼 험난한 도로지만 도로 상태는 무척 좋다. 자동차들이 별로 이용하지 않기 때문이다.

껄로
KALAW

특색 있는 트레킹 코스로 사랑받는 지역

해발 1,315m의 높은 고도와 선선한 기후 때문에 영국 식민지 시절부터 휴양 도시로 삔우린과 함께 개발되어 왔다. 도시라기보다는 걸어서 40~50분 정도면 다 돌아볼 수 있을 정도로 작은 마을이다. 만들레이에서 266km, 따웅지에서는 70km 정도 떨어져 있다. 껄로가 요즘 들어 인기를 얻고 있는 이유는 날씨의 시원함도 있지만 미얀마 다른 지역에서는 볼 수 없는 샨 주만의 특색 있는 지형과 이곳에서 살아가고 있는 다누, 빠오, 빨라웅, 인따, 샨, 따웅뚜, 따웅요, 껴야 등 다양한 소수민족의 삶을 엿볼 수 있는 트레킹 코스가 있기 때문이다. 조용히 마음의 위안을 얻으려는 여행자나 힐링을 원하는 여행자에게 최고의 장소이며, 주변의 삔다야나 아웅반 주변의 경치도 너무나 아름답기로 유명하다. 11월에는 파이어 스틱 축제(Fire Stick Festival)가 열리기도 한다.

양곤-껄로 (656km)	비행기	헤호 공항에 내려서 껄로(32km)까지 차(버스, 택시, 픽업트럭, 오토바이)로 40분 소요

양곤-껄로 (656km)
- **비행기** | 헤호 공항에 내려서 껄로(32km)까지 차(버스, 택시, 픽업트럭, 오토바이)로 40분 소요
- **버스** | 08:00, 17:00, 18:00, 19:00 / 10시간 소요 / 요금 K15,000~27,000(VIP)
- **기차** | 양곤이나 만들레이에서 출발 시 따지에서 따웅지행으로 갈아타야 된다. 따지(Thazi, 93km)-껄로-아웅반(Aungban)-헤호(Heho)-쉐냥(Shwe Nyaung)-따웅지(Taunggyi)

쉐냥(인레 호수)-껄로 (63km)
- **버스** | 따웅지에서 쉐냥을 거쳐 만들레이로 가는 버스는 다 껄로를 경유해서 간다. / 쉐냥에서 12:20 출발 / 2시간~2시간 30분 소요 / 요금 K3,000~4,000
- **택시** | $40 내외
- **픽업트럭(라인카)** | K3,000~4,000

껄로-쉐냥(인레 호수)
- **버스** | 06:30부터 30분 간격으로 미니버스 운행 / 요금 K2,500~3,000
- **기차** | 11:30 출발 / 4~5시간 소요 / K1,150~3,000

껄로-만들레이 (266km)
- **버스** | 19:00(VIP) / 6시간 30분 소요 / 요금 K18,000

껄로-삔다야
- **택시** | 왕복 4시간 이상 소요 / 요금 $40~65 내외

바간-껄로(258km)
- **버스** | 07:00 출발-14:30 도착 / 7시간 30분 소요 / 요금 K12,000

껄로 내에서의 교통수단
- **택시 렌트** | 하루 렌트해서 아웅반, 삔다야(35km)나 그 주변을 다녀올 수 있다. / 요금 1일 $40~65 내외
- **오토바이 렌트** | 하루 렌트해서 삔다야나 그 주변을 둘러볼 수 있다. / 요금 1일 K10,000~15,000(기사 포함), 외곽으로 멀리 나갈 경우 거리에 따라서 요금이 K3,000~5,000 정도 추가될 수 있다.

Tip 야간 버스나 기차, 보트 등 오후 늦은 시간에 교통편이 출발하는데 체크아웃해서 마땅히 시간 보낼 곳이 없을 경우, 호텔이나 게스트 하우스에 이야기하면 보통 숙박 요금에 $3~5 정도 더 주고 숙소에서 편히 쉬다가 교통편 출발 시간에 맞춰서 늦게 체크아웃을 할 수 있다. 한국인이 운영하는 숙박업소는 대부분 추가 요금 없이 교통편 출발 시간에 맞춰서 체크아웃한다.

껄로 트레킹 Kalaw Trekking

껄로 여행의 백미

트레킹은 껄로 주변 야씻 빌리지(Ywar Thit Village), 따요(Tar Yaw) 마을, 뷰 포인트를 7시간 정도 돌아보는 당일 코스와 껄로에서 인레 호수까지 가는 1박 2일, 2박 3일 코스가 있다. 가이드 한 명이 안내하며 기본적으로 식사와 숙소는 제공된다. 여행용 가방(트렁크, 배낭)은 인레 호수 미리 예약된 숙소로 자동차편으로 운반해 준다.

트레킹은 주로 겨울철에 많이 하며, 여름 우기에도 가능하긴 하지만 비수기라 여행자의 방문이 거의 없어서 트레킹 일행을 섭외하기가 쉽지 않다. 또한 우기에는 하루나 이틀에 한 번꼴로 비가 오기 때문에 길 상태가 무척 좋지 않다. 주로 흙길이어서 비가 한번 내리면 길이 질퍽질퍽해서 트레킹하기가 쉽지 않지만 그래도 트레킹을 하는 여행자들이 가끔 있다. 모자나 선크림은 필수이다.

껄로 중앙 시장 옆으로 트레킹 전문 여행사 사무실이 몇 군데 있다. 숙소에서 문의하거나 트레킹 사무실을 방문해서 일정과 금액을 조율하면 된다.

*자세한 내용은 테마여행 참고
요금 가방 운반 비용 1개당 K8,000, 2개 K10,000

니 파야 Nee Paya(Hnin Paya)

대나무로 만든 불상

껄로 시내에서 약 8~10km 떨어진 곳에 있는 사원으로 이 사원에는 대나무로 만든 불상에 금색 옻칠을 한 불상이 유명하다. 약 500년 전에 조성된 좌불 형태의 불상으로, 양 어깨 위로 갑옷 같은 장식을 하고 머리에 위로 올라갈수록 작아지는 고깔 형태의 디자인이 독특한 불상이다.

톡톡 미얀마 이야기

껄로에서 멋진 사진 촬영하기

1 껄로 일출 찍기
시내 만들레이행 버스 정류장(위너 호텔, 껄로 중앙 시장 위 길 건너편) 근처에 일출, 일몰을 볼 수 있는 뷰 포인트로 올라가는 따인 따웅 수도원(Thain Daung Monastery) 계단길이 있다. 10분 정도만 계단을 따라 올라가면 껄로가 한눈에 들어온다. 6시 이전에 올라가야 일출을 볼 수 있다. 겨울철에는 기온 차 때문에 안개가 많이 끼어서 멋진 풍경을 담을 수 있다.

2 소수민족 촬영하기
껄로 주변 트레킹을 하면 소수민족을 만날 수 있다. 또는 껄로 중앙 시장이나 주변 5일장에서도 소수민족 사람들을 만날 수 있다. 차로 15분 거리인 빨라웅 빌리지도 추천한다.

3 삔다야 가는 길
삔다야 가는 길목의 주변 농장 풍경이 무척 아름답다. 특히 1월, 2월에(우리나라의 5월 초 풍경 같음) 많은 꽃들이 피어서 농장이 유채꽃, 무꽃, 벚꽃으로 들판이 알록달록 예쁘다.

④ 트레킹하며 별 사진 찍기

트레킹을 떠날 때 가벼운 삼각대를 지참해서 가면 소수민족 마을에서 밤에 보석처럼 빛나는 미얀마의 별 사진을 찍을 수 있다. ISO 800, F5.6, 29초 장 노출로, 케이블 릴리즈를 이용해서 1분마다 30초씩, 2~3시간 동안 연속 촬영(300장~400장 촬영)해서 별 궤적 합성 프로그램(Startrails)을 이용하여 수백 장의 사진을 단 한 장으로 편집하면 아름답게 별이 움직인 모습을 볼 수 있다. 북극성을 기준으로 화면 가운데로 잡아 촬영해야 별이 움직인 궤적이 동그랗고 멋지게 표현이 된다. 단 한 장으로 멋지게 별을 찍으려면 ISO400~600, 조리개 F5.6, 셔터 스피드는 매뉴얼(10초 이내)이나 벌브(Bulb, 10초 이내)로 촬영하면 별이 움직이지 않고 촬영된다. 30초 이상 장 노출을 주게 되면 별이 살짝 움직여서 깔끔하지 않다. 30초 이상의 장 노출은 별의 움직임이 있는 궤적 사진을 만들 때만 하자.

주의 사항 우기에 트레킹을 할 경우는 반드시 우산, 우비와 가방 방수 커버가 필요하며, 카메라를 지참할 경우 카메라용 방수 커버 또는 크기가 큰 방수 비닐팩을 준비해서 여권, 지갑, 돈, 카메라가 비에 젖지 않게 넣어야 한다.

삔다야
PINDAYA

한적한 시골 마을

삔다야는 마을 가운데에 커다란 호수가 있고 주변에 커다란 보리수(바니안 나무)가 있는 전형적인 시골 마을이다.

삔다야는 1,500m가 넘는 고지대에 위치한 마을로 제법 선선하다. 1월의 아침, 저녁으로는 체감 온도가 영하 5도 정도로 느껴진다. 삔다야 마을 주변으로는 소수민족들이 전통 공예품으로 우산이나 전통 종이 같은 것들을 만들어 판다. 삔다야로 오는 길 옆 농장에는 감자와 무를 심어 놓은 모습을 볼 수 있다.

ACCESS

쉐냥에서 껄로(Kalaw) 방향으로 가다 보면 헤호를 지나서 아웅반(Aungban)이라는 소도시가 나온다. 아웅반에서 41번 도로 북쪽으로 더 가면 빠오족이 많이 사는 페라(Pwehla)라는 작은 마을이 나오고 조금 더 올라가면 삔다야가 나온다. 아웅반에서 20km 정도의 거리이다.

1 인레 호수(70km)에서는 자동차로 약 3시간 소요.
2 헤호(40km)에서는 자동차로 2시간 정도 소요.

삔다야 자연 동굴 사원 Pindaya Natural Cave Pagoda

거미가 있는 동굴 사원

마을에서 호수를 끼고 자동차로 15분 정도 가면 산쪽으로 커다란 거미 조형물이 있는 동굴 사원이 나온다. 200개의 계단을 올라가면 동굴의 입구가 나오는데 다리가 불편한 사람은 차로 입구 마당까지 올라와서 새로 생긴 엘리베이터를 이용하면 된다. 차를 이용하거나 오토바이를 이용할 경우 엘리베이터가 있는 입구 마당까지 올라가면 된다.

동굴 입구에 황금색의 파고다가 있고 조금 들어가면 석회석 동굴 틈새로 빽빽한 불상을 볼 수 있는데 총 8,000개의 불상이 이 동굴 안에 안치되어 있다고 한다. 이 자연 동굴은 석회 동굴로 물기가 많아서 바닥이 매우 미끄러우므로 각별히 주의를 기울여야 한다. 엘리베이터 난간에서 내려다보면 삔다야의 전경이 한눈에 들어온다. 이른 아침 안개 속으로 보이는 모습과 동굴 사원 오기 전에 서 있는 커다란 보리수(바니안 나무) 사이로 아침 햇살이 비치는 모습은 정말 아름답다.

오픈 06:00~18:00 요금 $3, 사진 촬영비 K300, 엘리베이터 요금(보시) K300~500

삔다야 트레킹

소수민족 마을 트레킹

삔다야 주변의 다누, 빠오, 빨라웅, 땅요 등 소수민족 마을을 트레킹할 수 있다. 3월 보름을 전후해 큰 규모의 쉐우민(Shwe Oo Min) 축제가 열린다.
아웅반에서 삔다야 오는 길 옆 풍경이 환상적이다. 1, 2월이면 유채꽃과 벚꽃, 무꽃 등이 어우러져 꽃밭 같은 풍경을 선사한다. 이 멋진 곳을 촬영하기 위해서는 대중교통보다는 택시나 오토바이를 개인적으로 렌트해서 다녀야 아무데나 서서 마음에 드는 풍경을 시간에 구애받지 않고 촬영할 수가 있다.

삔다야 마을의 거미 전설

삔다야 마을의 상징은 거대한 거미로 삔다야 동굴 사원 입구에도 커다란 거미 조형물이 설치되어 있다. 전설에 의하면 삔다야 마을 호수에 살던 거대한 거미 핑구(Pin gu)가 7명의 공주를 납치해 지금의 동굴 사원에 가두었다고 한다. 그때 젊은 사냥꾼이 나타나서 동굴에 숨어 있는 거미를 활로 쏴 죽이고 공주를 구했다. 왕이 공주와 사냥꾼의 결혼을 허락했음은 물론 소원 하나를 더 들어주겠다고 말하자 이 사냥꾼은 거미가 머물렀던 동굴에 불상을 가득 채워 달라고 부탁했다고 한다. 그것이 오늘날 동굴 사원이 되었다는 이야기다. 미얀마 말로 '삔'은 '거미'를 뜻하고 '다야'는 '동굴'이다.

TIP 사진 촬영

1. 하루 정도 삔다야에서 자고 아침 일찍(오전 6시) 호숫가 삔다야 자연 동굴 사원 가는 길 옆에 있는 커다란 보리수에 가서 아침 해 뜨기 전 안개에 쌓인 모습을 촬영하자.
2. 오전 6~7시 전에 삔다야 자연 동굴 사원에 도착하면 안개에 싸인 삔다야 모습과 폰 탤로크(Pone Taloke) 호수 풍경, 햇살이 안개를 뚫고 지나가는 응엣 표 토 파고다(Nget Pyaw Taw Pagoda)의 환상적인 모습을 사진 촬영할 수 있다.
3. 삔다야 5일장도 유명하니 숙소에 날짜를 문의해 보기 바란다.

추천 숙소

인레 호수에서 음식점과 호텔, 게스트 하우스가 많은 번화가는 냥쉐(Nyaung Shwe) 지역이다. 냥쉐에서 숙박하면서 자전거를 빌려 까웅다잉 지역으로 온천에 다녀오는 배낭여행자들도 많다. 퀸 인(Queen Inn)이나 집시 호텔처럼 인레 호수 바로 옆에 있는 숙소는 피하는 것이 좋다. 이른 새벽 모터보트(경운기 엔진) 소리에 잠을 잘 수 없다. 인레 지역은 여름에도 에어컨이 따로 필요 없다. 새롭게 오픈했거나 신축 중인 숙소가 많아서 인레 호수의 숙소 문제는 어느 정도 해결이 될 것 같다. 기존의 명성에 얽매이지 말고 새롭게 신축된 숙소를 알아보기를 추천한다

인레 호수

인레 프린세스 리조트 Inle Princess Resort

인레 호수 위에 있는 수상 호텔이다. 일출, 일몰이 환상적이지만 가격이 비싸다.

주소 Inle lake, Maing Thauk, Nyaung Shwe, Tsp 전화 (081)29364, 29365, 29055, 양곤 사무소 (01) 710-626, 655-979 요금 싱글 $150, 더블 $155~250 이상

인레 리조트 Inle Resort

인레 호숫가에 있는 방갈로 스타일의 목조 건물이다. 2005년 7월에 개업한 리조트다. 깨끗하고 깔끔하며 발코니가 있어서 인레 호수를 바라보며 커피 한잔 하기에도 좋다. 인터넷으로 예약 가능하며 가격 문의도 가능하다.

Travel tip

숙소 구하기

인레 호수에서 숙소를 구할 때는 염두에 둬야 할 것이 있다. 먼저 저렴한 숙소와 음식점이 많고 배낭여행자들이 많이 머물며 보트 여행이 편리한 냥쉐를 선택할 것인가, 아니면 가격에 구애받지 않고 나만의 여유와 조용한 휴식을 원하는가이다. 인레 호수 안에 있는 수상 호텔이나 리조트의 경우 한번 체크인 하면 이동이 쉽지 않으며(이동 시 보트 이용) 주변에 놀만한 데를 갈수가 없고 오로지 숙소에서 보는 호수의 일출, 일몰과 보트 투어 외에는 딱히 할 것이 없다. 물론 숙소 가격도 냥쉐의 서너 배 이상이다. 대신 여유로움과 나만의 휴식을 얻을 수 있다. 배낭여행자라면 냥쉐를, 가족, 연인, 연로한 부모님을 동반한 여행은 럭셔리한 호수 안의 호텔이나 리조트를 추천한다. 냥쉐에서 인레 호수 건너편에 위치한 까웅다잉 지역의 경우, 온천을 즐길 분은 이곳을 추천하지만 거리로나 가격, 위치 등을 볼 때 자유 여행자나 배낭여행자에게는 비추천이다.

그리고 호수 안 수상 호텔이나 리조트에 숙소를 잡을 경우 미리 과자나 과일, 먹거리를 준비해 가는 것도 잊지 말자. 숙소상점은 가격이 비싸기 때문이다.

주소 Inle lake, Nyaung shwe 전화 (081) 209-466, 09-515-4444, 09-521-1555 요금 싱글 $55~190, 더블 $210 이상 이메일 inleresort@myanmar.com.mm

인레 까웅다잉 빌리지 리조트
INLE KHAUNG DAING VILLAGE RESORT(Hupin Hotel)

냥쉐 지역과 호수 건너편 까웅다잉 지역 두 곳에 있다. 까웅다잉 지역은 목조로 지은 방갈로 형태이고 냥쉐 지역은 3층 콘크리트 건물이다.

주소 No.66, Kantha quarter, west of bazaar(Boat stand), Nyaung Shwe Township 전화 (081) 209291~4, 09-514-6630 팩스 (081) 209 291~2 요금 홈페이지 문의 홈페이지 www.hupinhotel myanmar.com

로열 오키드 호텔 Royal Orchid Hotel

까웅다잉 지역에 있는 호텔로 독립된 목조 방갈로 형태이다. 호숫가라 전망이 좋다. 전용 온천도 이용할 수 있는데 시설에 비해 비싸다.

위치 Inle Khaung Daing Village 전화 (081) 21919, 29433, 29547 요금 싱글 $30~150 이상, 더블 $40~200 이상

랙 뷰 호텔 Lack View Hotel

까웅다잉 빌리지에 있으며 호숫가라 전망이 좋다. 여유 있고 조용하게 여행을 하고 싶은 여행자들에게 추천한다.

위치 Khaung Daing Village 요금 싱글 $105~180 이상, 더블 $110~250 이상

랙 뷰 호텔

오리움 인레 리조트 & 스파
Aureum Inle Resort & Spa

최근에 지어진 신축 리조트로 양곤과 바간에도 동일 리조트가 있다. 최고의 숙소 중 하나로 인테리어나 시설이 매우 좋은 편이다. 방갈로 형태로 호수 위에 아름답게 자리하고 있으며 성수기와 비수기의 가격이 거의 배 정도 차이가 난다. 양곤의 한인이 운영하는 레인보우 호텔과 조인이 돼 있어서 레인보우 호텔에서 예약하면 할인이 된다.

위치 Inle lake, Nyaung shwe 전화 양곤 예약 사무소 (01) 503-816, 503-824, 503-826, 502-649 요금 싱글 · 트윈 빌라 $177~380 이상(레인보우에서 예약 시 $200 내외)

골든 아일랜드 코티지(G.I.C)
Golden Island Cottages

빠오족이 독점 운영권을 갖고 있는 호텔로 삼카 투어 가이드도 이곳에서 독점 운영한다. 남판과 딸레

유에 각각 호텔이 있으며 유럽 여행객들이 좋아하는 숙소다. 호수 위에 지어진 수상 호텔이라서 노을이 호수 위로 지는 모습을 감상할 수 있다.

남판 지역

주소 Nampan village, Maing Thauk, Inle lake **전화** 09-521-5573, 09-521-0182, 09-493-78191, (081) 209-551, 209-550 **양곤 예약 사무소** (01) 540-9091 **요금** 스탠다드 $80(비수기)~170(성수기) 이상, 슈피리어 $100~200 이상, 디럭스 $120~200 이상 **홈페이지** www.gicmyamar.com **이메일** gicinle@myanmar.com.mm

딸레 유 지역

주소 Thauk U village, Maing Thauk, Inle lake **요금** 스탠다드 $80(비수기)~170(성수기) 이상, 슈피리어 $100~200 이상, 디럭스 $120~200 이상 **전화** 09-521-5573, 09-521-0183, 09-493-78191, (081) 209-551, 209-550 **양곤 예약 사무소** (01) 540-9091 **홈페이지** www.gicmyamar.com **이메일** gicinle@myanmar.com.mm

파라마운트 인레 리조트 Paramount Inle Resort

응아 뻬 짜웅 마을 가까이에 위치해 있으며 호수 안에 있는 숙소 치고는 가격이 괜찮은 편이다.

주소 Near Nga Phe Chaung Village, Inle Lake, Southern Shan State **요금** 슈피리어 티크 룸(싱글 · 더블) $50~100 이상

쉐인따 리조트 Shwe Inn Tha Resort

방갈로 타입의 숙소로 호수 위에 있다.

주소 Inle Lake, Nyaung Shwe, Shan State **전화** (081) 29445, (081) 22077 **요금** 싱글 · 더블 $100~150 이상

미얀마 트레저 리조트 Myanmar Treasure Resort

신축 고급 리조트가 생기기 전에는 인레 호수 최고의 리조트라는 명성을 날리던 곳이다. 여전히 멋진 주변 경관과 독특한 실내 인테리어를 자랑하고 있다. 이 리조트의 소유주는 국내선인 에어 바간을 소유한 투(Htoo) 그룹이다.

주소 Kyan Poant Nge Village (Maing Thouk),Nyaung Shwe, Inle Lake **전화** (081) 209-312 **양곤 예약 사무소** (01) 399-334~7 **요금** 싱글 · 더블 $180~250 이상 **홈페이지** www.myanmartreasureresorts.com

세레니티 인레 호텔 Serenity Inle Hotel

인레 호수 위에 자리한 방갈로 타입의 멋진 호텔이다.

주소 Inle Lake, Southern Shan State **요금** 싱글 · 더블 $20~200 이상 **전화** **양곤 사무소** (01) 665-126, 09-851-6533

냥쉐 주변

골든 익스프레스 호텔 Golden Express Hotel
일반적으로 골든 익스프레스 호텔은 가격 대비 괜찮은 호텔이다. 바간(움브라 호텔), 냥쉐(인레 호수), 껄로에 있다. 냥쉐의 호텔은 새롭게 리모델링해서 깔끔하다. 게스트 하우스와 호텔의 중간 정도 된다.

주소 19 Phaung Daw Pyan St., Nyaung Shwe 전화 081-29152, 29037 요금 싱글 · 더블 $40~60

메이 게스트 하우스 May Guest House

온수가 나오며 주인장이 친절하다. 조용하고 깔끔하여 추천할 만한 숙소다. 냥쉐의 재래시장인 밍글라마켓 뒤쪽에 있다.

위치 Myawaddy Rd. 전화 (081) 209-417, 22326 요금 싱글 $15~25, 더블 $20~30

리멤버 인 Remember Inn

위성 TV와 온수가 나온다. 아침 식사가 괜찮은 편으로 주인장이 친절하고 시장에서 가깝다.

주소 Haw ST, Nyaung Shwe 전화 (081)209-257, 09-521-4070 요금 싱글 $15~25, 더블 $20~30 이메일 rememberinn@gmail.com, hotelremember@gmail.com

집시 인 Gypsy Inn
보트 투어 선착장 바로 앞에 있는 숙소로 많은 배낭여행자들에게 사랑을 받고 있다. 신축 건물과 예전 건물의 가격이 조금 다르다. 선착장이 가깝기 때문에 보트의 소음을 피할 수는 없다. 그래도 안쪽 선착장 반대편 방을 선택하면 덜 시끄럽다.

주소 No. 82, Kann Nar Rd., Nyaung Shwe 요금 싱글 $12(공용 욕실), $15, $20(성수기) / 더블 $20(1층), $30(2층), $35 이상(성수기) 전화 (081) 209-084, 209-144

인레 스타 모텔 Inle Star Motel

최근에 신축된 숙소로 집시 인에서 약간 위쪽 선착장 코너에 있다. 빨간색 외양의 건물로 한눈에 알아볼 수 있다. 선착장이 바로 근처라 시끄러울 수 있다. Wi-Fi가 된다.

주소 No. 49, Canal Rd., Win Quarter(2), Nyaung Shwe 전화 (081) 209-745, 09-400-301285, 09-518-3291 요금 싱글 $15(팬, 비수기)~$25(성수기) / 더블 $20(팬), $30(에어컨), $35~40(성수기)

밍글라 인 Mingalar Inn

많은 한국 배낭여행자들이 추천했던 숙소다. 주인장이 친절하고 좋았는데 최근에 방값을 너무 올려서 많은 원망을 사고 있다.

주소 Paung Daw Pyan Rd., Nyaung Shwe 전화 (081) 209-198, 09-521-6278 요금 싱글 · 더블 $15~60 이상(가격 문의) 이메일 mingalainn@gmail.com

아쿠아리스 인 Aquarius Inn
여행자들에게 유명한 숙소라서 성수기 때는 최소 2~3주 전에 예약하지 않으면 방 잡기가 힘들다. 구관과 신관이 있는데 신관이 더 비싸다. 추천할 만한 숙소다.

주소 Paung Daw Pyan RD, Nyaung Shwe 전화 (081) 209-352, 09-521-4852 요금 싱글 $12~23, 더블 $40 이상(신관) 이메일 aquarius352@gmail.com

골드 스타 호텔 Gold Star Hotel

방갈로 스타일의 호텔로 아침 식사가 잘 나오기로 소문이 자자하다. Wi-Fi가 된다.

주소 Corner of Phaung Daw Pyan RD & Kyauktain Rd., Nyaung Shwe 전화 (081) 209-200, 209-201, 09-521-0169 요금 싱글 $15~20, 더블 $25~30 이메일 goldstarhtl@gmail.com

골든 엠프러스 호텔 Golden Empress Hotel

인레 호수 선착장 가는 길에 있으며 가격 대비 괜찮은 숙소다. Wi-Fi가 된다.

주소 No. 19, Phaung taw pyan St., Mingalar Ward, Nyaung Shwe 전화 (081) 209-037 요금 싱글 $18~25(1층), $20~25(2층) / 더블 $25~30(2층), $30~40(2층), $40(3~4명이 잘 수 있는 방) 홈페이지 www.facebook.com/golden empress hotel 이메일 goldenempresshotel@gmail.com

브라이트 호텔 Bright Hotel

보트 선착장 앞의 집시인 게스트 하우스에서 안쪽으로 도보 5분 정도 거리에 있는 조용한 숙소이다. 선착장에서 멀지 않으면서도 주변이 조용하다. Wi-Fi가 잘 되며 가격 대비 괜찮은 숙소다. 호텔에서 소개하는 보트 기사도 정직하며 가격도 적정선으로 받는다. 주인장 아들인 20대 총각 린(Lyn)이 영어도 잘하고 안내도 잘 해 준다. 2층을 추천하며 이 책자를 보여 주면 할인 혜택을 특별히 받는 행운이 있을지도 모른다.

> **Travel tip**
>
> 선착장 부근은 이른 아침부터 투어 나가는 보트 엔진 소리로 무척이나 시끄럽다. 숙소 가격 또한 선착장에 가까울수록 안쪽보다 비싸다. 조용하면서도 가격이 상대적으로 저렴한 도보 5~10분 내외의, 선착장에서 1~2블록 정도에 위치한 숙소를 추천한다. 또한 새롭게 신축된 숙소가 많으니 신축 숙소를 우선적으로 선택한다.

주소 No. 53, Phaung Daw Side Rd., Nyaung Shwe 전화 (081)209-137, 209-642 요금 싱글 $15(비수기)~$20(성수기), 더블·트윈 $20~25 홈페이지 www.luckybrighthotel.com 이메일 brighthotel.mm@gmail.com

껄로

네이처 랜드 호텔 Nature Land Hotel

현지인 집, 사원, 학교 등이 자리하고 있는 언덕 위쪽에 위치해 있다. 소박하지만 멋지게 꾸며진 정원 사이사이에 예쁜 방갈로가 있다.

네이처랜드 호텔 I

위치 Thayar kone St. 전화 (081) 50711, 50243, 09-2200697 요금 $15~30 이상

네이처랜드 호텔 II

주소 No 10, Thida St., In front of Kalaw Middle School 요금 슈피리어 $30~100, 스위트 $35~120

파인 힐 리조트 Pine Hill Resort

깔끔한 리조트지만 가격이 비싼 편이다.

주소 No 151, Shwe Oo Min Rd., Kalaw 요금 슈피리어(싱글) $100(비수기)~$255(성수기), 슈피리어(더블) $120~270, 슈피리어(트리플+간이 침대 1명)

$160~370, 엑스트라 베드 $50, 디럭스(싱글) $120~300, 디럭스(더블) $140~320, 디럭스(트리플+간이 침대 1명) $200~460

껄로 호텔 Kalaw Hotel

껄로 시내에서 도보로 약 40여 분 걸리는 곳에 위치해 있다. 목조로 지어진 펜션 형태의 2층 호텔로, 많은 여행자들로부터 좋은 평가를 받고 있다. 오래된 식민지 시절의 가구가 있는 호텔로 이곳에서 바라보는 껄로의 풍경이 아름답다. 온수 시설이 있다. 숙소 인근에 철길이 있어서 약간의 소음이 있고 껄로 시내에서 조금 떨어진 것이 단점이다.

주소 84/A, University Avenue Rd., 3rd Qr **요금** 슈피리어 $110~230, 스위트 $150~320

그린 헤이븐 호텔 Green Haven Hotel

2012년에 새롭게 리모델링해서 가격 대비 깔끔하고 시설이 좋은 편이다.

주소 Shwe Oo Min Pagoda Rd., 10th Quarter **요금** 슈피리어 $40~120, 디럭스 $65~150

위너 호텔 Winner Hotel

껄로 버스 정류장에서 100m 정도로 가깝다. 버스 정류장 길 건너 따지 방면 도로변에 있다. 길가 쪽은 차량 통행이 많아 밤에 시끄러우니 안쪽 방을 선택하는 것이 좋다. 종업원들이 친절하고 다양한 타입의 방을 구비하고 있다.

주소 5/13, Pyi Taung Su Rd., Kalaw **전화** (081) 50025, 50279 **요금** 스탠다드 $35~100, 슈피리어 $45~110, 디럭스 $70~200 **이메일** winnerht@kalaw@gmail.com

세인트 호텔 Seint Hotel

다운타운에 신축한 호텔로 시설이 깨끗하다. 가격 대비 시설이 좋은 편이다. 바로 옆에 허니 파인 호텔이 있다.

주소 No 11, Quarter 5, Main Rd., Kalaw **전화** (081) 50696, 09-518-6003 **요금** 슈피리어 $40~100, 디럭스 $55~150 **이메일** seintmotel@gmail.com

허니 파인 호텔 Honey Fine Hotel

세인트 호텔 바로 옆에 있으며, 인기가 많아서 성수기 때는 방 잡기가 쉽지 않다. 깨끗한 편이다.

요금 슈피리어 $40 이상, 디럭스 $50 이상

드림 빌라 호텔 Dream Villa Hotel

메인 로드 남쪽에 위치해 있으며 시설이 괜찮은 편이다.

주소 5 Zatila St., Kalaw **요금** $45 이상 **이메일** dreamvilla@myanmar.com.mm

파라미 모텔 Parami Motel

위너 호텔 조금 아래에 있으며 중앙 시장 서쪽 바로 근처다. 위치가 좋으며 큰길에서 조금 떨어져 있어서 조용하다. 가격 대비 시설이 괜찮으며, 아웅찬따 사원이 보이는 2층 끝 방이 괜찮다.

주소 Merchant Rd., Kalaw **전화** (081) 50027 **요금** $15~20 이상

센트럴 모텔 Central Motel

껄로 중앙 시장 남쪽 바로 앞에 있다. 가격 대비 괜찮다.

주소 Merchant St., South of Bazaar Market **전화** (081) 50270 **요금** 싱글 $10~15, 더블 $20~30

따웅지

메이 쿠 게스트 하우스 May Khu Guest House
나무로 지은 집이다.

주소 Bogyke Aung San Rd. 전화 (081) 21431

케마라 게스트 하우스 Khemarat Guest House
깔끔한 편으로 개인 욕실이 구비된 방은 좀 더 비싸다.

주소 48 Bogyke Aung San Rd. 전화 (081) 22464 요금 싱글 $20, 더블 $30

따웅지 호텔 Taunggyi Hotel

따웅지에서는 비싼 호텔이다. 주로 군인이나 사업가들이 많이 애용한다. 젠뚱 방면으로 메인 도로 끝부분에 있으며, 2012년에 새롭게 리모델링했다.

주소 Shu Myaw Kynn St., Forest Quarter 전화 (081)21127 요금 스탠다드 $120, 슈피리어 $162, 스위트 $200 이상

뮤세 호텔 Muse Hotel
2000년에 지어진 호텔이다.

주소 No. 6, Bogyoke Aung San Rd., Pyi Taw Thar Qtr. Shan State 요금 슈피리어 $45~100, 디럭스 $170, 스위트 $210 이상

노벰버 호텔 November Hotel

묘마 시장에서 멀지 않은 곳에 있다. 가격 대비 시설은 그냥 보통인 편이다.

주소 No.5(B), Nyaung Phyu Sakhan Quarter 요금 $45 이상

삔다야

미파조지 호텔 Myit Phyar Zaw Gyi Hotel & Restaurant

온수가 나온다. 시설은 3층 건물로 삔다야에서는 규모가 큰 편이다. 길 옆이라 시끄러우니 안쪽 방을 추천한다.

주소 No.106, Zay Tan Quarter, Pindaya 전화 (081) 24234, 24236 요금 싱글 $15~20, 더블 $20~25

삔다야 인레 인 Pindaya Inle Inn

온수가 나오고 베란다가 있다. 대나무 정원이 있어서 조용한 편이다. 삔다야의 남쪽에 위치해 있다.

주소 Mahabandoola Rd. 요금 $65(비수기)~150(성수기), 샬레(chalet) $120~250

다이아몬드 이글 게스트 하우스
Diamond Eagle Guest House

호숫가에 있어서 전망도 좋고 조용한 편이다. 가격이 저렴하고 종업원이 친절하다. 아침은 주지 않는다. 호수가 끝나는 번화가에 현지 식당이 있는데 가격도 싸고 맛도 좋으니 그곳을 이용하면 된다.

요금 $10~15

칸커러 리조트 Conqueror Resort
삔다야 자연 동굴 사원 아래에 위치해 있다.

요금 슈피리어 $80(비수기)~190(성수기), 디럭스 $100~250

골든 케이브 호텔 Golden Cave Hotel

주소 Shwe Oo Min Cave Rd. 요금 스탠다드 $35~80, 슈피리어 $40~120

먹을거리

인레 호수 인근의 식당은 주로 냥쉐에 몰려 있다. 냥쉐는 작은 동네라 어떤 숙소에서나 도보로 15~20분 정도면 다 돌아볼 수 있다. 현지인 식당을 비롯하여 여러 레스토랑이 있으니 천천히 돌아보면서 선택하기 바란다.

인레 호수

미쏘우 키친 트래디셔널 홈 쿡트
Missou Kitchen Traditional Home Cooked

샨(Shan)과 인따(Intha) 스타일 디너로 주인 아주머니의 정성이 가득 담긴 식사를 할 수 있는 곳이다. 특히 샨 스타일 토마토 샐러드는 정말 맛있다. 고속버스 표와 양곤 에어웨이의 비행기 표도 판매하며, 요네지 로드(Yonegyi Rd.)를 따라 뷰 포인트 쪽으로 가다 보면 타익난(Taik Nan) 다리 150m 전 오른쪽에 있다.

요금 K2,500~4,000

맥심 샨 레스토랑 Maxim Shan Restaurant

샨 스타일 음식은 대부분 우리 입맛에 잘 맞는다. 그중에서 샨 누들 수프를 추천한다. 고수를 싫어하는 분들은 주문할 때 "난난빙 마테바네"라고 말하면 향이 강한 고수를 넣지 않는다. 위치는 미쏘우 키친 바로 옆이다.

그린 칠리 레스토랑 Green Chilli Restaurant

냥쉐 안쪽에 위치해 있으며 병원 가기 전 근처에 있다. 태국과 미얀마 음식을 주로 하는데 식당이 깔끔하고 나름 괜찮다.

주소 Hospital Rd., Nyaung Shwe 전화 (081) 29132, 09-521-4101 이메일 greenchillirestaurant@gmail.com

뷰 포인트 레스토랑
Viewpoint Restaurant & Eco-lodge

선착장 근처 타익난(Taik Nan) 다리 바로 옆에 있는 검은색으로 보이는 건물이다. 레스토랑 뒤편으로는 인공 호수를 만들어서 그 위에 방갈로 타입의 고급 숙소를 만들었다. 최근 신축해서 시설은 좋지만 가격을 생각하면($200 이상) 경치 좋은 인레 호수 안의 숙소가 좋을 듯하다. 식당은 1층, 2층으로 이루어져 있으며 가격은 있는 편이다. 양곤에 있는 르 플롱터(Le Planteur)와 주인이 같다. 한 번쯤 호사스런 식사를 하고픈 여행자에게 추천한다.

주소 Near Taik Nan bridge & Canal Nyaung Shwe 요금 샨 디스커버리 세트 1인당 K14,000 이상 홈페이지 www.inleviewpoint.com

미스 냥쉐 레스토랑 Miss Nyaung Shwe Restaurant
볶음밥과 음료 등 일반적인 식사가 가능하다. 브라이트 호텔 바로 옆에 있다.

투투 아웅 레스토랑 Htoo Htoo Aung Restaurant
서민적인 현지 식당으로 샨 정식 세트와 생선 요리를 추천한다. 아쿠아리스 인 건너편에 있다.

요금 샨 정식 세트 K4,000~5,000

로터스 레스토랑 Lotus Restaurant
리멤버 인 근처에 위치해 있으며 트레킹 서비스도 한다. 분위기가 깔끔하고 음식도 괜찮다.

4 시스터스 4 Sisters'
냥쉐 보트 선착장 근처에 있다. 다양한 샨 음식을 맛볼 수 있다.

레드 하우스 Red House
따웅지에서 미스 김치를 운영 중인 한국인이 주인이다. 인레에서 한식을 먹을 수 있는 곳이다.

골든 카이트 Golden Kite
피자 전문점으로 간단한 식사가 가능하다.

골든 문 레스토랑 Golden Moon Restaurant
냥쉐 삼거리 코너에 위치해 있으며 샨 음식을 맛볼 수 있다. 그린 토마토 샐러드, 샨 밥을 추천한다.

미미스 하우스 Mee Mee's House
중국 식당으로 티크우드 게스트 하우스와 밍글라 인 중간에 있다. 맛이 깔끔하다.

쉐인따 레스토랑
Shwe Hin Thar Restaurant & Hand Weaving Centre
2층으로 된 식당으로 1층은 기념품점이고, 2층이 식당이다. 넓은 호수를 바라보며 즐기는 점심은 나름 운치 있다. 주변에 새로운 레스토랑들이 여럿 생겼으니 한번 도전해 보자.

껄로

파인 랜드 레스토랑 Pine Land Restaurant
센트럴 모텔 바로 옆에 있다. 중국 식당으로 샨 음식과 중국 음식이 가능하다.

주소 4/63, Merchant St., Kalaw 전화 (081) 50287, 50657 이메일 pineland.restaurant@gmail.com

일곱 자매 식당 7 Sisters' Restaurant
음식이 깔끔한 편이고 샨 스타일의 김치를 맛볼 수 있다. 가격은 주변 식당에 비해서 비싼 편이다. 따지 방면으로 큰길을 따라 가다 보면 선 플라워 호텔이 나오고 그 다음에 있다.

따웅지

랸유 호텔 레스토랑 Lyan Yu Hotel Restaurant
면 종류가 맛있으며 음식이 모형으로 전시되어 있다.

툰 레스토랑 Htun Restaurant
재래시장 근처에 있다. 샨 스타일의 면 요리를 먹을 수 있다. 샨족의 음식은 대체로 우리 입맛에 잘 맞는다. 조그마한 현지 식당에서 먹어도 맛있다.

미스 김치 Miss Kimchi
한국 식당으로 호텔 하트 홈(Hotel Heart Hom) 바로 앞에 있다.

삔다야

그린 티 레스토랑 Green Tea
호숫가에 위치해 있으며, 여행자들에게 좋은 평을 얻고 있다. 시내 중심가 시장 부근에도 현지 음식점이 있다.

만들레이 & 근교

마지막 왕조의 유서깊은 도읍지

만들레이는 미얀마 제2의 도시로 비운의 마지막 왕조인 꽁바웅 왕조의 도읍지였던 유서 깊은 곳이다. 양곤에 버금가는 경제, 문화의 중심 도시로 발전해 가고 있으며 주변에 만들레이 힐, 만들레이 궁전, 마하무니 파고다, 구도도 파야, 쉐난도 수도원 등 유명한 사원과 유적지가 많다.

만들레이에서 1시간 정도 걸리는 서북쪽에 위치한 밍군 대탑은 만들레이를 방문하는 여행자들에게는 빼놓을 수 없는 곳이다. 밍군 대탑은 세계 최고의 전탑으로 미완으로 끝난 꽁바웅 왕조의 불운한 역사를 그대로 보여 준다.

만들레이 시내에서 20여 분 거리의 남쪽에 위치한 아마라푸라 지역에는 마하 간다용이라는 큰 수도원과 200년이 넘는 티크 우드로 건축된 2km에 달하는 멋진 우 뻬인 다리가 있다. 마하 간다용의 아침은 수백 명에 달하는 스님들의 거대한 탁발 행렬로 시작된다. 수도원 바로 옆에 위치한 우 뻬인 다리는 겨울철 일몰이 아름답기로 유명하다.

만들레이에서 남서쪽으로 21km 떨어진 곳에 샨족 왕조의 도읍지였던 사가잉이 있다. 사가잉 힐을 중심으로 사방에 파고다와 사원이 가득한 유적의 도시다.

아마라푸라 남쪽에서 멀지 않은 에야워디 강변에 '보석의 도시'란 뜻을 가진 잉와 왕국의 유적이 있다. 1841년과 1939년의 지진으로 잉와 왕국은 대부분 파괴되어 버려지게 되었다. 지금은 고대 왕국의 모습은 거의 남아 있지 않고 흔적만 몇 군데 남아 있다.

만들레이&근교 BEST 3

만들레이 힐

우 뻬인 다리

곡테익 철교

만들레이 하루 코스

Best Course 베스트코스

마하 간다용 수도원 ➡ 우 뻬인 다리 ➡ 마하무니 파야
➡ 구도도 파야 ➡ 만들레이 힐

효율적인 이동을 위해서는 숙소에서 여행자 서너 명을 모아서 같이 택시를 렌트하는 것이 좋다. 하루 3~4만 짯, 잉와, 사가잉 등 외곽을 포함할 경우는 4~5만 짯 수준. 오토바이는 기사를 포함하여 사가잉 등 원거리 기준으로 하루에 K15,000~20,000 정도 한다.

택시 타고 출발! → 택시 → **마하 간다용 수도원** 오전 10시 15분에 시작되는 스님들의 탁발 공양 모습을 구경한다. → 도보로 10분 → **우 뻬인 다리** 2km 정도의 티크 우드 다리를 걸어 보자. 겨울철에는 다리 아래로 내려가서 보는 풍경도 새롭다.

자동차로 20분

만들레이 힐
계단으로 올라가기에는 날이 더워서 무척 힘들다. 힘든 여행자들은 차량을 이용하는 편이 좋다. 에야워디 강 위로 지는 일몰이 장관이다.

← 도보로 30~40분

구도도 파야
수많은 석장경과 그 보호탑이 장관을 이룬다.

← 자동차로 15분

마하무니 파야
이곳의 불상은 미얀마에서 영험하기로 소문나 있다. 남성이라면 금박을 입히면서 소원을 빌어 보자. 아쉽게도 여성들은 불상 위로 올라가서 금박을 입히면 안 된다.

만들레이 주변 1박 2일 코스

밍군 대탑 ➡ 만들레이 ➡ 사가잉 힐 ➡ 까웅무도 파고다

유람선을 타고 밍군 대탑을 다녀와서 만들레이에서 다시 사가잉으로 가서 1박을 하는 코스다. 사가잉에서는 사가잉 힐에서의 일출과 까웅무도 파고다가 볼 만하다.

유람선으로 출발!

유람선 1시간 ➡

밍군 대탑
에야워디 강을 거슬러 올라가는 보트 여행이 시간을 잊게 한다. 비 오는 날이면 더욱더 역사의 무상함이 쓸쓸하게 느껴지는 전탑이다.

유람선 1시간 ➡

만들레이
다시 만들레이로 돌아와서 점심 식사를 한 후, 미니 버스를 타고 사가잉(만들레이에서 21km)으로 출발.

사가잉 1박

자동차 20분 ⬅

까웅무도 파고다
사가잉 시내에서 10Km 떨어져 있다. 부처님의 치아 사리가 보관된 사원으로 외벽을 흰색으로 칠해서 맑은 날에는 눈을 제대로 뜨기 힘들 정도이다. (현재는 금색을 칠함)

사가잉 힐
에야워디 강 위로 솟아오르는 황금빛의 일출이 장관이다. 수많은 사원들이 잠에서 깨어나듯이 아침 안개 속에서 하나둘 서서히 모습을 드러내는 풍경이 환상 그 자체이다.

만들레이
MANDALAY

미얀마 제2의 도시

1859년 민돈(Mindon) 왕은 만들레이 왕궁을 짓고 도시를 만들면서 이전 도읍지였던 아마라푸라(Amarapura)에서 15만 명을 이끌고, 1861년에 만들레이로 천도했다. 불행히도 민돈 왕이 천도를 한 후 얼마 지나지 않아서 영국에게 나라를 빼앗기고 식민지가 되어 버렸다. 양곤에서 691km 떨어져 있는 만들레이는 영국 식민지 시절에 왕궁을 중심으로 철저하게 계획 도시로 개발되어 도로가 바둑판 모양으로 나 있다.

만들레이는 양곤에 이어 두 번째로 큰 도시이다. 미얀마 전체 지도를 놓고 보면 만들레이는 정중앙에 위치하지만 북부 지역은 험한 산악 지대로 거주 인구가 거의 없는 것을 감안하면 만들레이는 미얀마의 북쪽에 위치한다고 할 수 있다.

만들레이 지역 유적 입장료 K10,000 (왕궁, 쉐난도 수도원, 잉와 사원 입장 시 검사 / 발행일부터 일주일간 유효)

만들레이-양곤 (691km)	비행기 ǀ 09:10(N Stop, 1 Stop 두편), 17:40(N Stop), 17:45(1 Stop) / N Stop 55분 소요, 1 Stop 2시간 소요 / 요금 $112~129 버스 ǀ 9시간 소요 / 요금(편도) K15,000~16,800(VIP) 기차 ǀ 06:00(15시간 소요), 15:00(14시간 소요), 17:00(14시간 45분 소요) / 요금 Sleeper $21, Upper $18 유람선 ǀ 3박 4일 소요
만들레이-쉐냥	비행기 ǀ 09:10 / 30분 소요 / 요금 $50~69 버스 ǀ 22:00(VIP) / 6시간 30분 소요 / 요금 K18,000
만들레이-바간 (293km)	비행기 ǀ 17:45 / 30분 소요 / 요금 $50~69 버스 ǀ 07:00, 08:00, 09:00, 10:00, 15:00, 17:00 / 4시간 30분 소요 / 요금 K9,500 기차 ǀ 20:00 / 8시간 50분 소요 / 요금 Upper $10 슬로 보트 ǀ 수·일요일(비수기는 주 1회) 05:00 출발 / 13~14시간 소요 / 요금 $15~20 스피드 보트 ǀ 월, 수, 금요일 06:30 출발(비수기에는 비정기적) / 9시간 소요 / 요금 $45 이상
바모-만들레이	스피드 보트 ǀ 일·월·화요일 운항 / 19시간 소요 / 요금 K31,000 이상
카타-만들레이	스피드 보트 ǀ 매일 운항 / 05:00 출발 / 12~13시간 소요 / 요금 K25,000 이상
카타-바모	스피드 보트 ǀ 매일 운항 / 09:00 출발 / 6시간 소요 / 요금 K8,000 이상
만들레이-미찌나 (780Km)	기차 ǀ 09:00(20시간 40분 소요), 16:00(19시간 15분 소요) / 요금 Upper $16, Sleeper $19 / 만들레이-쉐보-나바-카타(10시간)-모닌(14시간)-미찌나
만들레이-라쇼 (280km)	기차 ǀ 04:00 / 15시간 35분 소요 / 만들레이-삔우린-곡테익-짜욱메-띠보-라쇼

가이드 및 오토바이 기사 추천

나잉투(Naing Htoo, 41세)

만들레이에서 오토바이를 이용하여 반나절이나 하루 동안 만들레이 시내의 사원, 아마라푸라 마하 간다용 수도원의 탁발, 우 뻬인 다리, 잉와, 사가잉 힐, 만들레이 힐 등을 둘러보거나 버스 터미널, 공항 등을 갈 때 나잉투(Naing Htoo, 41세)씨를 추천한다. 가든 호텔에 상주하고 있으며 오토바이를 찬찬히 잘 운전한다. 영어로 의사소통도 가능해서 다니는 데 큰 불편이 없다. 택시에 비해서 가격이 저렴한 오토바이는 혼자 여행하는 배낭여행자에게 좋은 이동 수단이다. 안전을 위해서 반드시 헬멧을 쓰자.

휴대 전화 09-4027-76632 **이메일** nainghtoo4@gmail.com

만들레이-띠보 (206Km)	버스(삐지맛신 버스 터미널, Pyi Gyi Myat Shin Bus Terminal)	위치 36th , 37th & 60th / 05:00, 14:00 / 6시간 소요 / 요금 K6,500 기차	04:00 출발 / 삔우린 07:52 도착, 시뽀14:55분 도착 (수시로 연착됨) / 요금 Upper K3,600, Ordinary K1,600
만들레이-껄로 (266Km)	버스	22:00(VIP) / 6시간 30분 소요 / 요금 K16,500
따지-쉐냥	기차	09:00, 04:00, 05:00 출발 / 9시간 소요 / 따지- 껄로- 아웅반- 헤호-쉐냥
만들레이 -따치렉(Tachileik)	비행기	14:14 / 1시간 5분 소요 / 요금 $135
만들레이-미찌나	비행기	08:35(1 Stop, 1시간 50분 소요), 13:30(N Stop, 1시간 10분 소요) / 요금 $113
만들레이-라쇼	비행기	13:00 / 40분 소요 / 요금 $104
만들레이-바모	비행기	07:00 / 50분 소요 / 요금 $102

Tip 성수기(11월~3월)에는 비행기가 비정기적으로 주 1회 정도 만들레이-딴뒈(나팔리비치), 만들레이-싯트이(므락우 갈 때)을 운항한다. 또한 에어 아시아(www.airasia.com) 항공은 태국 치앙마이-만들레이 구간을 운항하고 있어서 여행자가 태국 치앙마이에서 만들레이로 입국해서 양곤에서 방콕으로(반대로 양곤-만들레이-태국 치앙마이 가능) 출국이 가능하니 여행 계획 세울 때 참고하기 바란다.

Travel tip

미얀마 육로 국경 개방

그간 미얀마에 입국하려는 외국인은 육로 입국이 불가능하고 항공편으로만 입국이 가능했다. 태국과 국경을 맞대고 있는 따치렉이나 마와디(미야워디), 꼬따웅으로의 조건부(일정 구간만 허가) 입국은 가능했지만 전면적인 국경 개방은 이번이 처음이다. 그간 말만 무성했던 국경 개방이 공식적으로 이루어져서 미얀마 여행 판도에 어떤 변화가 올지 기대가 된다. 미얀마 정부가 밝힌 국경 개방은 다음과 같으니 여행에 참고하자. 참고로 아직 국경 비자는 발급하지 않으니 비자는 필히 한국에서 미리 받아서 떠나는 것이 시간적, 경제적으로 유리하다.

1. 미얀마 마와디(미야워디, Myawaddy) – 태국 매솟(Mae sot) 양곤-파안(몰래미야인)-미야워디-매솟 가능
2. 미얀마 따치렉(Tachileik) – 태국 매싸이(Mae sai) 외국 여행자는 짜잉똥, 멍라까지 육로 여행가능
3. 미얀마 무세(Muse) – 중국 운남 루이리(瑞麗) 루이리 사람들을 제외한 외국인은 입출국 조건부 허가
4. 미얀마 멍라(Mongla) – 중국 운남 따루어(打洛, 景洪) 따루어 사람들을 제외한 외국인 입출국 조건부 허가
5. 미얀마 꼬따웅(Kawthaung) – 태국 라농(Ranong) 양곤-몰래미야인-더웨이-미에익-꼬타웅-라농 가능
6. 미얀마 띠끼(Htee Khee) – 태국 수나논(Sunanon) 외국인 여행자 육로 입국 가능

만들레이 힐 Mandalay Hill

만들레이 전체를 내려다볼 수 있는 작은 산

왕궁 뒤편에 있는 해발 236m의 작은 산이다. 걸어서 올라가기에는 제법 시간이 걸린다. 입구 사자상 앞에서 택시나 미니 트럭을 이용하는 편이 좋다. 입구 양쪽에 커다란 흰색 사자상이 서 있고 언덕 정상까지 회랑이 연결되어 954계단을 오르면 정상이다. 신발은 비닐봉지에 담거나 자동차에 벗어 놓고 가는 편이 좋다. 만들레이 힐에서는 만들레이시 전체를 내려다볼 수 있으며 발 아래로는 만들레이 왕궁이 보인다. 날이 맑으면 에야워디 강 건너편의 밍군(Mingun) 대탑까지도 볼 수 있다.

요금 입장료 K1,000

수따웅삐예 사원 Sutaungpyae Pagoda

만들레이 힐 정상 가운데는 거울 모자이크로 벽을 마감한, 중동의 이슬람 사원 같은 느낌의 수따웅삐예 사원이 있다. 당시 사원을 세우려던 우 칸디 스님이 지역 스님들과 주민들의 비협조로 많은 어려움을 겪고 있었는데 그때 만들레이 힐 맞은편 용킨 산에 살고 있던 코브라 뱀이 스님을 도와주어서 무사히 사원 건립을 마칠 수 있었다는 전설이 전해진다. 이에 스님과 신자들이 감사의 표시로 사원 입구에 코브라 형상을 만들어 놓았다.

🌸 Travel tip

불교 중심지, 만들레이

현재 만들레이시의 인구는 약 150만 명 정도로 추산하고 있다. 만들레이는 마지막 왕조가 머물렀던 역사적 도시라 많은 유적지가 부근에 산재해 있다. 특히 불교 사원과 승가 대학, 상주 스님은 전체 미얀마의 약 60% 이상이 이곳에 있을 정도로 불교의 중심지이기도 하다. 도시 구획 정리가 반듯반듯하게 되어 있어서 양곤보다 오히려 더 번화한 도시라는 느낌이 든다. 만들레이는 중국 국경과도 멀지 않아서 지금은 경제의 중심이 양곤으로 넘어가 있지만 중국과의 무역이 확대된다면 양곤 못지않은 활기찬 도시가 될 것이다. 중국계 주민들이 만들레이에 많이 거주한다.

만들레이 왕궁 및 성 Mandalay Palace & Fort

견고한 왕궁과 성

도심의 가운데에 정사각형으로 왕궁이 만들어졌다. 1859년 민돈(Mindon) 왕에 의해서 완성된 이 왕궁은 외곽 성의 높이가 8m, 두께가 3m에 이르는 매우 견고한 성이다. 외곽 성곽의 길이는 한 변이 2km에 이르며, 성벽 바깥쪽으로는 깊이 3m, 폭이 70m에 이르는 인공 수로를 만들었고 그 위에 다리를 놓은 매우 견고한 형태로, 외부 적으로부터의 공격에 대비했다. 하지만 이런 견고한 성도 영국군 앞에서는 얼마 버티지 못하고 무너졌다. 왕궁은 지금 군인들의 캠핑장으로 사용되고 있다. 군인들이 왕궁 안에 상주하고 있어서 왕궁으로서의 체면을 잃어버린 지 오래다. 관광객의 입장은 허용된다.

오픈 08:00~17:00(16:30까지 입장) 요금 K10,000(만들레이 지역 유적 입장권)

마하무니 파야 Mahamuni Paya

영험하기로 소문난 불상

'파야지(Payagyi, 큰 사원)'로도 불리는 마하무니 파야는 만들레이에서 제일 유명한 사원 중 하나이다. 사원 내부에는 4m 높이의 불상이 모셔져 있다. 보도파야(Bodawpaya) 왕이 1784년에 지은 사원으로, 1884년 화재로 소실되었다가 복원되었다.

마하무니 불상은 현지인들에게 영험하기로 소문이 나서 새벽 4시부터 불상에 금박을 입히면서 소원을 빌기 위한 신자들의 행렬이 줄을 서고 있다. 불상에 얼마나 많은 금박을 입혔으면 불상의 모습이 마치 두꺼비 피부같이 울퉁불퉁하다.

이 불상 근처로는 여자(비구니 스님 포함)들은 접근할 수 없고 조금 떨어진 곳에 앉아서 불공을 드려야 한다. 미얀마의 소승 불교는 지나치게 근본적인 교리에 집착하는 답답함을 갖고 있지만 한편으로는 그렇기 때문에 원형에 가까운 불교가 유지되고 있는 것 같다.

마하무니 파야는 출입구가 동서남북 네 군데가 있어서 어디로 나와야 할지 헷갈릴 수 있으니(사원 통로가 길고 주변에 상점들이 많아서 여행자들이 쉽게 방향을 잃는다) 들어갈 때 동서남북 출입구가 어디인지 확인하고 들어가는 것이 좋다.

위치 만들레이 시내에서 서남쪽(아마라푸라 방면)으로 약 2km 정도 떨어진 곳에 있다. 촬영비 K1,000(만들레이 전 지역에서 사용 가능) 요금 무료

구도도 파야 Kuthodaw Paya

불교적 의미가 큰 사원

만들레이 힐 바로 아래에 있는 구도도 파야는 불교적으로 매우 의미가 있는 사원이다. 부처가 인도에서 열반에 든 후 인도에서 총 네 번의 경전 *결집이 이루어졌는데 1871년 4월 15일 민돈 왕에 의해서 제5차 경전 결집이 이루어졌다.

세계 여러 나라에서 온 불교 교리에 해박한 총 2,400명의 스님들이 6개월에 걸친 작업 끝에 완성하였고 경전의 도난을 우려하여 흰 대리석에 새겨 이곳 구도도 파야 729개의 탑 속에 모셨다. 이 대리석 729개에 결집 내용을 새기는 데만도 7년 5개월이 걸렸으며, 경전 결집 대리석 판과 보관용 탑을 만드는 데 당시 화폐로 총 2억 2천 6백만 짯이 사용되었다고 한다.

흰색 탑 속에 안치된 경전은 탁본으로 뜰 경우 400 페이지 분량의 책 38권이 나오는 방대한 양이라고 한다. 이 경전을 매일 8시간씩 읽을 경우 1년 3개월이 걸린다고 하니 그 양을 짐작할 수 있다. 해가 질 무렵에 수십 개씩 나열된 석장경의 흰색 보호탑을 바라보면 경건하기 그지없다.

***결집** 부처님의 설법이 후대로 내려오면서 원래 말씀과 달라지거나 틀린 내용을 바로잡는 일종의 교정 작업.

요금 무료

산다무니 파고다 Sandamuni Pagoda

석장경이 모셔진 사원

만들레이 힐 아래, 구도도 파야 맞은편에 위치해 있다. 이곳은 민돈(Mindon) 왕이 만들레이 왕궁을 건설할 때 임시 거처로 사용하던 장소로, 그를 도와 왕궁을 건설하던 남동생 꺼나웅(Kanaung) 왕자가 1866년에 반란을 일으킨 밍군(Myingun) 왕자에게 암살 당하자 그를 추모하기 위해 이 사원을 세웠다. 사원 안에 청동 불상이 모셔져 있고, 금속성 느낌의 법당을 장식하고 있는 은색 타일이 인상적이다. 석장경을 모신 수많은 흰색 파고다가 구도도 파야와 비슷해서 사원을 혼돈하는 경우가 많다.

요금 무료

짜욱또지 파고다 Kyauktawgyi Pagoda

바간의 아난다 사원을 본뜬 파고다

만들레이 힐 남쪽 입구 바로 앞에 위치해 있다. 사원 내부에 빙 둘러가며 조성된 불상은 어디선가 많이 본 모습이다. 바간의 아난다 사원을 본떠 만든 것으로, 1853년에 짓기 시작하여 1878년에 완공이 되었다. 법당 안에 모셔진 흰색의 대리석 불상은 중국의 불상과 비슷하다. 흰색의 파고다가 인상적인 사원으로, 관리가 제대로 되지 않아서 조금 어수선한 모습이다.

요금 무료

쉐난도 수도원 Shwenandaw Kyaung

티크 우드로 지어진 아름다운 수도원

'황금 왕궁 사원'이라는 별칭처럼 만들레이에서 가장 아름다운 사원이다. 초기에는 왕궁의 부속 건물로, 민돈 왕의 침소로 사용되기도 했다. 민돈 왕 사후에 그의 아들 띠보(Thibaw) 왕이 지금의 자리로 옮겨서 1880년에 수도원으로 개축하였다.

수도원 건물은 티크 우드로 지어졌으며 멋진 조각과 디자인으로 보는 사람의 경탄을 자아낸다. 오랜 시간이 흘러 검은색으로 변한 티크 우드의 재질이 더욱 고풍스런 느낌을 준다. 수도원 법당에 있는 불상의 이마에 있었던 커다란 다이아몬드는 1885년 영국 식민지 시절에 도난당해서 지금껏 소재를 모

른다고 한다. 쉐난도 수도원은 미얀마 전체를 놓고 봐도 제일 아름다운 수도원으로 꼽힌다.

요금 만들레이 지역 유적 입장권 K10,000

수많은 위성 안테나

미얀마의 TV 채널은 네 개뿐인데 그나마 하루에 몇 시간씩 나눠서 방송을 한다. 주로 독재 군인들에 관한 홍보성 내용이고 저녁 시간에 유일하게 한국 드라마를 1시간가량 방영한다. 그러다 보니 방송이 별로 볼 것이 없다. 미얀마의 대도시에는 어김없이 건물마다 옥상에 설치된 대형 위성 접시 안테나를 볼 수 있다. 위성 안테나는 불법이다. 그러나 정부 당국자들이 암암리에 눈감아 주고 있는 실정으로 위성 방송을 통해서 영국 프로 축구 중계나 HBO 같은 영화를 보고 있다. 하루가 다르게 위성 안테나가 늘어나고 있어서 조만간에 웬만한 TV 보유 가정은 위성 방송을 시청하게 될 것 같다. 위성 방송과 컴퓨터 인터넷 인구가 늘어날수록 그만큼 미얀마의 자유도 빨라지리란 생각이 든다.

킹 가론 금박 제조 공장 King Galon Gold Leaf Workshop

전통방식으로 금박을 만드는 공장

만들레이 시내 외곽 지역 아마라푸라 방향에 금박 제조 공장이 있다. 미얀마 전국의 사원 불상에 입히는 금박을 바로 이곳에서 전통 방식으로 제조하고 있다. 청년 서너 명이 사슴 가죽으로 싼 금 조각을 한참 동안 두드리면 종이장보다도 얇은 금박 조각이 된다. 명함 크기만한 금박 5장에 5달러 정도 한다. 이외에도 마하 간다용 수도원에 가기 전 아마라푸라 지역에는 대리석 불상 공장과 론지 직조 공장이 있다. 관심 있는 여행자들은 들러 보기 바란다.

주소 No.143, 36th ST, Myet-parr-Yart, Mandalay 전화 02~32135

제조 시장 Zeigyo Market

저렴한 도매 시장

제조 시장은 우리나라 동대문처럼 도매 상점들이 몰려 있는데 1, 2층은 론지, 잡화, 의류 매장이 많고, 3층은 보석 가게와 금은방으로 옥팔찌를 파는 상가가 많다. 보통 옥팔찌가 K5,000~10,000 정도 하는데 같은 제품이 양곤 보족 시장에 가면 10~15달러까지도 한다. 옥 제품은 만들레이가 산지에서 가까워서 그런지 가장 저렴하다.
제조 시장을 지나서 조금만 가면 길 옆으로 재래시장이 길게 늘어서 있는데 주로 과일과 생선, 옷 등을 판다. 야외 재래시장도 볼 것이 많다. 나일론 호텔(Nylon Hotel)에서 걸어서 5분 정도 걸린다.

위치 84번가(84th ST)와 26, 27번가(27th ST) 사이에 커다란 빌딩. 도로 가운데 시계탑이 하나 있는데 바로 그 앞 5층 건물이다.

아마라푸라
AMARAPURA

티크 우드로 만든 우 빼인 다리

만들레이에서 남쪽으로 약 11km 정도 떨어진, 자동차로 25분 걸리는 거리에 꽁바웅 왕조 보도파야 왕(1781~1819)이 건립한 도시 아마라푸라가 있다. 미얀마의 마지막 왕조인 꽁바웅 왕조가 만들레이로 천도하기 전의 도읍지로, '아마라푸라'는 팔리어로 '불멸의 도시'라는 의미라고 한다. 당시의 화려했던 아마라푸라 궁전 건물은 해체되어 사라졌고, 남아 있던 성벽도 도로나 철도의 건설 재료로 사용되어 아마라푸라의 예전 모습은 거의 사라지고 현재는 남아 있는 유적이 거의 없다.

아마라푸라 지역에는 수백, 수천 명 스님들의 장엄한 점심 공양 의식으로 유명한 마하 간다용 수도원과 노을이 환상적인 따웅타만 호수 위에 건설된 길이 1.2km의 우 빼인 다리가 있다.

우 뻬인 다리 U Pein Bridge

티크 우드로 만들어진 긴 다리

마하 간다용 수도원에서 나오면 얼마 멀지 않은 곳에 커다란 따웅타만(Taungthaman) 호수가 눈앞에 펼쳐진다. 이 호수 위로 높이 3m, 폭 2m, 총 길이 1,209m에 달하는 다리가 있으니 이것이 바로 우 뻬인 다리이다.

169년(1849~1851) 전 마하 간다용 수도원과 호수 건너편 지역으로 스님들이 탁발 공양을 갈 수 있도록 우 뻬인이라는 사람이 보시를 했다고 한다. 총 1,086개의 티크 우드를 사용하여 만들어진 이 다리는 우기철에는 다리 난간 가까이까지 물이 차지만 건기에는 물이 빠져서 가장자리의 다리는 다리목이 앙상하게 드러난다. 169년의 세월이 흐른 지금도 많은 사람들이 이 다리를 이용하고 있다.

📷 Photo Point

건기에 다리 밑에서 일출이나 일몰 때 우 뻬인 다리를 건너가는 스님이나 자전거를 끌고 가는 사람들을 촬영하면 멋진 사진이 된다.

마하 간다용 수도원 Maha Gandayon Kyaung

미얀마 최대의 수도원

1914년에 설립된 수도원으로, 현재 1,500여 명의 스님들이 위빠사나 수행과 팔리어 삼장 강학을 하는 미얀마 최대의 수도원이다. 많을 때는 약 3,000명까지 수용한다고 하니 그 규모를 짐작할 수 있다. 오전 10시 15분에 시작되는 점심 공양 탁발을 보기 위해서 많은 관광객들이 모여든다. 세 줄로 길게 늘어서서 끊임없이 이어지는 탁발 행렬은 외국인들에게 호기심을 주기에 부족함이 없다. 만들레이를 방문하는 여정이라면 한번쯤 구경할 만하다.

위치 만들레이 시내에서 남쪽 아마라푸라 지역으로 자동차로 30분 요금 무료

짜욱또지 파고다 Kyauktawgyi Pagoda

아름다운 흰색 사원

마하 간다용 수도원에서 우 뻬인 다리를 30분 정도 걸어서 건너가면 왼쪽 편으로 신핀쉐구 파고다(Shin pin shwe gu Pagoda)가 나온다. 이곳에서 5분 정도 길을 따라가다 보면 왼편으로 짜욱또지 파고다 입구가 보인다.

흰색의 사원은 제법 크고 아름답다. 1847년에 건립된 사원으로 아마라푸라 지역의 만남의 장 역할을 하는 사원이다. 사원은 무척 아름다운 조형미를 자랑하며 내부의 사원 보존 상태가 상당히 양호하다. 또한 회랑에 있는 천체도는 아주 인상적이다.

짜욱또지 파고다 넓은 마당의 나무 그늘마다 많은

청춘 남녀들이 데이트하는 모습을 목격할 수 있다.

요금 무료

잉와 왕국 Innwa(Ava) Kingdom

폐허가 된 유적지

아마라푸라 남쪽에서 멀지 않은 에야워디 강과 지류인 미트네(Myitnge) 강 사이에 자리한 잉와는 '호수의 입구'라는 뜻이다.

잉와는 타도민비야 왕이 세웠고, 1364년부터 1841년까지 옛 버마의 수도였다. 그 이전에는 사가잉이 수도였으나 사가잉이 샨족에게 점령된 후, 왕실은 강을 건너 잉와로 이동했다.

1555년에 잉와는 남부 버마족 왕국인 따웅우 왕조의 지배를 받다가 1599년에 왕국의 수도가 되었다. 1752년에 몬족이 버마족에 대해 반란을 일으켰고 잉와를 점령하였다. 2년 후에 꽁바웅 왕조의 건국자 알라웅파야(Alaungpaya)가 몬족을 진압한 후 쉐보(Shwebo)를 수도로 삼고 잉와를 재건하였다.

보도파야(Bodawpaya, 1781~1819) 왕 때 수도를 잉와 주변의 아마라푸라로 이전하였다. 그러나 그의 후계자 바지도(Bagyidaw, 1819~1837) 왕은 1823년에 잉와로 환도하였다. 1841년과 1939년 두 번의 지진으로 잉와의 궁전과 사원 등 대부분이 파괴되어 지금은 고대 왕국의 모습은 거의 남아있지 않고 흔적만 몇 군데 남아 있다.

배를 타고 강을 건너면 먼저 27m 높이의 감시탑인 난민(Nanmyint) 타워가 눈에 들어온다. 지진으로 옆으로 심하게 기울어서 위태위태한 모습이다. 조금 더 가다보면 티크 우드로 건축한 멋진 바가야 수도원(Bagaya Kyaung)이 있다. 그 외에도 몇몇의 사원과 파고다가 있으나 지진으로 대부분 허물어지고 폐허가 된 유적이 많다.

잉와 지역은 마차를 타고 시골 마을을 달리는 기분으로 들러 보면 좋을 듯하다. 비포장이라 길 상태가 좋지는 않지만 평화로움과 여유로움을 느낄 수 있으며, 가다 보면 멋진 가로수 길이 나온다.

요금 만들레이 지역 유적 입장권 K10,000(사원 안에 들어가지 않고 그냥 외부에서 볼 경우는 별도로 입장료를 낼 필요는 없음)

Travel tip

잉와는 반나절 코스로 딱이다. 아마라푸라에서 가까워 오전에 마하 간다용 수도원의 탁발을 본 후에 잉와를 방문하면 된다. 마찬가지로 잉와를 방문한 후에 다시 아마라푸라로 가서 우 뻬인 다리의 일몰을 감상하면 된다. 잉와 지역의 마차는 모두 담합되어 있어 거리, 시간 대비 비싼 편이다. 최대한 깎아 보자.

밍군
MINGUN

하얀색의 웅장한 탑

만들레이 선착장에서 유람선을 타고 1시간 정도 상류로 거슬러 올라가면 강 건너편 하얀색의 파고다 옆으로 웅장한 탑이 나타나는데 바로 밍군 대탑이다. 선착장에서 내려 상가 사이로 나 있는 작은 길을 따라 5분 정도 올라가면 세계에서 제일 큰 전탑(흙벽돌로 쌓은 탑)인 밍군 대탑의 모습이 눈앞에 펼쳐진다. 미완성으로 남겨진 밍군 대탑은 지진으로 금이 가고 여러 곳이 허물어져서 지금은 대탑 정상까지 올라가는 것은 안전상의 이유로 금지되어 있다. 대탑을 지나 조금 올라가면 흰색의 특이한 파고다가 나오는데, 1826년에 바지도 왕이 그의 부인을 기리기 위해 건설한 신뷰미 파야(Hsinbyume Paya)다.

밍군+사가잉 지역 유적 입장료 K5,000

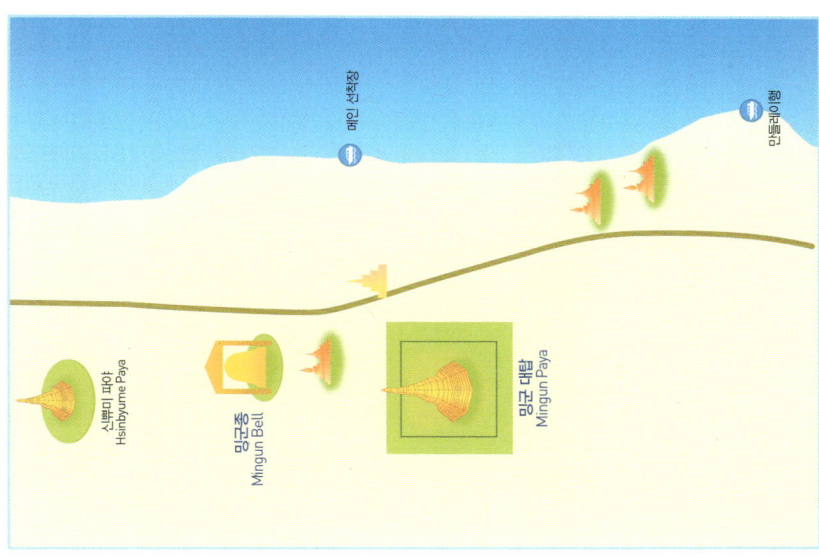

밍군 대탑에 가기 위해서는 유람선이나 보트를 이용해야 한다.
개별 여행 선착장에서 오전 9시에 출발하는 유람선 탑승 / 1일 1회 운항 / 요금 K5,000
단체 여행(4명 이상) 부두에서 사설로 운행하는 보트 렌트 / 요금(1~10인 반나절 기준) K20,000~30,000 정도

만들레이-밍군 대탑 (큰 유람선)	위치	만들레이에서 26번가(26th St.) 서쪽 끝 묘파 로드(Myo Patt Rd.)와 만나는 지점인 마얀 지안 부두(Mayan Gyan Jetty)에서 승선 요금	1인당 K5,000 시간	09:00 출발~13:00 밍군 대탑에서 돌아옴 / 하루에 1편만 운항
사설 보트 렌트	밍군 대탑을 비롯한 인근 지역을 운항하는 선착장이다. 주로 작은 쾌속선으로 1~5명, 1~10명 정도의 승선 인원만 탑승하는 작은 모터 보트다. 위치	22번가(22nd St.)와 스트랜드 로드(Strand Rd.)가 만나는 지점에 있는 쩨 파 미니 익스프레스 페리 보트 선착장(Kyet HPA Mini Express Ferry Boat)에서 렌트 요금	**만들레이-밍군 대탑** 1~4인승 K20,000, 6~10인승 K25,000 **만들레이-잉와-사가잉** 1~10인승 K35,000 **만들레이-바간** 1~10인승 K350,000 **Tip** 오전에는 많은 관광객들이 유람선을 타고 방문하기 때문에 복잡할 수 있다. 여유롭게 구경하고 싶은 여행자는 오후 12시나 1시쯤에 보트를 빌려 출발하면 관광객이 아무도 없는 호젓한 밍군 대탑을 천천히 감상하며 둘러볼 수 있다.

밍군 대탑 Mingun Paya

미완성으로 끝난 불운의 역사

만들레이에서 11km 정도 떨어져 있는 밍군은 미얀마의 마지막 왕조인 꽁바웅 왕조의 보도파야 왕(바돈 왕, 1781~1819)이 1790년에서 1797년까지 만들다 미완성에 그쳤다. 이는 꽁바웅 왕조의 불운의 역사를 의미하는 것이기도 하다.

보도파야 왕은 자신의 강력한 왕권 강화와 내부 결속을 목적으로 세계에서 제일 큰 탑을 만드는 불사를 시작한다. 하지만 혹독한 노동에 지친 라카인족 일꾼 천여 명이 몰래 라카인 아쌈(Assam) 지역으로 도망친다. 당시 라카인 아쌈 지역은 보도파야 왕이 인도(당시 영국이 지배)로부터 빼앗은 영토로, 인도와 국경 문제로 미묘한 분쟁이 일던 지역이다. 보도파야 왕은 도망친 라카인들을 잡아 오라는 명령을 내렸고 미얀마 군대는 도망자들을 추격해서 인도 땅인 라카인 아쌈 지역을 침범하게 된다. 이에 인도를 식민 지배하던 영국이 국경 침범을 이유로 미얀마에 전쟁을 선포한다. 그 결과 꽁바웅 왕조는 비운의 마지막 왕조가 되고 밍군 대탑 역시 건설이 중단된 채로 영국의 식민지가 된다.

보도파야 왕이 높이 152m로 만들려고 계획했던 밍군 대탑은 현재 70m 정도의 높이에서 상층부 공사가 멈췄고 1838년과 1956년에 일어난 대지진으로 탑의 입구 부분과 양쪽 기단 부분이 심하게 금이 가고 일부는 허물어져 버렸다. 이제는 지진으로 금이 가고 벌어진 틈새와 허물어진 모습이 여행자의 마음을 더욱 애잔하게 만든다.

대탑 안에는 촛불을 밝힌 불상이 하나 놓여 있으며 탑 오른쪽으로 돌아가면 탑 정상으로 올라가는 계단이 보인다. 정상에 오르면 멀리 만들레이와 신뷰미 사원, 에야워디 강이 한눈에 들어오며, 에야워디 강 쪽으로 내려다보면 양쪽으로 거대한 수호신인 사자상이 앉아 있는 모습이 보인다.

2013년부터 밍군 대탑 정상으로 올라가는 계단이 붕괴의 위험 때문에 폐쇄가 되었다. 더 이상 정상에 올라갈 수가 없어 입장료를 낼 필요가 없다.

신뷰미 파야

밍군 대탑

밍군 종 Mingun Bell

세계에서 두 번째로 큰 종

밍군 대탑에서 오른쪽으로 조금 더 올라가면 세계에서 두 번째로 크다는 밍군 종을 볼 수 있다. 1808년 바돈 왕이 밍군 파고다에 헌정한 종으로 19세기 러시아에서 제일 큰 종을 만들기 전까지는 밍군 종이 세계 최대 크기의 종이었다. 밍군 종은 무게가 90.52톤(90,520kg)이며, 높이 3.3m로 종 아랫부분 지름이 4.8m에 이른다. 1838년 대지진으로 종의 지지대 부분이 부러져 방치되다가 1904년에 지금의 모습으로 보수되었다.

 Travel tip

밍군 대탑은 맑은 날보다는 흐린 날이나 우기에 비를 맞으며 바라보는 것이 제격이다. 뭐라 말할 수 없는 역사의 무상함과 쓸쓸함이 온몸으로 전해져 온다.

사가잉
SAGAING

샨족 왕조의 도읍지

만들레이로부터 남서쪽으로 21km 떨어진 가까운 거리에 있다. 사가잉은 1315년 바간 왕조의 혼란을 틈타서 샨족이 독립하면서 국가를 세운 곳으로, 역사적 유적지들이 많다.

샨족이 세운 왕조는 1364년을 정점으로 사가잉에서 문화의 부흥기를 맞게 된다. 사가잉이 왕조의 수도로 발전한 가장 큰 조건은 바로 에야워디 강을 끼고 있다는 사실이다. 교통이 발달하지 않았던 옛날에는 강을 통해 운송이 이뤄지고, 강 유역에 드넓은 곡창 지대가 형성되었기 때문에 강이 흐르는 항구가 왕조의 중심이 될 수밖에 없었다. 만들레이, 바고, 바간, 양곤 등이 모두 큰 강을 끼고 발전한 왕조의 수도들이다.

밍군+사가잉 지역 유적 입장료 K5,000

ACCESS

만들레이–사가잉　만들레이에서 21km 정도 떨어져 있으며 미니 버스를 이용하면 된다.

배 | 바간으로 이동할 여행자는 파코꾸(Pakokku) 항구까지 가서 냥우(바간)로 출발하는 배(자동차와 사람이 같이 타는 큰 화물선)를 타면 된다. 이 코스를 이용하면 만들레이에서 바간까지 5시간이 채 안 걸린다.

사가잉–파코꾸 항구 자동차로 3시간 30분 소요　**파코꾸 항구–냥우(바간)행 배 시간** 08:00, 12:00 / 1시간 20분 소요

Tip　사가잉–양곤 : 712km
　　　사가잉–바간 : 314km
　　　사가잉–만들레이 : 21km
　　　사가잉–몽유와 : 115km

파코꾸 항구

픽업트럭 | 84th & 30th St. 코너에서 출발 / 1시간 소요 / K500

Travel tip

미얀마의 큰 도시는 전부 옛날 왕조의 수도였다. 한 도읍지에 오래도록 왕조를 유지하는 일반적인 경향과는 달리 미얀마는 왕위가 바뀌면 주변의 다른 지역으로 천도를 해서 도읍지를 새롭게 만드는 것이 왕권이 강화하고 국민의 태평성대를 위한 것이라고 여겼다. 그 수많은 왕들이 다 도읍지를 달리하는 전통 때문에 웬만큼 큰 도시는 전부 과거 왕조 시대의 도읍지였던 것이다.

사가잉 힐 Sagaing Hill

일출을 보기 위한 장소

만들레이 힐과 마찬가지로 언덕 전체가 사원과 파고다로 가득하다. 만들레이에서 출발하여 사가잉 다리를 건너면서 오른쪽으로 보이는 흰색으로 도배된 산이 바로 사가잉 힐이다. 만들레이 힐이 일몰을 위한 장소라면 사가잉 힐은 일출을 위한 장소다. 사가잉 힐에서의 일출은 에야워디 강을 정면으로 바라보면서 황홀하게 시작된다. 에야워디 강 물결 위로 황금빛 태양이 떠오르면 잠자던 수많은 사원의 파고다들이 기상을 하듯이 일제히 안개 속에서 제 모습을 하나씩 드러낸다.

요금 $10(잉와+밍군+만들레이 힐+만들레이 왕궁+만들레이 쉐난도 사원+사가잉 힐)

📷 **Photo Point**

늦어도 오전 6시 20분에는 도착해야 일출을 볼 수 있다. 여름에는 6시 20분~40분, 겨울에는 6시 40분~7시.

까웅무도 파고다 Kaungmudaw Pagoda

눈부시게 빛나는 흰색 파고다

이 사원에는 미얀마의 일반 사원과는 구별되는 독특한 양식의 파고다가 있다. 공주의 가슴이라고 불리는 이 파고다는 초기 불탑의 형태로, 둥그런 여성의 가슴 모양처럼 생겼다.

까웅무도 파고다는 바고의 마하제디 파고다(Mahazedi Pagoda)에 보관 중이던 부처님의 치아 사리를 옮기기 위한 이유와 왕도를 잉와(Innwa)로 옮긴 기념으로 1636년에 건립을 시작해 1649년에 완성된 사원이다. 맑은 날에는 흰색의 외벽이 눈이 부시도록 빛나는 복발 형태이며, 이 사원은 높이가 46m, 둘레가 274m나 되는 거대한 탑이다. 탑 둘레를 돌아가면서 높이 1.5m 내외의 대리석 기둥이 812개 있는데 이는 축제나 행사 때 불을 밝히기 위해서다. 2013년에 흰색의 탑 외벽을 금색으로 칠했다.

위치 사가잉 시내로부터 10km 떨어져 있다.

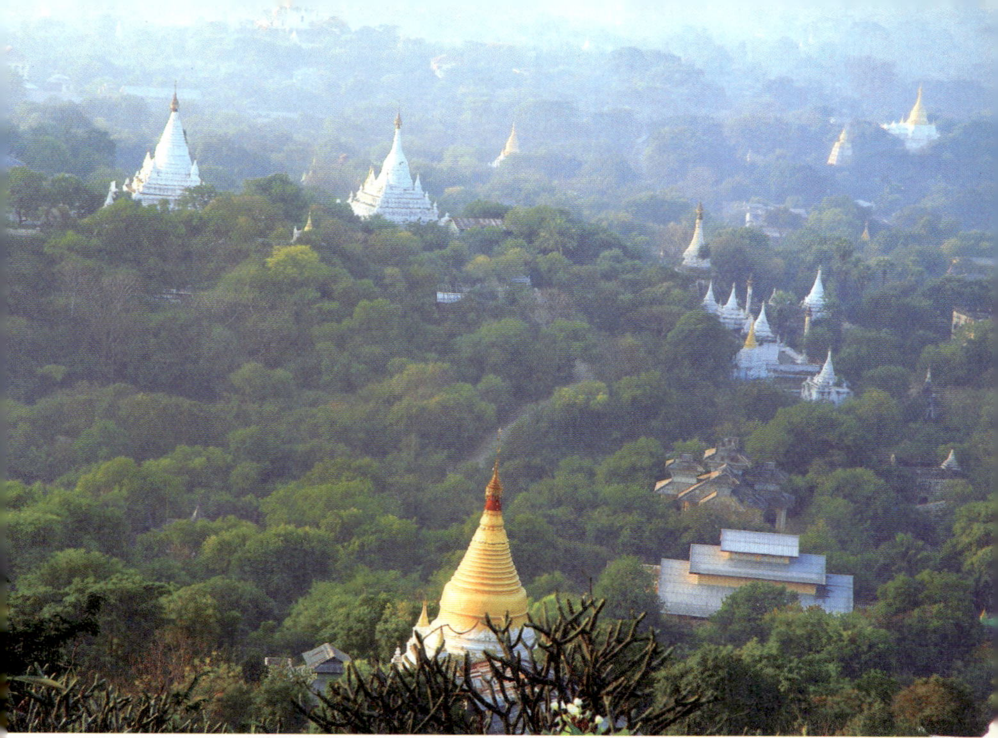

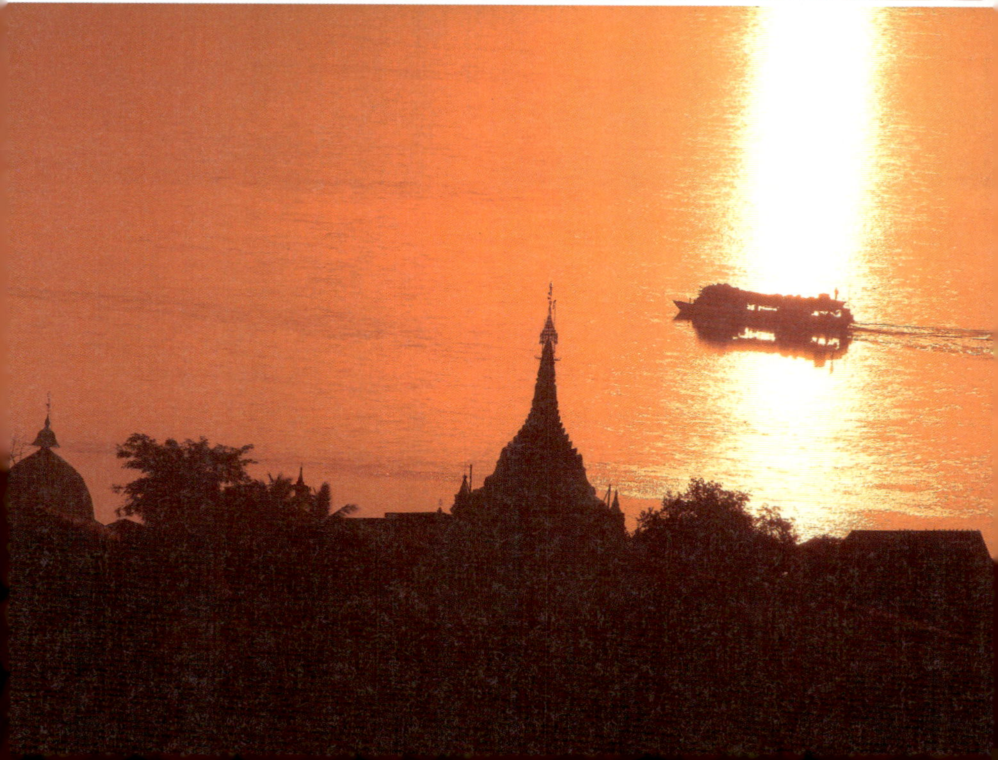

삔 우 린 (메묘)
PYIN OO LWIN (MAYMYO)

영국풍의 편안한 휴양지

삔우린(메묘)은 만들레이에서 동북쪽 방향으로 67km 정도 떨어져 있는 작은 도시다. 영국 식민지 시절 영국인들의 휴양지 별장으로 조성된 곳이다. 메묘는 해발 1,070m로 한여름에도 기후가 시원하고 공기가 좋아서 피서지로 최고의 장소이다. 온갖 종류의 꽃이 사시사철 피는 것으로도 유명하다. 그래서 메묘에는 멋진 정원들이 많으며 아직도 시내에는 영국풍의 건물들이 많이 남아 있다.

도시가 이국적이고 기후가 좋아서 미얀마 내국인 관광객도 많이 방문한다. 비교적 작은 도시이지만 볼거리가 주변 여기저기 흩어져 있어, 차량을 렌트하여 이동하는 것이 좋다.

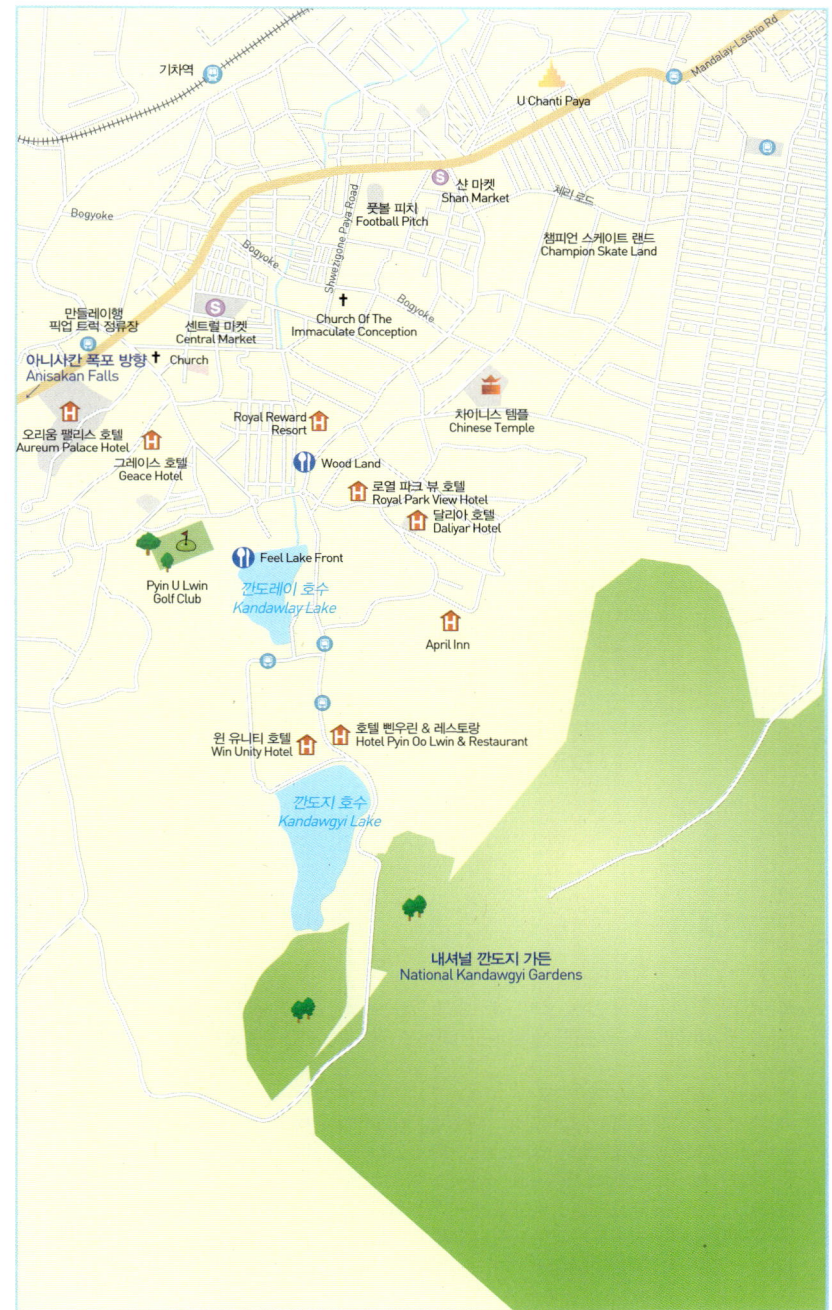

양곤-삔우린	VIP 버스 | 20:00, 20:30, 21:00 / 11시간 소요 / 요금 K25,000 일반 버스 | 19:00 / 요금 K14,400
만들레이-삔우린	픽업트럭(라인카) | 06:00~17:00(매시간 출발) / 2시간 소요 / 요금 K1,500 (만들레이 버스 터미널 35th, 85th에서 픽업트럭 이용이 편리하다.) 로컬 버스 | 06:00 / 요금 K1,500 택시 | 1시간 30분 소요 / 요금 K45,000, K4,000(합승 시)
띠보-삔우린	기차 | 6~7시간 소요 / 요금 K2,400
삔우린-양곤	VIP 버스 | 08:00, 18:00, 18:30, 19:00 / 요금 K20,600 일반버스 | 08:00, 18:30, 19:00 / 9시간 30분 소요 / 요금 K11,800
삔우린-만들레이	로컬 버스 | 07:00(하루 1대) / 요금 K1,500 픽업트럭 | 06:00~(수시 출발) / 2~3시간 소요 / 요금 K1,500
삔우린-띠보	버스 | 07:00, 09:00, 16:00 / 6시간 소요 / 요금 K6,000 기차 | 08:20 / 6~7시간 소요 / 요금 K2,400

Tip 버스 편으로 띠보나 라쇼까지 간 다음에 돌아올 때 기차 편으로 메묘에 내리는 것을 가장 추천한다. 띠보 방면에서 삔우린으로 기차를 타야 세계에서 두 번째로 높은 곡테익 철교를 건너게 된다. 반대로 만들레이에서 버스 편으로 삔우린에 와서 구경한 후에 기차 편으로 띠보나 라쇼를 가도 곡테익 철교를 통과한다.

Travel tip

조금 더 알아보는 삔우린

삔우린(Pyin U Lwin)은 메묘로도 불리는데, 1887년 영국의 식민지 시절 영국 제5벵갈 경비 사령관으로 부임한 제이 메이(J, May) 대령의 성(姓)과 도시라는 뜻의 미얀마어 '묘'가 합쳐져서 메묘라고 불리게 되었다.

메묘에는 네팔인이 5,000명, 인도인이 10,000명 정도 거주하고 있는데 이는 영국 식민지 시절 이들이 이곳에서 행정적인 일들을 주로 담당했기 때문이다. 식민지 당시 인도인들이 주로 금융과 관련된 업무를 취급했기 때문에 지금도 호텔이나 게스트 하우스 소유자들은 인도인이 많다. 또한 미얀마 최고의 군 사관학교가 있어서 군인들의 가족 왕래가 많은 편이다.

이곳의 기후는 제일 더울 때는 섭씨 36도(화씨 97F)이고, 제일 추울 때는 영상 2도(화씨 35F)로 현지인들이 느끼는 실제 체감 온도는 영하 10도 내외라고 한다. 매년 4월부터 10월까지의 평균 강수량은 약 120cm(63인치)로 강수량이 5m에 육박하는 서북부 지역에 비하면 적은 양의 비가 온다.

내셔널 깐도지 가든 National Kandawgyi Gardens

꽃이 만발한 유럽식 정원

1917년 영국 식민 정부에 의해 만들어진 유럽식 정원이다. 해발 1,179m의 고지대에 위치하고 있으며, 만들레이로부터 70km 떨어져 있다. 크기가 96만 제곱미터(960,000㎡, 28만 8천 평)에 이르며 20만 제곱미터(6만 평)의 자연 휴양림을 조성해 놓았다. 주말이나 휴일에는 많은 현지인들이 이 나무숲으로 피크닉을 간다. 시내에서 3km 떨어져 있다.

여러 가지 테마의 가든이 꾸며져 있으며 입구에서 호수를 따라 30여 분 걸어서 안쪽으로 가면 11층 높이의 전망대인 난민 타워(Nan Myint Tower)가 나온다. 타워 10층에서 바라보면 깐도지 가든이 한눈에 들어오고 인근의 멋진 상류층 별장이 보인다.

삔우린은 '꽃의 도시'라고 불릴 정도로 도시 및 주변이 사철 꽃으로 덮이는데 내셔널 깐도지 가든은 그 중에서도 제일이라고 할 수 있다. 깐도지 가든을 천천히 돌아보려면 최소 2~3시간은 족히 소요된다.

오픈 08:00~18:00 요금 입장료 $5, 카메라피(camera fee) K1,000

아니사칸 폭포 Anisakan Falls

세 줄기로 떨어지는 폭포

메묘 시내에서 8km 정도 떨어진 곳에 있다. 자동차로 폭포 근처까지 가서 다시 1,600m 이상을 걸어서 내려가야 한다. 대략 1시간 정도 소요되며 반대로 돌아올 때는 2시간 정도는 잡아야 하는 코스다. 폭포는 높이 30~40m 정도로 물이 세 줄기로 떨어진다. 반나절 이상 걸리는 코스이므로 시간적 여유가 있는 여행자들은 한번 다녀오기 바란다.

마웅투깐타 Maha Aung Too Kan Thar Paya

시원한 전망이 펼쳐지는 힐 톱

삔우린 언덕에 위치하며 일명 힐 톱(Hill Top)으로 유명한 사원이다. 사원에 오르면 높은 고도답게 전망이 시원하게 펼쳐진다.

10여 년 전에 세워진 최신의 사원으로 "미얀마를 사랑하는 우리"라는 의미의 "미칫 퍼야"로 불리기도 한다. 1997년 4월 만들레이에서 조성된 17톤의 거대한 불상을 중국으로 모셔가던 중 지금 사원 인근에서 자동차 전복 사고가 일어났고, 어느 스님의 꿈에 부처님이 현몽하셔서 "나는 미얀마를 떠나기 싫다"라고 말씀하셔서 이곳에 모셨다는 이야기가 전해진다. 실내 법당이 무척 화려한 것이 라카인 주의 싯트웨에 있는 로카난다 파고다의 실내와 무척 흡사하다.

요금 무료

특별한 여행, 모곡 Mogok

만들레이 디비전(Mandalay Division)과 샨 주(Shan State)의 경계에 위치한 모곡은 미얀마의 대표적인 보석 광산 지대이다. 소위 '비둘기의 피(Pigeon's blood)'로 불리는 미얀마 산 루비(Ruby)는 세계에서 최고의 품질로 인정받는데 그 루비의 생산지가 바로 모곡이다. 루비의 생산지로는 스리랑카도 제법 유명한데 미얀마 모곡에서 생산되는 루비와는 비교조차 하지 않을 정도로 모곡에서 생산되는 루비가 세계적으로 인정받고 있다.

모곡은 만들레이에서 북쪽으로 약 184km 떨어진 해발 1,500m의 고지에 위치해 있다. 주변이 높은 산으로 둘러싸여 있고 천연 자원이 많이 묻혀 있다. 주변에 유명한 옥(Jade) 광산이 많으며 루비와 사파이어, 금 광산도 주변에 많다. 미얀마 최고의 보석 산지이다 보니 국가적으로 보호를 하고 있는 지역으로 그간 외국인 여행자의 출입을 허가하지 않는 금단의 지역이었는데 드디어 2013년 5월부터 미얀마 정부에서 공식적으로 모곡 지역의 외국인 여행을 허가했다. 전면적인 허가는 아닌 조건부 허가로 모곡의 방문 허가 조건을 보면 첫째는 3주 간의 체류 허용, 둘째는 공식 가이드를 대동하고 특별 허가증을 미리 받을 것 등이다. 즉 가이드 라이센스가 있는 현지 여행사에 모곡 여행을 신청하면 특별 허가증과 가이드는 여행사에서 대행해 준다.

모곡의 방문 최적기는 10월부터 다음해 5월 말(건기)까지다. 우기인 6월부터 10월 말까지는 여행은 가능하지만 도로 상태에 따라서 변수가 많다. 높은 지대에 위치해 있어서 11월~2월까지는 밤 온도가 섭씨 3~6도(체감 온도 영하 5~10도)로 내려가서 무척 춥다. 또한 2013년 6월에 삔우린에서 모곡까지 험한 산악 지대를 넘어가는 새로운 길이 완공됐다. 이 새로운 길을 이용할 경우 삔우린에서 모곡까지 약 4시간 정도가 소요되며 길은 험하지만 주변 경치가 아주 아름답다.

❀ 3박 4일 모곡 여행 스케줄
Day 1 삔우린(Pyin Oo Lwin)-모곡-모곡의 밤(Night in Mogok)
Day 2 모곡 시내, 보석 시장, 파고다 방문, 보석 가공 공장 방문
Day 3 (선택) 보석 광산 방문, 파고다 방문, 모곡 주변 둘러보기, 감람석(Peridot) 광산 방문
Day 4 삔우린(Pyin Oo Lwin)이나 만들레이(Mandalay)로 복귀

❀ 가는 방법
개별적인 방문은 허락되지 않기 때문에 특별 허가증을 받은 여행자가 공식 가이드를 대동한 개인 여행이나 단체 여행만 가능하다(당분간은 현지 여행사를 통해서만 가능). 삔우린이나 만들레이에서 차량(오토바이, 택시, 버스)으로 모곡까지 갈 수 있다.

❀ 숙소

모곡 호텔 Mogok Hotel
시내에 위치한 아주 평범한 호텔이다. 기본적인 시설만 갖추고 있다.

골든 버터플라이 호텔 Golden Butterfly Hotel
2013년 7월에 새롭게 재개장한 모곡 최고의 방갈로 타입의 호텔로 시내에서 차로 20여 분 떨어진 거리에 있다. 이 호텔에서 바라보는 모곡의 풍경이 아주 멋지다.

모곡 사진 촬영
1. 모곡 주변은 높은 고산 지대로, 이른 아침에 안개가 많이 낀다. 일출 전에 안개 낀 풍경을 촬영하자.
2. 보석 시장 등 현지인들이 많은 곳에서 촬영하자.
3. 마이크로 렌즈(접사)가 있으면, 보석의 아름다운 모습을 촬영하기 위해서 챙겨 간다.
4. 작고 가벼운 여행용 삼각대를 준비하여 모곡의 아름다운 별 사진을 찍자.

띠보(시뽀)
THIPAW(HSIPAW)

트레킹을 위해 찾는 마을

샨 주의 동부에 위치한 띠보(시뽀)는 껄로와 더불어 서양 배낭여행자들이 트레킹을 하기 위해서 많이 찾는 곳이다. 만들레이에서 206km, 삔우린에서 139km, 라쇼에서 74km 떨어져 있다.

띠보는 해발 500m에 위치한 작은 시골 마을로 도보로 30~40분이면 동네 한 바퀴를 다 돌아볼 수 있다. 우기인 여름에는 만들레이와 비슷한 기후로, 무척 무덥다. 마을 주변에 강이 흘러서 습도가 높으며, 주변이 1,000m 이상의 산으로 빙 둘러싸여 뜨거운 공기가 잘 순환되지 않아서 더 덥다. 건기인 겨울철에는 햇살은 뜨겁지만 아침저녁으로 제법 춥다.

축제 보조 파야 페샨 페스티벌(Bawgyo Paya Pwe Shan Festival, 2~3월)

만들레이–띠보 (206km)	기차	04:00분 출발 / 13시간 소요 / 요금 Upper K3,600, Ordinary K1,600 / 좌우 흔들림이 심함 / 만들레이–뻰우린(67km)–곡테익–짜욱메–띠보(206Km)

*만들레이–라쇼 구간 기차 시간표

Down 05:00	라쇼 Lashio	Up 19:35
09:25, 09:40	띠보(시뽀) Hsipaw	15:15, 14:55
11:05, 11:25	짜욱메 Kyaukme	13:39, 13:19
12:22, 12:30	농펭 Nawng peng	12:25, 11:58
13:23, 13:25	곡테익 Gokteik Viaduck	11:08, 11:03
13:55, 14:00	농끼오 Nawnghkio	10:38, 10:23
16:05, 17:40	뻰우린 Pyinoolwin	08:22, 07:52
21:02, 21:22	세도 Sedaw	05:25, 05:10
22:40	만들레이 Mandalay	04:00

버스 | 05:00, 14:00 출발 / 5~6시간 소요 / 요금 K6,500 / 만들레이–뻰우린–띠보

띠보– 만들레이	기차	09:25 출발 / 13시간 이상 소요 / 띠보–짜욱메–곡테익–뻰우린–만들레이

*띠보에서 출발하는 기차 요금표

기차역	Upper Class, 우등	First Class, 1등	Ordinary Class, 일반
라쇼 Lashio	K1,600	K1,200	K800
만들레이 Mandalay	K3,600	K3,200	K1,600
뻰우린 Pyin Oo Lwin	K2,400	K2,000	K1,200
나웅끼오 Nawng Hkio	K1,600	K1,200	K800
짜욱메 Kyauk Me	K800	K800	K400

버스 | 05:30, 19:00 출발 / 요금 K6,500 / 띠보–뻰우린–만들레이

양곤–띠보	VIP 버스	17:00 / 16시간 소요 / 요금 K26,300 일반 버스	16:00 / 16시간 소요 / 요금 K18,400
인레 호수–띠보	버스	15:00 / 16시간 소요 / 요금 K19,000
껄로–띠보	버스	17:30 / 10시간 소요 / 요금 K16,000
뻰우린–띠보	버스	07:00, 09:00, 16:00 / 4시간 소요 / 요금 K6,000 기차	08:20 / 6시간 소요 / 요금 K2,400
라쇼–띠보	픽업트럭(라인카)	수시 운행 / 2시간 소요 / 요금 K2,000~3,000
띠보–양곤	버스	15:30, 16:00, 16:30(VIP), 17:30 / K15,000~20,000(VIP)
띠보–껄로, 인레	버스	냥쉐(인레호수)까지 운행하는 봉고버스가 07:00에 출발 / 8시간 소요 / 요금 K16,000 / 껄로로 가기를 원하면 추가금 K5,000으로 쉐냥에서 껄로로 가는 버스로 갈아 태워 준다.

띠보에서 멋진 사진 촬영하기

📷 Photo Point

① 띠보는 시내에 수도원이 있어서 이른 아침 스님들의 탁발 모습을 볼 수 있다. 오전 6시쯤 이신(Yee Shin) 게스트 하우스 앞으로 나가면 탁발 모습을 촬영할 수 있다.

② 이신 게스트 하우스 바로 위에 있는 길의 양쪽으로 새벽 시장이 열린다. 새벽 2시부터 아침 7시까지 열리니 새벽 시장을 촬영해 보자.

③ 곡테익 철교 촬영. 삔우린 역에서 라쇼 방면으로 1시간 정도 가면 나타난다. 띠보에서 삔우린 방면으로 갈 때는 띠보에서 4시간 30분 정도 가면 나타난다. 카메라 렌즈는 최대한 광각 (Wide Lens) 렌즈로 준비한다. 기차가 곡테익 철교 부근에 다다르면 시속 10km 이하 속도로 서행을 하기 시작한다. 철교 진입 전부터 열차를 좌우로 보면서 촬영을 시작하자. 카메라가 떨어지지 않게 끈을 목에 꼭 걸며 기차 창밖으로 내밀고 촬영 시 안전사고에 각별히 유의하자.
추천 렌즈 17mm 이하 (풀 프레임 카메라), 12mm 이하 (크롭 보디 카메라)

④ 만들레이-라쇼 구간 기차는 열차가 좌우로 흔들림(롤링)이 아주 심하다. 창 밖으로 카메라를 내놓고 촬영 시 창 밖의 나뭇가지에 다치지 않게 각별히 안전사고에 유의해야 한다. 사진 촬영 하느라 잠깐 정신 줄을 놓으면 바로 창 밖 나뭇가지에 상처를 입을 수 있다. 안전하게 시야가 확보된 곳에서만 창 밖으로 카메라를 내놓고 촬영하기 바란다.
일몰 포인트 나인 부다 힐(Nine-Buddha Hill), 선셋 힐(Sunset Hill)

탁발

이신 게스트 하우스

곡테익 철교

곡테익 철교 Gokteik Viaduct

세계에서 두 번째로 높은 고가 철교

영국 식민지 시절에 건설된 세계에서 두 번째로 높은 고가 철교이다. 곡테익 협곡(Gorge)에 건설된 곡테익 철교의 완성은 당시 만들레이에서 띠보, 라쇼, 무세, 중국 쿤밍으로 이어지는 영국군의 보급로가 만들어졌다는 큰 의미를 가졌다. 곡테익 협곡이 워낙에 높고 깊다 보니 이곳에 철교를 건설한다는 것은 당시의 기술로는 쉽지가 않았다. 고민에 고민을 거듭하던 영국군은 결국 미국 펜실바니아 철강 회사에 곡테익 고가 철교 건설 프로젝트를 의뢰했고, 영국, 미국의 엔지니어들이 1900년 2월에 공사를 시작하여 그 해 12월에 완공한 그 당시로는 세계 최고의 철교였다.

100년이 지난 철교는 그간 많은 스트레스(기차가 지나다니면서 받은 힘의 하중)로 인해서 몇 년 전 영국 정부가 공식적으로 더 이상 곡테익 철교의 안전을 보장하지 않는다고 선언해 버렸다. 이에 미얀마 정부는 철교가 최대한 스트레스를 받지 않도록 기차를 시속 5km 이하 속도로 서행 운행하고 있다. 하지만 100년이 넘은 고가 철교의 안전이 서행 운행만으로 보장될 수는 없는 일이다. 철교의 안전에 대한 세계적인 전문가의 진단과 시설 보수가 필수적으로 요구된다고 하겠다.

샨 궁전 Shan Palace

1900년대 초에 지어진 궁전

띠보에는 샨 궁전이 있다. 원래 궁전은 1924년에 지어진 서양식과 샨 스타일이 합쳐진 건물이었는데 제2차 세계 대전 때 폭격을 당해 소실되었다가 다시 지었다. 지금은 예전 위치에서 조금 떨어진 곳에 위치해 있다. 샨 공주의 사촌과 조카가 살림집으로 사용하고 있다. 입장은 무료이나 $1 정도의 기부가 필요하다.

띠보 트레킹 Thipaw Trekking

여유롭고 한가로운 트레킹

띠보는 샨(Shan)족의 고향과도 같은 곳으로 주변이 높은 산으로 둘러싸여서 풍광이 아름다운 곳이다. 껄로의 트레킹이 조금은 상품화된 것이라면 띠보의 트레킹은 아직은 때 묻지 않은 순수함을 느끼게 해 주고, 평온하고 조용한 사색의 트레킹이라고 할 수 있다. 특히 트레킹 도중 들르는 산속 원주민 마을에서는 고유한 전통 의상을 입고 있는 원주민들과 아름다운 마을 풍경을 소재로 멋진 사진을 남길 수 있다. 산속에서 맞이하는 안개 낀 원주민 마을은 또 다른 감동을 준다. 사진 애호가들에게 띠보 트레킹을 강력 추천한다.

트레킹은 최대 인원 5~6명이 한 팀을 이루어 떠날 수 있다. 트레킹 요금은 참여 인원 숫자에 따라 달라지며 많은 인원이 참여하면 싸진다.

일정 반나절, 하루, 여러 날 **코스 신청** 이신 게스트 하우스, Mr. 찰스 게스트 하우스, 트레킹 사무실(시장 초입) 참고 테마여행 '미얀마 트레킹 코스' 참고

Travel tip

띠보 여행팁

띠보는 주로 샨족이 거주하며 주변 거주자까지 포함하면 대략 약 30,000명 정도가 거주하고 있다. 거주하는 소수 민족으로는 빨라웅족, 리슈족, 카친족, 인도인과 중국인들이 있다. 띠보 주변에서 생산되는 과일로는 오렌지, 복숭아, 만다린 귤, 파인애플, 파파야, 수박 등이 있으며 독따와디(Dokthawaddy) 강을 따라서 꽃양배추, 겨자, 누에콩, 당근, 참깨, 가지 등 다양한 종류의 채소가 생산되고 있다. 또한 인근 고산지대에서 빨라웅족이 생산하는 차(Tea)의 품질은 미얀마에서 최고다.

띠보는 정전이 잦아서 낮에는 전기가 안 들어오고 초저녁에 들어올 때가 많다. 디지털 기기를 사용하는 분들은 배터리 충전에 유의하기 바라며, 샨 주의 겨울은 보통 아침저녁으로 제법 추우니 감기에 걸리지 않도록 주의해야 한다.

Mr. Food 레스토랑을 지나서 조금 더 가다 보면 노상 포장마차에서 골뱅이 무침 비슷한 돼지고기 무침을 파는데, 새콤달콤 맛이 좋다. 흰 쌀죽 비슷한 음식도 맛있다. 독따와디 강변을 감상하며 커피를 마시려면 강변의 블랙 하우스 커피숍을 추천한다.

몽유와
MONYWA

드넓은 초원과 끊임없이 펼쳐진 푸르른 평야 지대

만들레이에서 북쪽으로 140km 떨어져 있는 몽유와는 만들레이에서 익스프레스 버스로 3시간 정도 걸린다. 몽유와로 가는 길 옆 농장에는 목화가 꽃망울을 터뜨린 풍경이 드넓게 펼쳐져 있으며 가로수는 야자수로 제법 운치가 있다.

몽유와 인근 지역은 예로부터 반정부적인 성향이 강한 지역으로 버마 공산당(Burmese Communist Party, BCP) 당사가 있었던 지역이다. 그래서 그런지 몽유와에 도착하기까지 한두 번 정도 검문소에서 여권 검사를 받는다.

몽유와로 가는 길은 드넓은 초원과 농장이 끊임없이 이어진 평야 지대로 이 지역은 농업의 비중이 크다. 시내로 들어가는 초입에 몽유와 농업 대학교가 있다.

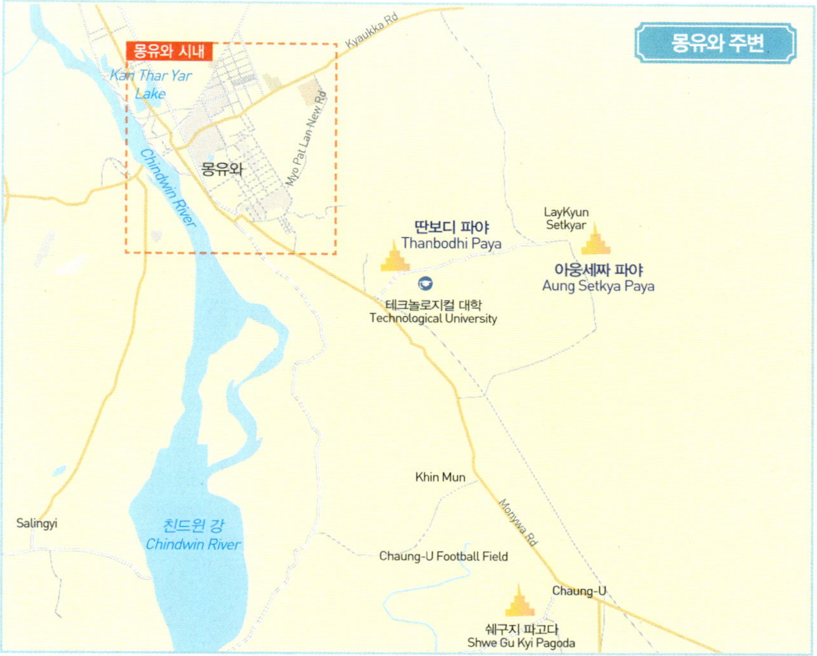
몽유와 주변
몽유와 시내
Kan Thar Yar Lake
Kyaukka Rd
Myo Pat Lan New Rd
몽유와
Chindwin River
딴보디 파야
Thanbodhi Paya
LayKyun Setkyar
아웅세짜 파야
Aung Setkya Paya
테크놀로지컬 대학
Technological University
Khin Mun
Salingyi
친드윈 강
Chindwin River
Monywa Rd
Chaung-U Football Field
Chaung-U
쉐구지 파고다
Shwe Gu Kyi Pagoda

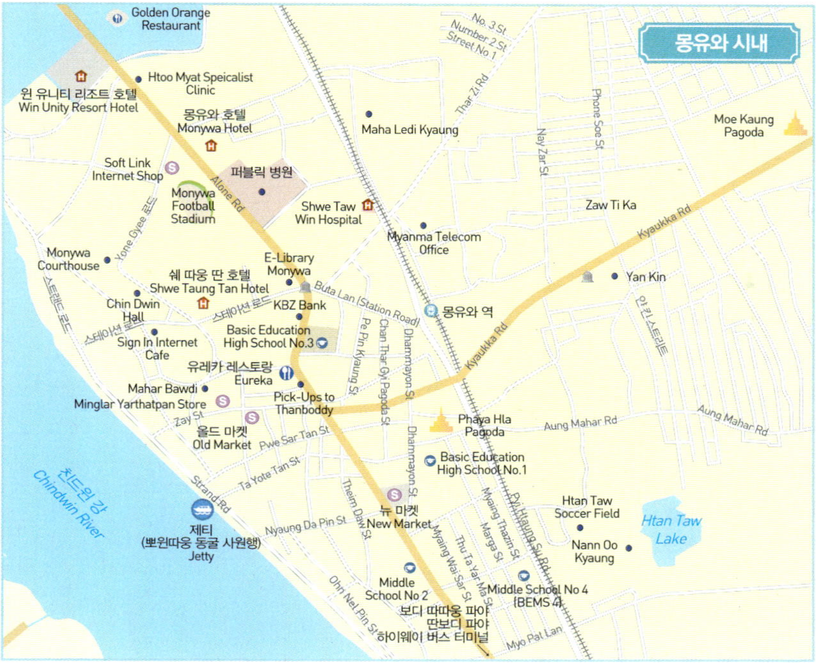
몽유와 시내
Golden Orange Restaurant
Htoo Myat Speicalist Clinic
윈 유니티 리조트 호텔
Win Unity Resort Hotel
몽유와 호텔
Monywa Hotel
No. 3 St
Number 2 St
Street No 1
Thar Zi Rd
Maha Ledi Kyaung
Phone Soe St
Nay Zar St
Moe Kaung Pagoda
Soft Link Internet Shop
퍼블릭 병원
Monywa Football Stadium
Alone Rd
Shwe Taw Win Hospital
Zaw Ti Ka
Kyaukka Rd
Yone Gyee 로드
Monywa Courthouse
Myanma Telecom Office
E-Library Monywa
쉐 따웅 딴 호텔
Shwe Taung Tan Hotel
Buta Lan (Station Road)
Yan Kin
Chin Dwin Hall
스테이션 로드
KBZ Bank
몽유와 역
스트랜드 로드
스테이션 로드
Sign In Internet Cafe
Basic Education High School No.3
Pe Pin Kyaung St
Chan Thar Gyi Pagoda St
Dhammayon St
Kyaukka Rd
얀킨스트리트
유레카 레스토랑
Eureka
Mahar Bawdi
Pick-Ups to Thanboddy
Minglar Yarthatpan Store
Zay St
Phaya Hla Pagoda
Aung Mahar Rd
Aung Mahar Rd
올드 마켓
Old Market
Pwe Sar Tan St
Ta Yote Tan St
Basic Education High School No.1
Dhammayon St
친드윈 강
Chindwin River
Strand Rd
Theim Daw St
뉴 마켓
New Market
Myaing Thazin St
Pyi Htaung Su Rd
Htan Taw Soccer Field
Htan Taw Lake
제티
(뽀윈따웅 동굴 사원행)
Jetty
Nyaung Da Pin St
Myaing Wai Sar St
Marga St
Nann Oo Kyaung
Thu Ta Yar Ma St
Middle School No 2
Ohn Nel Pin St
Middle School No 4 (BEMS 4)
보디 따따웅 파야
딴보디 파야
하이웨이 버스 터미널
Myo Pat Lan

만들레이–몽유와 (136km)	익스프레스 버스 | 3시간 소요 / 출발 시간은 숙소나 여행사에 문의
몽유와–사가잉 (115km)	익스프레스 버스 | 2시간 30분 소요 픽업트럭(미니 버스) | 수시로 운행
몽유와–파코꾸	미니 버스 | 2시간 소요(2012년 에야워디 강을 건너 파코꾸와 바간을 잇는 4km 대교가 완성되면서 이동 시간이 단축되었다.)
몽유와–바간 (180km)	익스프레스 버스 | 3~4시간 소요 로컬버스 | 12:30 / 3시간 소요 / 요금 K2,500
바간–몽유와	버스 | 07:30, 13:00 / 4시간 소요 / 요금 K3,500
만들레이–몽유와	버스 | 05:00~16:00(1시간 간격으로 출발) / 3시간 소요 / 요금 K3,000
몽유와–보원 따웅 동굴 사원	보트 | 06:00~20:00 / 요금 K5,000(친드윈 강을 건너서 지프 이용, 1대당 왕복 K20,000~25,000 개인이나 인원이 적을 경우 여럿이 합승 추천) 뚝뚝 | 4시간 30분 소요(왕복) 택시 | 3시간 소요(왕복)

Travel tip

택시, 미니 버스, 오토바이 렌트

만들레이에서 빌릴 경우 하루에 $60~80(기름값 포함), 몽유와에서 빌릴 경우 $30~40 정도 한다. 사원을 방문할 여행자는 실제로 대중교통을 이용하는 것이 불가능하다.
몽유와까지 버스로 간 다음에 몽유와에서는 택시를 빌리는 것이 제일 현명하다. 오토바이 렌트는 반나절에 K10,000~15,000, 하루 종일 빌리는 데 K15,000~20,000 정도다.

보디 따따웅 파야 Bodhi Tataung Paya

천 년이 넘은 천 그루의 보리수

딴보디 파야에서 4km 정도 더 올라가면 보디 따따웅 파야가 나온다. '1,000그루의 보리수 나무'라는 뜻을 가지고 있으며 현재는 보리수 나무가 2,000그루가 넘는다고 한다. 새롭게 조성된 140m 높이의 세계 최대 입불상이 와불 뒤로 서 있다. 34층 높이의 이 거대 입불상은 각 층마다 나라별로 법당이 조성되어 있는데 한국관은 6층에 있다.

1,000년이 넘었다는 보리수가 사원 마당에 있으며 뒤편으로는 1,000개의 불상이 좌불 형태로 우산을 쓰고 앉아 있다. 이 불상은 시멘트로 제작해서 하얀 색을 칠했으며 더위를 피하기 위해서 우산을 받치고 있는 모습이 이채롭다.

최근 들어 한국 순례자들이 이곳을 많이 찾는 이유 중 하나가 바로 길이 90m에 달하는 와불 때문이다. 이 거대한 와불은 시멘트로 만든 후 페인트칠을 해서 문화재적 가치는 거의 없다. 와불 뒤편으로 돌아가면 내부로 들어갈 수 있도록 되어 있는데 큰 법당 형태로 되어 있으며 부처의 전생담을 그린 그림이 빙 둘러서 있다.

오픈 05:00~17:00 요금 무료

딴보디 파야 Thanbodhi Paya(Sambodhi Pagoda)

58만 좌의 불상이 안치된 곳

몽유와에서 만들레이 방향으로 20km 정도 떨어진 곳에 있는 사원으로 모에닌 스님(Moehnyin Sayadaw)이 1939년에서 1952년까지 건립한 사원이다. 58만 불상으로 유명한 이 사원은 인도네시아의 보로부두르(Borobudur) 사원의 양식을 모방해서 지었다. 탑의 내부에는 7,350가지의 유물과 사리가 안치되었으며 법당을 빙 둘러가면서 네 면으로 작은 불상 582,357개가 안치되어 있다. 사원 가운데에 전망대가 있어서 주변의 사원과 몽유와의 전경을 한눈에 볼 수 있다.

오픈 06:00~17:00 요금 $3

아웅세짜 파야 Aung Setkya Paya

거대한 부처 입상

보디 따따웅 파야에서 산쪽으로 조금 더 들어가면 뽀 까웅 언덕 정상을 밀어내고 거대한 부처 입상을 만드는 작업으로 흡사 미국 나사의 우주 왕복선 발사대 같은 광경을 볼 수 있다. 높이 130m에 이르는 불상을 조성 중이라고 하며 그 주위로 1,000개 이상의 불상을 안치하는데 한국의 한 보살이 보시한 돈으로 진행한다고 간판에 크게 써 놓았다. 어림짐작으로도 꽤 큰 돈이 들 것임에는 의심의 여지가 없다. 거금을 보시한 보살도 나름대로 이유가 있겠지만 미얀마의 어린이들을 위한 교육비로 보시를 했더라면 하는 마음이 든다.

쉐바따웅 파야 Shwe Ba Daung Paya (Shwe Ba Hill)

사암을 깎아 만든 동굴 사원

뽀윈따웅 동굴 사원을 넘어가면 미얀마 사람들이 신성하게 여기는 커다란 흰색 코끼리 상이 있는 쉐바따웅이 나오는데 사암을 절단하고 깎아서 만든 동굴에는 불상들이 가득하다.

화산 바위를 깎아서 만든 몇몇 동굴의 안쪽에는 13~18세기 때 그려진 벽화가 장식되어 있다.

요금 $2

뽀윈따웅 동굴 사원 Hpo Win Daung Caves(Hpo Win Hill)

미지의 동굴 사원

뽀윈 힐은 3,000만 년 이전부터 몬족이 남서쪽으로 뻗어 있는 뽄따웅뽄냐 산(Pon Daung Pon Nya Mt.)을 따라서 살았을 것으로 추정되는 인류의 화석(Hpon daung Man)이 발견된 곳이다. 이곳은 몽유와에서 약 25km 정도 떨어진 외곽에 위치해 있다. 친드윈 강(Chindwin River)을 건너야 하며 아직 소수의 여행자들만 찾는 알려지지 않은 미지의 동굴 사원이다.

돌산 동굴에는 벽화와 불상이 모셔져 있는데 주로 17~18세기에 조성된 잉와(Innwa) 스타일이 많고, 더러는 14~16세기에 조성된 것도 있다. 미얀마에서는 흔치 않은, 바위를 깎아 만든 석굴 형태로 주변의 동굴을 다 합치면 벽화와 불상이 약 40만 개 이상이 남아 있다.

오픈 06:00~17:00 요금 $2

길 위에서 만난 사람들
에이 셋

양곤 익스프레스 버스 터미널에서 시내로 들어올 때 같이 합승한 인연으로 만난 에이 셋(Ei Thet, 25세), 그녀는 인도풍의 느낌과 서구적인 매력이 함께 느껴지는 매력적인 아가씨였다. 미얀마 여행을 하다 보면 미남 미녀가 의외로 많아서 놀라곤 한다.

그녀는 만들레이 메묘(Maymyo)에 있는 남자친구 집에 다녀오는 중이라고 했다. 전날에 출발한 버스가 다음 날 아침 7시경에 도착했으니까 15시간 이상을 달려왔고 필자 또한 인레에서 18시간 이상을 달려온 터라 무척 피곤한 상태였다. 너무나 힘들어서 어서 빨리 숙소로 가서 시원하게 샤워를 하고 푹 쉬고 싶은 마음인데 합승을 했으니 둘 중 하나는 나중에 가야 할 판이었다. 이방인 여행자가 불쌍해 보였는지 그녀는 그녀의 목적지보다 더 멀리 떨어진 나를 먼저 내려주고 본인은 나중에 내리겠다는 친절을 베풀었다.

에이 셋은 양곤 인야 호수 근처에 있는 미카사 호텔 뷰티 클럽에서 일한다고 했다. 그녀의 고향은 만들레이 북쪽에 있는 쉐보(Shwebo)이며 몽유와 대학교에서 비즈니스 매니지먼트를 전공했다고 한다. 남자친구와의 사이가 보통이 아닌 것 같은데 본인은 '저스트 프렌드(그냥 친구)'라고 강조해 말한다.

40여 분의 짧은 만남이었지만 대화로 느껴지는 분위기에서 상당히 진보적이라는 느낌을 받았다. 둘이 좋은 결과가 있기를 빌어 본다.

미찌나
MYITKYINA

미얀마 최북단 카친 주의 주도

인도, 중국과 국경을 맞대고 있는 미얀마 최북단에 위치한 카친 주(Kachin State)의 주도이다. 카친 주는 미얀마의 대표적인 오지 중 한 곳이며 1년 내내 무더운 열대 지방인 미얀마에서 유일하게 만년설을 볼 수 있는 곳이다. 카친 주 전체 인구는 약 160만 명이다. 미찌나는 양곤에서 1,490km나 떨어져 있으며 중국 국경과 가까워 중국의 영향이 큰 도시다. 대부분의 간판이 중국어로 써 있으며 실제로 호텔마다 중국 사업가들이 많이 묵고 있다. 미찌나 시내에는 제2차 세계 대전 당시 일본군의 흔적과 유적들이 남아 있다.

축제 마노 페스티벌(Manaw Festival, Kachin State Festival) – 1월 10일

만들레이 & 근교

Kachin Manau
Sheduna Grounds

스포츠 그라운드
Sports Ground

수따웅삐 제디도
Hsu Taung Pye
Zedidaw

Myintkyina
Golf Club

Kiss Me

미찌나 종합 병원
Myitkyina General Hospital

Nanthida Riverside
Hotel

시티 홀
City Hall

미찌나 공항

MCC-Myitkyina

호텔 마디라
Hotel Madira

Basic Education
Middle School

No. 1 베이직 에듀케이션 하이 스쿨
No. 1 Basic Education High School

안도신 파야
Andawshin Paya

Digicom

Galaxy

KMD Yuzana

에야워디 강
Ayeyarwady River

Myoti Pagoda

YMCA 게스트 하우스

바자
Bazaar

오리엔트 레스토랑
Orient Restaurant

KBZ(MKN)

묘마 시장
Myo Ma Market
Shopping Market

쉐퓨 호텔
Shwe Pyu Hotel

MKK Media

남캄 샨 레스토랑
Nam Kham Shan Restaurant

Pearl@KSD

미찌나 역

Central Mosque

Ksd Media

No. 3 베이직 에듀케이션 하이 스쿨
No. 3 Basic Education High School

SKM

Aung
KyawMittar

Police Dept No 2

No. 2 Basic Education
High School

AyeThuKha
(Hospital)

Geis Memorial
Church

KBC(Kachin Baptic Church)

Computer University Myitkyina
Ever Green

China
School(Myitkyina)

비행기	양곤―미찌나(1,490km)	06:45(2 Stop, 3시간 30분 소요), 11:40(1 Stop, 3시간 소요), 13:00(N Stop, 2시간 15분 소요) / 요금 $203 만들레이―미찌나(784km)	08:35(1 Stop, 1시간 50분 소요), 13:30(N Stop, 1시간 10분 소요) / 요금 $113
버스	양곤―미찌나	10:00(VIP), 10:30, 11:00(VIP), 11:30(VIP), 12:00, 16:00(VIP) / 20시간 소요 / 요금 K35,000~41,000(VIP) 미찌나―바모(187km)	정세에 따라서 외국인은 제 받을 때가 자주 있다. / 6시간 소요 / 요금 K20,000 이상
기차	양곤―미찌나	3일 소요 / 만들레이서 미찌나행으로 갈아탐 만들레이―미찌나	09:00(20시간 40분 소요), 16:00(19시간 15분 소요) / 요금 Sleeper $19, Upper $16 미찌나―만들레이	04:00, 07:30, 09:00, 11:30 출발 미찌나―나바(Nabar)	07:30 출발 / 10시간 소요 / 카타(Katha)로 가서 바모나 만들레이로 가는 보트를 타기 위해서는 나바 역에 내려서 카타행 버스(1시간 소요)를 타고 간다. / 요금 Upper Class $11 미찌나―호핀(Hopin)	07:30 출발 / 4시간 소요 / 요금 Ordinary $2, Upper Class $4

보트	강물이 줄어드는 성수기(건기, 12월~5월)에는 수심이 얕아서 보트 운행이 중단되거나 단축되기도 하기 때문에 반드시 현지 여행사나 제티 매표소, 현지 숙소에서 보트 운행 여부와 요일, 시간을 미리 체크하기 바란다. 우기(6월~10월)에는 강수량이 많아서 거의 매일 운행한다. 만들레이―바모(597km, 미찌나 784km)	상류로 거슬러 올라가는 구간이라 시간이 오래 걸려서 여행자들은 보통 미찌나, 바모, 카타에서 내려오는 보트를 많이 이용한다. **슬로 보트** 2박 3일 소요 **스피드 보트** 1박 2일 소요 / 주 2~3일 운행 / 우기와 건기에 따라서 운행 일자, 운행 간격이 달라짐 / 요금 Ordinary $15 이상, 선실(Cabin) $65 이상 미찌나―바모(187km)	09:00, 10:00 출발 **스피드 보트** 10~12시간 소요 **슬로 보트** 2일 소요 / 우기에는 매일 운행 / 요금 K20,000 이상 바모―만들레이(597km)	07:00 출발 **슬로우 보트** 1박 2일 소요(29시간) / 요금 Ordinary $10 이상, 선실(Cabin) $55 이상 카타―바모	09:00 출발 / 6시간 소요 / 우기에는 매일 운행 / 요금 K8,000 이상 카타―만들레이	05:00 출발 / 12~13시간 소요 / 스피드 보트 K25,000 이상

수따웅삐 제디도 Hsu Taung Pye Zedidaw

와불과 초혼비가 있는 사원

에야워디 강 근처에 있는 사원으로 길이 35m의 커다란 와불이 안치되어 있다. 와불 외에는 다른 사원 건물이 보이지 않는 단촐한 사원이다. 와불 입구에는 제2차 세계 대전 당시 미찌나 인근에서 전투 중 사망한 일본군의 넋을 기리는 초혼비가 세워져 있어서 당시 이곳에서 얼마나 치열한 전투가 있었는지 상상해 볼 수 있다.

불심 가득한 미얀마 사람들은 와불 앞에 공손히 앉아서 한참을 기도하고 불전 함에 보시를 하고 떠난다. 카친 주에는 영국 식민지 시절 개신교 선교 활동의 결과로 다른 곳보다 기독교인이 많기는 해도 미찌나 시내나 인근에 파고다와 사원들이 많다. 수따웅삐 제디도에서 5분 정도 뒤쪽으로 걸어가면 에야워디 강변길이 나온다. 강변을 따라 동네 아낙들이

빨래를 하고 젊은 청춘들이 데이트를 즐기는 모습을 볼 수 있다.

강변길은 해 질 녘 일몰을 촬영하거나 감상하는 포인트이기도 하다.

요금 무료

안도신 파야 Andawshin Paya

부처의 치아 사리와 발자국

YMCA 게스트 하우스에서 가까운 곳에 위치한 안도신 파야에는 부처의 치아 사리와 발자국이 안치되어 있다. 사원 한가운데 파고다에 안치된 부처의 치아 사리는 평소에는 도난 방지를 위해 튼튼한 자물쇠로 잠궜다가 중요한 행사를 할 때만 일반인에게 개방한다고 한다. 만들레이행 기찻길이 사원 바로 옆으로 지나가서 열차가 지나갈 때면 조금 시끄럽다.

요금 무료

 Travel tip

민물 돌고래가 사는 곳

미찌나의 에야워디 강에는 멸종 위기 동물인 에야워디 민물 돌고래가 살고 있다. 미찌나에서 바모, 카타의 에야워디 강 슬로 보트 여행을 추천한다. 지금은 대부분 멸종되어 돌고래를 보기가 하늘의 별따기이지만 간혹 운 좋게 봤다는 여행자도 있으니 보트 여행을 하는 분들은 카메라를 잘 챙기고 강을 잘 살펴보기 바라며 선실보다는 가격이 싼 갑판 티켓(Ordinary ticket)을 추천한다. 꼭 담요나 돗자리, 종이 박스(제일 추천), 양산(햇빛 가리개) 및 간단한 물과 과일 등 먹거리를 미리 준비(중간에 들르는 부두마다 먹거리 상인들이 몰려오지만 조금 비싸다)하면 좋다.

묘마 시장 Myo Ma Market

재래시장

미찌나역과 쉐뿌 호텔의 중간 지점 에야워디 강쪽에 위치해 있다. 묘마 시장은 미찌나의 대표적인 시장으로 제법 큰 상가와 재래시장으로 구성되어 있다. 상가에서는 옷 같은 공산품 위주로 팔고, 그 앞은 과일, 채소, 생선을 파는 재래시장 형태다. 이곳은 특히 꽃 시장이 한 골목을 차지할 정도로 꽃 가게가 많다. 재래시장 뒤편으로는 에야워디 강이 흐른다. 이곳에서 일몰을 감상하거나 사진을 찍어도 좋다.

떠옛디(망고) 1개 K200 **응아쁘디(바나나)** 1다발 K500

자빗띠(포도) 1kg K3,000 **밍굿띠(망고스틴)** 4개 K1,000
짠마웃디(람부탄) 6개 K500 **퍼예디(수박)** 1통 K1,800

카타 Katha

카친 주와 경계에 있는 도시

카타는 사가잉 디비전(Sagaing Division)에 속한 도시로 카친 주(Kachin State)와 경계선에 위치해 있다. 예로부터 카타는 에야워디 강을 이용하는 해상 교통의 요지였다. 지금처럼 도로가 발달하지 않았던 옛날에는 오로지 강물에 의지할 수밖에 없었는데 카타가 바로 그런 해상교통의 요충지였던 셈이다. 카타는 현재 작은 마을이다. 에야워디 강을 이용해서 미찌나, 바모, 만들레이로 가는 관문 같은 도시로 〈버마의 나날(Burmes Days)〉을 쓴 유명한 영국 작가인 조지 오웰(George Orwell)이 영국 경찰 신분으로 1926년부터 1927년까지 근무했던 곳이기도 하다. 소설 〈버마의 나날〉은 바로 조지 오웰이 카타에서 근무한 경험을 바탕으로 쓴 책이다. 소설에서는 카타를 짜욱타다(Kyauktada)라는 지명으로 등장한다. 조지 오웰은 미얀마의 남부 도시인 몰래미아인에서도 머물렀다.

카타는 두 주의 경계에 위치해서 거주하는 민족도 다양하다. 버마족, 카친족, 친족, 중국, 인도, 네팔 등 다양한 민족이 생활하고 있다. 만들레나 미찌나에서 기차 편으로 올 때는 나바(Nabar) 역에서 하차해서 버스를 타고 와야 한다.

[기차로 이동]

만들레이-나바(기차) 9시간 소요 **미찌나-나바(기차)** 07:30 출발 / 10시간 소요 / 요금 Upper Class $11 **나바-카타(버스)** 기차가 나바 역에 도착하는 시간에 맞추어 버스가 대기하고 있다. / 1시간 소요 / 요금 K1,000 **시내-카타 부두(싸이카)** 버스가 카타 시내 종점에 도착하면 싸이카(인력거)를 타고 카타 부두로 간다. 매표소에서 보트 티켓을 예매한 후 바로 앞에 있는 게스트 하우스에 체크인하면 된다. / 싸이카 K1,000

[보트로 이동]

미찌나-카타 슬로 보트 1박 2일 **스피드 보트** 16시간 이상 소요 **카타-바모** 09:00 출발 / 6시간 소요 / 우기에는 매일 운행 / 요금 K8,000 이상 **카타-만들레이** 슬로 보트 1박 2일 **스피드 보트** 05:00 출발 / 12~13시간 소요 / 요금 K25,000 이상

추천 숙소

양곤의 술레 파고다 지역에 게스트 하우스가 밀집되어 있듯이 만들레이도 26번가(26th ST)와 83번가(83rd ST) 주변에 게스트 하우스가 몰려 있다. 만들레이 익스프레스 버스 터미널에 도착하면 로열 게스트 하우스, 나일론 호텔 등의 안내판을 들고 외국인 여행자들을 모아 미니 버스(픽업트럭을 개조한 버스)에 태우고 숙소로 데려다 주는데, 절대 현혹되지 말자! 이들은 실제 게스트 하우스나 호텔하고는 아무 관련이 없는 사람들로 게스트 하우스나 호텔에 데려다 주고 그곳으로부터 수고비(커미션)를 챙긴다. 외국인 여행자들이 몇 있으면 택시를 합승해서 가는 것이 현명하다. 아니면 직접 미니 버스를 타고 가자(요금 K2,000~3,000).

만들레이

로열 게스트 하우스 Royal Guest house

욕실이 독립적인가 공동인가에 따라 요금이 다르다. 외국인 여행자들이 선호하는 숙소이다.

주소 No. 41, 25St. between 82 & 83St. 전화 02-65697, 31400, 09-526-5697 요금 싱글 $17~20, 더블 $25~30(개인 욕실, 온수)

호텔 야다나르본 Hotel Yadanarbon

만들레이 중심부에 있으며 기차역에서 가깝다.

주소 No.125, 31St., between 76th & 77th St., Chan Aye Thar Zan Township 요금 슈피리어 $150 이상, 디럭스 $200 이상, 스위트 $350 이상

따웅자라 호텔 Taung Za Lat Hotel

새롭게 보수를 해서 깔끔하다. 각 방에 에어컨, TV, 독립된 욕실이 있다.

주소 60, 81th St. 전화 02-33967 요금 싱글 $15~20 이상, 더블 $20~30 이상

나일론 호텔 Nylon Hotel

독립된 욕실, 에어컨, 냉장고, TV가 있고, 온수가 나온다. 프런트에서 한국으로 국제전화(1분에 $2)를 할 수 있다. 위치가 좋고 Wi-Fi가 되어 여행자들이 많이 찾고 있지만 시설은 낡았다.

위치 83번가(83rd St.)와 25번가(25th.)가 만나는 지점 전화 02-33460 요금 싱글 $15(비수기)~20(성수기), 더블 $12~20, $25~30 이메일 nylonhotel25@gmail.com

에이 디 원 호텔 AD-1 Hotel

에인도야 파야(Eindawya Paya)가 바로 옆에 있으며 밍군으로 가는 유람선 선착장이 10분 거리에 있다. 만들레이에서 제일 저렴한 숙소로, 선풍기가 있으며 온수가 나온다.

위치 87번가(87th St.)와 28번가(28th St.)가 만나는 지점 전화 02-34505 요금 $15~20

가든 호텔 Garden Hotel

나일론 호텔 바로 옆에 있다. 에어컨, 냉장고, TV, 온수 시설이 있다. 여행자들이 많이 선호하는 숙소다. 안쪽 방이라 조용하고 밝은 206호를 추천한다.

주소 No. 174, 83rd St. between 24th & 25th St. 전화 02-31884, 66584, 65707, 22733 요금 싱글 $17~25, 더블 $22~30 이메일 gardenhotelmdy@gmail.com

이티 호텔 ET Hotel

방들이 대체적으로 작다. 선풍기가 있으며 온수가 나온다.

주소 129A 83rd St. 전화 02-65006, 66547 요금 $15~25

피콕 로지 Peacock Lodge

주인과 종업원들이 친절하며 아침은 정원에서 먹는다.

주소 5, 61st St. 전화 02-33411 요금 $25~30

클래식 호텔 Classic Hotel

이티 호텔과 라쇼 레이 레스토랑이 옆에 있으며 조용한 편이다. 에어컨, 냉장고, TV가 있고, 개별 욕실이며 온수가 나온다.

주소 59, 23rd St. 전화 02-25635 요금 싱글 $20~25, 더블 $25~30

실버 스완 호텔 Silver Swan Hotel

32번가와 33번가 근처에 있으며 개별 욕실, 냉장고, TV, 에어컨이 나온다.

주소 400, 83rd St., between 32nd & 33rd St. 전화 02-36333, 32178, 66806, 39820~822 요금 슈피

리어 $50 이상, 디럭스 스위트 $65~80 이상 이메일 silverswanht@mandalay.net.mm

유니티 호텔 Unity Hotel

가격 대비 괜찮은 호텔로 위성 TV가 나오며 에어컨, 온수, 냉장고가 있다. 프런트에서 국제전화가 가능하다.

위치 27번가(27th St.)와 82번가(82nd St.)가 만나는 지점 전화 02-32479, 35142, 35315 요금 싱글 $25, $40~50 이상, 더블 $30, $60~80 이상

내추럴 인 Natural Inn

집이 청결하고 방도 깔끔하다. TV, 냉장고, 에어컨이 있다.

주소 4, 23rd St. 전화 02-71079 요금 싱글 $15~20, 더블 $25~30 이상

만들레이 로열 호텔 Mandalay Royal Hotel

방이 깔끔하며 에어컨, TV, 냉장고가 있으며 발코니가 있는 방도 있다.

주소 5, 71st St. 요금 $20~30 전화 02-36746, 64231

만들레이 뷰 인 Mandalay View Inn

가격에 어울리게 고급스러운 호텔이다. 방마다 발코니가 있으며 온수, 에어컨, TV, 냉장고가 구비되어 있고 국제전화도 가능하다.

주소 17 B, 66 St., between 26th & 27th St. 전화 02-61119, 31219 요금 스탠다드 $80(비수기)~200(성수기), 스탠다드 더블 $100~220

세도나 호텔 만들레이 Sedona Hotel Mandalay

만들레이 왕궁 맞은편에 있는 특급 호텔로 시설이 무척 잘 되어 있다. 비즈니스 센터, 바, 운동실 등이 갖춰져 있으며 에어컨은 기본이다.

주소 26th St. + 66th St. 전화 02-36488 요금 슈피리어 $200(비수기)~500(성수기), 디럭스 $300~700, 클럽 $300~850

만들레이 힐 리조트 호텔
Mandalay Hill Resort Hotel

최근에 지어진 최신 특급 호텔로 비즈니스 센터, 운동실, 수영장, 바, 쇼핑몰 등이 있다.

주소 No 9, 416B Kwin 10th St., At the foot of Mandalay Hill 전화 02-35638, 35680 요금 슈피리어 시티 뷰 $250~600, 디럭스 시티 킹 베드 $400~900, 주니어 스위트 $500~1,200, 스파 빌라 $1,000 이상, 만들라 스위트 $1,500 이상

리치 퀸 게스트 하우스 Rich Queen Guest house

제조 시장 옆 골목에 신축한 곳으로 깨끗하고 깔끔하다. 가격 대비 추천한다.

주소 87th St. between 26th & 27th St. 요금 싱글 $15~20, 더블 $20~30 전화 02-60172, 09-9102-8348

스마트 호텔 Smart Hotel

만들레이 기차역에서 500m 떨어진 중심부에 위치

해 있다. 시설이 깔끔하다. 중급 호텔을 원하는 여행자들에게 추천한다.

주소 167, 28th St., between 76 th & 77th St. 요금 스탠다드 트윈 $80~180, 슈피리어 킹 베드 $80~200, 이그제큐티브 시티 뷰 킹 베드 $120~280

만들레이 시티 호텔 Mandalay City Hotel

만들레이 기차역에서 800m 정도 떨어져 있다. 실외 수영장이 있다.

주소 26th St., between 82nd & 83rd St. 요금 이코노미 $80~190, 디럭스 $110~250 전화 02-61700, 61507, 09-521-1555 양곤 사무소 01-535-535, 534-333, 501-289 홈페이지 www.mandalaycityhotel.com 이메일 offmdycity@myanmar.com.mm

에야워디 리버 뷰 호텔
Ayarwaddy River View Hotel

깔끔하고 주변 전망이 좋다.

주소 Strand RD, between 22 & 23St. 전화 02-72373, 73238 요금 슈피리어 $80~200, 디럭스 $100~300, 스위트 $200~500

호텔 퀸 Hotel Queen

가격이 있는 만큼 시설은 괜찮은 편이다.

주소 No.456, 81St., between 32 & 33St., Chan Aye Thar San Township 전화 02-39805, 65586, 71562 요금 스탠다드 $55~150, 원 베드룸 $80~180, 패밀리 $100~250, 퀸 스위트 $140~400 이메일 otelqueenmandalay@gmail.com

골드 야다나 호텔 Gold Yadanar Hotel

시내 중심부에 위치하고 있다. 중급 호텔로 깔끔한 편이다.

주소 No. 111, 34th St., between 77th & 78th St. **요금** 슈피리어 $65~150, 스위트 더블 베드 $80~150, 트리플 스위트 $90~200

쉐 쀼 호텔 Shwe Phyu Hotel

시내 중심부에 위치하고 있으며, 미찌나에도 같은 체인의 호텔이 있다. 신축 건물로 깨끗하다.

주소 No.3(10), 64th St., between 39th & 40th St. **요금** 슈피리어 $80~180, 스위트 $90~210, 패밀리 $90~210

호텔 만들레이 Hotel Mandalay

시내에서 5km 정도 떨어진 곳에 위치해 있으며, 수영장을 갖춘 중급 호텔이다. 시설은 깨끗한 편으로 가족 여행자들에게 추천한다.

주소 No.(652), 78th St., between 37th & 38th St. **전화** 02-71583~6 **요금** 슈피리어 $100~220, 디럭스 $100~240, 로열 스위트 $180~400 이상

퍼시픽 호텔 Pacific Hotel

만들레이 기차역 건너편에 위치해 있으며 가격 대비 시설은 그냥 그렇다.

주소 Corner of 30th & 78th St., Across from Mandalay Railway Station **전화** 02-32506~8 **요금** 슈피리어 트윈 베드 $90~180, 더블 슈피리어 $90~180

호텔 쉐 삐 따 Hotel Shwe Pyi Thar

2012년에 지어진 신축 호텔이다. 가격만큼이나 훌륭한 시설을 갖췄다.

주소 No. B-8, Mandalay –Pyin Oo Lwin Rd. **요금** 스탠다드 $250~600, 디럭스 $320~700, 스위트 $660~1,500 이상

사가잉

해피 호텔 Happy Hotel & Restaurant

주인이 중국계로 무척 친절하고 깨끗한 숙소이다. 4층 건물로 3층까지는 호텔로 사용한다. 바로 옆 건물에 식당이 딸려 있어서 편리하며 음식도 훌륭하다. 에어컨, 온수가 나온다.

요금 싱글 $12~20 이상, 더블 $23~30 이상 **전화** 072-21420, 21692, 21693 **위치** 사가잉 역 왼쪽으로 있다.

쉐삐애손 호텔 Shwe Pyae Sone Hotel

해피 호텔 맞은편에 자리한 새롭게 신축된 호텔이다. 가격 대비 시설이 깨끗하고 좋아 사가잉에서 묵을 여행자들에게 추천한다.

요금 싱글 $15~25, 더블 $20~30

삔우린

달리아 호텔 Daliyar Hotel

시내 중심가에서 조금은 떨어져 있지만 친절한 집이다. 온수가 나온다.

주소 105, Eain Taw St., Pyin oo lwin **전화** 085-22255, 21912 **요금** 싱글 $15~20, 더블 $25

그레이스 호텔 Grace Hotel
자전거를 빌려 준다. 시설은 낙후된 편이다.

주소 114-A, Nan Myaing St., Pyin oo Iwin 전화 09-204-4017 요금 싱글 $10~15, 더블 $20 이상

샌프란시스코 게스트 하우스
San Francisco Guest house

가격 대비 괜찮은 숙소다.

주소 91/B, Club St., YaYa Ka(5), Pyin oo Iwin 전화 085-21534 요금 $20~30

로열 파크 뷰 호텔 Royal Park view Hotel
위성 TV, 냉장고가 있고 온수가 나온다. 자체 식당에서는 유럽, 미얀마식 식사가 가능하다. 내셔널 깐도지 가든과 가깝다.

주소 107, Eindaw Road, Pyin oo Iwin 전화 085-22641, 21915 요금 직접 문의 이메일 parkview@myanmar.com.mm

타이거 호텔 & 골든 라이온 레스토랑
Tiger Hotel and Golden Lion Restaurant

방갈로 타입으로 가격 대비 괜찮은 호텔이다.

주소 No.(13/243), Sandar Rd., Quarter (6), Pyin oo Iwin 전화 085-21980, 09-4026-38290, 09-204-4344 요금 스탠다드 $50(비수기)~100(성수기), 패밀리 방갈로 $70~150, 스위트 방갈로 $80~200 이메일 tigerhotel.pyinoolwin@gmail.com

윈 유니티 호텔 Win Unity Hotel
걸어서 내셔널 깐도지 가든에 갈 정도로 가깝다.

주소 8(B)/3,Nandar Rd., Quater 6, Pyin oo Iwin 전화 (01)211983, 228448, 226755 요금 슈피리어 $55 이상, 디럭스 $60 이상, 스위트 $130 이상

호텔 삔우린 & 레스토랑
Hotel Pyin Oo Lwin & Restaurant

2011년에 지어진 신축 호텔이다. 내셔널 깐도지 가든 옆에 위치해 있고, 직원들이 친절하다.

주소 No. 9, Nanda Rd., Pyin oo Iwin 전화 (085)21226, (085)28215 요금 방갈로 $130~350 이상, 디럭스 $160~400 이상, 엑스트라 베드 $35

깐도지 힐 리조트 Kandawgyi Hill Resort
내셔널 깐도지 가든 바로 옆에 있다.

전화 (01)202071, 202072, 202073 요금 디럭스 가든 뷰 $55~75 이상, 엑스트라 베드 $30~35 홈페이지 www.hotelsinmyanmar.com/kandawgyi-hill-resort.htm

오리움 팰리스 호텔 Aureum Palace Hotel

삔우린에 있는 고급 호텔중 하나다.

주소 Ward 6, Governor's Hill, Mandalay-Lashio Highway, Pyin oo Iwin 요금 디럭스 방갈로 $100 이상, 엑스트라 베드 $35, 프레지덴셜 스위트 $175~205 이상, 주니어 스위트 $235~320 이상, 가버너스 패밀리 스위트 $270~360 이상, 로열 패밀리 스위트 $320~380 이상

캔드르크레익 호텔 Candrcraig Hotel
1904년에 건축된 미얀마에서 가장 오래된 호텔 중 하나다. 오래된 유럽 중세의 성 같은 분위기의 2층 건물로, 총 14개의 방이 있다.

주소 6th Quarter, Anawrahta St., Pyin oo Iwin 전화 (085)22047

띠보

미스터 찰스 게스트 하우스
Mr. Charles Guest house

띠보에서 제일 유명한 곳으로 아침 식사가 잘 나오며 가격 대비 좋다. 여행자가 많아서 쉐어하기 좋다. 제일 먼저 이곳에 들러 보고 방이 없을 때는 다른 곳을 찾아보기 바란다. 시내 안쪽에 있으며 버스 정류장에서 도보로 5~10분 정도 걸린다.

도시 규모에 비해 숙박 시설이 많다 보니 호객꾼들도 많다. 이들을 무심코 따라갔다가는 반드시 바가지를 쓰고 만다.

버스가 정류장에 도착하면 게스트 하우스에서 나와서 오토바이로 무료 픽업해 준다. 로비 1층에 있는 꼬삐 투어 서비스에서는 트레킹 및 인근 투어를 주선해 준다.

주소 No. 105, Auba St., Myo Le Quarter, Thipaw 전화 (082)80105, 09-671-0278 요금 싱글 창 없고 공용 화장실 $7(비수기)~12(성수기), 2층 방 + 공용 화장실 $10~16, 개인 화장실 $23~32 더블 공용 화장실 $20, 개인 화장실 $28~45, $50~55 이메일 resv.mrcharles@gmail.com 꼬삐 투어 서비스 전화 09-201-9072, 이메일 skminyu@gmail.com

미스터 찰스 호텔 Mr. Charles Hotel
게스트 하우스 옆에 지었다.

주소 No. 105, Auba St., Myo Le Quarter, Thipaw 전화 (082) 80105, 09-6 71-0278 요금 스탠다드(2베드) $30~75, 디럭스 $60~165, 스위트 $80~180

이신 게스트 하우스 Yee Shin Guest house
버스 정류장에서 5분도 안 걸리는 아주 가까운 곳에 위치해 있다. 시장 위쪽이라서 위치는 좋은 편이고, 신축이라 건물이 깨끗하다. 트레킹 라이센스가 있어서 이곳에서도 트레킹을 진행한다.

주소 Mine Pon St., West Quarter, Thipaw 전화 (082) 80711, 09-527-8501, 09-527-8201 요금 싱글 (공용 화장실, 온수) $6~10, 더블 (공용 화장실, 온수) $12~15, 패밀리 2베드 (개인 화장실, 온수, 에어콘) $15~25

릴리 더 홈 Lily The Home

여행자들에게 괜찮은 평을 듣고 있는 숙소다. 시설 대비 비싼 편이다. 버스 정류장에서 강변 방향으로 있다.

주소 No. 108, Aung Tha Phay Rd. 요금 스탠다드 $40~85, 슈피리어 $50~120, 디럭스 $60~130

남 캐 마오 게스트 하우스 Nam Khae Mao Guest house

강변에 위치해 있으며 라쇼 가는 방향으로 강 건너기 전에 있다. 시청 위쪽에 있다.

주소 No. 134, Bogyoke Rd. 요금 이코노미 $10~33, 스탠다드 $25~55

에버 그린 호텔 Ever Green Hotel
시내 중심부에 있으며 시설은 깔끔한 편이다.

주소 Thein Ni St. 요금 디럭스 $35~90

몽유와

윈 유니티 리조트 호텔 Win Unity Resort Hotel
2013년에 리모델링한 호텔로 무척 깔끔하고 시설이 좋다. 방갈로 형태의 방으로 조용하고 깨끗하다. 주로 유럽 단체 여행객

들이 많이 묵는다. 에어컨, TV, 냉장고가 있고 온수가 나오며 식당도 딸려 있다.

주소 Bogyoke Rd., Yone Gyi Quarter, Kantharyar, Monywa Township 전화 071-22438, 22013 요금 싱글 $36, 슈피리어 $60~120, 더블 $42, 디럭스 $80~180, 디럭스 가든 뷰 $120~230

쉐 따웅 딴 호텔 Shwe Taung Tan Hotel

스테이션 로드(Station Rd.) 쉐지곤 파고다 맞은편에 있다. 길 건너편에는 문라이트 극장 (Moonlight Cinema)이 있다. 가격이 저렴한 편이며 식당도 같이 있다. 시설은 열악한 편이다. 주로 배낭여행자들이 많이 묵는다.

주소 No.70, Yonegyi Quarter, Near Moonlight Cinema 전화 071-21478 요금 싱글 $15 이상, 더블 $25 이상

몽유와 호텔 Monywa Hotel

가격 대비 괜찮은 호텔이다. 목재 방갈로 타입의 방이며 식당과 바가 있어서 저녁 시간을 보내기 좋다. 냉장고, 에어컨, TV가 있고, 온수가 나온다.

주소 Bogyoke Rd. 전화 071-21581 요금 $50 이상

미찌나

호텔 마디라 Hotel Madira

최근에 신축된 호텔로 45개의 객실을 보유하고 있다. 시설이 깨끗하고 종업원들이 친절하다.

주소 Yuzuna Rd., Myitkyina 요금 슈피리어 $60~120, 디럭스 $80~210

쉐쀼 호텔 Shwe Pyu Hotel

미찌나역에서 걸어서 5분 거리인 YMCA 게스트 하우스 가기 전 상가 모서리에 있다. 종업원들이 친절하다. 시설이 깨끗하고 아침이 간단한 뷔페식으로 나오며 로비에서 와이파이가 되고 엘리베이터가 있다.

요금 K25,000 이상

YMCA 게스트 하우스

쉐쀼 호텔 지나서 철길 건널목을 지나자마자 우회전하여 50m 가면 좌측에 있다. 1955년에 설립된 역사를 말해 주듯 건물은 많이 낡았다. 미찌나는 영어를 못하는 오토바이 기사나 택시 기사, 호텔 스텝들이 많은데 이곳의 스텝들은 영어가 통하다. 가장 저렴한 요금으로 배낭여행자를 만날 수 있는 거의 유일한 숙소이기도 하다. 미찌나 일반 호텔의 투숙객은 대부분 중국의 사업가들이다. 미찌나의 여행 정보를 얻기 위해서는 이곳 방문이 필수다. 아침은 불포함이다.

요금 $8 이상(공동 욕실)

카타

에야워디 게스트 하우스
Ayeyarwaddy Guest house

카타 보트 매표소 바로 앞에 있다. 카타 보트 선착장 부근에 있는 두 개의 게스트 하우스 중 하나로 선택의 여지가 없다. 시설은 매우 열악하고 스텝도 불친절하지만 대안이 없다.

요금 K7,000 이상(공용 욕실, 아침 불포함)

안노아 게스트 하우스 Annawah Guest house

카타 제티 바로 근처에 있다. 에야워디 게스트 하우스 부근이다. 시설이 낡아서 열악하기는 에야워디 게스트 하우스나 비슷하다.

요금 K7,000 이상(공용 욕실)

먹을거리

샨 음식은 전체적으로 음식 스타일이 우리나라 음식과 많이 유사하다. 음식에 고추와 마늘을 많이 넣어서 느끼하지 않고 개운한 맛이 난다. 샨 누들이나 샨 스타일 토마토 샐러드는 반드시 먹어 봐야 할 만큼 맛있다. 미찌나나 띠보 지역은 옥수수가 무척 맛있는데 강원도의 찰옥수수 맛이다. 고수를 싫어하는 사람들은 음식을 주문할 때 "난난빙 마테바네" 또는 "난난빙 무차이로"라고 말하면 된다.

만들레이

한국관 Korea Restaurant
만들레이에 있는 한국 식당이다. 얼큰한 한국 음식이 생각날 때 한번 가 보자.

주소 No. 356, 76th ST between 28th & 29th ST 전화 02-71822, 09-4958-4422, 09-202-5036

라쇼 레이 레스토랑 Lashio Lay Restaurant

23번가 클래식 호텔 근처에 있다. 샨족 식당으로 뷔페식이다. 한 접시당 K500으로 반찬을 담아서 계산한다. 샨 스타일 음식은 우리 입맛에 대체로 잘 맞고 맛있다.

주소 23rd St. 시간 10:00~22:00 위치 83th St.와 84th St. 사이 23rd St. 요금 접시당(뷔페식) K500

BBB 유로피언 레스토랑
BBB European Restaurant
분위기 있는 고급 서양 식당이다.

위치 292, 76th St.(26번가와 76번가 사이) 전화 02-22935, 09-200-5050

그린 앨리펀트 하우스 레스토랑
Green Elephant House Restaurants
샨족, 중국 식당과 달리 세금 10%, 서비스료 10%가 추가된다.

위치 801, 27th ST(64번가와 27번가 사이) 전화 02-74273 요금 치킨 사테 K3,000, 생선 바비큐 K3,000

오리엔탈 하우스 Oriental house restaurant
중국 식당으로, 다양한 딤섬을 먹을 수 있다. 저녁 시간에는 공연도 있다.

주소 8, 27th St. Corner of 64th St. 전화 02-30008, 61143 시간 10:00~22:00

슈퍼 81 Super 81

중국 음식점으로 여행자들로부터 최고의 평점을 받았다. 근처에 머스타쉬 브라더스(콧수염 브라더스, Moustache Brothers) 공연장이 있다.

주소 No. 582, 81st St. between 38th & 39th St. 전화 02-32232, 09-202-5345

레인 포레스트 Rain forest
태국 음식점으로 종업원들이 친절하고, 음식이 맛있기로 소문이 난 식당이다.

주소 27th ST between 74th & 75th St. 전화 02-36234

마리 민 Marie Min

인도 음식점으로 맛있다고 소문이 난 집이다.

주소 27th St. between 74th & 75th St.

애미따 Aye myit tar

미얀마 정식 식당이다.

주소 No. 530, 81st St. 전화 02-31627

센트럴 파크 Central Park

바비큐, 중국 음식, 햄버거, 샌드위치를 취급한다.

주소 Myamandalar Hotel, 27St. between 68St. & 69St. 전화 09-525-1205

비스트로 만들레이 Bistro Mandalay
바비큐, 버마와 중국 음식, 커피, 햄버거, 시푸드, 피자 & 파스타, 와인 등 다양한 음식이 가능하다.

주소 No. 83, 74th St. between 26th & 27th St. 전화 02-24275

골든 덕 The Golden Duck
중국 음식점으로 골든 덕은 미얀마에서 유명한 음식 체인점이다. 메뉴 중 '호박 불도장' 이 유명하다.

주소 Strand Rd. 위치 26th St. 와 80th St. 사이 왕궁 옆

나일론 아이스크림 바 Nylon Ice Cream Bar
나일론 호텔 근처에 있다. 딸기, 파인애플, 두리안 등 다양한 과일 아이스크림이 있으며 위생 상태도 괜찮은 편이다. 하지만 가능하면 열대 지방에서는 아이스크림이나 생선, 어패류는 조심하는 것이 좋다.

주소 176, 83rd St.

쉐 피 모 찻집 Shwe Pyi Moe Teashop
만들레이에서 제일 질 좋은 차를 살 수 있는 집이다.

위치 25th St.(80번가와 81번가 사이)

띠보

라운아웅 레스토랑 La Wun Aung Restaurant
미스터 찰스 게스트 하우스 가기 직전 큰길의 오른쪽 상가 큰 나무 앞에 있다. 샨 누들 수프가 아주 맛있다.

주소 Namatu(Mine Pun) Rd.(축구장 앞 상가)

팝콘 가든 레스토랑 Pop Corn Garden Restaurant
시내에서 약간 벗어난 북쪽 방향 리틀 바간 근처에 있다. 인근에 낫 사당과 대나무 불상이 있는 티크 수도원이 있다.

로춘 미스터 푸드 레스토랑
Law Chun Mr. Food Restaurant

이신 게스트 하우스 조금 지나서 맞은편 하늘색 신축 건물이다. 중국 식당으로 맛에 대한 평이 좋다. 인근에 티 숍(Tea Shop)이 있다.

샨 레스토랑 Shan Restaurant

로춘 미스터 푸드 레스토랑과 시계탑 바로 옆에 있다. 샨 누들을 추천한다.

블랙 하우스 Black House
버스 정류장에서 직진해서 1블록 강변 방면으로 가면 강변에 있다. 독따워디 강을 바라보며 커피를 마시는 호사를 누릴 수 있다.

유안유안 Yuan Yuan

이신 게스트 하우스 앞길을 따라 미스터 찰스 게스트 하우스 방향으로 한 블록 내려가면 우체국 지나서 있다. 만두, 치킨 라이스, 아이스크림, 과일 쉐이크, 과일 주스와 간단한 식사가 가능하다. 더우면 시원한 망고 쉐이크를 한 잔하는 여유를 갖자.

주소 Mine Pun Rd., Thipaw 전화 09-4037-31865 페이스북 yuan yuan fruits shake-Mr.shake

몽유와

유레카 레스토랑 Eureka
시계탑 근처에 있으며 아이스크림이나 쉐이크, 일반 음식을 먹을 수 있다. 여행자들에게 평이 좋은 레스토랑이다.

주소 Near Clock Tower, Monywa

플레전트 아일랜드 Pleasant Island
중국 음식점으로 많은 여행자들이 추천하는 음식점이다.

주소 Yone Kyi Or, Bogyoke RD, Monywa

미찌나

오리엔트 레스토랑 Orient Restaurant
YMCA 게스트 하우스 바로 옆에 있다. 주인장이 일본에서 수년간 생활하면서 한식을 배워서 기본 메뉴가 한식에 가깝다. 김치, 김밥, 된장찌개, 비빔밥, 자장면을 취급한다.

남캄 샨 레스토랑 Nam Kham Shan Restaurant

미찌나 기차역에서 좌회전하면 있는 큰길을 따라 50m 가서 길 건너편 묘마 방향 입구에 있다. 샨 음식은 우리 입맛에 잘 맞는다. 특히 참외를 절인 밑반찬이 아주 맛있다.

럭키 베이커리 Luck Bakery
미찌나 역에서 좌회전하면 나오는 상가 건물 중간쯤에 있다. 쉐뷰 호텔 가기 전이다. 쉐뷰 호텔 앞 사거리 길 대각선 건너편에도 제과점이 있다.

시티 포인트 레스토랑 City Point Restaurant
럭키 베이커리 옆에 있다. 미얀마 정식과 인도 음식을 취급하는 현지인 식당이다.

나일론 아이스크림 Nylon Ice Cream
시티 포인트 레스토랑 옆에 있다.

카타

노천 샨 누들 식당
매표소에서 시내 쪽으로 100m 정도 가면 샨 레스토랑이 있고 그 주변에 노천 샨 누들 포장마차가 있다. 보통 해가 지기 시작하는 오후 6시경에 장사를 시작한다. 샨 누들 수프(잔치 국수)가 정말 맛있다. 1그릇에 K500(500원 정도)이다.

바간

미얀마 최고의 불교 유적지

바간은 미얀마 최고의 불교 유적지이자 관광지이다. 최근에 많이 알려지기 시작한 바간은 1000년 전에 건설한 2,500개가 넘는 각양각색의 사원과 탑들로 유네스코 지정 세계 3대 불교 유적지 중의 하나이다. 캄보디아의 앙코르 와트(Angkor Wat), 인도네시아의 보로부두르(Borobudur) 사원, 미얀마의 바간(Bagan)이 바로 세계 3대 불교 유적지에 속한다.

바간은 크게 올드 바간(Old Bagan), 냥우(Nyaung U), 뉴 바간(New Bagan) 세 지역으로 나뉜다. 올드 바간(Old Bagan)은 미얀마 첫 통일 왕국의 수도였던 곳으로, 사원이나 탑과 같은 많은 불교 유적이 남아 있다. 냥우(Nyaung U) 지역은 게스트 하우스와 재래시장, 여행사 등 바간 관광을 위한 편의시설이 몰려 있는 바간 제일의 번화가다. 뉴 바간(New Bagan)은 바간 지역의 유적지 보호를 위해 올드 바간 유적지에 살던 주민들을 강제로 이주시켜서 만들어진 마을이다. 또한 올드 바간과 뉴 바간 지역 사이에는 칠기 생산으로 유명한 밍카바 지역이 있다.

바간은 유네스코 지정 세계문화유산 보호 지역으로 외국인은 바간에 들어갈 때 지역 입

장료를 내야 한다. 입장료 영수증이 없으면 숙박도 안 된다. 혹 입장료를 안 냈다면 호텔이나 게스트 하우스에서 요금을 지불하면 영수증을 준다. 바간을 떠나기 전까지는 이 영수증을 늘 가지고 다녀야 입장료를 또 내는 불상사가 없다. 입장료는 한 번 내면 바간의 탑과 사원은 전부 무료 입장이다.

바간 지역 유적 입장료 K25,000(5일간 유효하지만 그 안에 바간을 벗어나서 타 도시에 갔다가 올 경우에는 다시 입장료를 내야 함)

바간 BEST 3

아난다 파야   마차 타기   일출이나 일몰 감상

냐우 공항
Nyaung U Airport

바간 역
Bagan Railway Station

 **Travel tip**

파야(Paya)

파야(Paya)는 '노예'라는 뜻이다. 사원 이름에 파야(Paya)라는 말이 붙은 사원은 전부 노예로 잡혀온 전쟁 포로들이 지은 사원을 말한다.

에야워디 강이 흘러가는 교통의 요지에 자리한 바간은 퓨족과 버마족, 몬족, 샨족 등 소수의 여러 종족이 혼합된 다인종 다문화 국가였다. 이러한 다양한 문화는 바간의 사원 건축 양식에서도 잘 나타나는데 중국, 캄보디아, 인도, 스리랑카 풍의 다양한 사원과 탑을 건설하였다.

1975년 바간 지역에 리히터 규모(Richter scale) 6.5의 대지진이 발생했다. 이 지진으로 수많은 탑과 사원이 파괴되거나 크게 훼손되었다. 이에 유네스코(Unesco)는 바간을 고고학 역사 유물 지역(Archaeological Zone)으로 지정하여 파괴되거나 훼손된 유적의 복원 및 보수를 위해 많은 전문가와 복원 기술자들을 파견해서 지금까지 복원 및 재보수를 해 오고 있다.

1993년 미얀마의 유적 관리국에서 조사한 바에 따르면 바간 지역에는 524개의 파고다(탑), 911개의 사원, 416개의 수도원(승려들이 머물면서 불교 경전을 공부하는 곳), 892곳의 벽돌 무더기가 있다고 한다. 이러한 역사적 자료를 바탕으로 볼 때 바간 왕조 시절에는 적어도 4,446개 이상의 사원과 탑이 있었다고 추정되며, 현재 바간 지역에 산재해 있는 작은 탑과 사원을 모두 합하면 총 3,122개의 유적이 남아 있는 것이다.

바간에 이렇게 많은 전탑 군(흙벽돌로 만든 탑 무리)이 있는 이유는 당시 왕이나 귀족, 그리고 돈이 있는 재력가들은 행사나 혹은 일이 있을 때마다 크고 작은 탑이나 사원을 만들어서 자신의 복을 빌거나 아니면 사회적 위치를 확인하는 용도로 활용했기 때문이다.

간략한 바간왕조 연대기

왕 이름	재위 기간(A.D)
아노라타(Anawrahta)	1044~1077
소루(Sawlu)	1077~1084
짠시따(Kyansittha)	1084~1113
알라웅시뚜(Alaungsithu)	1113~1160
나라뚜(Narathu)	1160~1165
나라파띠시뚜(Narapatisithu)	1165~1211
띨로민로(Htilominlo)	1211~1231
나라띵까 유자나(Narathinhka Uzana)	1231~1235
짜쏴(Kyaswa)	1235~1249
유자나(Uzana)	1249~1256
나라띠하파띠(Narathihapati)	1256~1287
쪼쏴(Kyawswa)	1287~1298
소니(Sawnit)	1298~1325
소몬니(Sawmonnit)	1325~1368

ACCESS

| 양곤–냥우(바간) (686km) | 비행기 | 06:30(N Stop), 06:35(N), 07:00(1 Stop), 07:15(N), 07:30(N), 08:00(N), 11:00(N), 15:30(N), 16:00(1 Stop) / N Stop 1시간 20분 소요, 1 Stop 2시간 소요 / 요금 $98~108 / 홈페이지 www.flymna.com
버스 | 07:30, 08:00, 10:00(VIP), 19:00, 19:30, 20:00(VIP), 20:30, 21:00(VIP), 21:30, 22:00 / 9시간 소요 / 요금 K16,000~25,000(VIP) / 홈페이지 www.startticket.com.mm

냥우–양곤
비행기 | 08:10(2 Stop, 3시간 소요), 18:30(N Stop, 1시간 20분 소요) / 요금 $90~107
버스 | 07:30, 08:00, 08:30, 19:00, 20:00(일반, VIP), 20:10(VIP), 20:30, 21:00(VIP), 21:30(VIP) / 요금 K16,000~25,000(VIP)
기차 | 16:00 / 18시간 30분 소요 / 요금 Sleeper $25, Upper $20 / 홈페이지 www.myanmartrainticket.com

냥우–만들레이 (295km)
비행기 | 08:10 / 30분 소요 / 요금 $48~78
버스 | OK 버스(27인승) 05:00, 08:30, 13:00, 16:00 / 4시간 30분 소요 / 요금 K9,500
기차 | 07:00 / 8시간 소요 / 요금 Upper $11
보트 | 강을 거꾸로 거슬러 올라가는 코스로, 시간이 더 많이 걸려서 이용객이 적음 슬로 보트 05:30 출발 / 14시간 이상 소요 / 요금 $20 이상 스피드 보트(쾌속선) 8시간 소요 / 성수기에는 매일 운행 / 요금 $40 이상

만들레이–냥우 (295km)
보트 | 슬로 보트 05:00 출발 / 12~14시간 소요 / 수 · 일요일 운항 요금 $20 이상 스피드 보트(쾌속선) / 06:30 출발 / 7시간 소요 / 월, 수, 금요일(수시 운행) / 강을 따라 내려가는 이 구간을 여행자들이 많이 선호함 / 요금 $40 이상

냥우–인레 호수 (310km)
비행기 | 08:10(1 Stop, 1시간 30분 소요) / 요금 $69~86
버스 | 08:00, 08:30(VIP), 20:30, 22:00(VIP) / 8시간 소요 / 요금 K19,000~23,000(VIP)

냥우–딴뒈(나팔리 비치)
비행기 | 08:50(N Stop, 1시간 5분 소요), 09:10(1 Stop, 1시간 55분 소요), 09:25(1 Stop), 12:35(1 Stop) / 요금 $112~132 / 홈페이지 www.oway.com.mm (비수기에는 운행 횟수가 많이 줄어드니 숙소나 사이트에서 확인)

냥우–삔우린
OK미니버스 | K13,000 (티켓 구매 및 출발 시간은 숙소 문의)

냥우–껄로
버스 | 08:00(VIP), 08:30, 20:00, 22:00(VIP) / 8시간 소요 / 요금 K16,000~22,000(VIP)

축제

1월 아난다 파고다 축제(1월 보름부터 2주간 진행되는 바간 최대의 축제)
2~3월 보름 마누하 파야 축제
5월 뽀빠산 세러모니(Popa Ceremony)

8월 따웅 쁜 축제(Taung Pyone Festival, Nat Pwe), 쉐지곤 파고다 축제
9월 보민가웅 축제(Boe Min Gaung Festival)
10~11월 보름 고도팔린 파야 축제

바간에서의 교통수단

보트
보트 운행 시간, 요금, 운행 요일 등은 보트 운행 회사에 문의한다. 특히 성수기인 겨울에는 강수량이 많이 줄어서 우기보다 운행 횟수나 시간의 변동이 많으니 현지 여행사나 숙소에서 확인하기 바란다.
Shwe Keinnery Fleet 보트 회사 | 냥우 사무소(Golden Myanmar Guest house) 주소 Bagan-Nyaung Oo Main Rd., / 전화 (061) 60901, 09-204-2064
West of Nyaung Oo Market(냥우) | 전화 (061) 60835, 60903

마차(Horse cart)
요금 | 일출, 일몰에 따라서 가격 변동이 있으며 마차 하나에 3~4명 정도 탈수 있음 / 1일 K15,000~20,000 **09:00~일몰** K15,000 **일출** K8,000 **일출+일몰** K18,000~25,000
마차 탈 수 있는 곳 | 거리에 정차해 있는 마차를 타거나 숙소에 부탁한다.

자전거
바간 지역은 큰 높낮이 없이 평탄한 길이 많아서 자전거로 다녀도 크게 힘들지는 않다.
요금 | 1일 K2,000~3,000 **전기 자전거(E-Bike)** 1일 K7,000~8,000 / 배터리 수명이 최대 4시간이라서 중간(점심 식사 때)에 한 번 더 충전해야 함

Tip 바간 여행 시 주의 사항
① 미얀마에는 맹독을 가진 독사가 많이 서식한다. 가능하면 수풀이 우거진 곳이나 숲으로는 가지 않는 것이 좋으며, 특히 바간 지역을 걸어서 여행하는 여행자는 각별히 주의해야 한다. 바간의 탑과 사원 지역은 넓은 초원 위에 흩어져 있기 때문에 뱀이 많이 서식하고 있으며 맨발로 다니다 보면 독사에 물릴 가능성이 있다.
② 바간 지역의 웬만한 호텔들은 야외 수영장 시설을 갖추고 있으니 수영복을 준비해 가는 것이 좋다.

🌸 Travel tip

열기구

기간 | 건기(성수기)인 10월 20일 이후~3월까지 운행(유동적이라 숙소에 문의 바람)
1일 2회 운행 | 06:00(일출), 17:00(일몰) / 숙소로 데리러 오고(새벽 05:20) 비행이 끝나면 숙소까지 데려다 줌 / 비행 시간 45분~1시간
프로그램 | 이륙 장소는 그날의 바람 등 복합적인 상황을 고려하여 운행 파일럿이 결정 / 착륙 후 들판에서 간단한 식사와 와인, 음료 제공
요금 | 1인 $340~380, 프리미엄 $400~450
예약 | 한 달 전에 예약 필수, 여행사나 숙소에서 예약 가능
문의 | www.balloonsoverbagan.com / www.orientalballooning.com

바간 하루 코스

민예공 파고다 ➡ 아난다 파야 ➡ 탓빈뉴 파야 ➡ 담마양지 파고다
➡ 술래마니 파고다 ➡ 마누하 파야 ➡ 난 파야 ➡ 쉐산도 파야

하루에 8~10개의 사원을 둘러볼 수 있다. 여유 있게 천천히 둘러본다면 6~7개 정도가 적당하다. 걸어 다니다가 지치면 마차 투어를 해 본다.

냥우에서 출발!

도보 50분

민예공 파고다
일출이 최고이다. 해가 떠오르면 숲 속에서 사원들이 솟아오르는 듯한 느낌이 든다. 최근에는 탑 상층부 출입이 금지되어 일출을 촬영할 수 있는지 미리 확인해야 한다.

도보 20분

아난다 파야
바간에서 꼭 봐야 할 아름다운 사원이다.

쉐산도 파야
지는 해를 바라다보면 1000년 역사의 무상함이 온몸으로 느껴져 온다.

도보 30분

난 파야
마누하 왕의 감옥. 마누하 파야 옆에 있다.

 바간

도보 15분  도보 30분

탓빈뉴 파야
사원의 웅장함에 압도된다. 뒤편에 있는 힌두 사원도 둘러보자.

담마양지 파고다
퍠퓨의 회한이 서린 교훈적인 사원이다.

도보 10분

도보 5분  도보 40분

마누하 파야
왕의 신분에서 하루아침에 노예가 된 마누하의 답답한 마음이 담긴 사원이다.

술래마니 파고다
초원에 서 있는 모습이 아름다운 사원으로 사원의 뒤편에서 바라보는 모습이 멋있다.

241

바간을 재미있게 여행하는 방법

미얀마를 여행하다 보면 매일 보게 되는 광경이 사원, 파고다, 스님들이라고 해도 과언이 아닐 정도로 주로 불교 유적과 관련된 관광지가 여행의 90% 이상을 차지하게 된다. 그렇다 보니 처음에는 대단하고 경이롭던 모습들이 며칠이 지나면서는 차츰 식상하고 그 사원이 그 사원 같고 도대체 감흥이 나지 않는 경우가 많다. 이럴 때는 다음과 같은 여행 스케줄로 변화를 주기 바란다.

1. **마차** 하루는 마차를 이용해서 사원을 구경한다.
2. **자전거** 하루는 자전거를 빌려서 사원을 둘러보자. 정차 시에는 반드시 자물쇠를 잠근다. 현지인들이 가져가는 경우는 거의 없지만 여행자들이 비슷한 자전거일 경우 착각해서 타고 가는 일이 종종 있다.
3. **재래 시장** 하루는 냥우에 있는 재래시장을 구경해 보자. 재래시장 구경은 현지 사람들을 이해하고 이국적인 문화를 체험할 수 있는 좋은 기회이다. 냥우 시장은 여름철 우기에는 썰렁하고 11월부터 시작되는 겨울철 건기에는 많은 사람들로 활력이 넘친다.
4. **보트 투어** 하루는 보트 유람을 해 보자. 부 파야 아래로 내려가면 사설 보트를 타고 에야와디 강변을 따라 바간 지역을 구경하는 코스가 있다. 승선 시에는 반드시 구명조끼를 착용하자.
5. **휴식** 여행이 피곤하다면 하루 정도는 숙소에서 편히 쉬면서 야외 수영장에서 휴식을 취하자. 중급 이상의 호텔은 대부분 야외 수영장이 딸려 있으니 수영복을 꼭 챙겨서 가는 게 좋다.

바간의 역사

바간의 초기 역사는 서기 107년에 타무다리(Thamudarit) 왕이 주변 19개 부족 마을을 통합하여 첫 번째 바간 왕조를 시작하면서부터다. 이때를 욘류 쭌(Yonhlyu kyun)이라 부른다.

그 후 소규모 부족적인 형태의 작은 나라를 이어오다 본격적인 바간 왕조가 열린 것은 1044년에 즉위한 아노라타(Anawrahta, 1044~1077) 왕 때부터이다. 당시 아노라타 왕은 미얀마 서남부(지금의 라카인 주)를 평정하고 미얀마 전역으로 세력을 넓히던 중이었다. 1056년에는 바간의 남쪽 몬 주(Mon State)에 위치해 있던 따똥(Thaton)에서 온 승려 신 아라한(Shin Arahan, 당시 22세)에 의해서 아노라타 왕은 불교 신자가 되었다. 신 아라한은 몬족의 젊은 소승 불교(상좌부 불교) 승려였다. 당시 바간은 인도의 힌두교와 전래 무속신앙, 중국으로부터 유입된 대승 불교 등이 혼재해 종교적으로 무척 혼란한 시기였다. 이에 아노라타 왕은 강력한 왕권 강화와 바간 왕조의 통합을 위해서 소승 불교를 정식 종교로 받아들였다.

왕은 따똥 왕국에 불교의 경전이 있음을 전해 듣고는 그 경전을 필사해서 보내 줄 것을 당시 따똥의 왕 마누하에게 부탁했으나 일언지하에 거절당했다. 이에 화가 난 아노라타 왕은 따똥을 정복하고 마누하 왕을 포로로 잡아온다. 이때 마누하 왕과 함께 잡혀온 많은 기술자들이 바간의 수많은 사원을 짓게 되고 이는 훗날 찬란한 바간 왕조를 꽃피우는 원동력이 되었다.

아노라타 왕은 강력한 왕권을 바탕으로 미얀마 전역을 통일했을 뿐만 아니라 이웃 국가인 태국을 침략하는 등 대내외적으로 강성한 국가를 완성했다. 1287년 몽고의 쿠빌라이 칸에 의해 침략 당하면서 바간의 찬란한 역사는 저물기 시작한다.

올드 바간
OLD BAGAN

바간 관광의 중심지

사원과 탑이 가장 많은 지역으로 냥우 지역과는 3~4km 정도 떨어져 있다. 주변에 바간에서 유명한 사원과 탑의 80% 이상이 몰려 있는 바간의 명소로 바간 여행의 핵심이 되는 지역이다. 저렴한 게스트 하우스와 음식점 및 편의시설이 주로 냥우에 위치해 있는 반면 바간에는 고급 호텔과 분위기 있는 고급 레스토랑이 많다. 올드 바간 지역은 도보로 이동하기에는 무리가 있고 자전거나 마차(Horse Cart)를 이용해서 사원을 둘러보는 것이 좋다. 1990년 이전에는 현지 주민들이 파고다 옆에 집을 짓고 파고다와 같이 있었으나 정부의 문화재 보호 정책으로 주민들이 모두 뉴 바간 및 냥우 인근 지역으로 강제 이주를 당했다. 일반적으로 타라바 게이트를 중심으로 한 인근 지역을 올드 바간이라 말한다.

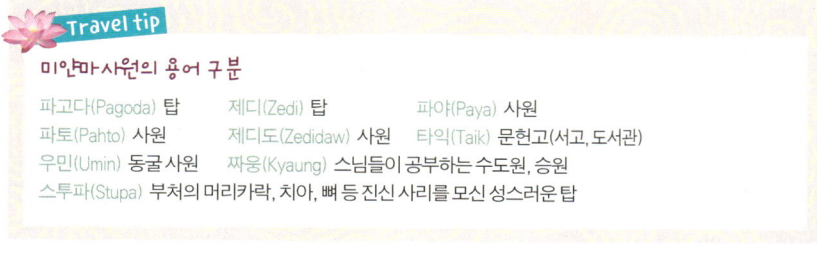

바간의 교통수단

바간은 기본적으로 버스 같은 대중교통편은 없고 택시와 마차, 싸이카(인력거), 자전거로만 다닐 수 있다. 냥우에서 올드 바간을 거쳐서 뉴 바간까지 픽업트럭(라인카)이 비정규적으로 운행을 하고 있다. 냥우 시내의 메인 도로에서 타면 된다.

Travel tip

미얀마사원의 용어 구분

파고다(Pagoda) 탑　　제디(Zedi) 탑　　파야(Paya) 사원
파토(Pahto) 사원　　제디도(Zedidaw) 사원　　타익(Taik) 문헌고(서고, 도서관)
우민(Umin) 동굴 사원　　짜웅(Kyaung) 스님들이 공부하는 수도원, 승원
스투파(Stupa) 부처의 머리카락, 치아, 뼈 등 진신 사리를 모신 성스러운 탑

타라바 게이트 Tharaba Gate

바간으로 들어가는 입구

바간으로 들어가는 입구에 있는 문으로 서기 849년 삔뱌(Pinbya) 왕이 건설한 왕궁 성벽 12개의 문 중 하나다. 문 양쪽으로 남매를 기리는 상이 있다. 이는 '낫' 신앙의 하나로 '민 마하 기리(Min Maha Giri)'라고 불린다. 문 왼쪽에 있는 상이 오빠(마웅 띤데)이고 오른쪽이 여동생(톤 발라)이다. 지금도 바간의 주민들은 남매를 기리며 향과 제물을 바치고 복을 빈다. 또한 이들이 바간의 수호자로서 도시와 자신들을 지켜 준다고 믿고 있다.

민예공 파고다 Min yein gon Pagoda

일출 보는 최적의 장소

바간의 탑들 사이로 솟아오르는 일출을 보기 위한 최적의 장소이다. 사원이 그리 크지 않고 유명하지도 않아서 찾기가 쉽지는 않다. 하지만 마부들은 대부분 잘 알고 있다.

탑 안에는 요염한 자태의 부처 좌불상이 모셔져 있다. 탑 안으로 들어가서 바로 우측 벽 부분까지 가면 위로 올라가는 작은 계단 통로가 나온다. 계단을 조심스럽게 올라가면 테라스가 나오는데 그리 높지 않은 높이에도 불구하고 탑 사이로 보이는 일출 풍경은 최고이다. 해가 뜨기 전에는 계단을 올라가는 통로가 무척 어두우니 꼭 손전등을 챙겨가야 한다.

위치 바간 고고학 박물관 건너편으로 바간 짜욱 로드(Bagan Chauk Rd.) **주의 사항** 일출 촬영 전에 반드시 숙소나 마부에게 파고다 상층부 출입이 가능한지 확인해야 한다.

민예공 파고다에서 바라본 아침 풍경

아난다 파야 Ananda Paya

회랑에 부처의 전생담이 그려진 곳

바간에서 제일 규모가 크고 아름다운 사원 가운데 하나로 1091년 짠시따(Kyansittha) 왕이 건립했다. 아난다 파야는 몬 양식의 사원 형태로 인도 벵갈 지역의 사원 양식과 유사하다. 사원으로 들어가는 입구가 동서남북 사방에 나 있으며 사원의 높이가 51m, 동서 길이가 182m, 남북의 길이가 180m에 이른다.

아난다 파야의 또 다른 특징은 기다란 회랑을 만들어서 그 안쪽에 부처님의 전생담인 637개의 그림(자타카, jataka)을 그려 놓았다는 점이다. 남쪽 문으로 들어서면 부처의 커다란 발자국 조형물이 둥그런 판 위에 커다랗게 새겨져 있고 정면으로는 나무로 만든 9.5m의 부처 입상이 있다. 이 부처는 가섭불이고, 북쪽 문 입구에 있는 부처는 구류손불(카쿠산다)로 사원 건립 당시 그대로 원형이 잘 보존된 상태이다. 동쪽 문 입구에 있는 부처는 구나함모니 부처님으로 1857년에 티크 우드로 재조성된 불상이라고 한다. 서쪽에 있는 부처는 가장 최근에 조성된 불상으로 100년 전에 조성되었는데 금, 은, 동, 철 등의 금속을 합금해서 만든 불상이라고 한다. 동쪽과 서쪽 부처는 화제로 심하게 훼손되어 근래에 재조성되었다. 남쪽에 있는 가섭불의 경우 마치 오케스트라를 지휘하는 지휘자가 입고 있는 연미복 같은 가사를 손으로 잡고 있는 모습인데 이는 부처님의 무한한 자비를 나타낸다고 한다.

아난다 파야는 통로가 세 개로 나누어진다. 맨 바깥 통로는 일반인들의 참배 통로이고 그 다음은 왕의 참배 통로이고 가장 안쪽의 부처님과 가장 가까운 통로가 승려들이 참배하는 통로라고 한다. 이 안쪽 통로에는 수많은 감실을 만들고 부처의 전생담을 조각하거나 불상을 모셨다. 일반적으로 남쪽 문을 많이 이용하며 동쪽 문 쪽으로 나가면 작은 야외 시장으로 갈 수 있다. 어느 사원을 가나 사원 입구 양쪽에 작은 기념품, 불교나 바간의 사진집, 모래 그림, 목각 공예품을 파는 가게가 있다.

아난다 파야 옆에는 아난다 옥 짜웅(Ananda Ok Kyaung)이라는 동굴 사원이 있는데, 이 사원에는 18세기에 그려진 벽화가 있다.

탓빈뉴 파야 Thatbyinnyu Paya

바간에서 제일 높은 사원

1144년 아난다 파야를 건립했던 짠시따의 손자인 알라웅씨뚜(Alaungsithu)가 건립한 사원으로, 높이가 61m에 이르는 바간에서 제일 높은 사원이다. 이 사원의 내부 구조는 4층 구조로 1, 2층은 승려들이 거주했고 3층은 일종의 박물관으로 유물을 보관했으며 4층은 공부방(도서관)이었다고 한다. 대부분의 탑 상부에는 사리나 유물을 모셨다. 외벽은 회색의 반죽을 발라서 묘한 느낌을 주는 사원이다. 탓빈뉴 파야 오른쪽에는 작은 탑이 하나 있는데 이는 탓빈뉴 파야를 건축할 당시 벽돌의 사용량을 측정하기 위해서 벽돌 만 장당 한 장씩 쌓은 탑이라고 한다. 이 탑도 규모가 작지 않은 것을 볼 수 있는데 탓빈뉴 파야에 얼마나 많은 벽돌이 사용되었는지를 짐작할 수 있다.

얼마 전까지는 이 탓빈뉴 파야가 바간의 탑 군을 조망하는 전망대로, 일반 여행자들도 내부 계단을 통해서 상층부의 테라스로 올라갈 수 있었지만, 지금은 폐쇄되어 올라갈 수가 없다. 단, 미얀마의 고위층이나 군 장성들, 기타 귀빈들에게는 허용되고 있다.

Travel tip

바간의 탑과 사원 내부는 무척 어두워서 벽화를 눈으로 보기가 쉽지 않다. 날이 맑으면 다행이지만 흐린 날에는 더더욱 안 보이기 때문에 성능 좋은 손전등을 가지고 다니면 벽화를 감상하는 데 도움이 된다.

나라웅짜웅 수도원 Nat Hlaung Kyaung

탓빈뉴 파야의 전경을 볼 수 있는 곳

탓빈뉴 파야 바로 뒤편에 있는 바간 유일의 힌두(Hindu) 사원으로 10세기에 건립되었다. 바간을 방문하는 인도 순례자들에게 쉼터를 제공하기 위해서 건립된 사원으로 입구에 비쉬누(Vishnu) 상이 있으며 그 주변에 시바와 브라흐만이 새겨져 있다. 문화재 도굴꾼들과 제2차 세계 대전 당시 일본군들에 의해서 불상이 많이 훼손되었다. 이곳에서 바라다 보는 탓빈뉴 파야의 전경이 가장 멋있다고 알려져 있다.

고도팔린 파야 Gawdawpalin Paya

바간에서 두 번째로 높은 사원

사자상이 입구 양편에 서서 사원을 지키고 있는 고도팔린 파야는 1203년에 완공된 사원으로 나라파띠시뚜(Narapatisithu) 왕이 건설을 시작해서 나다웅먀(Nadaungmya) 왕 때 완공되었다. 높이가 55m로 바간에서 두 번째로 높은 사원이다. 이 사원은 1975년 대지진으로 크게 훼손되었다가 1980년쯤에 대부분 보수되었다. 이 사원 뒤로는 에야워디 강이 흐르고 있어서 에야워디 강 위로 물드는 황금빛 일몰이 일품이다. 그러나 지금은 사원 위로 올라가는 계단을 폐쇄해서 올라갈 수 없다.

🌸 Travel tip

바간탑의 형태

① 사리나 유물을 모시기 위한 탑 자체로 내부로는 들어갈 수 없고 외부 계단을 통해서 상층부로만 올라갈 수 있는 형태 ➡ 쉐산도 파야

② 내부로 들어갈 수 있는 구조로 내부에 불상을 모시고 스님들이 기거할 수 있는 방과 장소가 있는 사원 형태. 이러한 사원은 내부 계단을 통해서 탑의 상층부나 테라스로 올라갈 수 있다. ➡ 술래마니 파고다

마하보디 파야 Mahaboddhi Paya

독특한 양식의 사원

부 파야 가기 전에 있는 사원으로 인도의 부다가야 (Buddhagaya)에 있는 마하보디 파야의 형태를 본따서 만든 사원으로 바간 지역의 수많은 사원 중에서 독특한 양식으로 만들어진 사원이다. 사원의 탑에는 455개의 좌불상이 외벽에 층층이 모셔져 있다. 1215년에 건립되었다.

부 파야 Bu Paya

일몰 감상의 최적의 장소

마하보디 파야를 지나서 조금 더 가면 에야워디 강변 언덕에 위치한 파야이다. 파야 왼쪽으로는 작은 낫(Nat)을 모신 사당이 있고 가운데 테라스 위에 커다란 탄두 모양의 황금색 탑이 서 있다. 맑은 날 파란 하늘을 배경으로 서 있을 때와 흐린 날 잿빛 하늘일 때 탑의 느낌이 사뭇 다르게 느껴진다.

부 파야는 바간 지역에서 제일 오래전에 건립된 것으로 서기(AD) 300년에 조성되었다고 한다. 이 파야도 1975년 대지진으로 파괴된 것을 재보수했다. 이 파야는 원통 모양의 퓨(Pyu)족 스타일의 탑(Stupa)으로 인도 초기의 탑들이 주로 이러한 형태로 만들어졌다.

부 파야 바로 뒤로 에야워디 강이 흐르고 있어서 일몰을 구경하는 최적의 장소이다. 특히 겨울철 일몰이 최고이다. 시간적 여유가 있는 여행자는 한번쯤 아래로 내려가서 일몰 무렵에 에야워디 강변을 유람하는 보트를 타 보기 바란다.

바간 고고학 박물관 Bagan Archaeological Museum

바간 왕조의 흔적을 볼 수 있는 박물관

사원을 조성하고 탑을 건설하면서 시주한 많은 사람들에 대한 기록이 새겨진 비석들부터 이곳에서 발견된 화석, 미얀마 초기 문자와 과거 생활 도구, 머리 스타일 변천에 대한 자료 등 바간 왕조 사람들의 삶을 추적할 만한 자료들이 상당수 전시되어 있다.

쉐산도 파야에서 바라보면 이 박물관과 동쪽에 우뚝 솟아 있는 최근에 완공된 전망대 건물이 경관을 해친다는 생각이 들기도 한다.

박물관 입장료 $5

밍글라제디 파고다 Mingalazedi Pagoda

바간의 마지막 사원

1268년 바간의 마지막 왕인 나라띠하파띠(Narathihapati) 왕이 세운 탑이다. 탑 내부에 부처님의 전생담을 많이 그려 놓았는데 도굴꾼들이 훔쳐 가고 많이 훼손된 상태로, 지금은 남아 있는 것이 많지 않다. 이 사원은 에야워디 강변 지역에 있어 일몰을 보기에 좋다. 많은 여행자들이 저녁 노을을 보면서 바간 왕조 마지막으로 건립된 이 사원에서 역사의 무상함을 느낀다. 오후 시간에 바간 탑군들을 감상하기에 좋다. 몇 년 전까지 폐쇄되었다가 최근에 새롭게 개방을 했다. 흉물스럽게 방치되었던 출입구 주변도 지금은 깔끔하게 잘 정리가 됐다. 쉐산도 파야의 혼잡함을 피해서 여유롭게 바간의 마지막 건립 사원에서 일몰을 감상하자.

쉐산도 파야 Shwesandaw Paya

일출과 일몰이 아름다운 사원

일출과 일몰 전망(View point) 사원으로 잘 알려진 이 사원은 1057년 아노라타(Anawrahta) 왕이 따똥(Thaton)국을 정복한 기념으로 냥우 지역의 쉐지곤과 함께 건설했다고 한다. 사원의 모습은 피라미드와 비슷하게 위로 올라갈수록 폭이 좁아지며 사방에 계단이 마련되어 있다. 이 좁은 계단을 올라 맨 위층에 서면 끝없이 펼쳐지는 주변 사원과 나무, 지나가는 마차가 어우러진 멋진 전망을 감상할 수 있다. 특히 일출이나 일몰 시간에는 가장 바간스러운 풍경과 함께 멋진 사진을 찍을 수 있다. 탑의 주위를 한 바퀴 돌다 보면 1975년 대지진 때 떨어진 탑의

상층부 우산을 볼 수 있다. 쉐산도 파야 바로 앞에 길이 18m의 와불 사원인 신빈따라웅 사원이 있다.

Travel tip

쉐산도 파야에서 일출, 일몰 감상시의 주의 사항

이 사원은 사리와 유물을 보관하는 탑으로, 외부의 계단을 통해서만 상층부로 올라갈 수가 있는데 계단이 무척 가파르다. 내려올 때도 급경사라 무척 위험하기 때문에 반드시 손잡이를 잡고 한발 한발 내려와야 한다. 비가 오는 날에는 특히 더욱 미끄럽기 때문에 계단을 올라갈 때나 상층부 테라스를 걸어서 둘러볼 때 미끄러지지 않도록 각별히 주의해야 한다. 지역 입장권을 검사한다.

신빈따라웅 사원 Shinbinthalyaung

와불이 있는 사원

쉐산도 파야 주차장 부분에 있는 기다란 창고 같은 단층 벽돌 건물이 바로 11세기에 조성된 길이 18m의 와불이 있는 장소다. 많은 여행자들이 무심코 지나치는데 한 번 들러 보기 바란다. 겨우 한 사람이 통과할 수 있을 정도로 들어가는 입구가 좁다. 실내에는 별다른 조명 장치가 없어서 맑은 날이 아니면 와불 사진이 잘 나오지 않는다.

쉐구지 파야 Shwegugyi Paya

버섯 모양의 독특한 건축물

1131년 알라웅시뚜(Alaungsithu) 왕이 건립한 사원으로 패륜의 역사가 남겨진 사원이다. 탓빈뉴 파야에서 서북쪽으로 약 200m 떨어져 있다. 사원의 규모는 그리 크지 않으나 실내 계단을 통해 상부로 올라가면 바간의 사원들이 한눈에 조망이 되어 조용하게 일몰을 감상할 수 있는 최적의 사원이다. 이곳에서 보는 탓빈뉴 파야의 풍경이 멋지다.

일몰을 촬영하려는 분들은 필히 200mm 내외의 줌 망원 렌즈가 필요하다. 확 트인 전망은 좋은데 사원과 파고다가 너무 작게 보여서 망원 렌즈로 당겨 찍으면 멋진 풍경을 담을 수 있다.

쉐구지 파야는 상부가 버섯 모양으로 건축이 되었으며 큰 문과 개방형 창문이 특징이다. 창문에는 낫의 형상을 표현했으며, 커다란 나무 대문에는 다양한 조각을 해서 예술적 가치가 돋보인다. 알라웅시뚜 왕은 만신소(Manshinsaw)와 나라뚜(Narathu)라는 두 아들을 두었는데 둘째 아들인 나라뚜는 아버지가 병들자 왕권이 탐이 나서 아버지인 알라웅시뚜 왕을 이곳에서 죽이고 왕위에 올랐다.

그 후 자신의 잘못을 참회하기 위해서 세운 사원이 바로 유명한 담마양지 파고다이다. 바간 사원 중에서 이 두 사원이 바로 패륜과 관련된 사원이다.

담마양지 파고다 Dhammayangyi Pagoda

웅장하고 정교한 미완성의 사원

멋진 출입문과 벽돌 담으로 둘러싸인 담마양지 파고다는 그 규모가 보는 이들을 압도한다. 무려 800만 장의 벽돌을 사용하여 지은 웅장한 사원으로, 마치 이집트의 피라미드와 비슷한 모양을 하고 있다. 나라뚜(1167~1170) 왕이 1170년에 건립한 이 사원은 비극의 역사를 간직하고 있다. 알라웅시뚜(Alaungsithu)의 아들이었던 나라뚜는 왕권이 탐이 나서 아버지를 쉐구지 파야에서 살해하고 왕이 된다. 그는 그 과정에서 형, 아내까지 모두 살해했다. 담마양지 파고다는 바로 패륜적인 자신의 죄를 참회하기 위해서 나라뚜 왕이 세운 참회의 사원이다.

건립 당시에 벽돌과 벽돌 사이에 바늘을 꽂아서 바늘이 들어가면 가차 없이 건축 담당자들인 노예와 관리자를 죽여 버리거나 양팔을 잘라 버렸다고 한다. 사원 안쪽 통로를 따라 한 바퀴 돌다 보면 남쪽 한 귀퉁이에 당시에 팔을 자르던 형틀의 모형이 보관되어 있다. 어두워서 잘 안 보이므로 맑은 날에 가거나 손전등을 가지고 가면 쉽게 볼 수 있다. 잔인한 성품으로 악명이 높던 나라뚜 왕은 결국 3년 뒤 지금의 인도 땅인 가야 지방에 있던, 죽은 아내의 아버지인 장인이 보낸 승려를 가장한 자객에게 살해당하여 사원 건축을 끝내지 못했다. 결국 인과응보였던 셈이다. 담마양지는 웅장하지만 미완성인 사원이다. 미얀마인들은 나라뚜 왕을 '칼라자 민(Kala-gya Min)'이라고 부르는데 이는 '인도 사람에게 죽임을 당한 왕'이라는 뜻이다. 벽을 따라 한 바퀴 돌아보면 벽돌과 벽돌 사이가 얼마나 정교하게 맞아떨어지는지 그 정교함에 또 한 번 놀라게 된다. 사원 입구 양쪽에 비어 있는 자리는 문화재 도굴꾼들이 불상을 가져간 빈 자리이며 영국의 식민지와 일본군의 침략(제2차 세계대전) 시절에도 해외로 많이 유출되었다. 심한 경우는 벽화를 통째로 떼어 간 사원도 있다.

담마양지 파고다의 일출

일꾼들의 팔을 자르던 형틀

술래마니 파고다 Sulamani Pagoda

벽화가 잘 보존되어 있는 사원

술래마니 파고다는 냥우의 띨로민로, 고도팔린 사원과 더불어 매우 독특한 형태의 사원 양식을 지녔다. 이 사원은 나라파띠시뚜(Narapatisithu) 왕이 1184년에 건립한 사원으로 사원 내부의 벽화가 양호한 상태로 많이 남아 있다.

주로 부처님의 제자들이 설법을 듣는 모습이 많이 그려져 있으며 안치된 부처가 특이한 형태를 하고 있다. 머리에는 왕관 같은 관을 쓰고, 얼굴 생김새가 우리와 비슷해서 친근하게 느껴지는 통로 벽에 그려진 벽화는 18세기에 그려진 것이고, 천장에 그려진 벽화는 13세기 것으로 추정된다.

바간에서 멋진 사진 촬영하기

1. 바간 유적지 사진을 잘 찍는 법

- 유적지 사진을 잘 찍기 위해서는 먼저 좋은 촬영 장소를 선택하는 것이 중요하다.
- 사진은 찍는 사람이 피사체에 대해서 아는 만큼만 찍힌다. 각 사원의 중요한 점이 무엇인지 미리 체크한다.
- 사원 내부는 조명 장치가 없어서 매우 어둡다. 그냥 찍으면 흔들릴 가능성이 크므로 가능하면 작은 삼각대를 가져가서 찍고 그렇지 않으면 카메라의 플래시를 사용하거나 ISO 감도를 최대한 올려서(1,600~3,200 ISO) 촬영한다.
- 사원 내부로 들어오는 자연 광선을 최대한 이용한다.
- 사원을 배경으로 기념 사진을 찍을 때는 너무 사원 가까이로 가지 말고 멀리 떨어진 장소에서 사원이 충분하게 들어가도록 구도를 잡은 후에 사원이 보이게 옆으로 살짝 비켜서서 찍는다.

2. 바간의 일출, 일몰 포인트 사원

일출 (오전 6시~7시)

- **민예공 파고다** 가장 추천하는 곳이나 최근에 상층부로 올라가는게 금지되어 일출 보기 어려움
- **쉐산도 파야** 일출, 일몰 감상 가능함

일몰 (오후 5시~6시 30분)

- **쉐산도 파야** 여행객이 몰려서 혼잡함
  (일몰 2시간 전에 도착해서 미리 명당을 선점한다.)
- **쉐구지 파야** 한적한 곳으로 망원 렌즈 필요(70-200mm)
- **떼욕삐 파야**(Tayokpye Paya) 한적한 곳으로 사원이 멀어서 망원 렌즈 필요

- **불레디 파야(Buledi Paya)** 한적한 곳으로, 사원이 작게 보여서 망원렌즈 필요
- **밍글라제디** 한적한 사원
- **카밍가 사원(Khaymingha)** 한적, 일몰 방향으로 파고다가 많아서 사진이 멋지게 나옴
- **부 파야(Bu Paya)** 에야워디 강이 바로 뒤에 있음

③ 필요한 사진 장비들

- **광각렌즈** 크롭 바디 : 10mm-22mm, 17mm-55mm(촬영 빈도수 제일 많음),
  풀 프레임 : 16mm-35mm(사원 촬영에 최고), 17mm-40mm, 24mm-70mm,
  24mm-105mm(여행하면서 촬영하기 가장 좋은 렌즈)
- **망원 렌즈**(일출, 일몰 및 인물 촬영 시) 70mm-200mm가 가장 편리
- **플래시**(카메라에 자체 부착된 디지털 카메라일 경우는 필요치 않음), LED 추천, 사원 실내를 둘러볼 때 꼭 필요, 특히 일출 보러갈 때는 필수

④ 기타 준비물

- **선글라스** 태양빛이 강하다. 보트 여행이나 일몰 때는 필수다.
- **선크림** 수시로 바르자.
- **신발 주머니** 사원은 무조건 맨발 입장이다. 사원 출입구가 동서남북에 다 있어서 입장한 출입구와 나가는 문이 다를 수 있어서 가지고 다니는 것이 좋다.
  신발 보관소에 맡길 경우 K500 정도의 보시는 필수이고, 간혹 신발이 분실되기도 한다.
- **여행용 멀티탭** 디지털 기기가 많다면 충전 시 여러 개의 콘센트가 필요하다.
- **외투** 겨울철에는 새벽과 밤에는 쌀쌀하다. 특히 일출이나 일몰을 보러 갈 때는 반드시 겨울용 점퍼나 담요를 챙겨 가기 바란다. 생각보다 춥다.

냐우
NYAUNG U

바간을 위한 전천후 관광 기지

올드 바간에서 북동쪽으로 5km 지점에 위치하고 있다. 냐우 지역은 올드 바간의 관광을 위해 생겨난 곳으로 도시라기보다는 작은 마을이다. 바간 여행의 초입이 되는 곳으로 여행사, 우체국, 게스트 하우스, 음식점들이 몰려 있다. 고급 숙소와 음식점들이 올드 바간 지역에 많다면 냐우에는 배낭여행자들을 위한 시설들이 많다. 저렴한 게스트 하우스와 음식점, 그리고 늘 생기가 넘치는 재래시장이 있다. 최근 들어서 낡은 게스트 하우스를 철거하고 새롭게 신축하는 게스트 하우스도 많이 늘어나고 있다.

냐우의 대표적인 볼거리는 냐우 시장과 쉐지곤 사원이다. 냐우 시장은 새벽 5시부터 장이 서고 오후 8~9시쯤에 문을 닫는다. 여느 시골의 장터처럼 정겨운 모습을 볼 수 있으며 값싸고 질 좋은 토기와 칠기 제품을 구입할 수 있다.

쉐지곤 파야 Shwezigon Paya

최초의 기념탑

미얀마를 최초로 통일한 아노라타 왕이 따똥국을 정복한 기념으로 세운 최초의 기념탑이다. 1060년에 건립을 시작해서 완공은 그의 아들인 짠시따(Kyansittha) 왕 때인 1085년에 이루어졌다. 쉐지곤은 '황금의 모래 언덕에 있는 사원' 이라는 뜻을 담고 있다.

들어가는 입구에는 커다란 흰색 사자가 한 마리 앉아 있으며 회랑을 따라서 조금 들어가면 높이 48.7m의 황금으로 빛나는 쉐지곤이 나온다. 사원 입구에는 '낫(Nat)'을 모신 조형물이 있으며 사원을 빙 둘러 가면서 37개의 낫을 모시고 있다. 사원의 서쪽으로 큰 낫 사당이 있으며 그 옆 입구에는 이 사원에 얽힌 9가지의 비밀을 적어 놓았다.

탑 주변으로는 황금빛의 꽃으로 된 장식대가 빙 둘러져 있다. 경내 바닥을 주의 깊게 보면 물이 고여 있는 곳이 있는데 그곳을 바라보면 파고다가 한눈에 비친다고 한다. 아마도 당시 건축을 위한 측량점이었으리라 추정된다.

❈ 쉐지곤 사원의 9가지 비밀

1. 탑 상층부 왕관(hti) 부분에 어떤 지지대도 없다.
2. 경내 벽의 그림자가 변하지 않는다.
3. 탑에 입힌 금박이 흘러내리지 않고 그대로 붙어 있다.
4. 아무리 많은 여행자나 순례자가 와도 경내가 붐비지 않는다.
5. 이른 아침에 변함없이 밥이 제공된다.
6. 경내의 큰북을 치면 반대 방향에서는 전혀 들리지 않는다.
7. 파고다가 신기루 같은 환영을 준다.
8. 아무리 비가 많이 와도 경내에 물이 차지 않는다.
9. 연중 내내 경내의 나무가 꽃을 피운다.

우팔리 떼인 Upali Thein

목조 건물 형태의 사각형 사원

우팔리 떼인은 천민으로는 처음으로 부처에게 수계를 받은 우팔리 스님의 이름을 딴 사원이다. 수계란 불교에 입문하는 것으로 우팔리 떼인은 수계식 장소였다고 한다. 원래는 목조 건물이었으나 불에 타 없어져, 18세기에 형태를 그대로 본따서 새로 지은 벽돌 건물이다. 한 분의 부처를 모셨으며 내부는 벽화로 가득 차 있다. 벽화는 당시에 그려진 것이 아니라 1793년에 완성되었다고 한다. 움브라 호텔(구 골든 익스프레스 호텔) 조금 아래 바간 냥우 로드(Bagan-Nyaung U RD) 큰 길 옆에 위치해 있으니 들러 보자.

띨로민로 Htilominlo

우산이 선택한 자

1218년 난따웅마(Nantaungmya) 왕이 건립했으며 높이가 46m로, 술래마니 파고다와 유사한 형태이다. '띨로민로'는 '우산이 선택한 자'라는 뜻으로, 이름에 얽힌 전설 같은 이야기가 있다. 난따웅마 왕의 아버지는 다섯 번째 아들인 난따웅마에게 왕위를 물려주고 싶어서 우산을 던져 그 끝이 가리키는 왕자에게 왕위를 물려주겠다고 선언을 한다. 아버지가 우산을 던졌고, 우산 끝의 왕의 바람대로 난따웅마 왕을 가리켜 그가 왕위에 올랐다고 한다.

벽돌을 쌓아 올려서 탑을 완성한 후에 외벽을 모두 회반죽으로 마무리했는데 지금은 많은 부분이 떨어져 나갔고 기둥 부분과 모서리 부분만 남아 있다. 비교적 원형 상태가 잘 보존된 사원 중 하나로 정교한 무늬와 사자상 비슷한 수호신의 문양은 양호한 상태로 남아 있다.

내부 통로와 불상 주변으로도 벽화가 양호한 상태로 남아 있다. 띨로민로 사원은 뒤편(후문)의 넓은 밭에서 바라보면 그 모습이 장관이다. 바간 여행 시 꼭 들러야 하는 사원 가운데 하나이다. 지역 입장권을 검사한다.

난떵정 수도원 Nanthungyung Kyaung

예술적인 목조 사원

에야워디 강변에 위치한 수도원으로 바간 왕조 시절에는 수백 명씩 머무는 제일 큰 수도원이었다고 하나 지금은 스님 몇 분만 남아 있는 초라한 수도원으로 몰락했다. 난떵정 수도원은 건물 자체는 무척이나 예술적인 면을 가지고 있다. 나무로 지어졌으며 내부에 화려한 문양의 조각이 남아 있는데 보존이 제대로 되지 않아 훼손 상태가 매우 심각한 것이 아쉽다.

위치 바간 여객선 부두 근처

짠시따 우민 Kyansittha Umin

인공 동굴 형태의 작은 사원

쉐지곤 파고다에서 남쪽으로 조금 아래에 위치한 사원으로 인공 동굴 형태로 만들어진 작은 사원이다. 사원 내부는 가운데 통로를 중심으로 양쪽에 여러 개의 작은 방들이 있는 것으로 보아 당시 스님들이 머물면서 수행을 하던 수도원의 형태로 추정이 된다. 짠시따 왕 당시에 세워진 것으로 알려졌으나 실제로는 아노라타 왕 때인 13세기에 건립되었다. 사원 내부에는 많은 벽화가 있는데 훼손 상태가 심각해서 제대로 된 벽화를 보기가 쉽지 않다. 벽화의 일부에는 몽고인들이 그려져 있다고 한다. 당시 몽고군이 바간을 침략한 상황을 묘사한 것으로 추측된다. 벽화의 훼손을 방지하기 위해 실내에서는 카메라 플래시를 이용한 사진 촬영은 금지되어 있다. 자연광이나 손전등으로 비춘 모습을 고감도로 촬영하는 것은 허용된다.

카밍가 사원 Khaymingha

전망이 좋은 사원

바간-냥우 메인 로드 움브라 호텔 조금 아래, 띨로 민로 사원 조금 아래에 있다. 주변에 사원들이 많아서 일명 전망 사원으로도 불린다. 우팔리 떼인, 띨로 민로 사원을 보고 지나가면서 들르게 되는 그런 사원이다. 주변 사원을 보다가 무료해지거나 지쳤을 때 카밍가 사원에 올라 시원한 바람을 맞으며 넓은 바간 평원에 펼쳐진 사원들을 보면서 잠시 쉬어 가도록 하자.

냥우 시장

볼 것이 많은 재래시장

냥우 시내 메인로드 한가운데에 위치한 재래시장으로 건기(겨울)에는 이른 아침(새벽 6시)부터 활기차게 열린다. 우기인 여름에는 낮 시간에만 소규모로 열린다. 신선한 과일, 채소, 정육 등 다양한 제품이 있으며 냥우에 묵고 있는 여행자들에게는 놓칠 수 없는 필수 코스이다.

예전에는 무척이나 소박하고 순수한 상인들이 많았는데 최근 들어 여행자들의 급증으로 인한 폐해인지 냥우 시장 상인들이 불친절하고 바가지가 심하다는 불평이 들리기도 하므로 참고하기 바란다. 여행자들이 살 만한 물건으로는 선물용으로 좋은 목각 인형, 칠기, 과일 말린 것 등이 있다.

뽀빠산 Mt.Popa

미얀마 정령 신앙의 고향

뽀빠산은 해발 1,520m(마을에서는 737m)로 미얀마 정령 신앙인 '낫(Nat)'의 고향이다. 화산 활동으로 만들어진 뽀빠산은 인도 산스크리트어로 '꽃'이라는 뜻이라고 한다. 뽀빠산 주위는 드넓은 밀림 지대로 1908년 이전에는 호랑이, 코뿔소, 큰 사슴 등의 동물들이 살았으나 그 이후로는 거의 자취를 감추었다고 한다.

바간에서 뽀빠산으로 가는 길에는 가로수로 야자수가 많이 심어져 있으며 중간 중간에 코코넛 열매와 사탕수수로 즙을 내서 설탕을 만들거나 증류해서 술을 만드는 광경을 볼 수 있다. 탕이(Htanyi)라는 술인데 직접 만든 제품을 현장에서 팔기도 한다.

산 언덕을 몇 개 넘고 마지막에 높은 언덕을 넘으면 눈앞에 불쑥 솟아 있는 뽀빠산이 눈에 들어온다. 언덕을 내려가면 작은 상가 마을이 나타나고 뽀빠산 올라가는 입구가 있다. '낫'의 고향답게 입구에는 '낫' 사당이 있고 계단을 조금 올라가면 왼쪽으로 기념품을 파는 상가가 계단을 따라 쭉 이어진다. 가파른 계단을 따라 25분 정도 올라가면 뽀빠산 정상에 오르게 된다. 정상에는 '낫'이 모셔진 사당이 있다. 연중 수많은 미얀마 사람들이 성지 순례로 찾는 곳이다.

❀ 원숭이 주의 사항

계단은 원숭이들의 오줌 등으로 매우 불결하고 냄새 또한 많이 난다. 계단을 따라 쭉 이어진 상가가 끝나는 지점부터 원숭이 떼가 먹을 것을 달라고 달려들거나 손에 든 음식을 낚아채서 도망간다. 카메라나 핸드백, 지갑 같은 귀중품들을 잘 챙겨야 불상사가 없다.

교통 바간에서 남쪽으로 약 50km 정도 떨어진 곳으로 자동차로 1시간 정도 걸린다. 한 번에 연결되는 대중교통편이 없으므로 자동차를 빌려서 다녀오는 것이 좋다.

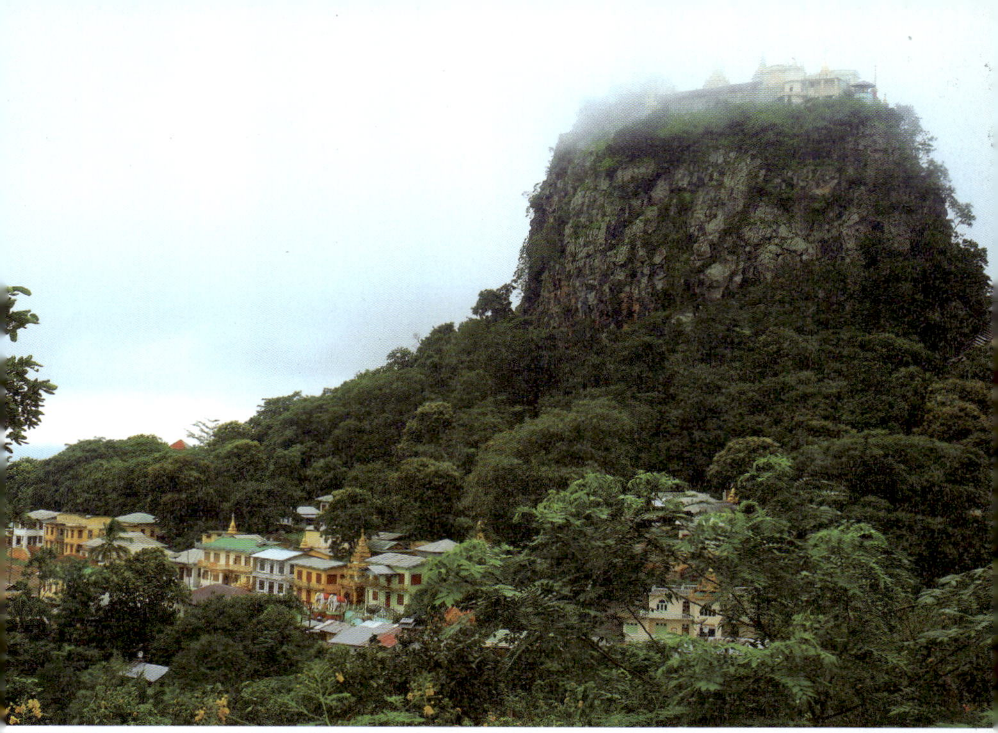

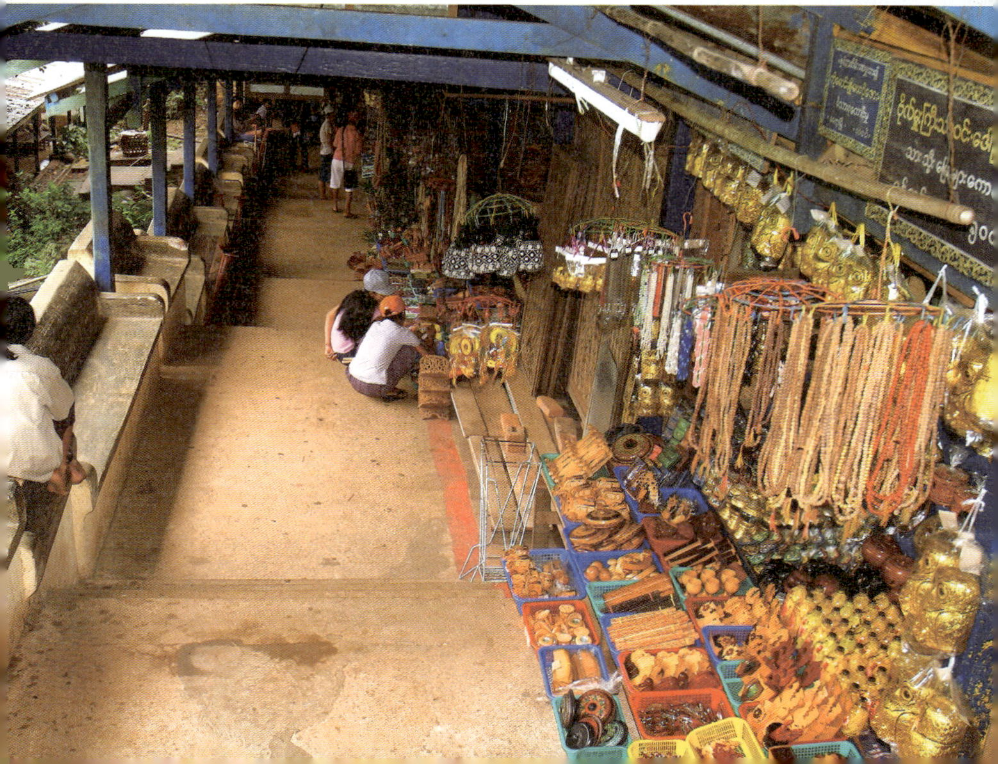

밍카바
MYINKABA

미얀마 칠기 생산의 본고장

밍카바는 올드 바간과 뉴 바간의 중간에 위치한 지역으로 미얀마 칠기 생산의 본고장이라고 할 만하다. 주민 대부분이 칠기를 제조하며 마을에는 칠기 학교와 예술 전시품 가게 등이 있어 칠기의 제조 과정을 볼 수 있으며 저렴하게 구입할 수도 있다. 밍카바 마을은 종일 사원과 파고다 구경으로 지친 여행자들이 한숨 고르며 잠시 쉬어갈 수 있는 곳이다.

칠기는 대나무를 얇게 잘라서 그릇이나 찻잔 형태로 만든 다음에 옻칠을 하는 경우와 말총을 엮어서 그릇 형태나 찻잔 형태로 만들어서 옻칠을 하는 형태가 있다. 대나무를 이용한 제품보다 말총을 이용한 제품이 더 좋다. 저렴한 칠기는 찻잔 하나에 $1부터 있지만 정교한 조각과 여러 번 채색을 해서 그림이 세밀한 제품은 몇 백 달러부터 몇 천 달러까지 다양하다. 실사용이나 주변에 선물용으로 산다면 $10~20 내외가 적당하다.

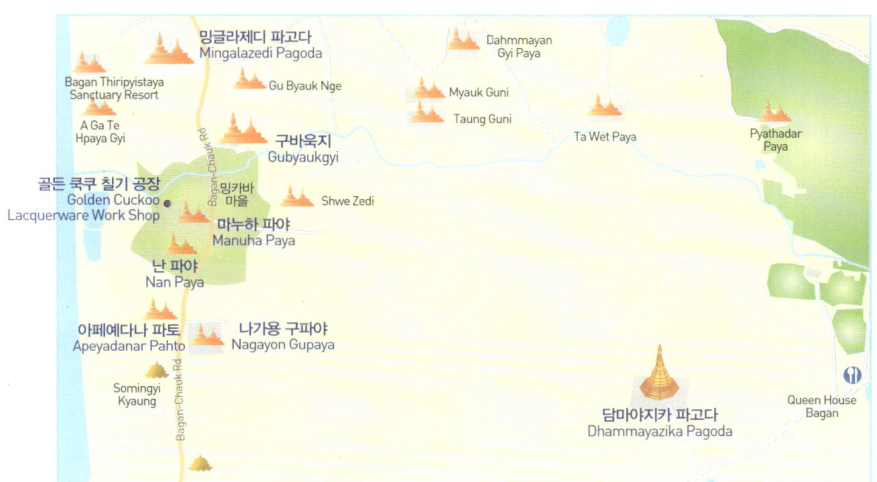

구바욱지 Gubyaukgyi

인도 양식의 사원

1113년 짠시따 왕의 아들 라자쿠마르(Rajakumar)에 의해서 완성된 사원이다. 작은 규모의 이 사원은 인도 양식으로 내부에 커다란 좌불상을 모셨으며 그 주변으로 벽화와 작은 불상이 가득하다. 구바욱지는 특히 아름다운 벽화로 유명한데, 유네스코에서 지원하여 보존·복원이 이루어지고 있어 보존 상태가 좋다. 모셔진 불상은 바간 사원에 있는 불상 중에서 제일 섹시한 모습을 하고 있다. 단 내부에 빛이 들어오는 창이 별로 없어서 무척 어둡다. 관리인이 전등을 비춰 준다. 오전에 방문하면 햇살이 조명처럼 불상을 밝혀 준다.

❋ 주의 사항

전에는 사진 촬영이 가능했으나 2006년 여름부터는 사진 및 비디오 촬영이 금지되었으며 관리인이 늘 열쇠로 잠궈 놓는다. 혹시 출입문이 잠겨 있을 경우 주변에 있는 현지인들에게 말하면 관리인을 불러 준다.

마누하 파야 Manuha Paya

답답하게 안치된 와불이 특이한 사원

몬족 따똥국의 왕으로 있던 마누하가 바간 왕조의 아노라타 왕과의 전쟁에서 패하여 노예로 끌려와서 1059년에 지은 사원이다. 이 사원은 입구에 들어서면 승려의 바릿대 모양을 본따 만든 커다란 보시함에 놀라게 된다. 그 크기가 얼마나 큰지 사다리를 타고 올라가야 할 정도이다. 사원 안으로 들어서면 전혀 다른 불상이 답답한 모습으로 앉아 있다. 총 4개의 불상이 모셔져 있는데 모두 공간이 없이 꽉 찬 상태로 겨우 사람 한 명이 지나갈 정도의 공간 밖에는 없다. 마누하 왕이 감옥에 갇혀 있을 때의 답답한 마음을 이 사원을 통해 표현했다고 한다.

뒤편으로 돌아가면 27.5m의 와불이 모셔져 있는데 마찬가지로 겨우 한 명이 다닐 정도의 공간 밖에는 없어 감옥 생활의 심경을 재현해 놓았다. 사원의 구조는 사원 정면의 부처를 중심으로 양쪽에 한 분씩 있고 그 뒤편에 와불을 모신 형태다. 이 사원은 불상을 먼저 모신 다음에 그 위로 사원을 건축하는 방식으로 지어진 사원이다. 사원의 왼쪽에는 '낫'을 모

신 사당이 있으며 사원 입구에서 울타리를 따라 왼쪽으로 60~70m 정도 가면 마누하 왕이 갇혀 있었던 감옥이 있다.

골든 쿡쿠 칠기 공장 Golden Cuckoo Lacquerware Work Shop

규모가 큰 칠기 공장

마누하 파야 근처에 있으며 제법 규모가 큰 공장이다. 20여 명의 직원이 칠기를 만들며 고가의 칠기 제품은 입구에 있는 전시장이 아닌 안쪽에 별도의 전시실을 만들어 놓고 자물쇠로 항상 잠궈 놓는다. 비싼 제품은 $200~5,000 이상으로 현지 물가로 따진다면 무척 고가인 셈이다. 수많은 사원 방문으로 지치거나 무료해지면 한번 방문해 보자.

전화 061-60428 이메일 goldencuckoo@mandalay.net.mm

난 파야 Nan Paya

힌두 사원

마누하 왕이 갇혀 있었던 사원으로 힌두 사원이다. 내부의 기둥에는 브라흐만 신이 조각되어 있다. 사원의 외벽 창문 주위로 '낫'이 조각되어 있으며 감옥 사원답게 창은 막혀 있고 주먹보다 작은 구멍만 몇 개 나 있어서 실내는 무척이나 어둡다. 사원 주변에는 상가가 몇 개 있다.

아페예다나 파토 Apeyadanar Pahto

버려진 보석이란 뜻을 가진 대승 불교 사원

마누하 파야에서 남쪽으로 300m 정도 내려가면 잘 알려지지 않은 멋진 사원이 있다. 아페예다나 파토로 벽화가 잘 보전되어 있으며, 내부 전체가 벽화로 장식된 바간에서 벽화가 제일 아름다운 사원 중 하나다.

11세기에 건립된 사원으로 창문과 테라스는 바간의 초기 양식이다. 짠시따(Kyansittha 1084-1113년) 왕의 첫째 왕비인 아페예다나가 소루(Sawlu) 왕의 분노를 피해 도망간 짠시따 왕을 이곳에서 기다렸다는 이야기가 전해 내려온다. 벽화에는 불교의 근본 불교와 대승 불교의 이야기가 그려져 있으며 사원 외벽에는 브라만 힌두교의 내용이 장식되어 있다. 최근에 유네스코(UNESCO)와 국제연합(UNDP)에서 현대적인 물감과 재료를 사용해서 벽화 복원 작업을 했다.

사진 촬영 금지라는 푯말이 거의 보이지 않을 정도로 귀퉁이에 아주 작게 쓰여 있어서 신나게 촬영을 다하고 밖으로 나오다가 촬영 금지 푯말을 발견했다. 고의성은 없었지만 결과적으로 사진을 여러 장 찍었다. 유적, 특히 벽화를 사진 찍지 못하게 하는 이유는 카메라의 플래시가 계속해서 수천 번 터지게 되면 벽화가 변색될 가능성이 있기 때문이다.

나가용 구파야 Nagayon Gupaya

커다란 입상 부처

밍카바 마을 남쪽에 있는 사원으로 11세기 바간 왕조 3대 왕인 짠시따(Kyansittha) 왕이 건립했다. 가운데에 커다란 입상의 부처님이 모셔져 있고 양쪽으로 작은 입상 부처를 모셨는데 뒤편을 잘 보면 나가(Naga, 용)의 꼬리가 보인다. 아난다 파야와 흡사한 형태의 불상으로 가사를 늘어뜨린 모습이 이채롭다. 옆으로 난 통로에도 불상이 모셔져 있다.

레미엣나 사원 Laymyethna Temple

한국인 불자들이 복원한 사원

한국인 불자들의 힘으로 복원된 사원이다. 2000년에 복원을 시작하여 2001년 1월에 마쳤으며 조계종의 평화 통일 불사리탑사 주지 도림 스님과 행자들이 힘을 보탰다. 이 사원은 11세기 짠시따 왕의 손자인 알라웅시뚜 왕이 건립한 것으로 추정하고 있다. 사원의 내부 중앙에 있는 사각 기둥에는 부처의 사성지가 조성되어 있다. 즉, 탄생, 성도, 초전법륜, 열반상이 조성되어 있어서 이 사원을 참배하는 불자는 부처의 사성지를 참배하는 것과 같다고 한다.

담마야지카 파고다 Dhammayazika Pagoda

많은 문양과 섬세한 조각

황금색의 빛나는 탑이 인상적인 매우 아름다운 사원이다. 흡사 쉐지곤과 비슷한 탑 형태로 1196년 나라파띠시뚜(Narapatisithu) 왕이 건립했다. 탑 입구 위로 빨간색의 사유상이 양쪽으로 있고 그 위로 사원의 수호신인 사자상이 양쪽으로 자리하고 있다. 외벽에 많은 문양과 조각이 섬세하게 남아 있으며 바간 지역에서 꼭 둘러봐야 할 아름다운 파고다이다.

위치 담마양지 파고다에서 남쪽으로 조금 내려가면 파소(Pwasaw) 마을 주변에 위치해 있다.

길 위에서 만난 사람들
윈윈

마차를 모는 마부 윈원(Win Win) 씨, 바간에 도착한 첫날 사이드 카(인력 자전거)를 모는 사람에게서 소개 받아 알게 된 사람이다. 그는 의사소통에는 지장이 없을 정도로 영어도 하고 착실해 보였다. 바간은 사원들이 너무 많아서 걸어서 다니기에는 좀 힘들고 자동차로 다니기에는 돈이 너무 아깝고 여유 있게 쉬엄쉬엄 다니기에는 마차가 제격이다. 윈원 씨의 말에 의하면 바간 지역에는 260개의 마차가 등록되어 있고 본인은 등록번호 92번이라고 한다. 말과 마차를 구입하는 경비가 한국 돈으로 80만 원 정도인데 등록세가 더 많이 든다고 했다. 관광객이 찾지 않는 비수기에는 생활이 어렵다고 한다. 그는 좋은 사원과 바간의 탑들을 한눈에 볼 수 있는 뷰 포인트 사원을 잘 안내해 주었다. 사원에 얽힌 이야기를 자세히 해 줘서 개인 가이드를 대동하고 여행하는 기분이었다. 외국의 유명한 배낭여행 책자에도 윈원 씨 이야기가 실렸을 정도로 성실하고 믿을 만한 사람이다. 사흘에 걸친 만남이었지만 덕분에 바간의 요지를 다 들러 볼 수 있었던 것 같다. 모름지기 여행은 정보와 시간, 그리고 좋은 사람과의 만남이 어우러질 때 만족스럽고 행복한 여행이 된다.

마부 윈원 씨는 뱀에 대한 미얀마 사람들의 재밌는 미신 이야기를 하나 해 주었다. 미얀마에서는 뱀이 왼쪽에서 오른쪽으로 지나가는 것을 보면 행운이 오는 길조로 보고, 반대로 오른쪽에서 왼쪽으로 지나가는 것을 보면 그날은 재수 없는 날이라고 믿는다고 한다. 마차 여행을 하려면 시작하기 전에 반드시 무슨 사원을 볼 것인가를 미리 체크했다가 마부에게 원하는 사원으로 가 달라고 이야기하는 것이 좋다.

뉴 바간
NEW BAGAN

강제 이주된 원주민들의 마을

뉴 바간은 올드 바간 유적지 주변에 살고 있던 원주민들을 강제로 이주시켜서 만든 마을로 냥우 지역에서 약 10km 남쪽에 자리하고 있다. 강제 이주는 1990년에 완료되었으며 현재 올드 바간 지역에는 고급 호텔과 레스토랑들만 남아 있다.

뉴 바간 지역에는 게스트 하우스, 저가 호텔 및 레스토랑과 칠기 공장, 우체국 등 편의 시설이 있지만 주변에 유명한 사원 유적지가 많지 않아서 관광객의 발길은 뜸한 편이다.

뉴 바간 지역에서 볼 만한 유적지로는 에야워디 강변에 자리한 로카난다 파고다(Lawkananda Pagoda)가 있다.

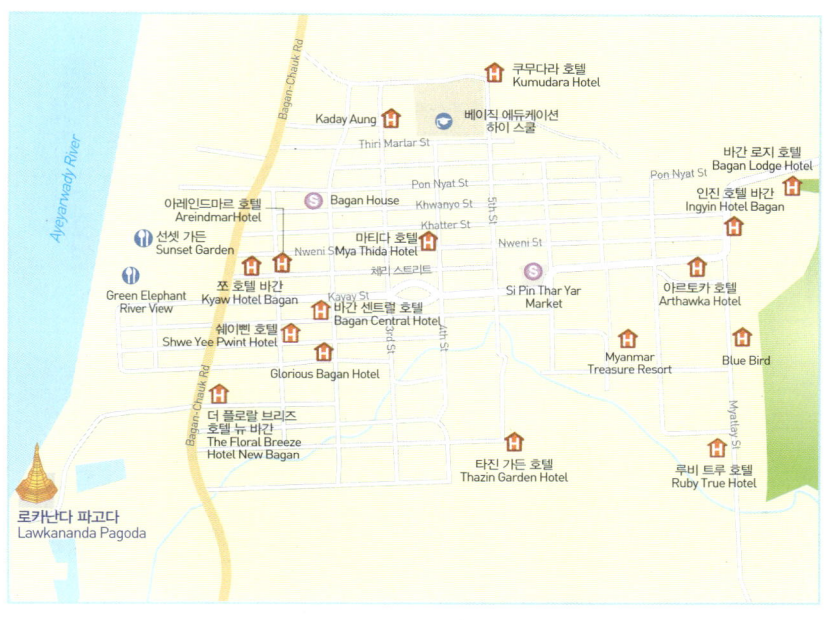

로카난다 파고다 Lawkananda Pagoda

에야워디 강변의 사원

바간 남쪽에 위치한 뉴 바간 지역의 에야워디 강변 언덕 위에 자리 잡은 사원으로 1059년 스리랑카의 왕이 선물한 부처의 치아 사리를 보관하기 위해서 건립되었다고 한다.

사발을 거꾸로 엎어 논 모양의 로카난다 파고다는 흡사 부 파야와 비슷한 모양이다. 부처의 치아 사리는 현재 다른 사원으로 옮겨져서 이곳에는 없다고 한다. 이곳 로카난다 파고다는 위치적으로 올드 바간 지역에서는 조금 떨어져 있어 여행자들보다는 현지 미얀마 시민들이 더 많이 찾는 곳이다. 이곳에서 기도를 하면 소원이 다 성취된다고 해서 많은 현지 주민들이 가족들과 함께 간절하게 기도하는 모습을 볼 수 있다.

추천 숙소

바간 지역은 미얀마 최고의 여행지 중 한 곳으로 고급 호텔들이 많다. 저렴한 게스트 하우스를 제외한 대부분의 호텔에는 야외 수영장이 있다. 겨울철에는 아침, 저녁으로 조금 쌀쌀하지만 한낮에는 무덥다. 수영복을 꼭 챙겨가서 사원을 구경하고 나서 수영을 즐기기 바란다.

올드 바간

호텔 @ 타라바 게이트 The Hotel@Tharabar Gate

바간 지역 최고 호텔 중 하나로 타라바 게이트 근처에 있다. 야외 수영장이 있으며 야외에서 식사를 제공한다. 100여 명 이상 수용이 가능한 고급스러운 식당이 딸려 있고 위성 TV와 국제전화, 인터넷이 가능하다. 방은 네 가지 타입이 있다.

$130~300, 스위트 리버 뷰 $180~450 홈페이지 www.bagan-hotel.com 이메일 olbagho2@bagan.net.mm

에야 리버 뷰 호텔 Aye Yar River View Hotel

부 파야 위쪽 강변에 위치해 있다. 최근에 지어진 호텔로 강변에 위치해 있어서 에야와디 강이 바로 앞에 보인다. 고급 호텔이지만 무언가 조금은 부족해 보이는 느낌이다.

요금 디럭스 $230~580 전화 061-600 37(42・43) 이메일 sales@hoteltharabarbagan.com.mm 홈페이지 www.hoteltharabarbagan.com / www.tharabargate.com

바간 호텔 리버 뷰 Bagan Hotel River View

분위기 있고 고급스러움이 묻어나는 호텔이다. 바간 지역에서는 최고 수준의 호텔로 야외 수영장이 딸려 있고 야외 정원에서 식사를 한다. 위성 TV, 에어컨, 베이비 시팅 서비스, 국제전화가 가능하다. 고도팔린 사원이 배경으로 보이고 앞으로는 에야와디 강이 있는 좋은 위치에 자리하고 있다. 고고학 박물관 근처에 있다. 현금으로 계산하면 즉석에서 요금의 10%를 깎아 준다.

전화 061-600 32 휴대 전화 09-204-2140 / 09-204-2139 요금 디럭스 $110~270, 주니어 스위트

전화 061-60313 / 6035 요금 $170~220 이메일 ahk@myanmar.com.mm

바간 딴데 호텔 Bagan Thande Hotel

고고학 박물관 바로 뒤편 에야워디 강변에 있다. 위치는 좋지만 설립된 지 오래된 호텔로 시설이 많이 노후되었다. 강변이 내려다보이는 야외 식당은 상당히 분위기 있어서 저녁이나 점심 때 야외 식당만 한번 이용해 볼 만하다. 정부 세금 10%, 서비스료 10% 등 총 요금의 20%가 가산된다.

전화 061-60025 / 600031 요금 슈피리어 가든 뷰 $120~250, 디럭스 가든 뷰 $160~350, 디럭스 리버 뷰 $200~420 홈페이지 www.hotelbaganthande.com 이메일 thande@myanmar.com.mm

바간 티리핏사야 셍추어리 리조트
Bagan Thiripyitsaya Sanctuary Resort

상당히 큰 야외 수영장이 있으며 방갈로 타입의 방이다. 고고학 박물관 아래 강변에 위치해 있다. 가격 대비 별로다. 규모가 커서 아기자기한 포근함이 없는 호텔이다.

전화 061-600 48 / 600 49 요금 디럭스 $220~450, 스위트 $600~1,300 홈페이지 www.thiripyitsaya-resort.com 이메일 thiri@myanmar.com.mm

어메이징 바간 리조트 Amazing Bagan Resort

아난다 파야에서 약 4km 정도 떨어진 위치에 있다. 시설이 깨끗하고 좋다.

요금 디럭스 $150~250

오리움 팰리스 호텔, 바간
Aureum Palace Hotel & Resort, Bagan

2012년에 국내선 에어바간 항공사의 소유주인 투 (Htoo) 그룹이 신축한 호텔로 공항 인근 바간 타워 (바간 전망대)부근에 위치해 있다. 총 114개의 객실을 갖춘 대규모 리조트형 호텔로 바간 최고의 호텔 중 하나이다.

주소 Near Bagan Viewing Tower, Min Nanthu Village, Nyaung U, Bagan 전화 09-5616-0046 요금 디럭스 $299, 엑스트라 베드 $60, 자스민, 오키드 빌라스 $399 홈페이지 www.aureumpalacehotel.com

오아시스 호텔 Oasis Hotel

공항 인근에 위치해 있다. 실외 수영장이 있으며 스텝들이 친절하고 시설이 깨끗하다.

주소 Anawyahta Rd., Near Phayani Pagoda, Aung Theikhti Ward Nyaung U 요금 슈피리어 $85~170, 디럭스 $100~200

움브라 호텔 (구 골든 익스프레스 호텔)
Umbra Hotel

바간 지역에서 제일 추천하고 싶은 호텔이다. 가격 대비 꽤 괜찮은 수준을 갖추고 있다. 바간-냥우 로드(Bagan-Nyaung U Rd.) 큰길가에 위치하고 있으며 냥우 시장과 올드 바간의 중간 지점에 있다. 야외 수영장이 있으며 방이 상당히 많은, 규모가 제법 큰 호텔이다. 아침은 뷔페식으로 여름철에는 실내 식당에서 건기인 겨울철에는 야외 정원에서 먹는다. 종업원들이 매우 친절하고 차량 렌트나 마차 섭외, 비행기나 버스표 예약을 도와 준다. 에어컨, TV, 냉장고, 온수가 나오며 세탁은 한 점에 K300이다.

전화 061-600034, 60381 요금 싱글 $35~50, 더블 $50~60, 특실(Superior) $35 이상 이메일 geh@myanmar.com.mm

위너 게스트 하우스 Winner Guest House

웨이브 게스트 하우스 바로 옆집이다. 단층 구조로 가정집 분위기를 느낄 수 있다.

요금 $15~25 이상

잉와 게스트 하우스 Inn Wa Guest House

길가라 시끄럽고 먼지가 많이 나긴 하지만, 새롭게 리모델링해서 깨끗하고 산뜻하다. 예약하면 공항, 선착장 픽업 서비스를 이용할 수 있다.

전화 061-70126 요금 $29~33 이상

에덴 모텔 III Eden Motel III

에덴 모텔 I, II 맞은편에 신축한 건물로 깨끗한 편이다. 에어컨과 온수가 나온다.

전화 061-70078 요금 $15~25, 도미토리 $10 이상

메이 카 라 게스트 하우스
May Khar Lar Guest House

잉와 게스트 하우스 근처에 있으며 친절하고 방이 밝은 편이다. 냉장고, TV, 온수, 에어컨 등의 시설을 갖추었다. 추천할 만한 집이다.

전화 061-70065 요금 $25 이상

뉴 헤븐 게스트 하우스

쉐지곤 사원 근처에 있다. 에어컨이 나온다.

요금 $20 이상 전화 061-70061

뉴 파크 호텔 New Park Hotel

여러모로 괜찮은 호텔로 여행자들이 많이 선호한다. 에어컨과 독립된 욕실을 갖췄다.

전화 061-70122 요금 $25 이상 이메일 newparkbagan@gmail.com

쉐나디 게스트 하우스 Shwenadi Guest house
가격 대비 시설이 좋아서 여행자들이 추천하는 숙소다.

요금 $15~20 이상(독립 욕실, 에어컨, 냉장고, TV)

밍카바

표 게스트 하우스 Phyo Guest House
구바욱지에서 가까운 곳에 있으며 에어컨, 온수, 독립된 욕실을 갖추고 있다. 옆집이 아트 갤러리 오브 바간(Art gallery of Bagan)이란 칠기 공장 겸 전시장이다.

전화 061-70086   요금 $25 이상

뉴 바간

모텔 마칸따 Motel Mya kantha
온수가 나오고 TV, 냉장고, 에어컨이 있다.

주소 Main Road, New Bagan   전화 061-671 91   요금 $25 이상

바간 센트럴 호텔 Bagan Central Hotel

2층 양옥집 형태의 아담한 작은 호텔로 에어컨, 냉장고, 온수, TV가 있다.

주소 No 15 Khayay ST, New Bagan   전화 061-65057, 65265~6   요금 $50 이상

쿠무다라 호텔 Kumudara Hotel
주변이 사원으로 둘러싸인 조용한 곳에 위치해 있다. 실외 수영장이 있으며 가격 대비 시설이 깨끗하다. 추천할 만한 숙소다.

주소 Corner of 5th ST & Daw Nu ST, Pyu-Saw-Htee Quarter   요금 슈피리어 $70~150, 스위트 $100~210

쉐이쁜 호텔 Shwe Yee Pwint Hotel

뉴 바간 시내에 위치해 있으며 깨끗하다. 실외 수영장이 있으며 가격 대비 시설이 깔끔하다.

주소 Kant Kaw ST, Anawrahta Ward, Khan Long, New Bagan   요금 슈피리어 $85~200

타진 가든 Thazin Garden Hotel

실외 수영장이 있고 조용한 곳에 있으나 가격 대비 시설은 별로다.

주소 No. 22, Thazin Rd., Archaeological Province   요금 디럭스 $150~450

마티다 호텔 Mya Thida Hotel
게스트 하우스급 호텔로 2013년에 리모델링을 해서 바간이 유명 관광지인 점을 고려하면 가격 대비 시설은 좋은 편이다. 에어컨, 와이파이가 된다. 숙소 주변에 식당, 슈퍼 등 편의시설이 있어서 편리하며 스텝들이 친절하다. 낭우나 올드 바간 지역에 빈방이 없을 때는 뉴 바간 지역을 찾아보기 바란다.

배낭여행자들에게 추천한다.

주소 School St., New Bagan **요금** 도미토리 $15~30, 싱글·더블 $25~40, 패밀리 $45~100

루비 트루 호텔 Ruby True Hotel
정원이 있으며 조용한 위치에 가격 대비 시설이 좋다.

주소 Myat Lay Rd., New Bagan **요금** 슈피리어 $50~150

바간 로지 호텔 Bagan Lodge Hotel
2013년에 오픈한 호텔로 외곽 지역에 위치해 있다. 신축 호텔답게 시설은 최고다.

주소 Myat Lay Rd., Nyaung Oo Township **요금** 디럭스 $200~400

쪼 호텔 바간 Kyaw Hotel Bagan
정원이 있어서 조용하다. 스텝들이 친절하고 가격 대비 좋은 편이다.

주소 Nwe Ni ST, New Bagan **요금** 스탠다드 방갈로 $50~120

아르토카 호텔 Arthawka Hotel
위치가 조금 나쁘지만 시설은 가격 대비 최고 수준이고 깨끗하다. 실외 수영장이 있어서 가족 단위 여행자들에게도 좋다. 여행자들이 추천하는 숙소다.

주소 Cherry Rd., New Bagan **요금** 슈피리어 $60~150, 디럭스 $70~120

아레인드마르 호텔 Areindmar Hotel
요금이 비싼 편인 만큼 시설은 좋다.

주소 2nd ST(Between Nweni & Cherry ST), New Bagan **요금** 디럭스 $180~500

더 플로랄 브리즈 호텔 뉴 바간
The Floral Breeze Hotel - New Bagan

많은 여행자들이 추천하는 숙소다. 가격 대비 만족도가 높은 호텔로 스텝들이 친절하고 아침 식사도 만족스러운 호텔이다.

주소 Khan Laung, Anawrahar ward, Chauk-Nyaung U Rd. **요금** 슈피리어 $60~150, 디럭스 $80~170

먹을거리

배낭여행자들로 붐비는 냥우에는 저렴한 가격대의 음식점이 많이 있다. 올드 바간 지역은 중·고급 호텔들이 많은 만큼 분위기 있고 품격 있는 고급 호텔 식당이 몰려 있다. 에야워디 강 위로 지는 일몰을 감상하며 분위기 있는 식사를 원하는 여행자들에게는 뉴 바간의 선셋 가든 레스토랑과 올드 바간의 바간 딴데 호텔 야외 식당을 추천한다.

올드 바간

사라바 레스토랑 Sarabha Restaurant

타라바 게이트 부근에 위치하고 있다. 미얀마식, 태국식, 중국식 음식이 모두 가능하며 저녁 시간에는 꼭 두각시 인형극 공연을 한다.

요금 생선 스튜 K1,700, 치킨 스테이크 K2,000

윈 테인 기 버마 레스토랑
Win Thein Gi Burmese Restaurant

버마식 정식 뷔페 스타일로 가격 대비 훌륭한 식당이다. 10가지 이상의 요리에 1인당 K1,000 정도이다. 에어 만달레이와 에어 양곤 비행기 티켓 오피스 근처이다.

바간 딴데 호텔 식당
Bagan Thande Hotel Restaurant

에야워디 강이 한눈에 보이는 바간 딴데 호텔 안 강변에 위치한 야외 식당이다. 커다란 나무가 그늘을 만들어서 식사하기에 좋다. 음식 값은 상당히 비싸므로 커피 한 잔 하는 정도를 권장한다. 스테이크로 식사를 할 경우 1인당 대략 $10~15 이상이 나온다. 음식 총 가격에 세금 10%, 서비스료 10%가 합쳐져서 20%의 추가 요금이 청구되므로 현지 식당과 비교할 때 무척 비싸다.

요금 토마토 수프 $15, 그릴에 구운 소고기 $20, 스파게티 $8, 새우 볶음면 $8

골든 미얀마 Golden Myanmar

아난다 파야 맞은편 타라바 호텔 근처에 위치해 있으며 미얀마 정식을 파는 식당이다.

요금 정식 K1,500 전화 061-60291

스타 빔 비스트로 Star Beam Bistro

올드 바간, 아난다 파야 근처에 있는 레스토랑으로 여행자들로부터 최고의 평점을 받았다. 미얀마 음식과 유럽 요리가 가능하다.

주소 Near New bagan market, behind NLD Party Office, Bagan 전화 09-5940-2502614

야삐 베지테리안 레스토랑
Yar Pyi Vegetarian Restaurant

미얀마 음식과 베지테리안 음식을 파는 곳으로 많은 여행자들이 좋아하는 식당이다.

주소 Bagan-Nyaung U Rd., Bagan

더 문 베지테리안 레스토랑
The Moon Vegetarian Restaurant

채소 요리 전문 레스토랑으로, 음식이 맛있는 집이다.

주소 North of Ananda Temple, Bagan 전화 09-4301-2411

퀸 Queen

현지 음식을 파는 식당으로, 음식이 맛있는 집이다.

전화 061-60176
주소 Bagan-Nyaung U, Bagan

산티다 레스토랑 San Thi Dar Restaurant

현지 베지테리안 식당으로 음식이 맛있어서 여행자들이 추천하는 곳이다.

주소 In Myin Kabar Villliage, On the road between New Bagan and Old Bagan, Bagan

티 바 & 레스토랑 HTI Bar & Restaurant

버스 정류장 인근에 위치해 있으며 많은 여행자가 추천하는 집이다.

주소 Thiripyitsaya (5) St., Nyaung U, Bagan

블랙 로스 Black Rose

뉴 바간에 위치한 미얀마 음식점이다.

주소 5 Minutes from Thirimarlar on Main RD, New Bagan, Bagan

노치 바간 Nooch Bagan

미얀마, 중국, 태국 음식점 겸 바(Bar)다. 분위기도 깔끔하고 바간에서 태국 음식을 제일 잘하는 집이라고 여행자들 사이에 소문이 났다.

주소 No. 61 Lanmadaw ST, Kyaw Swar Qtr, Bagan 전화 061-65394

산 카를로 이탈리안 & 차이니스 레스토랑
San Carlo Italian & Chinese Restaurant

이탈리아, 중국 음식점이다.

전화 061-65253
주소 D-14, Hnin Se St., Yin Min Pike Quarter, Bagan

냥우

웨더 스푼스 바간 레스토랑
Weather Spoon's Bagan Restaurant and Bar

미얀마 음식과 유럽 요리가 되며 버거가 맛있기로 유명하다. 여행자들에게 인기 있는 집이다.

주소 Restaurant Row, Thiripyitsaya quarter, block 4, Nyaung U 전화 09-4309-2640 페이스북 Weather Spoon's Bagan, Bagan, Myanmar

움브라 호텔 식당

호텔 프런트 데스크 사무실 뒤편에 위치해 있다. 맛이 있으며 주로 중국 요리이다.

요금 매운맛 닭고기 볶음(Julienne Chicken with green chilli) K4,000, 매콤한 돼지고기 볶음(Hot & Sour Pork) K4,000, 채소 볶음(Fried with vegetable) K3,000

마야다나 레스토랑 Myayadana Restaurant

미얀마 정식과 중국 요리를 하는 음식점으로 여행자들이 선호하는 집이다.

난다 레스토랑 Nanda Restaurant

마야다나 레스토랑 인근에 있으며 음식은 비슷하다. 저녁에는 많은 여행자들로 자리가 없을 수도 있다. 마리오네트 전통 인형극(Puppet)을 보며 저녁을 먹을 수 있다.

주소 Main Rd., Nyaung U 전화 061-22779 공연 시간 19:30, 20:50

산카바 펍 & 레스토랑 San Kabar Pub & Restaurant

스파게티와 피자 등 주로 이탈리아 음식을 취급한다. 우리에게 익숙한 피자 맛은 아니지만 이탈리아 음식을 좋아하는 여행자들은 한번 가 보자. 가격은 조금 비싼 편이다.

윈터 레스토랑 Winter Restaurant

이탈리아, 중국, 미얀마 요리를 한다.

요금 쇠고기 스테이크 K15,500, 치킨 채소 볶음 K8,000

포 초 레스토랑
Phocho Restaurant

고속버스 터미널에서 가깝다.

전화 061-60433 요금 코코넛 국수 K1,200, 치킨 스테이크 K3,500, 포크(돼지) 스테이크 K3,500, 생선 커리 K3,000, 흰밥 K300

에덴 B.B.B 레스토랑 Eden B.B.B Restaurant

냥우 메인 로드에 위치해 있다. 10%의 서비스료가 붙는다.

요금 새우 볶음밥 K4,000

뉴 바간

선셋 가든 Sunset Garden

뉴 바간 쪼 호텔에서 멀지 않은 강변에 위치한 중국 음식점으로, 경치가 멋진 레스토랑이다. 에야워디 강 위로 지는 일몰을 보면서 식사를 할 수 있다.

주소 River Side Bagan 전화 061-65037

서부 해안

미얀마 최고의 감춰진 비경

미얀마는 해변의 길이가 2,800km가 넘는 긴 해안을 자랑하고 있다. 서부 뱅갈 만과 안다만 바다는 긴 해안선만큼이나 멋진 수많은 섬들을 부속으로 가지고 있다. 대부분의 해안이 아직까지 미개발 상태로 남아 있으며 나팔리 비치 등 몇 군데만 개발이 된 상태다. 사람들의 손이 타지 않은 미얀마 서부 지역의 미개발 해안은 지구상에서 몇 남지 않은 순수함을 그대로 간직한 오염되지 않은 깨끗한 해안이다. 나팔리 비치는 깨끗한 모래와 3km에 달하는 긴 해변으로 많은 여행자들이 좋아하는 비치다. 고급 호텔과 리조트들이 이곳에 밀집해 있다. 개발된 비치가 많지 않은 만큼 겨울 철 성수기에는 많은 여행자들로 방 구하기도 쉽지 않고 가격 또한 상상을 초월할 정도로 비싼 곳이다. 나팔리 비치 주변 현지인 마을에서 어시장이 열려서 신선한 해산물을 구입할 수 있다. 나팔리 비치를 가는 관문이 되는 딴뒈는 작은 소도시다. 딴뒈는 나팔리 비치, 양곤, 과 등 해안선을 따라가는 도로의 중요한 교통의 요지이다.

싯트웨는 뱅갈 만(Bay of Bengal)을 끼고 에야워디 주(Division) 바로 위 과(Gwa)까지 이어지는 긴 해안선을 가지고 있다. 해안이 깨끗하고 에메랄드 빛 바다로 유명한 나팔리 비치와 에야워디 주의 차웅따, 웅웨싸웅 비치가 서부 해안을 따라 위치해 있다. 므락

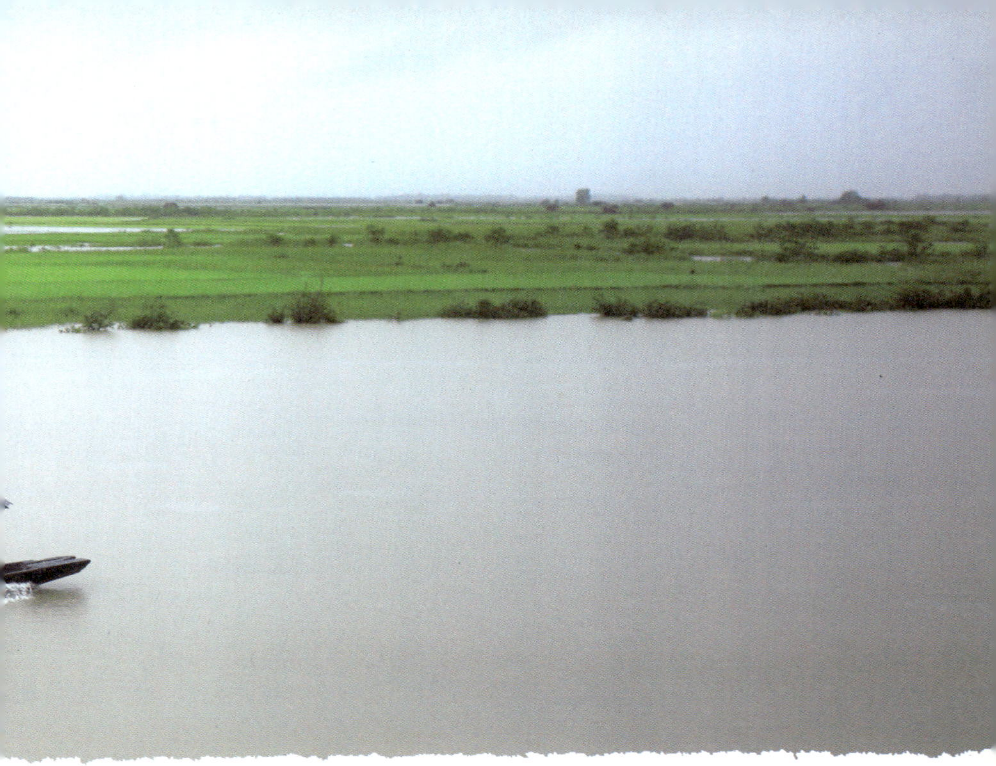

우는 아라칸 왕국의 수도였으며, 바간의 불교 유적과 비교하면 사원의 수량에서는 훨씬 적지만 사원 하나 하나를 비교하면 므락우의 사원이 월등히 우수하다고 할 만하다. 므락우가 여행자들에게 주목받기 시작한 것은 불과 3~4년 전으로 위치적으로 양곤이나 기본 유명 관광지에서 너무 멀리 있어서 시간적, 경제적인 여유가 많지 않은 여행자는 물리적으로 찾기가 어려웠다. 방문자들의 국적을 보면 유럽(프랑스, 스페인) 여행자들이 압도적으로 많고 아시아 여행자들은 소수가 찾고 있는 미지의 여행지이다.

서부해안 BEST 3

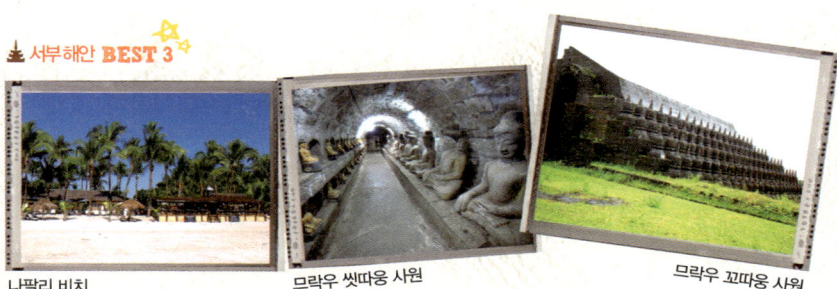

나팔리 비치

므락우 씻따웅 사원

므락우 꼬따웅 사원

해변
BEACH

휴식과 재충전을 위한 자연 해변

오락과 유흥, 레저 문화가 발달하지 않은 미얀마는 아직까지는 대부분의 해변이 미개발된 상태로 남아 있다. 현재 나팔리 등 일부만이 개발된 상태로 유럽의 자연 보호론자들이나 단체들은 지구상에 남은 마지막 미개척 해변인 미얀마의 해변을 절대 개발하지 말 것을 미얀마 정부에 요구하기도 한다.

해안이 깨끗하고 에메랄드 빛 바다로 유명한 나팔리 비치와 에야워디 주의 차웅따, 응웨싸웅 비치가 서부 해안을 따라 위치해 있다.

나팔리 비치 Ngapali Beach

야자수와 어우러진 해변이 매력적

미얀마의 서쪽 라카인 주(Rakhine State)에 있는 나팔리 해변은 아직은 개발이 크게 되지 않아 때가 타지 않은 해변으로 알려져 있다. 나팔리는 길이가 3km에 이르는 긴 해변으로 휴식과 재충전을 하기에 알맞다.

세속의 시끄러움에서 벗어나 여행객들로 붐비지 않는 호젓한 해변에서 벵갈 만으로 지는 해를 감상하는 여유를 만끽해 보자.

딴붸(Thandwe)는 나팔리 비치를 가기 위해 잠시 들르는 교통의 요충지다. 딴붸 버스 터미널에서 나팔리 비치까지는 뚝뚝으로 25~30분 정도 소요된다. 호객 행위를 하는 뚝뚝이 기사들은 1인당 K3,000 이상을 부른다. 싸이카(인력거)를 타고 나팔리 비치로 가는 라인카(픽업트럭) 타는 데로 데려다 달라고 하면 K500에 데려다 준다(터미널에서 5분 정도의 거리). 그곳에서 현지인과 같이 나팔리 비치를 가는 뚝뚝이를 타면 1인당 K500이다. 나팔리 비치 원하는 숙소 앞에 내려준다. 역으로 나팔리 비치서 딴붸 버스 터미널로 나올 때도 마찬가지로 숙소 앞길에서 딴붸로 가는 뚝뚝이를 타면 K500으로 터미널 근처에 내려준다.

양곤-딴붸(나팔라 비치) 비행기 50분 소요, 09:30, 10:30, 11:30, 12:45 / 요금 편도 $171~226(비수기에는 주2회 운항하며, 요금이 내려가기도 함) 버스(양곤 – 나팔리 비치) 07:00(14시간 소요), 15:00(13시간 소요) / K36,500 **바간(냥우)-딴붸** 비행기 08:50, 09:10, 09:25, 12:35 / 1시간 소요 / $112~132 **싯트웨-딴붸** 비행기 09:35(1 Stop) / 1시간 10분 소요 / $76~86 / 성수기만 주 1~2회(일요일, 수요일)운항 / www.flymna.com 보트 성수기만 주 1~2회 고속 페리 운행

차웅따 비치 | Chaungtha Beach

건기에 야자수와 어우러진 해변이 매력적

에야와디 주(Ayeyarwaddy Division)에 위치한 해변으로, 양곤에서 버스로 6시간 정도면 갈 수 있는 곳이다. 현지인들이 많이 찾는 해변이었으나 최근 몇 년 전부터 외국 여행자들이 많이 있다. 양곤에서 226km 떨어져 있어 그리 멀지 않다는 점이 매력인 해변이다. 특히 건기에는 야자수와 어우러진 해변이 매력적인 곳이다. 차웅따 비치 앞에 있는 '흰 모래섬(White Sand Island)'이나 그 주변을 둘러보는 것도 괜찮다. 배를 빌려서 30분 정도 가면 된다. 인근 시장에서 싱싱한 해산물(큰 새우, 게, 바다가재)을 저렴한 가격에 사서 숙소에 부탁하면 요리를 해 준다. 간혹 바가지를 씌우는 경우도 있으니 요리를 부탁할 때 수고비가 얼마인지 미리 확인하고 맡기기 바란다. 전체적인 물가는 응웨싸웅 비치보다 싼 편이다.

응웨싸웅 비치 | Ngwesaung Beach

해양 스포츠를 즐길 수 있는 은빛 해변

차웅따 비치에서 남쪽으로 약 20km 정도 아래에 위치한 해변이다. 응웨(Ngwe)는 은(Silver)이라는 뜻으로 은빛 해변을 가진 해변이다. 최근 들어서 서양 여행자들이 많이 찾고 있다. 우리나라의 강원도 경포대 인근 해변과 비슷하다. 주변에 고급 호텔과 해양 스포츠를 즐길 수 있는 상점이 많아지면서 인기를 얻고 있다. 차웅따 비치가 현지인들이 많이 찾는 곳이라면 응웨싸웅 비치는 외국 여행자들이 많이 찾는다. 한 가지 주의할 점은 이곳 바다는 파도가 거세서 아무데나 수영을 할 수 없다. 지정된 곳에서만 안전하게 수영하기 바란다. 해변의 전망이 좋은 곳에는 고급 호텔이나 리조트가 들어서고 그 반대쪽에는 저렴한 숙소인 게스트 하우스가 위치한다. 유유자적 휴식을 하며 힐링(Healing)을 하고픈 여행자들에게 추천한다.

교통 대부분의 버스는 아웅 밍글라 버스 터미널(Aung Mingalar Bus Terminal)에서 출발하지만 빠떼인(Pathein),

차웅따(Chaungtha), 응웨싸웅(Ngwesaung) 비치 가는 버스는 양곤 도심 서쪽으로 1시간 거리에 위치한 흘라잉따야(Hlaingtayar) 부근의 에야와디(Ayeyarwaddy) 버스 터미널에서 출발한다. **양곤–차웅따** 06:00, 07:00, 20:30, 21:00, 21:30, 22:00 / 6시간 소요 / K11,000~20,000 **차웅따–양곤** 10:00 **응웨싸웅–양곤** 10:00 / 6시간 소요 / K13,000~14,500 **양곤–빠떼인(Pathein)** 07:00, 16:00 / 5시간 소요 / K9,600 **빠떼인–응웨싸웅** 1시간 30분 소요 **나팔리 비치–딴뒈** 30분 소요 **나팔리 비치–딴뒈–과(Gwa)** 3~4시간 소요

싯트웨 (싯트이)
SITTWE

므락우로 가기 위한 전초 기지

싯트웨는 여행자들에게 제2의 바간으로 불리는 므락우를 가려면 반드시 거쳐야 하는 전초 기지로 통한다. 싯트웨는 그리 크지 않은 도시로 한나절 정도면 대강 둘러볼 수 있다. 싯트웨 시내에는 인도계, 방글라데시계 주민들이 많이 생활하고 있으며 대부분 외국 여행자들에게 무척 친절하다. 종교간 분쟁이 있기는 하지만 여행에는 별다른 영향은 없다. 혹 여행 중 어떠한 분쟁을 만나게 되면 빨리 그 자리를 벗어나는 것이 현명하다. 호기심에 촬영을 한다든가 구경을 하다가는 어떤 봉변을 당할지 알 수 없다. 싯트웨는 지리적, 기후적인 영향으로 우기(6월~10월)에는 연평균 5m 이상의 많은 비가 내리는 지역이다. 가급적이면 우기철 여행은 피하는 것이 좋다. 우기철에 이곳을 방문하면 매일 폭우를 만나는 것을 각오해야 한다. 바다로 둘러싸여서 해산물이 풍부하고 저렴하다.

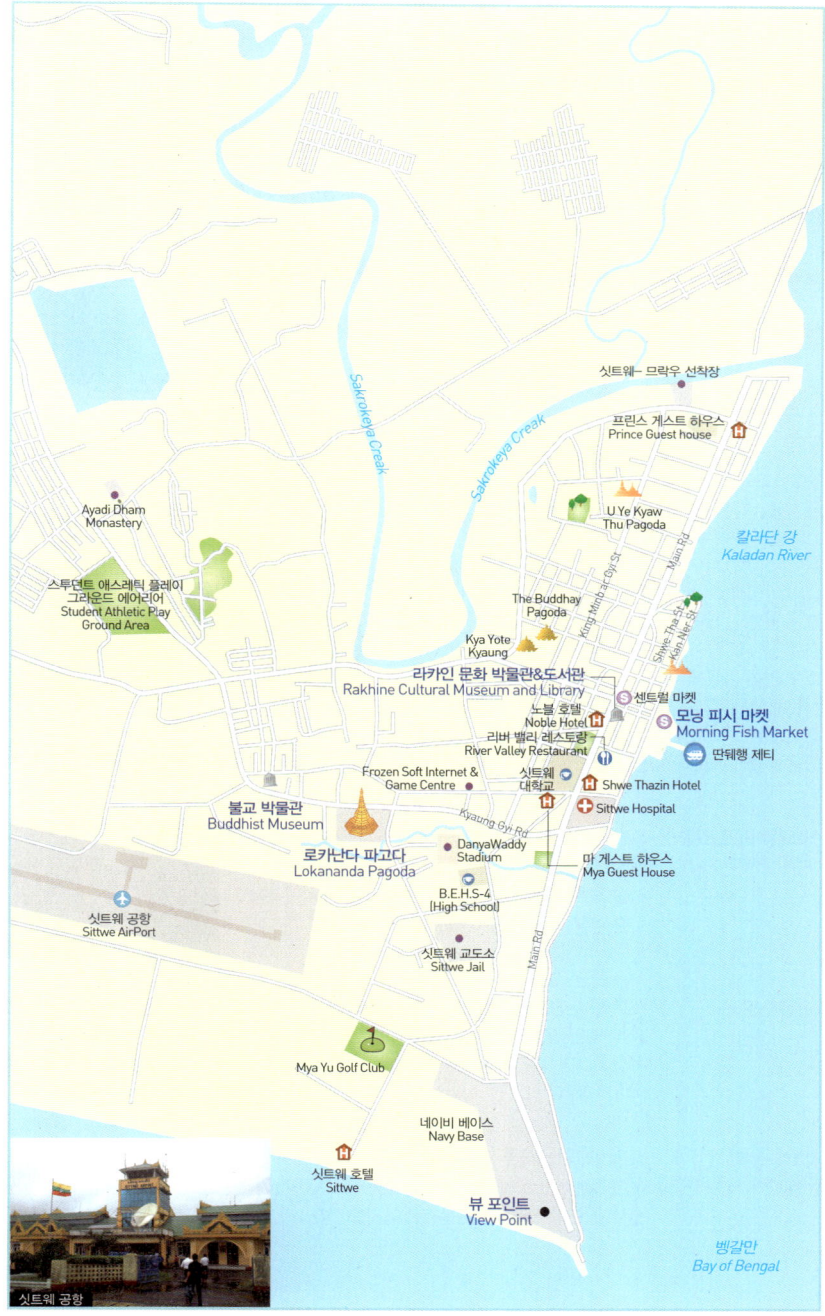

양곤—싯트웨	비행기 ǀ 13:30 / 1시간 20분 소요 / 요금 $93~125(편도) 싯트웨—양곤 15:05, 17:50 버스 ǀ 07:30, 08:00, 09:00 / 19~24시간 소요 / 요금 K19,000~27,700
싯트웨–딴돼 (나팔라 비치)	비행기 ǀ 09:35 / 1시간 10분 소요 / 요금 $76~86 성수기(겨울철)에만 수, 일요일 주 1~2회 운항
싯트웨 공항–시내	택시(돔비, 뚝뚝) ǀ K3,000 오토바이 ǀ K2,000
시내–아웅쪼모 제티	싸이카(인력거) ǀ K1,000 오토바이 ǀ K2,000 뚝뚝(모터 택시) ǀ K2,000~3,000

보트

정부 보트(Government boat), 사설 보트(Private boat), 개인 보트, 스피드 보트 등 다양하다. 일반적으로 2층 유람선 스타일의 정부 보트와 사설 보트가 가격이 저렴하고 일반적이다. 또는 성수기에 가능한 방법으로, 출발 시간에 상관없이 여행자 여러 명이 배를 통째로 빌려서 므라우를 다녀오는 방법도 있다. 이 경우 시간을 자유롭게 사용할 수 있다는 장점과 칼라단 강을 거슬러 올라가면서 강변의 여러 소수 민족 마을에 내려서 둘러볼 수 있다는 장점도 있다. 사진 촬영팀에게는 최고의 선택이 될 것이다. 배를 통째로 전세낼 경우 보통 하루에 $100 내외이다. 싯트웨에서 므라우로 들어간 보트는 하루 동안 므라우에서 머물고 다음 날 싯트웨로 다시 출발한다.

싯트웨(아웅쪼모 제티) –므라우(Mrauk U)	정부 보트 ǀ 월 · 수 · 금 / 07:00 출발 / 6시간 소요 / 요금 $6 사설 보트(아웅쪼모, Aung Kyaw Moe Special Boat) ǀ 월 · 목 · 토 / 4시간 소요 / 요금 $10
싯트웨–땅곡	싯트웨의 제티 폴리스 스테이션 옆 말리카 제티에서 출발하여 땅곡에서 나팔리 비치, 과, 빠떼인, 응위싸웅, 차웅따 비치 등 서부 해안 도로를 따라 육로로 여행하는 코스다. 사설 스피드 페리(Malikha river cruise) ǀ 월 · 목 주 2회(성수기에는 증편될 수 있음) / 06:00 출발 / 11시간 소요 / 요금 $30 이상(점심 도시락, 음료, 커피, 과자 무료 제공)
싯트웨–딴돼 (Thandwe, 나팔리 비치)	성수기에 한해서 주1회 왕복 운행한다. 이 코스를 이용할 경우 싯트웨, 므라우를 보고 싯트웨에서 고속 페리로 한 번에 나팔리 비치까지 가게 된다. 반대로 나팔리 비치에서 싯트웨, 므라우를 가게 되는 코스이기도 하다.

싯트웨를 여행하는 방법

① **싯트웨 시내 추천 코스** 뷰 포인트-불교 박물관-로카난다 파고다-모닝 피시 마켓
4~5시간 소요, 겨울이라면 뷰 포인트 인근 해변에서 일몰 감상을 추천한다.
- 모터 택시(돔비, 뚝뚝) K6,000~7,000
- 시내에서 뷰 포인트 왕복-돔비(3륜 뚝뚝) K3,000~4,000

② 싯트웨에 도착하면 숙소를 정한 후 바로 아웅쪼모 제티(Aung Kyaw Moe Jetty)에 가서 므락우행 보트 표를 예매한다.

③ 버스, 기차, 보트는 출발 시간보다 최소 30분 전에 도착해서 대기해야 한다. 버스 같은 경우 출발 30분 전에 도착하지 않으면 대기 승객에게 좌석을 판매하기도 한다. 미리 예매하고 출발 시간보다 늦게 도착할 경우 당연히 환불은 없다.

④ 싯트웨나 므락우의 싸이카(인력거)나 모터 택시(3륜 뚝뚝)기사들 중에 영어가 안 통하는 사람들이 많다. 숙소에서 가고자 하는 제티(선착장) 이름이나 관광지 이름을 현지어로 써 달라고 해서 보여 주면 엉뚱한 제티로 가는 것을 예방할 수 있다. 싯트웨는 출발하는 제티가 여러 군데 있어서 간혹 엉뚱한 제티로 가곤 한다.

⑤ 싸이카나 택시(뚝뚝) 기사들 중에는 시간 약속을 잘 안 지키는 기사도 많다. 다음 날 새벽에 공항이나 버스 터미널, 부두로 가는 예약을 전날 미리 해 놓았는데도 당일 약속 시간에 안 오면 마냥 기다리지 말고 큰길가에 가서 직접 잡거나 아니면 숙소 스텝에게 부탁해서 택시를 불러 달라고 한다. 약속한 택시를 기다리다가는 출발 교통편을 놓친다.

불교 박물관 Buddhist Museum

주황색 2층 건물

2층의 주황색 건물로 새롭게 이전을 해서 건물이 깔끔하다. 1층은 므라우 사원의 발굴 과정을 기록한 사진을 크게 출력해서 설명을 해 놓았는데 전부 미얀마어로 쓰여 있어서 내용을 알 수가 없다. 영어로 된 해설이나 설명이 없다. 2층으로 올라가면 므라우 지역 여러 사원에서 출토된 청동불이나 석불상들이 정리되어 있다. 대부분 작은 크기인 30cm 내외의 소품에 가깝다.
전시실 남쪽에 커다란 청동 불상이 하나 있다. 크기가 4~5m 정도의 좌불상으로 불상 앞에서 현지인들은 무릎을 꿇고 기도를 드린다. 흡사 사찰의 대웅전 같은 모습이다. 시내에서 차로 10분 거리다.

오픈 화~일 09:30~16:30 휴관 월요일 및 국가 공휴일 요금 K5,000, 현지인·어린이 K200, 스님 K100, 학생 무료 주의 사항 사진 촬영 금지

모닝 피시 마켓 Morning Fish Market

활기 넘치는 어시장

싯트웨는 칼라단 강과 바다가 만나는 지점에 있어서 다양한 물고기가 많이 잡힌다. 특히 왕새우가 많이 잡힌다.
메인 로드에서 노블 호텔 조금 아래 문 & 선 게스트 하우스 옆길로 가면 양쪽으로 채소, 과일 재래시장이 있고 바다쪽 끝 오른쪽에 어시장이 있다. 새벽 6시 정도에 가면 다양한 해산물과 활기 넘치는 어시장 풍경을 볼 수 있으며, 우기철보다는 겨울철이 더 활기차다. 노블 호텔(Noble Hotel)에서 조금 아래 오른쪽으로 내려가면 된다. 도보로 5~10분 거리다.
새우나 게, 기타 좋아하는 해산물을 즉석에서 구입해서 숙소 스텝에게 부탁하면 요리해 준다. 이때 K1,000~2,000 정도의 팁이 필요하다.

뷰 포인트 View Point

벵갈 만을 볼 수 있는 전망대

시내에서 바닷가 도로를 따라서 북쪽으로 15분 정도 뚝뚝이로 달려가면 전망대가 있다. 3~4층 높이의 전망대에 올라가면 사방으로 탁 트인 벵갈 만 바다가 한눈에 들어온다. 전망대 꼭대기는 정자처럼 앉아서 쉴 수 있도록 돼 있어서 이곳에서 맥주를 한잔하는 현지 젊은이들을 만날 수 있다.
겨울철에 물때를 잘 맞추면 전망대 아래 해변(물이 빠지면 우리나라 서해안 바다처럼 약간의 갯벌이 나타난다)으로 내려갈 수 있다. 전망대에서 일출, 일몰을 감상한다. 우기에는 물이 해변 끝까지 차서 겨울에만 감상이 가능하다.

로카난다 파고다 Lokananda Pagoda

쉐다곤 파고다를 닮은 사원

싯트웨의 대표적인 사원으로 양곤의 쉐다곤을 많이 닮았다. 실내가 무척 화려하며 실내 한쪽에는 별도의 전시 공간을 만들어서 므락우에서 출토된 불상들을 전시해 놓았다. 사원 앞에는 별도의 작은 건물이 있는데 안에다가 부처를 모셨다. 이곳은 천장이 아주 특이한 형태로 부처님 부조가 천장에서 방사선 형태로 디스플레이가 되어 있다. 그 옆에는 야외 부처 정원이 있고 그 뒤에는 작은 호수 위에 부처를 모셨다. 불교보다 타 종교를 믿는 주민들이 많은 탓인지 사원의 규모에 비해서는 방문자가 많지 않다. 외관이 멋진 사원이다.

요금 무료

라카인 문화 박물관 & 도서관 Rakhine Cultural Museum and Library

라카인 문화가 전시된 곳

시내 메인로드 노블 호텔 바로 건너편에 있다. 3층 건물로 싯트웨 시내에서 제법 규모가 큰 건물에 속한다. 라카인 문화에 관심이 있는 분들은 한번 들러 보기 바라며, 문화 박물관 바로 아래 길가 포장마차의 몽디(잔치 국수와 비슷한 맛)를 추천한다.

오픈 10:00~16:00 휴관 일요일, 월요일, 국가 공휴일 요금 $3

Travel tip

군사적, 지리적 요충지

싯트웨 남쪽에 위치한 짜욱퓨(Kyaupyu, 싯트웨에서 스피드 페리로 5시간 30분 소요) 인근 앞바다에는 석유, 천연가스가 엄청나게 많이 나고 있다. 이곳에서 나는 석유와 천연가스를 중국까지 연결하는 파이프라인이 이미 완공되어 중국은 인도와 아시아 태평양을 위협할 군사적 위치를 확보했다는 큰 의미도 있다. 이 거대 프로젝트에는 약 25억 달러의 거금이 들어갔으며 짜욱퓨에서 중국의 윈난성과 쿤밍을 연결하는 제2차 세계 대전 때의 군사적 주요 도로였던 '버마 루트(Burma loute)'와 일맥 상통한다. 중국 입장에서는 중동에서 수입하는 석유를 말레카 해협 바다를 거치지 않고 곧바로 이곳의 파이프라인을 통해서 중국 본토로 공수하므로 시간적, 물적 경비를 많이 절약하고 더 중요한 점은 이곳 인근 항구를 중국이 임차해서 사용하므로 인도를 견제할 구실이 생겼다는 점이다. 이미 이곳에 중국은 거대 레이더 기지를 만들었다고 한다. 이렇듯 싯트웨는 천연자원뿐만 아니라 군사적, 지리적으로 중요한 의미를 갖는 곳이다. 세계 여러 나라에서 온 석유 시추 관련 엔지니어들로 싯트웨는 늘 번잡하다. 그래서 비수기인 우기에도 좋은 호텔은 늘 만원이다.

라카인 주의 종교 분쟁

방글라데시와 국경을 맞대고 있는 라카인 주는 몇 년 전 이슬람교도와 불교도의 충돌로 시작된 종교 분쟁으로 큰 곤욕을 치루고 있기도 하다. 특히 이들 중간에 무방비로 놓여 있는 로힝야족(Rohingya) 문제가 이번 종교 분쟁으로 뜨거운 감자로 떠올랐다. 외교부의 자료에 따르면 영국 식민지 시절 인도를 점령했던 영국이 미얀마의 통치를 쉽게 하기 위해서 인도계, 네팔계 소수 민족을 관리자로 많이 이용했다. 또한 미얀마의 독립심을 억누르는 수단으로 기독교나 이슬람교를 우대했다. 불교도가 뭉치면 독립 정신이 싹틀 것을 우려한 때문이기도 한데 이러한 여러 정책들이 미얀마가 독립을 하면서 문제가 생긴 것이다.

원래 방글라데시와 미얀마 국경 지역에는 방글라데시에 대해 우호적인 로힝야족(이슬람교)이 거주하고 있었고 또한 미얀마에 대해 친밀감을 갖는 몽골계(불교도) 소수 민족이 거주하고 있었다. 예로부터 평화롭게 잘 살아왔던 이들에게 영국이 이곳을 점령하면서 문제가 발생하게 된 것이다. 거주 주민의 분포도나 기타 소수 부족의 생활권을 고려하지 않고 획일적인 국경선 선정과 행정 지역을 편의적으로 나누면서 결정된 국경이 미얀마가 영국으로부터 독립한 후 지금까지 방글라데시와 미얀마의 외교 문제가 돼 왔던 것이다.

1991년~1992년에 미얀마 정부의 소수 민족 차별 정책으로 25만 명이 넘는 로힝야족이 국경을 넘어 방글라데시로 피난했다. 이 문제로 방글라데시와 외교 마찰을 빚은 미얀마 정부는 유엔을 통해서 23만 명을 미얀마로 송환했으나 아직도 2만 명 이상의 로힝야족이 방글라데시 국경 난민촌에서 생활하고 있다. 수백 년간 아무 문제없이 조상 대대로 잘 살아왔던 이들에게 영국 식민 통치와 독립은 모든 것을 바꿔 놓았다. 미얀마 정부는 영국으로 부터의 식민 독립 이후 이들 로힝야족을 자국민으로 인정하지 않고 있다. 이동도 허가 없이는 안 되며 심지어는 결혼 허가서도 잘 발급해 주지 않는다고 한다. 이동 자유와 일자리, 교육, 의료 문제까지 제한된 로힝야족들의 미래는 미얀마 정부에게 시한폭탄과 같은 존재로 보여진다.

므락우
MRAUK U

때 묻지 않은 순수한 샹그릴라

복잡하지 않고 여행자들이 거의 없어서 아직은 외부의 때가 묻지 않은 순수함을 간직한 곳으로, 현지인들의 생활을 그대로 엿볼 수 있다. 너무나 조용하고 평화로우면서도 바간과 차별되는 유적지는 앞으로 많은 여행자들에게 샹그릴라(Shangri-la)로 또는 힐링(Healing)의 여행지가 될 것이다. 2~3년 안에 므락우에 신공항을 건설할 예정이라고 한다. 공항이 완공된다면 수많은 여행자들이 몰려올 것이고 그러면 지금의 평화롭고 조용하던 므락우는 다시 새로운 국면을 맞이할 것이다.

축제 파야 퓨 페스티벌(Paya Pwe Festival, 5월 중순) **지역 입장료** K5,000

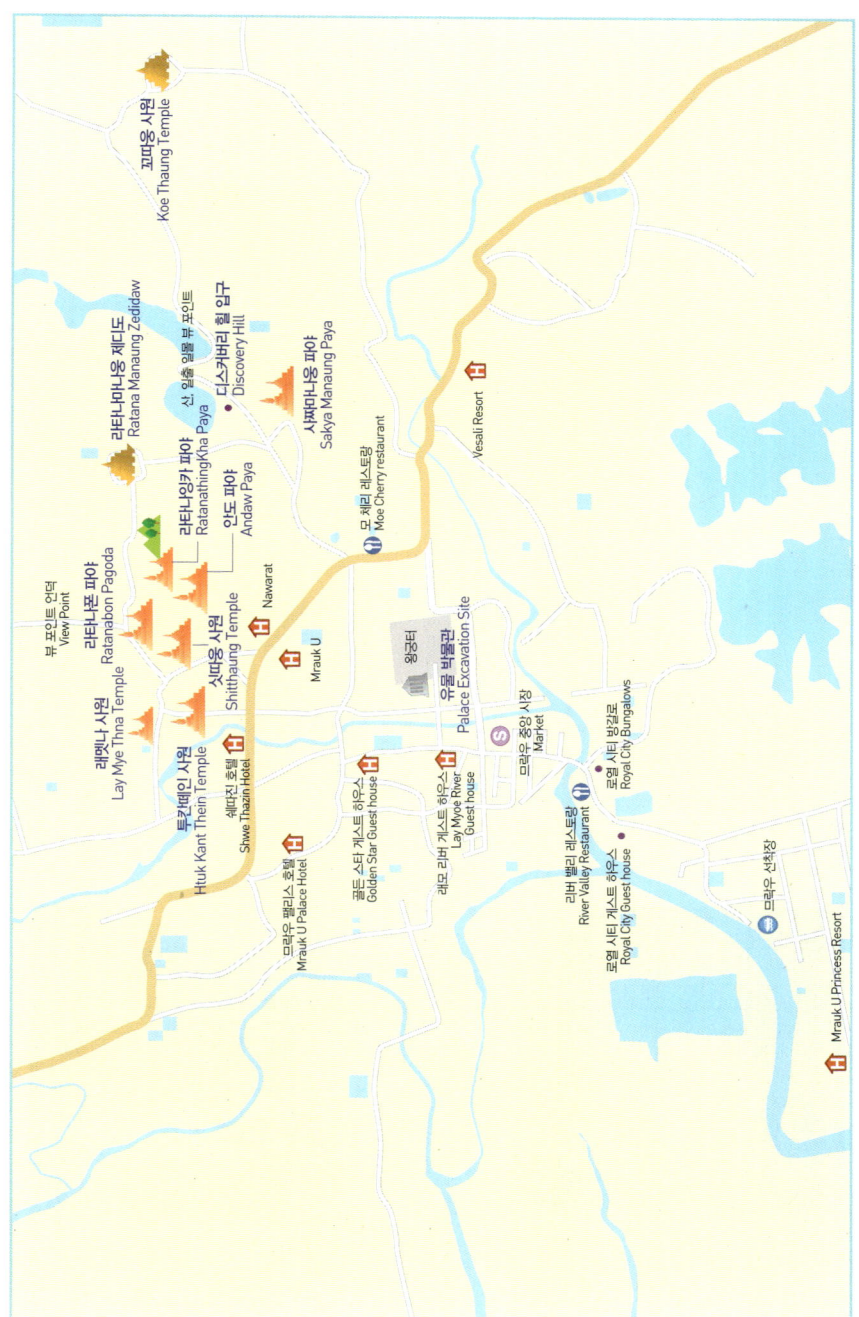

ACCESS

양곤–므락우

비행기 | 싯트웨로 가서 양곤으로 가는 비행기를 탈 수 있다.
버스 | 08:00 / 19~20시간 소요 / 요금 K19,000~32,400
바간–므락우 바간에서 버스로 짜욱파다웅(Kyauk Padaung, 2시간 소요)까지 가서 므락우행(종착역은 싯트웨)버스로 환승(14~15시간 소요). 반대로 바간으로 나올 때는 므락우서 09:30분(만들레이행-19시간 소요 / K25,000) 출발해서 짜욱파다웅에 도착, 3시간 후에 바간행 버스를 타면 된다. 마그웨이(Magwe)에서 갈아타는 것보다 짜욱파다웅에서 갈아타는 것을 추천.

므락우–싯트웨

정부 보트 | 화 · 목 · 토, 07:00 출발–13:00 도착(6시간 소요) 요금 $6
사설 보트(Aung Kyaw Moe Special Boat) | 화 · 금 · 일/ 07:00 출발–11:00 도착(4시간 소요) / 요금 $10
로컬 버스 | 4시간 소요 (숙소나 여행사에 문의)
Tip 이 보트를 이용하면 도착 당일 14:30에 양곤으로 가는 비행기를 탈 수 있다. 도착 즉시 오토바이나 뚝뚝이로 공항으로 직행한다(25~30분 소요).

므락우 시내 이동

싸이카 | 요금 제티(부두)–시내 K1,000 , 1일 렌트 K7,000~8,000
뚝뚝 | 1일 렌트 K10,000~15,000
지프 택시 | $40 이상
Tip 보트(말리카 제티)를 이용하여 땅곡이나 짜욱퓨로 여행할 분들은 요일, 시간, 가격을 다음 사이트에서 확인하기 바란다. www.malikha-rivercruise.com

Travel tip

일출 · 일몰 포인트

일출 포인트 디스커버리 힐(여름보다는 겨울이 좋다)
일몰 포인트 하리따웅 사원, 씻따웅 사원, 라타나폰 파야 앞 언덕(추천)

므락우 제티

므락우를 여행하는 방법

1. 므락우는 작은 마을이다. 시내는 도보로 30분이면 충분히 둘러볼 수 있다. 숙소는 마을 초입(제티 인근)보다는 시내에 있는 게스트 하우스를 추천한다. 시장도 가깝고 유적 군에 가기도 가깝다.

2. 므락우의 교통수단은 주로 싸이카(인력거)나 오토바이다. 자전거를 빌려서 타고 다녀도 괜찮다. 시내에서 주요 유적군까지는 약 2km이고, 외곽의 좀 더 먼 곳의 유적들도 있다.

3. 인근 친족 마을을 방문하는 투어도 있다. 친 빌리지 투어는 K90,000으로 여행자를 모아서 참여하면 된다. 오전 7시 30분에 출발해서 오후 5시에 숙소에 도착한다.

4. 밤에 므락우의 별 사진을 찍어 보자.

5. 성수기(건기)에는 골든 스타 게스트 하우스 왼쪽 길에서 쉐따진 호텔 방향으로 아침 시장이 들어서니 꼭 몽디나 거바를 먹어 보길 추천한다. 몽디는 생선 육수에 흰 소면과 돼지껍질 튀김을 고명으로 올린 따뜻한 국물 맛이 일품인 일종의 잔치국수 같은 음식으로 K500 정도 한다. 거바는 벵갈리 음식으로 돼지고기와 내장을 얇게 썰어서 매운 칠리소스와 같이 볶아서 매콤한 소스를 흰 쌀밥이나 면 위에 얹어서 먹는 요리로 K1,500 정도 한다.

6. 므락우 시장은 시내 한가운데에 있다. 시장 안쪽으로 들어가면 채소와 과일 가게가 있다. 삶은 찰옥수수 4개에 K200, 몽키 바나나 한 단에 K200, 4~5가지 과일을 K2,000 정도면 푸짐하게 살 수 있고, 시장 입구 모퉁이에 몽디 파는 노점도 있다.

씻따웅 사원 Shitthaung Temple

8만 불상의 사원

씻다웅은 8만이라는 뜻으로 민바지(Min Ba Gyi) 왕이 1535년에 건립한, 8만 개의 불상과 유물이 보관되어 있는 사원입니다. 일명 '8만 불상의 사원'으로 불리는 이 사원은 벵갈과 포르투갈 침입자들에 대항해 열두 지역에서 승리한 기념으로 지어졌다. 그래서 이 사원을 '승리의 사원(Ran Aung Zeya)'이라고도 부른다.

외관은 그리 화려하거나 규모가 커 보이지 않지만 실내로 들어가면 두 겹, 세 겹의 실내 통로로 이어진 불상의 배열에 놀라지 않을 수 없다. 므락우의 사원들 대다수가 이렇게 사원 실내 광장을 중심으로 사방으로 둘러가면서 통로를 만들고 불상을 모신 형태를 띠고 있다. 작은 사원은 실내 통로가 하나인 경우도 있고 사원 규모가 큰 곳은 두, 세 겹의 통로를 만들어서 불상을 모셨다. 씻따웅 사원의 광장 천장에는 커다란 벽화가 있는데 일반 불화하고는 다른 아주 난해한 내용의 벽화가 있으며 그 주변으로 부처님의 탄생 일대기를 그린 벽화가 그려져 있다.

광장을 지나서 불상이 모셔진 굴 같은 통로로 들어가면 양쪽으로 크고 작은 불상이 도열하듯이 빙 둘러 가면서 있다. 흡사 고고학 박물관 저장고를 방문한 느낌이 들 정도로 다양하고 수많은 불상이 나타난다. 통로를 따라 돌다 보면 갑자기 큰 광장에 모셔진 낯선 불상을 만나게 되는데 불상 입구 왼쪽에 1~1.5m가량의 부처 발자국을 새긴 커다란 돌이 놓여 있다. 다른 통로로 접어들면 돌을 깎아서 새긴 힌두교와 불교 경전의 다양한 모습을 볼 수 있다.

캄보디아의 앙코르 와트 외벽 갤러리가 정교한 세밀화라면 이곳의 조각은 조금은 투박한 느낌이지만 입체감과 채색은 훨씬 좋은 것 같다. 므락우 사원 중에서 꼬따웅 사원과 함께 놓쳐서는 안 되는 귀중한 사원이다.

위치 므락우 유적군 초입 오른쪽 요금 K5,000 (씻따웅 사원 이외의 다른 사원에서는 검사하는 곳도 사람도 없다)

불화

부처님 발자국 돌

투칸떼인 사원 Htuk Kant Thein Temple

대리석 감실에 모셔진 불상과 아름다운 조각상

1571년 민팔로운(Min Phaloun) 왕이 세운 사원으로 씻따웅 바로 정문 대각선 맞은편에 있다. 오랜 세월을 거치며 이끼로 인해 검은색으로 변한 외벽은 누구도 탈출하기 힘든 견고한 교도소를 연상시킬 만큼 아주 탄탄한 느낌이다.

2층 높이의 대리석 계단을 올라가면 풀로 덮인 야외 정원 같은 광장이 나온다. 사원 안으로 들어가면 대리석으로 만들어진 수많은 감실(龕室)에 모셔진 불상들이 나타나고 대리석을 깎아서 조성한 통로에는 아름다운 조각상이 즐비하다. 환기를 위해서 만들어진 작은 공기 순환 구멍으로 근처에서 풀을 뜯던 염소들이 수시로 들어와서 활보를 하는 아주 진기한 구경을 할 수 있는데 므락우 유적군에서만 가능한 일이다.

조명 상태가 안 좋아서 개인적으로 플래시(오래가는 LED 추천)를 지참해서 와야 불상을 제대로 감상할 수 있다.

므락우 유적군의 파고다 대부분은 대리석으로 되어

있어서 우기나 비가 온 후에는 이끼 때문에 바닥이 미끄러우니 계단이나 바닥에서 미끄러져서 다치지 않도록 각별히 주의해야 한다.

래멧나 사원 Lay Mye Thna Temple

네 얼굴의 사원

투칸떼인 사원 건너편에 있는 사원으로 외관은 투칸떼인과 비슷하나 크기가 작다. 사원의 지붕 부분이 꼭 투구를 쓴 모습이다. 이 사원은 아라칸 왕국을 세운 민소문(Min Saw Mun) 왕이 공식적으로 아라칸 왕국을 세우기 3년 전인 1430년에 건립했다.

래멧나 사원은 '네 얼굴의 사원'이라는 의미로 동서남북 네 군데에 출입문이 있으며 사원 중심부를 빙 돌아가면서 커다란 불상이 모셔져 있다. 실내 외벽 감실에는 작은 불상들이 모셔져 있으며 깨지거나 부서진 불상을 쓰레기 더미처럼 실내에 방치한 모습은 안타까움을 느끼게 한다.

라타나폰 파야 Ratanapon Paya

외관이 제일 아름다운 사원

씻따웅을 지나서 오른쪽 언덕길로 가다 보면 언덕 오른편에 우람하게 서 있는 스투파(Stupa, 부처님의 유물이나 진신 사리를 모신 성스러운 탑)가 라타나폰 파야이다.

므락우에서 외관이 제일 아름다운 사원 중 하나로 가운데 커다란 스투파를 중심으로 원형으로 돌아가면서 16개의 작은 스투파가 있다. 작은 스투파 안에는 불상들이 모셔져 있다. 1612년 민카몽(Min Khamong) 왕과 신퉤(Shin Htwe) 왕비가 건립했다. 이 사원 앞에 작은 언덕이 있는데 여기서 보는 조망이 멋지다.

투칸떼인 사원과 래멧나 사원이 한눈에 들어온다. 이곳은 일몰을 찍을 수 있는 멋진 뷰 포인트다. 일출 전후에 사진 촬영하기에 좋다.

라타나마나웅 제디도 Ratana Manaung Zedidaw

태어난 요일을 상징하는 동물상

언덕에 위치한 라타나폰 파야를 지나서 오른쪽으로 마을길을 따라 올라가다 보면 마을이 끝나는 지점 왼편으로 디스커버리 힐 입구가 나오고 길을 따라 언덕을 넘어가면 멀리 55m 높이의 커다란 스투파가 눈에 들어온다.

1658년에 산다투담마라자(Sanda Thudhamma-raza) 왕과 라타나삐야데위(Ratana Piya Dewi) 왕비가 건립을 했다. 커다란 스투파를 중심으로 빙 돌아가면서 태어난 요일을 상징하는 동물상이 조성되어 있다. 스투파의 바닥 넓이가 117m에 이르는 무척 넓은 사원이다. 중앙의 커다란 스투파는 8각의 형태로 만들어졌으며 흙벽돌을 사용해서 무척 견고한 느낌을 준다.

이 사원의 이름은 '불교의 삼보(부처님, 다르마, 승가)를 바탕으로 라카인 사람들의 성공을 기원한다'는 의미가 있다고 한다.

안도 파야 Andaw Paya

부처의 치아 사리가 안치된 사원

라타나폰 파야 바로 옆에 있다. 1521년 민라라자(Min Hlaraza) 왕이 건립했고, 이후 1596년 민라자지(Min Razagyi) 왕이 스리랑카에서 모셔온 부처의 치아 사리를 안치하면서 재개축했다.
안도 파야도 가운데 스투파를 중심으로 주변에 작은 스투파들이 있다.

라타나잉카 파야 Ratanathinkha Paya

감실 조각이 멋진 사원

안도 파야 옆에 위치해 있다. 외양은 양철 지붕으로 허름한 모습이지만 실내에 들어서면 채색이 멋진 불상들이 나타난다. 중앙 광장을 중심으로 2층으로 된 감실 속에 불상이 모셔져 있으며 대리석으로 조성된 감실 주변 조각들이 아주 멋지다. 원형으로 빙 둘러가면서 조성된 불상들은 모두 채색이 양호한 상태로 외벽 감실의 불상 역시 보존 상태가 상당히 좋은 편이다. 건립자와 연도가 남아 있지 않은 점이 아쉽다.

유물 박물관 Archaeological Museum

사원 출토 유물 전시

시내 왕궁 터에 위치해 있다. 찾는 여행자가 거의 없어서 쓸쓸한 박물관이다. 므락우 지역 사원에서 출토된 유물들을 모아 놓았다.

오픈 화요일~일요일 10:00~16:00 **휴관** 월요일, 국가 공휴일 **요금** K5,000

꼬따웅 사원 Koe Thaung Temple

놓쳐서는 안 될 멋진 사원

시내에서 조금 떨어진 외곽에 위치해 있으며 므락우에서 씻따웅과 함께 놓쳐서는 안 되는 멋진 사원이다.

1553년에 민타익카(Min Taik Kha) 왕이 건립했다. 꼬따웅은 '9만 불상의 사원'이라는 뜻으로, 사원의 외관부터 독특한 모습이다. 수많은 작은 스투파가 총총히 줄을 맞춰서 벽을 이루고 있는데 그 길이가 80m에 가깝다.

사원은 2층 높이의 구조로 사방 80m에 가까운 넓은 면적 정 가운데에 스투파를 올리고 스투파 아래에는 사방으로 돌아가면서 가장자리에 통로를 만들어서 수많은 불상을 모셨다.

통로 양쪽으로 모셔진 불상은 대리석으로 만들어서 유물적 가치도 무척 높다. 우기에 폭우가 쏟아지는 날 여행자나 방문자가 아무도 없는 사원을 홀로 들러 보면 적막하기보다는 무서울 정도로 고요하다. 비를 맞아서 이끼가 낀 불상과 수풀 속에 힘겹게 얼굴만 내민 불상을 보노라면 역사의 애잔함이 느껴진다. 개인적으로 므락우에서 제일 감동을 느낀 사원이다.

꼬따웅 사원만큼은 건기보다는 비 내리는 우기에 방문하는 것을 추천한다.

디스커버리 힐 Discovery Hill

뷰 포인트

므락우의 사원 군을 한눈에 조망할 수 있는 뷰 포인트다. 위치는 씻따웅 사원을 지나서 갈림길에서 우회전하면 언덕에 라타나폰 파야가 보인다. 길을 따라서 언덕을 넘으면 마을이 보이고 오른쪽 길을 따라가면 마을을 관통하는 길이다. 그 길을 따라 계속 올라가면 마을이 끝나는 지점 언덕에 못 미쳐서 왼편으로 대문(개인 주택)에 작은 간판으로 디스커버리 힐이라고 써 놓았다.

이 대문으로 들어가면 산으로 올라가는 오솔길이 있다. 이 집 주인장이 이곳을 찾는 여행자가 많아지니까 입장료로 한 사람당 K1,000씩 받는다. 대문에서 5분 정도만 올라가면 전망이 좋은 위치가 나온다. 특별하게 위험하거나 올라가기 힘들지 않으니 므락우를 방문하는 여행자들은 꼭 다녀오길 추천한다.

요금 1인당 K500

디스커버리 힐에서 본 므락우 풍경

사짜마나웅 파야 Sakya Manaung Paya

무릎 꿇은 보살상

라타나마나웅 사원을 지나서 있다. 정문 양 옆으로 무릎을 꿇고 있는 커다란 보살상이 무척 이색적인 사원이다.

1629년에 티리투담마라자(Thiri Thudhammaraza) 왕이 건립했다. 외양은 라타나마나웅 제디도와 비슷하다. 높이 솟은 스투파의 형태는 이전의 파고다와는 다른 양식을 보여준다. 이때부터 파고다의 모양이 더 높고, 둥그런 형태로 바뀌게 되었다고 한다. 이 스투파는 특이하게 스투파의 외벽에 감실을 만들어서 불상을 안치했다. 이런 형태의 스투파는 흔치 않은 모습이며 스투파의 바닥 면적이 무척이나 넓게 조성되어 있다. 중앙의 커다란 스투파를 중심으로 작은 스투파가 빙 둘러가면서 조성되어 있다.

추천 숙소

나팔리 비치 주변에 고급 호텔과 리조트가 밀집되어 있다. 성수기에는 방 구하기가 쉽지 않고 가격도 상상을 초월하는 경우가 많다.

싯트웨에는 몇 개의 호텔과 외국인 숙박 라이센스를 가지고 있는 게스트 하우스가 두 곳 밖에 없어서 숙소 선택의 폭이 좁은 편이다. 외국 엔지니어들과 국제 연합 등 많은 국제단체와 NGO 요원들이 많아서 늘 객실이 부족한 상태라 시설 대비 가격이 대체로 비싼 편이다. 시내를 남북으로 관통하는 메인 로드에 러펫예(밀크티) 찻집(Tea Shop)과 슈퍼마켓이 몇 개 있다.

나팔리 비치

나팔리 비치 호텔 Ngapali Beach Hotel
나팔리 해변에 위치한 방갈로 형태의 호텔이다. 바닷가 야외 식당과 위성 TV, 에어컨, 온수, 가구 및 편의시설이 전부 갖춰져 있다.

주소 Myabyin Village, Rakhine State 전화 043-42200 / 42211 / 43800 / 43822 요금 $100~250 이상 이메일 ngapalibeach@myanmar.com.mm

베이뷰 더 비치 리조트 Bayview the beach resort
해변의 북쪽 끝부분에 위치해서 나팔리 비치의 초입이다. 바로 비치와 연결되어 편하다. 에어컨, 온수가 나온다. 호텔 부속 식당에는 피자와 해산물(Sea Food) 요리가 있다.

요금 가든 뷰 $130~360, 디럭스 가든 뷰 방갈로 $150~420, 디럭스 비치 프런트 $170~450

실버 비치 호텔 Silver Beach Hotel
방갈로 형태의 방으로 일몰 감상에 좋다.

요금 싱글 $100 이상, 더블 $150 이상

린따우 로지 Linn Thar Oo Lodge
방갈로 형태로 가격 대비 좋은 숙소이다. 많은 배낭여행자들이 선호하는 집이다.

요금 방갈로 $50(비수기)~100(성수기)

로열 게스트 하우스 Royal Guest House
해변의 남쪽 끝부분에 위치해 있다.

요금 싱글 $25~30, 더블 $30~40

딴데 비치 리조트 나팔리
Thande Beach Resort Ngapali
해변 중간 아래쯤에 위치해 있다.

요금 슈피리어 $110~260, 디럭스 가든 뷰 $160~430, 디럭스 $230~500

플레전트 뷰 리조트 Pleasant View Resort
해변 남쪽에 위치해 있으며, 방갈로 타입이다.

주소 132, 5 Ward, Mya Pyin Main Rd., Ngapali 요금 패밀리 디럭스 방갈로 $130~300, 디럭스 비치 프런트 $150~350, 디럭스 방갈로 $180~450

나팔리 베이 빌라스 & 스파
Ngapali Bay Villas & Spa

해변 북쪽에 위치한 신축 호텔이다. 가격이 비싸지만 스텝들의 서비스와 시설이 아주 만족스러운 호텔로 나팔리 지역에서 여행자들로부터 최고의 평점을 받고 있다.

요금 디럭스 씨 뷰 빌라 $250~800, 디럭스 비치 프런트 빌라 $400~900

아마타 리조트 & 스파 나팔리 비치
Amata Resort & Spa Ngapali Beach

해변 중간쯤에 있어서 위치가 좋다. 가격은 시설 대비 비싼 편이다.

주소 Mya Pyin Village, Ngapali 요금 슈피리어 $160~450, 디럭스 $200~550, 코티지 $300~720

다이아몬드 나팔리 호텔 Diamond Ngapali Hotel

해변 중앙 조금 아래 최고의 위치에 있다. 나팔리 지역 호텔들이 비싼 데 비하면 상대적으로 저렴한 편이다.

주소 Jeiktaw Village, Ngapali 요금 슈피리어 $70~150, 스위트 $150~300

샌도웨이 리조트 Sandoway Resort

최고의 위치에 있는 호텔로 시설, 스텝들의 서비스, 주변 경관 등 여러모로 만족스러운 호텔이다.

주소 Mya Pyin Village, Ngapali 요금 디럭스 $170~350, 코티지 $250~500

로열 비치 모텔 Royal Beach Motel

좋은 위치에 있는 저렴한 숙소다.

주소 Mya Pyin Village, Ngapali 전화 (043) 42411 / 42213 요금 $85 이상(이메일 문의) 이메일 royalngpali@myanmar.com.mm

싯트웨

마 게스트 하우스 Mya Guest house

공항에서 싯트웨로 들어가는 시내 초입(차로 10분)에 위치해 있다. 신축 건물로 가격 대비 깨끗한 편이다. 추천하는 게스트 하우스다. 시내까지 도보로 15~20분 소요된다.

주소 51/6 Bowdhi St., Sittwe 요금 $20~25 이상(성수기에는 더 오름)

프린스 게스트 하우스 Prince Guest house

시내 메인 도로 남쪽 끝자락에 위치해 있다. 해외 유명 가이드북에 소개되어 많은 서양 여행자들이 찾지만 시설이 낡고 열악하다. 스텝들은 친절하다. 성수기 때 숙소를 잡기 어려울 때 마지막으로 들러 보기 바라며 여성 여행자에게는 비추천이다.

주소 27, Main RD, Rupa Quarter 전화 (043)22539 요금 싱글 $5(K5,000) 이상(공동 욕실, 아침 불 포함), 더블 $15 이상

쉐따진 호텔
Shwe Thazin Hotel

시내 들어가는 초입에 위치해있다. 시설 대비 가격이 비싼 편이다.

주소 250, Main Rd., Palintaw Kyay Pin Gyi

Quarter 요금 슈피리어 $55~120, 디럭스 $65, $70, $80~140

노블 호텔 Noble Hotel

6층 건물로 주변에 고층 건물이 없어서 전망이 좋으며, 시내에 있어서 위치가 좋다. 에어컨과 온수가 잘 나오며 냉장고에 있는 물 2병, 과자 2개, 커피는 무료이다. 스텝들은 친절하며 시장이 가까운 메인 로드에 있다. 공항에서 15분 걸린다. 시설은 깨끗한 편이고 아침이 미니 뷔페식으로 나온다. 가격 대비 추천한다.

주소 No. 45, Main Rd., Maw Leik Quarter, Sittway 전화 (043) 23558~9 요금 스탠다드 $50~120, 더블 $60 이상 이메일 noble@myanmar.com.mm

뉴 팰리스 호텔 New Palace Hotel

시내 메인 로드에 있다. 시설은 별로이다.

주소 No. 5, Main Rd., Sittwe 전화 (043) 21996, 23234, 21657 요금 슈피리어, 디럭스 $40 이상

홈페이지 www.newpalacehotelsittwe.com

므라우

래모 리버 게스트 하우스
Lay Myoe River Guest house

므라우 시내에 있다. 시장과 도보 5분 거리고 골든 게스트 하우스는 래모 리버 게스트 하우스에서 100m 정도 더 가면 있다. 신축 건물로 깔끔한 편이고 주인장 할아버지가 친절하고 인간적이다.

주소 Kanhla, Mrauk U 전화 09-852-2139 요금 싱글 $15 이상, 더블 $20 이상

골든 스타 게스트 하우스
Golden Star Guest house

스텝들이 친절해서 많은 여행자들이 좋아하는 숙소다. 2층을 추천한다. 이곳에서 친 빌리지 투어를 문의할 수 있다.

전화 09-496-74472, 09-421-720002 요금 싱글 $8(비수기)~10(성수기), 더블 $20~23

쉐따진 호텔 Shwe Thazin Hotel

방갈로 타입으로 시설이 깔끔하다.

주소 Sunshaseik Quarter, Mrauk U 전화 (043) 50168, 50239, 09-850-1844, 09-850-2330 요금 슈피리어 $55~65, 디럭스 $70~80

로열 시티 방갈로 & 게스트 하우스
Royal City Bungalows & Guest house

제티에서 시내 들어오는 초입에 있다. 시설은 괜찮은 편이나 시내에서 조금 떨어졌다는 단점이 있다. 게스트 하우스 바로 앞에 방갈로가 있다.

게스트 하우스
요금 싱글 $10(공동 욕실), $20(개인 욕실), 더블 $25~35(개인 욕실)

방갈로
주소 Minbar Gyi Rd., Aung Datt, Mrauk U 전화 (043) 24200~5, Ext: 50257, 09-850-2400 요금 싱글 $30, 더블 $40, 패밀리 $55 홈페이지 www.rivervalleyrestaurantsittwe.com 이메일 rivervalleyrestaurant@gmail.com

므라우 팰리스 리조트 Mrauk U Palace Resort

신축 건물이어서 깔끔하지만 가격은 비싼 편이다.

주소 Alodawpyi St., Lark Kout Zee Quarter 요금 스탠다드 $50~150, 스탠다드 더블 $90~210

먹을거리

나팔리와 싯트웨는 바다를 끼고 있어서 싱싱하고 값싼 해산물이 많이 나는 곳이다. 이른 아침 바다에서 막 잡아 온 신선한 새우, 바닷가재, 킹크랩, 생선 등을 모닝 피시 마켓에서 저렴하게 살 수 있다. 마켓에서 사온 해산물을 묵고 있는 숙소 주방이나 스텝에게 약간의 수고비를 주고 부탁하면 요리를 해 준다. 특히 싯트웨는 해산물이 풍부하고 값이 저렴하므로 시푸드 레스토랑에서 마음껏 먹어 보길 추천한다.

싯트웨

리버 밸리 시푸드 레스토랑
River Valley Seafoods Restaurant

시내 초입에 있으며 가격 대비 음식이 맛있다. 게 요리와 왕새우 요리를 추천한다.

주소 Main Rd., Sittwe 전화 (043) 23234, 21996, 22787 홈페이지 www.rivervalleyrestaurantsittwe.com

므락우

포 유 레스토랑 For You Restaurant
래모 리버 게스트 하우스 바로 옆에 신축한 식당이다. 젊은 부부가 운영하는데 맛이 괜찮다.

모 체리 레스토랑 Moe Cherry restaurant
왕궁 뒤편 동문(East wall)쪽에 있다. 여행자들에게 잘 알려진 식당으로 라카인 정식이 유명하다. 1인당 K3,500 정도로 5~6가지의 반찬이 나오며 리필도 해준다.

리버 밸리 레스토랑 River Valley Restaurant
라카인 음식과 중국 음식을 하는 식당이다.

전화 09-850-2400, (043) 24200~5 Ext: 50257

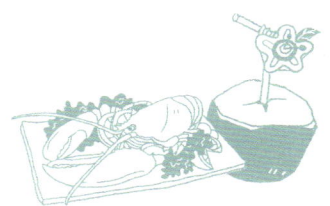

테마 여행

명상 수행 센터
미얀마 축제 여행
미얀마 트레킹

위빠사나 수행자를 위한
명상 수행 센터

우리나라에 위빠사나가 소개된 것은 약 20년 전으로 몇몇 스님과 수행자들을 통해서였다. 지금은 전국에 여러 곳의 위빠사나 명상 센터가 있을 정도로 수행자들이 많아졌다. 위빠사나 수행법을 가장 본질에 가깝게 지키고 있는 곳이 바로 미얀마이며 해외 여러 나라에서 각양각색의 수행자들이 위빠사나 수행을 위해 미얀마로 모여든다. 양곤의 마하시 수행 센터 한 곳에만도 한국인 수행자(스님, 일반인 포함)가 매해 100여 명 이상 등록한다고 한다. 양곤 주변에만 10여 개의 국제적인 위빠사나 명상 수행 센터가 있는 걸 감안한다면 대략 매해 200~300여 명 정도가 미얀마에서 위빠사나 수행을 하고 있다고 추정할 수 있다. 미얀마 위빠사나 수행에 뜻이 있는 분들에게 다음의 국제 센터 안내가 좋은 희망의 등불이길 기대해 본다.

위빠사나 Vipassana

깨달음을 얻는 불교 수행법

위빠사나는 부처님이 깨달음을 얻은 수행 방법으로, 수행이 높아져 최고의 경지에 도달하면 스스로 깨달음을 얻게 되는 방법이다. '위빠사나'는 산스크리트어로 '위(Vi)'라는 단어와 '빠사나(Passana)'란 두 개의 단어가 결합하여 만들어진 단어이다. 위(Vi)는 '모든 것', '다양한', '전부'란 뜻이고, 빠사나(Passana)는 '꿰뚫어 보다', '똑바로 알다'라는 뜻으로 '위빠사나'란 '모든 것을 이해하고 꿰뚫어 본다'는 말이라고 할 수 있다.

위빠사나는 크게 두 가지 수행법이 있는데, 좌선과 경행(행선)이다. 우선 좌선은 가부좌 상태로 앉아서 호흡에 집중하는 것이다. 즉 숨을 들이쉬고 내뱉을 때 배의 움직임에 집중하는 수행인데 일어남(숨을 들이쉬어 배가 나올 때)과 사라짐(숨을 내뱉어 배가 들어갈 때)을 관찰한다. 이렇게 관찰하다 보면 온갖 잡념이 생기고 쑤셔 오는 부위에 집중한다. 잡념이나 아픔의 대상에 집중하다 보면 어느새 아픔이나 잡념이 사라진다. 이렇게 1시간 정도 좌선을 하고 다시 1시간 정도 경행(행선)을 반복한다.

경행은 좌선으로 굳어지거나 뭉쳐진 근육을 풀어 주는 수행법으로, 발바닥에 집중하는 것이다. 편하게 서서 손은 앞으로 모으거나 편하게 뒷짐을 진다. 전방을 보며 천천히 걸어가면서 발바닥의 움직임에 집중한다. 발을 들 때, '듦, 나아감, 놓음' 세 단계에 집중하면서 반복적으로 수행한다.

여행 도중 인연이 되면 위빠사나의 본고장 미얀마에서 위빠사나 수행에 한번 도전해 보길 바란다.

마하시 명상 센터 Mahasi Sasana Yeiktha Meditation Center

위빠사나 명상의 대명사

양곤 시내에 자리한 마하시 명상 센터는 위빠사나 명상 센터의 원조라고 할 수 있다. 마하시 대선사에 의해서 위빠사나 수행이 전 세계에 보급되는 전초기지 역할을 한 센터가 바로 마하시 센터다. 마하시 센터는 연중 수행자들로 붐비지만, 특히 겨울철에는 센터 방문객이 3,000여 명을 넘는다고 한다.

1947년 부처의 가르침과 수행법을 배우기 위해 설립된 부다 사사나 누가하 협회(Buddha Sasana Nuggaha Organization) 초대 회장이었던 우 트윈(U Thwin)이 당시 우 누(U Nu) 수상에게 부탁해서 북부 작은 마을 세이쿤(Seikkhun)에서 위빠사나 수행과 지도를 병행하던 마하시 사야도(Mahasi Sayadaw, 1904~1982)를 모셔 와서 시작한 것이 오늘날의 마하시 명상 센터(Mahasi Sasana Yeiktha)가 되었다.

수행 센터 정문으로 들어가면 바로 왼쪽에 행정실이 있고 맞은편에는 여성 전용 명상 수행 대법당이 있다. 그 뒤편으로는 공양을 위한 식당이 있다. 행정

마하시 수행 센터 정문

실을 지나서 조금 내려가면 왼쪽의 2층 건물이 마하시 대선사 기념관으로 2층에는 마하시 대선사가 생전에 사용하던 침대, 사무용품, 경행하던 장소 등이 있다.

매일 오전 10시에 이곳 마하시 대선사 기념관 조금 아래에서 스님들과 수행자들이 점심 공양을 위한 탁발을 시작한다. 이 탁발 공양 행렬을 보기 위해서 많은 관광객들이 몰려든다.

수행 방문자는 정문 왼쪽에 있는 행정 사무실에서 먼저 수행 등록을 하고 미화 50달러를 내면 머물 방을 안내해 주며, 3개월간 머물 수 있다. 아침, 점심은 무료로 제공된다. 오후 불식하는 소승 불교의 교리에 따라 저녁 식사는 제공되지 않는다. 원래 수행 센터는 수행자에게 어떠한 돈도 받지 않고 순전히 신자나 수행자의 보시에 의해서 운영되는 것이 원칙이지만, 마하시 센터에는 워낙 많은 외국인들이 무전취식 수단으로 등록을 하는 바람에 부득이하게 비공식적으로(공식적으로는 여전히 무료이다) 외국인 수행자에 한해서만 1인당 50달러를 받고 있다.

외국인 수행자들은 2층으로 된 외국인 전용 숙소에 머물게 된다. 숙소 바로 옆에 수행처가 있으며 매일 오후 5시부터 1시간 정도 영어, 일어, 중국어 등 5개 국어로 지도 스님의 문답 시간이 주어진다.

법당

여성 전용 대법당

외국인 숙소

주소 16, Sasana Yeiktha Rd., Bahan Township, Yangon, Myanmar 전화 (01) 545-918, 541-971 팩스 (01) 545-918 홈페이지 www.mahasi.org.mm 이메일 mahasi-ygn@mptmail.net.mm

Travel tip

수행센터 방문 시 주의할 사항

수행 센터를 방문하는 여행자는 최대한 주의를 해서 수행자들에게 방해되지 않도록 조심해야 한다. 단순히 경비를 절약하는 방편으로 수행 센터에 머무는 일은 삼가도록 하자.

수행자가 꼭 준비해야할 물품들

1. 침낭, 담요(열대 지방이지만 밤에는 춥다.)
2. 수건 3~4개
3. 햇볕을 가릴 수 있는 양산
4. 샌들 또는 편한 슬리퍼
5. 모기약, 모기 퇴치제
6. 비누, 칫솔, 치약, 화장지
7. 물을 끓일 수 있는 전기 포트와 마실 차
8. 필기구(작은 메모 수첩과 볼펜)
9. 감기약, 소화제, 설사 방지약

담마 마마까 국제 선원 Dhamma Mamaka Meditation Center

미얀마 최초의 한국계 위빠사나 수행 센터

양곤 담마 마마까 국제 선원은 미얀마에서 메타(Metta)가 가장 높은 스님으로 유명한 우 쿤다라 비왐사 큰스님의 직제자인 우 에인다까 사야도(U Eindaka Sayadaw)와 한국의 혜송 스님, 대성 스님, 불자 및 수행자들의 힘으로 2005년에 완공된 미얀마 최초의 한국계 위빠사나 수행 센터다.

이곳은 4만 평이 넘는 넓은 부지에 두 개의 대법당과 식당, 부처를 모신 법당 및 수십 개의 방갈로 형태의 수행자 숙소를 갖춘 대규모 수행 센터다. 오랜 기간 미얀마에서 공부와 수행을 해 온 혜송 스님이 큰스님과의 인터뷰를 즉석에서 한국어로 통역해 주어 수행자들이 불편하지 않게 수행 문답을 진행할 수 있다.

맑은 공기와 조용한 주변 환경, 그리고 자체 농장에서 수확하는 열대 과일이 매일 식사 시간에 제공되며 한국인 수행자들을 위한 한국식 반찬과 김치도 제공된다. 수행자 숙소는 방갈로 타입의 독립된 방으로 욕실이 독립적으로 갖춰져 있다.

한국인 비구니 스님 두 분이 늘 상주하므로 한국 수행자들은 언어나 음식에 전혀 불편함 없이 수행에 전념할 수 있다.

주소 Arziwa Kyaung St., Kyungalay Village, Hlegu Township, Yangon **위치** 양곤 외곽 지역인 바고(Bago)로 가는 고속도로변 **전화** (01) 629-100(한국에서 걸 때는 001-95-1-629100) **홈페이지** cafe.daum.net/dhammamamaka

Travel tip

위빠사나 명상센터의 일과표

03:00	기상 후 좌선(1시간)과 경행(1시간) 반복
06:00	아침 식사
07:00	자유 시간
08:00	좌선(1시간)과 경행(1시간) 반복
10:00	11시 전에 점심 식사 근본(소승) 불교의 교리인 오후 불식(정오부터 다음날 아침까지 씹어먹는 음식물을 먹지 않음) 이행.
12:00	휴식 시간
14:00	좌선(1시간)과 경행(1시간) 반복
16:00	스승과의 문답(인터뷰) 위빠사나 수행에는 스승의 역할이 매우 중요하다. 매일 또는 이틀, 일주일에 한 번씩 스승과의 문답을 통해 수행 정도를 점검한다. 스승은 수행자를 격려하고 문제점을 찾아서 수행자가 올바른 수행을 하도록 지도해 준다.
17:00	1시간 휴식 이때는 물이나 주스 등 마시는 것만 허용된다.
18:00	수행
21:00	자유 시간

마하시 대선사

마하시 대선사

미얀마의 위빠사나 명상을 대중화시키고 세계적으로 자리 잡도록 이론을 정리하고 수행을 체계화시킨 사람이 바로 마하시 대선사다.

마하시 대선사는 1904년 미얀마의 만들레이에서 북쪽으로 114km 떨어진 유서 깊은 도시 쉐보(Shwebo)에서 11km 더 들어간 농촌 마을 세이쿤에서 출생했다. 6세에 인근 피마나 수도원에서 승려 생활을 처음 시작했으며, 6년 후에 수도원의 원장인 우 아디짜(U Adicca) 은사 스님으로부터 '신 소바나(Shin Sobhana, 상서로운 자)'란 법명을 받아 정식으로 사미가 되었다.

마하시 대선사는 경전에 뛰어난 지식을 가졌으며 1923년 11월 26일 정식으로 니말라 수메다 스님으로부터 비구계를 받았다. 마하시 대선사는 계를 받은 4년 후에 정부에서 실시하는 공인 시험인 팔리 초·중·고급 과정 시험을 모두 통과했으며 1941년 6월에는 정부가 실시한 법사 고시에 합격했다.

1938년 마하시 대선사는 고향 세이쿤으로 돌아와 첫 3인의 제자에게 위빠사나 수행을 처음 가르쳤다. 얼마 지나지 않아서 인근 쉐보와 사가잉 지역에 마하시 대선사의 위빠사나 수행 지도에 대한 평판이 널리 퍼지게 되었고, 명상 센터를 건립해서 수행을 널리 퍼트리겠다는 염원을 가졌던 우 트윈이 직접 수행을 받아 보고는 스님의 고결하면서도 온화한 성품에 자신이 찾던 분이 바로 이분임을 깨닫고 마하시 대선사를 양곤으로 모셔 왔다.

1949년 12월 19일 시작된 마하시 수행 센터의 첫 집중 수행에는 25명의 수행자가 참가했다. 위빠사나 수행을 하는 동안 수행자들은 자신이 수행 중에 경험한 일들을 매일 마하시 대선사에게

마하시 대선사의 유품

마하시 대선사 기념관

이야기하고 점검받았다. 수행자들을 직접 점검하고 지도하는 방법은 마하시 대선사에 의해 채택되었으며 수행자들을 지도하는 데 있어서 가장 성공적인 지도 방법으로 여겨지고 있다. 또한 마하시 대선사는 남자나 여자, 직업에 상관없이 누구에게나 수행의 문호를 항상 열어 두었다. 이런 마하시 대선사의 수행 지도 방법 덕택에 자질 있는 제자들에 의해서 위빠사나의 씨앗은 미얀마 각지에 뿌려지게 되었고 전국적으로 500여 곳에 마하시 수행 센터 분원이 생겼으며, 이웃 나라인 태국과 스리랑카 등지에도 마하시 대선사의 직제자들이 지도하는 분원이 생겨났다. 1973년 마하시 센터 건립 23주년이 되던 해, 양곤의 수행 센터에서 수행한 수행자는 60만 명이 넘었으며, 태국, 스리랑카, 인도, 캄보디아 등지에서 수행한 수행자를 모두 합하면 70만 명이 넘었다.

이후 마하시 대선사는 일본, 인도, 인도네시아, 유럽, 미국 등지에 위빠사나 수행을 전하였다. 1938년 처음 위빠사나 수행을 지도한 이래 1982년 8월 14일 78세를 일기로 입적할 때까지 44년간, 위빠사나 수행을 지도한 것은 물론이고 불교 서적 67권을 저술했으며 많은 법문으로 중생들에게 커다란 가르침을 남겼다.
오늘날 마하시 대선사의 직제자였던 우 빤디따 스님, 우 실라난다 스님, 우 자나카 스님, 우 쿤달라 스님, 우 자띨라 스님 등에 의해서 수행 지도는 계속 이어지고 있다.

빤디따라마 명상 센터 Panditarama Meditation Center

마하시 대선사의 제자인 우 빤디따(U Pandita, 1921년 출생) 큰스님이 1990년에 설립했다. 양곤 시내 본원과 바고 숲 속 센터 두 곳이 있으며 우 빤디따 큰스님은 주로 양곤 본원에 머문다. 외국인 수행자를 위해 설립된 바고 숲 속 센터는 전 세계에서 온 수행자들로 항상 붐빈다.

빤디따라마 센터는 타 수행 센터보다 수행이 엄격하기로 유명하다. 수행 센터 내에서는 누구든지 절대적으로 묵언을 해야 하며 숲으로 둘러싸여 있는 수행처는 수행에 전념할 수 있는 충분한 조건을 제공한다.

우 빤디따 큰스님이 전 세계를 다니며 수행 지도를 한 경험을 바탕으로 건립된 빤디따라마 센터는 외국인 수행자에게 불편함이 없도록 식사도 뷔페식으로 나오며 제반 시스템이 합리적으로 잘 갖추어져 있다. 또한 우 빤디따 큰스님에게서 수행을 받은 많은 제자들이 전 세계적으로 분원을 설립해서 위빠사나 수행 및 보급에 앞장서고 있다.

빤디따라마 수행 센터는 위빠사나 초보 수행자에게는 조금 힘들고, 어느 정도 수행이 익숙한 수행자에게 이상적인 곳이다. 하지만 워낙 전 세계에서 많은 수행자가 찾아오다 보니 큰스님과의 수행 문답이 쉽지 않다. 위빠사나 수행은 스승의 수행 지도가 큰 역할을 하는데, 이 점은 아쉽다.

빤디따라마 양곤 센터
Panditarama, Shwe-taung-gone Meditation center

주소 80-A Thanlwin Rd., Bahan, Yangon 전화 (01) 705-525 / 535-448

빤디따라마 바고 숲속 센터 Panditarama, Forest Center

주소 Hse Main Gone, Bago Tsp 위치 바고행 고속도로를 따라 바고 지역에 접어들면서 오른쪽으로 난 숲 속 샛길로 20분 정도 들어가면 수행 센터가 나온다. 대중교통을 이용하기는 어렵고 택시를 이용해야 한다. 전화 (052) 24401, 24492

찬매 명상 센터 Chanmyay Yeiktha Meditation Center

마하시 대선사의 제자인 우 자나카(U Janaka) 큰스님이 1977년에 건립한 사원으로 양곤 마하시 센터와 그리 멀지 않은 곳에 본원이 있고 양곤 북쪽 외곽 지역 조용한 곳에 분원이 있다. 우 자나카 큰스님은 마하시 대선사의 영어 통역을 담당했고 전 세계 30개국 이상을 방문해서 수행을 지도했을 정도로 영어에 능통하다. 이런 이유로 외국인 수행자가 많이 찾는 수행 센터이다.

주소 55-A Kaba Aye Pagoda Rd., Yangon 전화 (01) 661~479

쉐오민 센터 Shwe Oo Min Dhamma Sukha Tawya

마하시 대선사의 제자 중 가장 나이가 많은 쉐오민(Shwe Oo Min) 큰스님이 설립했다. 쉐오민 큰스님은 제자들의 수행 지도보다는 자신의 수행에 더 많은 시간을 보냈으며 마음을 관찰하는 방법을 수행했다. 마하시 대선사의 수행 지도법이 주로 호흡을 관찰하는 것이었다면 쉐오민 큰스님은 마음을 관찰하는 것이다. 쉐오민 큰스님은 2002년 1월 20일 92세로 열반에 들었고 지금은 큰스님의 제자가 센터를 책임지고 있다.

위빠사나 초보 수행자들에게 마음 관찰 수행은 매우 어려운 수행법이다. 어느 정도 수행이 진행된 수행자들에게 알맞은 센터라고 할 수 있다. 수행자 숙소가 원룸 같은 2층의 시멘트 건물이라서 방갈로 형태로 독립된 타 수행 센터의 숙소보다는 답답한 편이다.

보통 수행 법당이 남, 여 건물이 따로 구별되어 있는 것과는 달리 쉐오민 센터는 대법당 1층이 여성 수행 법당이고 2층이 남성 수행 법당이다. 쉐오민도 한국의 수행자들이 많이 찾는 수행 센터 중 하나다.

주소 Aunamyay Tharyar St., Kontalapauna Village, Mingaladon Township, Yangon, Myanmar 위치 양곤 외곽 지대에 위치해 있어서 대중교통을 이용하기는 어렵고 택시로 가야 한다. 근처에 찬매 수행 센터 분원이 있다. 전화 (01) 720-591

 Travel tip

상대방을 위한 배려 - 자비심

인도의 아쇼카 왕 때부터 있었던 풍습으로, 지나가는 나그네가 목이 마르면 아무 때나 편히 마시고 가라고 집집마다 대문 앞에 조그만 항아리에 늘 마실 수 있는 식수를 담아 놓았다고 한다. 불교에서 말하는 자비심의 한 표현 방식으로 이해되는 이러한 풍습은 몇천 년이 흐른 지금에도 미얀마에서 이어지고 있다.

태국이나 스리랑카 등 소승 불교를 믿는 국가에서만 볼 수 있는 이러한 풍습은 이제는 거의 사라졌고 미얀마에만 유일하게 남아 있는 듯하다. 미얀마 어디를 가도 이런 식수를 담아 놓은 항아리를

거리 곳곳에서 볼 수 있다. 하지만 비교적 물에 민감한 여행자들은 마시지 않는 것이 좋다.

다채로운 즐거움이 있는
미얀마 축제 여행

미얀마는 1년 내내 축제라고 할 정도로 다양한 축제가 있다. 축제는 대부분은 전국적으로 열리지만 일부 지역에 한정된 축제도 있다.

축제는 불교 국가답게 주로 불교나 사원과 관련된 것이 많은데, 그중에서도 '신쀼 의식'은 미얀마에서 제일 중요하고 의미있는 축제라고 할 수 있다. 전 국민의 86%가 불교 신자인 미얀마에서 이 '신쀼 의식'은 불교가 차지하고 있는 비중이 사회적으로 얼마나 큰지를 잘 나타내 주고 있다. 또한 띤잔 축제는 미얀마의 새해에 해당하는 4월에 4일간 진행되는 물 축제로, 현지인은 물론 여행자들도 함께 즐길 수 있는 대규모 축제다.

축제와 기념일은 미얀마의 불교력에 의해 정해져서 매년 양력 날짜가 바뀌므로 여행 전에 일정을 미리 확인해 보는 것이 좋다.

띤잔 축제 Thingyan Festival

4월의 축제

4월 13일부터 16일까지 4일간 진행된다. 띤잔 축제는 '물 축제'로 건기가 끝나고 우기가 시작되기 직전 가장 무더울 때 행해진다. 상대방에게 물을 뿌림으로써 액운을 씻고 상대방이 건강해지며 한 해가 무사히 지나가기를 기원하는 축제다. 축제 기간에 여행객은 길을 가다가 물벼락을 맞을 마음의 준비를 해야 한다. 특히 젊은 십대들이 애타게 기다리는 축제이며, 태국의 송크란(Soongkran) 축제와 비슷하다.

낫 축제 Nat Festival

음력 5월의 축제

음력 5월 보름에 바간 인근에 있는 '낫'의 고향 뽀빠산에서 열린다. 낫은 미얀마의 정령 신앙으로 우리의 굿과 매우 흡사하다. 미얀마 역사와 미얀마인의 사고에 뿌리깊게 자리 잡은 토속 신앙 중 하나로, 11세기 바간 왕조 시기에 시작되었다고 보고 있다. 축제 기간 내내 야시장이 열리고 소수 민족들이 모여 함께 즐기는 모습을 볼 수 있다.

신뷰 (사미, 沙彌) 축제 Shinpyu

음력 6월의 축제

음력 6월 보름에 미얀마 전역에서 펼쳐진다. 신뷰 의식은 미성년 남자들이 단기간 승가에 출가(스님)하는 의식으로 짧게는 3~6개월, 길게는 몇 년 정도 머리를 깎고 승려 생활을 체험하는 것을 말한다. 미얀마의 남자들은 일생에 반드시 한 번은 출가를 해야만 사회적으로 인정을 받는다. 우리나라에서 군대에 갔다 오는 것과 비슷한 면이 많다.

사미 출가자(예비 승려)가 있는 마을은 출가 3일 전부터 대대적으로 마을 사람 전부가 행사 준비에 들어가 온갖 맛있는 음식과 선물을 준비한다. 일종의 공동체 축제로 집집마다 작은 선물과 음식을 정성껏 준비하고 주변 동네 어른들과 스님들을 초청하여 행사를 진행한다. 신뷰 의식은 오늘날 지역 공동체에서 중요한 역할을 하고 있다.

보통 2박 3일간 행사가 진행되는데 전통 춤과 노래로 흥을 돋우고, 불경을 낭송하고, 맛있는 음식을 스님께 공양 올린다. 신뷰 의식의 하이라이트는 머리를 삭발하고 스님이 가사를 내려 주는 걸로 마무리 된다. 신뷰 기간에는 부처님이 출가 전 왕자 신분이었던 상황을 재현해서 가마를 타고 사원을 돌며, 일반 신도들은 불경을 머리에 이고 사원과 탑을 도는 의식도 행해진다.

미얀마에서 사미 출가는 집안의 경사이자 그 지역 사회의 기쁨으로 다함께 축하해 준다. 그만큼 승려에 대한 사회적 존경심이 대단함을 느낄 수 있다. 신뷰 의식은 시원한 계절인 1, 2월에도 행해지며, 지역마다 조금씩 차이가 있다.

또딸린 축제 Tawthalin Festival

음력 8월의 축제

또딸린은 미얀마력으로 6월이다. 해마다 9월이 오면 전국의 모든 연못, 호수, 강에서 보트 경주 경기를 한다. 일명 '마하독 축제(Mahadok Festival)'라고 불리며 보트 경주를 통해서 지역 사람들과의 협동심과 단결심을 기르는 수상 스포츠 축제다.

까띠나 축제 Kathina Civara

음력 9월의 축제

음력 9월 15일부터 한 달간 진행된다. 양곤의 쉐다곤 파고다에서는 가사, 장삼을 만드는 물레질의 달인들이 전국에서 모여 누가 빨리 가사를 만들어서 부처님께 공양하는지를 겨루는 페스티벌이 대대적으로 열린다. 우승자에게는 푸짐한 상금이 있다고 하며 이때에는 전국에서 몰려온 신자들로 쉐다곤 파고다는 인산인해를 이룬다.

까띠나 축제는 원래 부처님 당시 *하안거 결제 후 스님들에게 가사를 공양 올리는 행사로, 결제에 참여한 사원의 스님들 중에서 가사가 가장 낡은 스님에게 가사를 올리던 행사였다. 요즘에는 커다란 고무풍선에 옷가지나 생필품(비누, 치약)을 넣고 날린다. 고무풍선 안에 불을 밝히면 뜨거워진 공기로 인해 풍선이 멀리 날아가고, 풍선이 떨어지면 누군가 생필품을 가져가라는 의미에서다. 이 시기는 미얀마 전역이 무척이나 시끄럽고 소란스럽지만 재미있

는 광경을 많이 구경할 수 있다.

이 시기에 인레 호수나 샨 주의 따웅지를 여행하는 여행객은 따웅지 시내에서 벌어지는 샨 주의 축제를 꼭 구경해 보기 바란다. 오전 11시에 따웅지 재래시장 앞 큰길에서 출발해 시내 큰 도로를 따라 퍼레이드를 벌이는데 산악 지방에 사는 소수 민족들을 만날 수 있다.

Travel tip

하안거

우리나라 불교에서는 1년에 두 차례 각각 동안거(冬安居)와 하안거(夏安居) 수련을 하고 있는데 음력 10월 보름부터 정월 보름까지, 4월 보름 다음날부터 7월 보름날까지 3개월간 한곳에 모여 일체의 외출을 금하고 수행에만 전념하는 것이다. 이와 같은 안거 제도는 석가모니 때부터 유래된 것이다. 우리나라에서는 기후 조건에 따라 여름 석 달과 겨울 석 달 동안을 안거 기간으로 삼게 되었는데, 안거를 시작하는 것을 결제(結制)라 하고 끝내는 것을 해제(解制)라고 한다.

때 묻지 않은 자연 속으로
미얀마 트레킹

일반적인 관광 코스로 여행하다 보면 미얀마의 다양한 소수 민족 사람들과 만날 일이 거의 없다. 미얀마는 다양한 소수 민족과 문화가 함께하는 대표적인 다문화 국가이다. 이들의 문화를 보지 않고 미얀마를 여행했다고 말하기는 어렵다. 소수 민족은 주로 국경 지대나 고산 지대에 많이 거주하고 있다. 샨 주, 라카인 주, 카친 주, 친 주, 꺼야 주 쪽에 많다. 트레킹은 바로 이런 소수 민족 사람들을 직접 가까이에서 만날 수 있는 좋은 기회이다. 껄로 트레킹의 경우 다누(Danu), 빠오(Pa O), 빨라웅(Palaung), 인따(Intha), 샨(Shan), 따웅뚜(Thaungthu), 따웅요(Taung-yo), 꺼야(Kayah) 족 사람들을 만날 수 있다. 트레킹은 서로 모르는 낯선 여행자들이 잠시 같은 코스를 함께하는 것이어서 상대방에 대한 배려와 양보 그리고 현지 소수 민족 사람과 그들 문화에 대한 이해와 존중이 중요하다.

껄로-인레 호수 트레킹 Kalaw-Inle Lake Trekking

껄로는 해발 1,315m의 높은 고산 지대에 위치하여 주변의 풍광이 아름다운 곳이다. 기후도 선선하고 주변 소수 민족 마을이나 농촌 풍경이 평온해서 많은 여행자들이 트레킹을 위해서 방문을 한다.

트레킹의 시작은 껄로에 도착해서 숙소에 문의하거나 껄로 시내에 있는 트레킹 사무실을 방문해서 출발 날짜와 요금, 인원을 확인하고 신청을 하면 된다. 출발 인원이 많을수록 1인당 요금이 저렴해진다. 트레킹은 일반적으로 껄로 인근을 둘러보는 당일 트레킹과 껄로에서 출발해서 인레 호수까지 가는 1박 2일, 2박 3일이 있다. 1박 2일의 경우 자동차를 이용해서 1시간 정도 간 중간 지점부터 트레킹을 시작한다. 간단한 세면용품을 제외한 짐(여행용 트렁크나 배낭)은 인레 호수의 예약된 숙소에 미리 차편으로 보내진다.

트레킹 시작

오전 8시 30분에 트레킹을 시작해 2시간 정도 가면 작은 마을이 나온다. 그곳에서 점심을 먹고(보통 볶음밥이나 샨 국수가 나옴) 다시 출발을 해서 가다 보면 붉은 밭과 농사를 짓는 농부들, 흙길을 걸어가는 소수 민족과 스님, 아이들을 만난다. 작은 학교도 나오고 멋진 풍경의 들판과 평온한 시골을 만나게 된다. 그리 험하거나 힘든 코스는 없으며 우리나라 둘레길 정도의 코스라고 보면 된다. 우기인 여름에는 진흙길이라 발이 빠져서 조금 힘들지만, 건기인 겨울에는 날씨도 시원하고 매일 맑아서 트레킹하기에 최상이라고 할 수 있다. 들판의 농작물이나 노란 유채꽃이 핀 멋진 풍경을 만날 수 있다.

소수 민족 마을

트레킹 중에 들르는 소수 민족 마을에서는 빨간 고추를 햇빛에 말리는 익숙한 풍경을 보게 된다. 샨 스타일 음식에는 붉은 고추를 많이 사용하는 편으로 대부분 음식이 우리 입맛에 잘 맞는다. 수줍음이 많은 현지 아이들이나 전통 복장을 입고 있는 현지인들을 촬영할 때는 반드시 사전에 동의를 구하고 찍자. '밍글라바(안녕하십니까)', '초래(예뻐요)', '쩨주띤바데(감사합니다)' 이런 기본적인 말만 잘 외웠다가 그때그때 사용하면 대부분의 현지인들이 아주

우호적으로 사진 촬영에 응해 준다. 여행을 하면서 현지인들을 호기심의 대상으로 볼 것이 아니라 현지의 문화와 생활 습관을 존중해 주고 그들에게 눈높이를 맞춘다면 어디서나 많은 현지인 친구들을 사귈 수 있다.

숙박

점심 식사 후에 다시 2~3시간을 가면 사원이 나오고 이곳에서 하룻밤 머물게 된다. 상황에 따라 현지 원주민 집에서 잘 수도 있다.

이곳은 고산 지대라 밤에는 제법 날씨가 쌀쌀하다. 실제 기온은 영상이라도 살얼음이 얼 정도로 체감 온도는 제법 추운 편이다. 트레킹 시 여벌의 바지와 긴팔 티셔츠, 두꺼운 점퍼 정도는 꼭 챙겨야 밤을 평온하게 보낼 수 있다.

불빛이 하나도 없는 이곳의 밤하늘은 수많은 별은 물론 은하수까지 육안으로 보일 정도로 아름답다. 삼각대와 케이블 릴리즈(줄 셔터)와 카메라를 꼭 준비해서 멋진 별 사진을 찍어 보기를 추천한다.

인레 호수

인레 호수에는 보통 오후 1~2시를 전후해서 도착해서, 보트를 이용하여 인레 냥쉐, 호수 안 리조트나

도착지가 쉐 인 떼인 유적지인 경우에도 반드시 유적군을 구경하고 숙소로 가기 바란다. 이곳은 냥쉐 숙소 밀집 지역에서 다시 오려면 제법 멀어서 시간과 비용이 추가로 들어가니 트레킹으로 지치고 피곤하더라도 꼭 쉐 인 떼인 유적을 구경하고 숙소로 가길 추천한다.

트레킹 신청

껄로 중앙 시장 길 옆으로 트레킹 전문 여행사 사무실이 몇 군데 있다. 숙소에서 문의하거나 트레킹 사무실을 방문해서 일정과 금액을 조율하면 된다. 트레킹은 껄로 주변 야씻 빌리지(Ywar Thit village), 따요(Tar Yaw) 마을, 뷰 포인트를 7시간 정도 돌아보는 당일 코스와 껄로에서 인레 호수까지 가는 1박 2일, 2박 3일 코스가 있다. 가이드 한 명이 안내하며 기본적으로 식사와 숙소는 제공된다. 여행용 가방(트렁크, 배낭)은 1개당 K8,000, 2개 K10,000에 인레 호수의 미리 예약된 숙소로 자동차편으로 운반해 준다.

까웅다잉쪽 숙소로 이동하게 된다. 도착 시 바로 숙소로 가지 말고 반나절 여행을 한 후 숙소로 가는 걸 추천한다. 이때 한 가지 팁을 말하면 같이 트레킹을 한 친구들에게 말해서 각자 K1,000을 더 보태서 인레 호수의 수상 마을과 인떼인 어부들의 고기 잡는 모습, 또는 수상 시장을 둘러본 후 일몰까지 보고 숙소로 돌아가면 저렴한 비용으로 인레 호수 반나절 여행을 하게 된다. 다음날 또 다시 보트 여행을 하더라도 그날의 날씨에 따라서 매일 다른 풍경을 볼 수 있다. 이렇게 적은 비용으로 반나절 보트 투어도 하고 그 다음날에 일출부터 하루 온 종일 보트 투어를 나가면 좀 더 깊이 있는 인레 호수를 만날 수 있다.

트레킹은 주로 겨울철에 많이 하며, 여름 우기에도 가능하긴 하지만 비수기라 여행자의 방문이 거의 없어서 트레킹 일행을 섭외하기가 쉽지 않다. 또한 하루나 이틀에 한 번은 비가 오기 때문에 길 상태가 무척 좋지 않다. 이곳은 주로 진흙이라서 비가 한번 내리면 길이 질퍽질퍽해서 트레킹하기가 쉽지 않지만 그래도 트레킹 여행자들이 간혹 있다. 모자나 선크림은 필수이다.

트레킹 인원 가이드 1명당 최대 인원 5~6명 **트레킹 비용 포함 내용** 식사, 숙박 **불포함 내용** 숙소 이동 보트 1인당 K1,000~2,000, 지역 입장료 $10, 가방 운반비 1개 K8000, 2개 K10,000

🚶 트레킹 코스

1. 당일 코스

코스 야씻 마을-따요 마을-뷰 포인트

요금 1인 K15,000, 2인 K9,500, 3인 K7,500, 4인 K6,500 / 7시간 기준, 점심 포함

2. 1박 2일 코스

껄로에서 자동차를 이용해서 난온(Nan On)까지 간 다음 본격적으로 인레 호수를 향해서 트레킹을 시작한다.

코스 난온-짜욱수-쉐 인 떼인(인레 호수 지역 입장료 개인당 $10 지불)-보트 이용-냥쉐나 인레 호수 안에 있는 숙소로 이동

요금 1인당 1일 $37, 2일 $74 / 식사, 숙소, 가이드 요금 포함 / 인원수가 많아질수록 요금이 내려간다. **인원수별 요금** 1인 K74,000, 2인 K48,000, 3인 K40,000, 4인 K33,000, 5인 이상 K30,000 / 인레 호수에서 냥쉐 숙소로 가는 보트비는 불포함

3. 2박 3일 코스

코스 1 껄로 출발-룻삔(Lut Pin, 2시간 소요, 다누족 마을)-짜삔(Char Pin, 30분 소요)-난 딸레떼(Nan Talete, 1시간~1시간 30분 소요, 빠오족 마을)-보니곤(Baw Ni Gone, 45분 소요, 빠오족 마을)-뚠꼰(Tun Khone, 30분 소요, 빠오족 마을)-꼰라(Khone Hla, 2시간 소요, 다누족 마을)-빠욱또(Pauk To, 2시간 소요, 빠오족 마을)-띠(씨)떼인(Thi Thein, 30분 소요, 빠오족 마을)-짜욱수(Kyaul Su, 이곳에서 딴따웅 쪽과 인레 호수 남쪽 쉐 인 떼인 유적지 쪽으로 내려가는 길이 갈라짐)

코스 2 짜욱수(Kyauk Su)-누게(Noo Ge, 1시간 소요, 빠오족 마을)-딴따웅(Than Daung, 30분 소요, 빠오족 마을)-인레 호수 보트장(30분 소요, 따웅뚜족 마을)-숙소로 이동

코스 3 짜욱수-난요께(Nan Yoke, 따웅뚜족 마을)-따웅마욱(Thaung Mauk, 따웅뚜족 마을)-쉐 인 떼인(Shwe In Thein, 인따족 마을)-인 레 호수 보트장(짜욱수에서 이곳까지 총 4시간~4시간 30분 소요)-숙소로 이동

요금 1일 $27, 3일 $81 / 가이드비 포함, 식사와 숙소 제공, 인레 호수 보트 불포함) / 인원수가 많아질수록 요금이 내려간다. **인원수별 요금** 1인 K81,000, 2인 K56,000, 3인 K47,000, 4인 K40,000, 5인 K36,000.

🚶 트레킹 업체

조셉 앤드류 트레킹 Joseph Andrews

껄로 시장 서쪽 KBZ 은행 앞에 있다. 트레킹 라이센스를 가지고 있다.

주소 West of the market, No. D 4, Min St., Kalaw 전화 (081) 50688 이메일 joe3638@gmail.com

샘스 트레블 Sam's Travel

여행자들 사이에 인기가 많은 트레킹 가이드 업체다. 샘스 레스토랑(Sam's Restaurant)의 주인이 운영한다.

위치 Union Highway

에이 원 트레킹 A-1 Trekking

중앙 시장 남쪽 센트럴 모텔 맞은편에 있다.

띠보 트레킹 Thipaw Trekking

평온하고 사색적인 트레킹
띠보는 샨족의 고향과도 같은 곳으로 주변이 높은 산으로 둘러싸여서 풍광이 아름다운 곳이다. 독따워디 강이 시 외곽으로 흐르고 조금만 야외로 나가면 리틀 바간이라 불리는 오래된 불교 유적군이 있으며 쓸쓸하게 빛바랜 샨 궁전도 있다.
'띠보(Thipaw)'라는 지명은 버마어로 현재 공식 지명이지만 샨 언어로는 띠보를 '씨포(Hsipaw)'라고 부른다. 그래서 이곳 샨 주민들은 띠보라는 이름보다 씨포라고 부르길 좋아한다.
껄로가 조금은 트레킹이 상품화가 되어 있다면 띠보의 트레킹은 아직은 때묻지 않은 순수함이 남아있는 트레킹이라고 말할 수 있다.

트레킹 신청
띠보의 트레킹은 시내 이신 게스트 하우스나 미스터 찰스 게스트 하우스, 또는 시내 시장 초입에 있는 트레킹 사무실에서 신청하면 된다.
트레킹 요금은 가이드와 숙식이 포함된 비용으로 한 팀당 5~6명이 최대 인원이다. 트레킹 요금은 참여 인원 숫자에 따라 변동되며 많은 인원이 참여하면 싸진다. 일반적으로 성수기와 비수기에 따라서 비용이 조금 달라지지만 트레킹 프로그램 자체는 큰 차이가 없다.
띠보 마을 주변을 둘러보는 반나절 또는 하루 트레킹과 주변 샨족 원주민 마을을 방문하는 1박 2일 이상의 트레킹이 있다.

본격 트레킹
띠보 주변은 산악 지형으로, 산에 불을 내서 밭을 만드는 화전 농법이 일반화되어 트레킹을 하다 보면 산을 태우는 광경을 볼 수 있다. 매캐한 연기를 뚫고 그리 험하지 않은 길을 오르락내리락하다 보면 차 밭도 만나고 사탕수수 농장도 만난다. 산속의 작은 학교도 지나며 길 위에서 놀고 있는 소수 민족 아이들도 만난다. 이때는 '밍글라바(안녕하세요)' 보다는 샨족 인사인 '멀툰카(안녕하세요)'라고 인사하면 많이들 좋아한다.

사진 애호가들에게 강력 추천
띠보의 트레킹은 평온하고 조용한 사색의 트레킹이라고 할 만큼 한가하고 여유롭다. 특히 트레킹 도중에 들르는 산속 소수 민족 마을의 고유한 전통문화나 고유 의상을 입고 있는 소수 민족 사람들은 사진 애호가들에게는 진귀한 모델이 된다. 상대방에게 사전 양해를 구하고 그들을 존중하는 마음으로 셔터를 누른다면 멋진 사진이 되리라 생각한다. 천진난만한 원주민 아이들의 웃음은 세속에 찌든 여행자의 때를 깨끗이 씻어 주기에 충분하다. 산속에서 맞이하는 안개 낀 소수 민족 마을은 색다른 감동을 주므로, 사진 애호가들에게 트레킹을 강력 추천한다.

트레킹 코스

1. 한나절 코스(A~C 중에서 택일)
A. 시골 마을, 논, 강, 샨족 마을, 대나무 공예점, 담배 공장, 대나무 부채 공장 방문(4시간 라운드 트립)
B. 남톡 폭포(5시간 소요)
C. 보트 트립(5시간 소요)

시간 4~5시간 소요 요금 1인당 K5,000 이상

2. 1일 코스(A~F 중에서 택일)
A. 폭포, 샨족 마을(6~7시간 소요)
B. 차 생산 마을 트레킹, 빨라웅족 마을, 차 농장(10시간 소요, 07:30 출발)
C. 폭포, 소수 민족 마을 & 보트 트립
D. 오버 나이트 트립(Over night trip), 빨라웅족 마을, 차 농장
E. 원 오버 나이트 트레킹(1 over night trekking), 샨족 마을(5시간 소요)
F. 자율 구성 코스

3. 1박 2일 코스
첫째 날 샨족 마을, 온천, 빨라웅 빌리지(8시간 소요)
둘째 날 타이 마을(6시간 소요)

요금 1일 1인당 $15~20 이상

4. 2박 3일 코스
첫째 날 샨족 마을, 온천, 소수 민족 마을에서 숙박(7시간 소요)
둘째 날 소수 민족 마을 방문, 타이 마을, 수도원에서 숙박(7시간 소요)
셋째 날 타이 마을, 온천, 숙소로 돌아옴(6시간 소요)

요금 1일 1인당 $20 이상

5. 3박 4일 코스
A. 띠보-짜욱메(Kyauk Mae) 코스
B. 띠보-남삼(Nam Sam)-띠보 코스
   첫째 날 자동차로 6시간을 달려서 남삼(Nam Sam)까지 감, 빨라웅 마을, 쉐삐따웅딴 게스트 하우스(Shwe Phy Taung Tan GH)에서 숙박
   둘잿날 만나욱(Man Nauk) 빌리지, 온마따(Own Matat)에서 숙박(8시간 소요)
   셋째 날 빤냥(Pan Nyaung) 마을, 빨라웅 마을, 빤냥에서 숙박(8시간 소요)
   넷째 날 빤냥에서 띠보로 출발, 나몬(Na Mont, 샨) 마을에서 점심 식사 후 띠보로 돌아옴(6시간 소요)

요금 미스터 찰스 게스트 하우스에 문의

6. 기타
4박 5일(남삼 제외), 6박 7일(남삼 포함) 트레킹도 있다.

Tip 남삼(Nam Sam)
띠보에서 약 80km 떨어져 있다. 해발 1,600m의 고원에 위치한 마을로 주변에는 2,000m가 넘는 높은 산으로 둘러싸여 있으므로 '미얀마의 스위스'로 불리는 아름다운 곳이다. 빨라웅족들이 차(Tea)와 아편(Poppies)을 재배하며, 인근의 파야기(Payagyi) 마을에는 많은 차 가공 공장이 있다.

미스터 찰스 게스트 하우스의 기타 투어

띠보-라쇼 당일 그룹 투어 과일 농장 방문, 빨라웅 빌리지, 라쇼 시내구경, 숙소로 귀가, 5명이 최대 인원

띠보-짜욱메 당일 그룹 투어 샨족 마을, 온천, 폭포, 소금 공장, 수공예품점, 짜욱메 시내구경, 숙소로 귀가, 5명이 최대 인원

보조 히스토리컬 파고다(Bawgyo Historical Pagoda) 보조 히스토리컬 파고다 뒤편에 소금 가공 공장이 있으며, 소금의 생산, 제조 과정을 볼 수 있다.

시내 외곽 북쪽 지역 리틀 바간, 팝콘 가든 카페, 티크 수도원(150년 이상 된 대나무 불상이 있음), 낮 사당 둘러보기

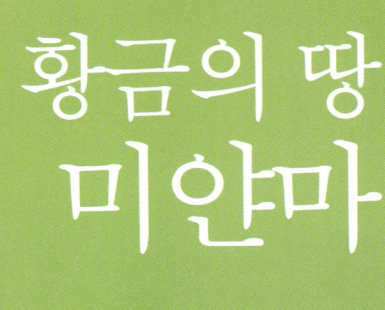

황금의 땅
미얀마

개요 / 국경 정보 /
기후 / 교육 / 역사 / 종교 /
인구 / 특산품 / 교통 / 음식 / 건강

MYANMAR

개요

지리

미얀마는 방글라데시, 인도, 중국, 라오스, 태국 등 5개 국가와 국경을 마주하고 있으며 면적은 약 67만 1,000㎢으로 한반도 전체 면적의 약 3배에 이르는 크기이다. 북서쪽으로는 방글라데시와 인도, 북동쪽으로는 중국, 남동쪽으로는 태국과 라오스가 위치하고 있다. 북위 10도와 28도, 동경 92도와 101도 사이에 위치하고 있다.

수도

얼마 전까지 미얀마의 수도는 양곤이었으나 2005년 11월 7일 미얀마 군사 정부는 극비리에 사전 예고도 없이 양곤에서 410km 떨어진 삔마나(Pyinmanar) 외곽 지역으로 옮기고 2006년 네피도(Naypyidaw)라는 새로운 지명을 붙여 공식 수도로 공표하였다. 현재 새로운 수도인 네피도의 도시 크기는 약 10km 정도로 인근 지역에 약 20만 명 정도의 주민이 거주하고 있으며, 미얀마의 모든 정부 부처와 행정 업무가 이곳에서 이루어지고 있다. 아직은 정부 공무원과 경비를 맡은 군인들을 빼고는 일반 주민들은 별로 없다. 외국인 여행자의 방문이 엄격하게 금지되었던 네피도가 2013년부터 전면적으로 개방되어 지금은 아무런 제약 없이 네피도를 방문할 수 있다. 양곤에는 각 행정부의 대리 사무실만 있고 본 업무는 모두 네피도에서 이루어지고 있다.

시차

미얀마와 우리나라의 시차는 2시간 30분이다. 우리나라가 2시간 30분 빠르다. 즉 우리나라에서 밤 10시 정각이면 미얀마 현지 시간은 저녁 7시 30분이다. 시차 1시간에 우리 몸이 정상적으로 돌아오는데 하루가 걸린다고 하니 이틀 정도는 지나야 정상 상태가 된다고 볼 수 있다. 시차는 무리하면 병이 나기 쉬우므로 단체 여행이 아닌 개인 여행자들은 도착해서 하루 정도 푹 쉬면서 계획을 짜는 것이 좋다.

미얀마의 종족주와 행정주

미얀마는 7개의 종족주(State)와 7개의 행정주(Division)로 이루어져 있다.

종족주(State)

종족주	주도	인구
꺼잉(Kayin, Karen)	파안(Hpaan)	200만 명
카친(Kachin)	미찌나(Myitkyina)	150만 명
꺼야(Kayah)	로이꼬(Loikaw)	30만 명
친(Chin)	하카(Hakha)	50만 명
라카인(Rakhine)	싯트웨(Sittwe)	300만 명
몬(Mon)	몰래미야인(Mawlamyine)	300만 명
샨(Shan)	따웅지(Taunggyi)	550만 명

행정주(Division)

행정주	주도	인구
양곤(Yangon)	양곤(Yangon)	700만 명
바고(Bago)	바고(Bago)	600만 명
만들레이(Mandalay)	네피도(Naypyidaw)	750만 명
에야워디(Ayeyarwady)	빠떼인(Pathein)	700만 명
사가잉(Sagaing)	사가잉(Sagaing)	600만 명
따닌따리(Tanintharyi)	드웨(Dawei)	170만 명
마그웨(Magway)	마그웨(Magway)	500만 명

언어

미얀마의 공식 언어는 미얀마어(버마어)이다. 미얀마 인구의 80% 이상이 미얀마어(버마어)를 사용하며, 전체 인구의 10%는 태국어를 할 줄 안다. 태국과 가까운 샨 주에는 태국어 사용자가 많다. 미얀마는 다민족 국가로 소수 민족의 언어를 포함하면 약 107개의 언어가 있다.

정치

2016년 3월 아웅산 수지의 최측근인 민주주의 민족동맹(NLD) 띤쪼가 대통령에 당선되었다. 아웅산 수지는 외무부 장관직을 맡고 있다. 총선을 통해 표면상 민선 정부에 권력이 이양되었으나 실질적으로는 여전히 군부의 영향력 아래 있다. 정당은 민족민주동맹(NLD) 등 13개 정당이 있다.
UN에는 1948년 4월 19일 가입했다. 우리나라와 북한과는 1975년 5월 16일 동시에 수교했으나, 1983년 10월 9일 아웅산 묘지 폭탄 테러 사건으로 그해 11월 4일 북한과 단교했다. 하지만 2007년 4월 26일 단교 24년 만에 다시 북한과 국교를 맺었다.

경제

주로 농업에 종사하며 제조업과 공업은 20%에 머물고 있다. 몇 년 전부터 외국인 관광객의 방문이 늘어나면서 서비스업이 빠르게 발전하고 있다. 1991년부터 미국은 미얀마에 경제 제재 조치를 취해 오고 있으며 1997년부터는 더욱 강화했다. 유럽 연합(EU)도 경제 제재에 동참하고 있다. 미국과 EU의 경제 제재는 2011년 신정부 출범 후 대부분 해제가 되었으며 외국인의 신규 투자가 점차 증가하고 있다. 2010년에는 무역 흑자 43억 6,000만 달러를 기록했고, 2012년에는 4.7%의 GDP 성장률을 기록했다. 미얀마의 민주화 조치로 2013년부터 GDP 성장률은 6.5%로 지속적인 고성장세가 지속되고 있으며, 2014년에는 약 7%의 성장을 예상하고 있다. 대도시의 높은 부동산 임차료, 부족한 전력, 잘 정돈되지 않은 도로 환경, 외국인 투자가에 대한 차별 등이 여전히 투자의 걸림돌이 되고 있지만 외국 기업의 투자 증가로 미얀마의 미래는 낙관적이라고 할 수 있다.

미얀마는 아시아 최고의 천연자원 보유 국가이다. 미개발된 풍부한 석유와 천연가스는 물론 쌀, 티크 원목, 철, 아연, 동, 텅스텐, 세계 최고 품질의 루비 및 사파이어 보석이 생산되고 있으며, 세계 최대의 옥 광산도 가지고 있다. 이러한 자원이 아직 개발되지 않고 있어서 미얀마의 잠재적 발전 가능성은 더욱 크다고 할 수 있다.

치안 문제

미얀마는 세계적으로 치안이 제일 좋은 나라 중 하나다. 살생을 금하는 불교의 교리가 지배하는 사회로 살인 사건 같은 뉴스는 접해 보지 못했으며, 절도 사건은 종종 있지만 강력 사건은 많지 않은 편이다. 군부가 정권을 장악하고 있어서 철저한 통제가 이루어지는 사회이기도 하다.
지방으로 여행을 하다 보면 우리나라 80년대처럼 군인이나 경찰들이 검문을 자주 한다. 외국인의 경우 여권과 비자 번호를 일일이 기록하므로 지방 여행 시에는 반드시 여권을 지참해야 한다.

국가 공휴일(2018년 기준)

1월 4일	독립 기념일(Independence Day)
2월 12일	연방 기념일(Union Day)
3월 1일	풀문 데이(Tabaung)
3월 2일	농민의 날(Peasants' Day)
3월 27일	국군의 날(Armed Forces Day) : 퍼레이드와 불꽃놀이 행사가 펼쳐진다.
4월 13~17일 (띤잔 연휴)	띤잔 축제(Thingyan, 물 축제) : 미얀마인들의 새해. 액운을 씻고 평안을 기원하는 축제.
4월 29일	풀문 데이(Kasong)
5월 1일	노동자의 날(Workers' Day)
7월 19일	순교자의 날(Martyrs' Day) : 1947년 7월 19일 살해된 미얀마 독립의 영웅 아웅산 장군을 기리는 날이다.
7월 27일	풀문 데이(Waso)
10월 23~25일	풀문 데이 연휴(Thadingyut)
11월 21~22일	풀문 데이 연휴(Tazaungmone)
12월 2일	국가 기념일
12월 25일	크리스마스
12월 31일	새해 전야

화폐

미얀마의 화폐 단위는 짯(Kyat)이다. 보통 K로 표기한다. 화폐 종류로는 1, 5, 10, 20, 50, 100, 200, 500, 1,000, 5,000, 10,000 등이 있으며 10,000짯이 제일 큰 금액이다. 몇 년 전까지 통용되던 동전과 45, 90짯 지폐는 더 이상 사용되지 않는다.

미얀마에서의 환전

미얀마 주요 관광지에서는 달러가 대부분 통용되지만 시골 지역이나 재래시장에서는 곤란하다.
몇 년 전만 해도 미얀마에서의 환전은 당연히 암시장에서 하는 것이 공공연한 상식이었지만 지금은 공식 환전소에서 하면 된다. 양곤 국제공항에 도착하면 출구 1층 로비에 환전소가 있다. 시내 환전소나 은행, 공항 등과 환율 차이가 거의 없다.
미얀마의 환율은 변동이 심해서 어떤 날은 하루에

달러당 K50 정도 차이가 날 정도로 불안하며, 환율이 오르고 내리고는 정부의 정치 안정과 서방 세계의 경제 제재와 직결되어 있어서 정부가 불안하면 미얀마 화폐의 가치는 크게 떨어진다.
매일 매일 환율이 다르다 보니 호텔이나 숙박 업소에서의 환전은 환차 손실에 대비해서 시내의 공식 환전소보다 약간 낮은 환율로 환전해 준다. 이런 점을 감안하면 미리 양곤같은 대도시에서 환전하는 것도 방법이다.
지역별로는 양곤이 환율이 제일 좋으며 바간이나 만들레이는 양곤보다 $1당 K30~50 정도 떨어진다. 여행에 필요한 경비를 달러로 가져가서 양곤에서 짯으로 환전하는 것이 좋으며, 여행 후에 남는 짯 역시 같은 방법으로 달러로 환전하면 되는데, 환율이 안 좋으니까 처음부터 꼭 필요한 만큼만 짯으로

바꾸는 것이 좋다. $200를 K1,000으로 교환하면 대략 200장 정도의 화폐를 받게 되기 때문에 돈다발이 제법 두둑하다. 필요한 경비 3~4만 짯 정도만 지갑에 넣고 나머지는 가방 등에 잘 보관하는 것이 좋다.

전화

전기와 마찬가지로 통신 시설도 무척이나 낙후되어 있다. 전화 역시 미얀마에서는 고가 제품으로 사용료가 무척이나 비싸다. 국제 전화의 경우 한국에 거는 데 1분에 $4~5이다. 가능한 한국에 전화를 걸지 않는 것이 돈을 절약하는 것이다. 전화를 사용할 경우는 묵고 있는 숙소 프런트에서 하거나 시내 전화 부스에서 하면 된다. 미얀마 내에서의 전화는 K100~200(3분 이내) 정도 한다.
몇 년 전에는 휴대폰 하나도 고가였지만 지금은 많이 저렴해져서 월 $30~40 정도면 스마트폰을 사용할 수 있다. 덕분에 스마트폰이 급격히 확산되어 이제 미얀마 도시 어디에서나 스마트폰을 사용하는 사람들을 많이 볼 수 있다.
스마트폰의 경우 자동으로 해외 로밍(SKT와 KTF만 가능)이 되어 와이파이가 되는 곳에서는 어디서나 통화가 가능하다.

＊미얀마에서 한국으로 국제 전화 하기
일반 전화 00-82-(한국 국가 번호)-앞자리 0을 뺀 지역번호-전화번호
휴대 전화 00-82-앞자리 0을 뺀 휴대 전화 번호

＊한국에서 미얀마로 국제 전화 하기
001-95-(미얀마 국가 번호)-앞자리 0을 뺀 지역번호-전화번호

＊미얀마 공공 기관 전화번호
경찰(긴급전화) 199
양곤 경찰청 376-166, 642-742, 549-209(관광객 안전 담당 부서)
경찰 본부 549-309
앰블런스 요청 192(양곤 종합 병원)
소방서 191, 192

전화번호 안내 100
앰블런스 요청 295-133
응급 환자(Diplomatic Hospital) 550-149
공항 662-811
세관 253-046
중앙 우체국 380-342, 240-330
국제 SOS 클리닉 667-879
쳄방간 퍼시픽 메디칼, 치과 센터 548-022
여행 안내소 252-859

미얀마 지역 번호

양곤(Yangon)	01
만들레이(Mandalay)	02
바간(Bagan)	061
바고(Bago)	052
헤호(Heho)	081
껄로(Kalaw)	081
라쇼(Lashio)	082
몰래미야인(Mawlamyine)	032
몽유와(Monywa)	071
냥쉐(Nyaungshwe)	081
파코꾸(Pakokku)	062
사가잉(Sagaing)	072
따웅지(Taunggyi)	081

미얀마 주재 한국 대사관

주소 No.97, University Avenue Rd., Bahan Township, Yangon 전화 527-142~4, 515-190, 비상 연락처 09-4211-58030(위급 상황이나 급한 용무, 주말이나 공휴일, 24시간 비상 전화) 팩스 513-286 근무 시간 08:30~12:00, 13:30~17:00 홈페이지 mmr.mofat.go.kr 이메일 myanmar@mofat.go.kr

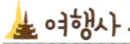
여행사 사무실

IBBG 여행사
오래전부터 정직하고 정확하게 일 처리를 잘한다고 한국 여행자들에게 소문난 곳이다. 직원이 한국어에 능통해서 한국에서 공항 픽업 서비스, 항공권, 호텔 예약이나 버스, 기차, 보트, 가이드 예약을 미리 할 수 있다는 이점이 있다. 한국어로 이메일을 보내면 한국어로 답변이 온다.

주소 148/K(Ka), U Mg Mg Soe Lane, A 1 ST, 9 Mile, Mayangone Tsp, Yangon(8마일 근처임) 전화 (01) 665427, 653209, 4413326 팩스 (01) 653209 홈페이지 www.ibsibbg.com 이메일 ebiz@myanmar.com.mm / ibsibbg@gmail.com

탄탄 트래블 Than Than Travel
국내·국제 항공권을 취급하며 사쿠라 타워 14층에 위치해 있다.

주소 #1407, 14소 Floor Sakura Tower, Yangon 전화 (01) 255-034, 255-035, 704-190, 441-2810, 441-2811 이메일 thanthantrvl@gmail.com

다나 모 여행사 Dana Moe Travels & Tours CO, LTD
보족 아웅산 시장 맞은편 센트럴 호텔 1층에 위치해 있다. 국내·국제선 항공권, 호텔 예약 서비스, 국제 병원 예약, 비자, 렌터카, 여행자 보험, 보트 티켓 및 보트 렌탈 서비스를 취급한다.

주소 Central Hotel(Ground Floor), Bogyoke Aung San RD, Pabedan Tsp, Yangon 전화 (01) 383-655, 388-570, 241-018, 374-799, 374-800 이메일 myanmardanamoe@gmail.com

세븐 다이아몬드 여행사
Seven Diamond Express Travels CO. LTD

국내·국제 항공권, F.I.T 투어, 그룹 투어, 호텔 예약, 렌터카, 비자, 가이드, 버스 티켓, 기차 티켓, 보트 티켓, E-D Form 서비스를 취급한다.

양곤 오피스
주소 No. 93, Thein Phyu Rd., Botataung Tsp, Yangon 전화 (01) 392-962, 203-308

만들레이 오피스
주소 No, G-25/26, 82nd St., Between 26th & 27th St. 전화 (02) 301128, 72868

바간 냥우 오피스
주소 Main Rd., near the Maykhalar Guest house 전화 (061) 60883

따웅지 오피스
주소 Bogyoke Aung San Rd.(Infront of Bogyoke Park) 전화 (081) 24646, 200933

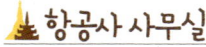
항공사 사무실

대한 항공
주소 Room #1, level-1, Guard of Honor Building, International Airport, Mingladon Tsp, Yangon 전화 (01) 505-950(ext. 2002)

전기

220V, 50Hz로 우리나라와 같다(60Hz). 헤르츠만 10Hz 정도 차이가 나므로 예민한 가전제품은 전압 안정기를 사용하는 것이 좋다. 콘센트는 우리나라와 같아서 한국에서 가져간 전자 제품을 사용하는데 어려움이 없다. 미얀마는 발전 시설이 많지 않아서 전기가 많이 부족한 편이다. 양곤 같은 대도시를 제외한 지방 소도시들은 해가 지면 전기가 단전되는 경우가 많다. 손전등은 필수적으로 준비하는 것이 좋다.

호텔 및 게스트 하우스

미얀마는 호텔 및 게스트 하우스 시설이 비교적 잘 갖춰져 있다. 미얀마는 외국인이 현지인의 집에서 자는 것이 불법이다. 친척일지라도 외국인은 안 되며 당국의 허락을 받을 경우에만 가능하다. 외국인은 무조건 호텔이나 게스트 하우스 또는 사원(수행센터)에서 자야 한다.

미얀마는 호텔이나 게스트 하우스에서 묵으면, 어딜 가나 아침은 자동으로 나온다. 호텔 요금에 아침 식사비가 포함되어 있다. 게스트 하우스의 경우는 토스트와 달걀 프라이, 주스나 홍차, 바나나 2개가 아침 식사로 나오며 중급 이상의 호텔은 뷔페식(주로 바간 지역)으로 아침이 나오는 곳도 있다.

미얀마는 겨울철에도 30도 이상으로 덥지만 아침, 저녁과 지역에 따라서는 찬물로 샤워하기가 어려운 곳도 있다. 그래서 숙소를 정할 때 뜨거운 물이 나오는지 안 나오는지도 중요하다.

인레 호수를 제외한 만들레이나 바간은 양곤보다 전체적으로 물가가 싸며, 숙박료도 싸다.

인터넷

최근 인터넷 사정이 많이 좋아져서 이전보다 속도도 많이 빨라지고 인터넷 사용 인구도 급격히 증가했다. PC 방도 유명 관광지에서는 쉽게 찾아볼 수 있을 정도로 많이 생겼다. 한국에 비하면 인터넷 속도는 많이 느린 편이다. 대도시 호텔이나 게스트 하우스에서는 와이파이가 되는 곳이 많다.

병원

양곤을 비롯한 대도시에는 큰 병원들이 몇 개 있지만 소도시나 시골 지역에는 별로 없다. 최근 들어 최신 시설을 갖춘 병원들이 속속 들어서고 있다.

2005년 양곤 외곽에 개업한 미얀마 최고의 병원인 푼 라잉 병원(Pun Hlaing Hospital)은 태국, 싱가폴, 미얀마 3국이 합자해서 세운 병원으로 2,500만 달러가 들었다고 한다. 총 130명의 의료진과 95개의 병상을 갖추었으며, 24시간 운영되는 시스템으로 영어, 중국어 통역 서비스가 상시 대기한다고 한다.

양곤의 레인보우 호텔 들어가는 초입에도 자비타다나 상가 병원(Javitadana Sanga Hospital)이 있다.

여행 시 주의 사항

* 택시, 버스, 기차 등 공공장소에서 현지인이나 모르는 외국인에게 미얀마의 정치나 사회 비평, 주요 인물에 대한 험담을 절대 하지 않는다. 독재 국가에서의 체제 비판은 자칫 잘못하면 현행범으로 체포당할 수 있다(사복 비밀 경찰이 많다).
* 군인이나 군사 보호 지역 및 시설에서는 사진 촬영하지 않는다. 경우에 따라 심각한 문제가 발생할 수도 있다.
* 반드시 끓인 물이나 생수를 사 먹고 흐르는 계곡물이나 자연수는 절대 먹지 않는다. 설사가 나면 반드시 현지 약국에서 설사약을 사 먹어야 한다. 한국하고는 설사를 일으키는 병원균이 달라서 현지약이 효과가 있다.
* 일부 사원에서는 여자들은 부처님 단상에 올라갈 수 없다. 경고문을 잘 확인하자.
* 스님이나 탁발 공양 행렬 앞을 절대로 가로질러 건너가지 말자.

국경 정보

🔺 미얀마의 국경 개방

외국인 여행자의 미얀마 입국은 원칙적으로 항공기를 이용한 공항 입국만을 허락했다. 중국, 라오스, 태국, 인도, 방글라데시 등 5개 국가와 국경을 맞대고 있는 점을 감안하면 극히 이례적이라고 볼 수 있다. 미얀마 정부는 2013년 8월부터 태국과 국경을 맞대고 있는 동쪽 샨 주의 따치렉, 남부 꺼잉 주의 미야워디, 남부 따닌따리 행정주의 띠끼, 미얀마 남부 육지의 끝인 꼬따웅 국경을 순조적으로 개방해 현재 이들 4곳으로 외국인 여행자들의 육로 입국, 출국은 아무 제약 없이 순조롭게 진행되고 있다.

외국인 여행자 미얀마 국경 육로 입출국 가능 여부

국경	통행
무세(Muse) – 루이리 (Ruili, 중국)	미얀마인, 중국인들만 가능. 특별 허가서가 없는 일반 외국인 여행자는 통행할 수 없다.
멍라(Mong-la) – 따루어(Daluo, 중국)	
따치렉(Tachileik) – 매싸이(Mae Sai, 태국)	외국인 여행자 통행 가능
미야워디(Myawaddy) – 매솟(Maesot, 태국)	
띠끼(Htee Khee) – 푸남론(Baan Phunamron, Suranon, 태국)	
꼬따웅(Kawthoung) – 라농(Ranong, 태국)	

이동 전 확인 사안

미얀마로 입국 시 반드시 사전에 비자를 받아야 하며 중국이나 인도 등 비자가 필요한 나라로 출국할 때도 사전에 입국 국가의 비자를 받아 놓아야 한다. 미얀마 육로 국경 출입국관리소에서는 비자를 발급하지 않고 입국, 출국 심사만 한다.

국경 출입국관리소

근무 시간은 06:00~18:00 이다. 미얀마와 태국은 시차가 30분이 나기 때문에 미얀마서 태국으로 출국할 때는 최소 17:30 이전까지 태국 출입국관리소에 도착해야 한다.

🔺 무세(Muse) – 루이리(瑞麗, Ruili)

미얀마 동북부 랴쇼를 지나서 3번 도로를 타고 북쪽으로 약 160km 정도 올라가면 중국과의 국경인 무세가 있다. 무세를 지나서 쭉 가면 중국 쿤밍시에 도착한다. 일명 '버마 루트'로 유명한 양곤–라쇼–무세–쿤밍은 군사적으로 중요한 도로이기도 하다. 여행자 입장에서는 중국의 운남 성을 여행하고 육로 미얀마로 들어오기 가장 좋은 코스지만 아직은 외국 여행자들에게 육로 입출국을 허용하지 않고 있다.

육로 이동 주의 사항

아직은 외국인 여행자들에게 중국 루이리로의 출국, 중국 루이리에서 미얀마 무세로의 입국이 허용되지 않으니 반드시 사전에 확인해 보기 바라며 중국 루이리에서 현지 여행사를 통한 단체 패키지 투어로 제한적으로 무세로의 입국이 허용되나 경비도 비싸고 여행지도 몇 군데로 제한되므로 추천하지는 않는다. 미얀마인과 중국인만 육로 입출국이 허용되고 있다.

ACCESS
양곤-라쇼 비행기 주1~2회 운항, 버스 18시간 소요
만들레이-라쇼 비행기, 기차, 버스 이용
만들레이-무세 버스 이용
라쇼-무세 로컬 버스, 택시나 픽업 트럭 운행

멍라(Mong-la)-따루어(打落, Daluo)

마약 왕 쿤사가 지배했던 지역으로 마약 생산으로 유명한 골든트라이앵글(황금삼각주, 미얀마, 태국, 라오스의 3개국 접경지대)에서 생산된 마약이 중국으로 넘어가는 관문이 바로 멍라 지역이다. '샤오멍' 또는 '샤오멍라'로 중국인들이 부르기도 하는 멍라는 미얀마면서도 미얀마 같지 않은 오히려 중국의 한 소도시 같은 느낌을 주는 도시다. 예전에는 마약과 도박, 매춘, 몬도가네식 음식과 야생 멸종 동물의 밀매로 유명했었다. 미얀마 5개 반군 지역 중의 한 곳으로 멍라는 공식적으로 제4 특구 지역이다. 중국의 위안화가 공식적인 화폐며 태국의 바트화와 미얀마의 짯이 통용되기는 하나 환율도 나쁘고 별로 환영받지 못한다. 멍라 국경을 넘으면 중국 윈난성(운남성) 징훙(景洪)으로 연결된다.

육로 이동 주의 사항
외국인 여행자들은 멍라에서 중국 따루어로 또는 중국 따루어에서 미얀마 멍라로 육로 국경 통과를 할 수 없다(중국인과 미얀마 현지인들만 육로 통행 가능함).

ACCESS
시내에서 서쪽 1.6km 정도 떨어진 위치에 버스 터미널이 있다.

멍라-짜잉뚱(펭뚱, 85km)
미니밴 06:00~17:00 운항, K20,000 전후, 3시간 소요, 출발 횟수 적음
픽업 트럭(라인카) 09:00, 11:00~15:00(수시로 출발), K5,000 이상, 3~4시간 소요(짐과 승객들로 콩나물 버스 수준), 버스 정류장에서 합승을 하거나 숙소에 문의하면 된다.
로컬 버스 K10,000, 4시간 소요, 자주 다니지 않음

추천 장소
멍라 중앙 시장, 마약 퇴치 기념 박물관, 탓 루앙 멍라 등을 볼 수 있으며 평화 사원(Peace pagoda), 뒈나가라 사원(Dwe nagara pagoda), 잠자는 불상(Sleeping Buddha), 흰 용 사원(White dragon pagoda), 보석 박물관(Gem Museum), 파티마 매리 교회(Fatima Mary Church) 등이 있다.

●**멍라 중앙 시장**
도시의 규모에 비하면 제법 규모가 큰 시장이다. 시장은 크게 4개 구역으로 이루어져 있다. 1구역-식당 및 야시장, 2구역-식료품 시장, 3구역-잡화, 과일, 야채, 고기, 몬도가네식 고기, 4구역-게임, PC방, 시장 뒤편으로는 마사지 가게가 있다.

●**마약 퇴치 기념 박물관**
마약 관련 자료 사진과 아편 관련 도구들이 전시되어 있다. 요금은 무료이다.

●**탓 루앙 멍라**
황금색으로 칠한 사원으로 언덕 위에 있어서 멍라 시내와 인근 중국 국경 검문소가 보이는 전망 좋은 곳이다. 요금은 무료이다.

●**주변 마을 트레킹**
시내에서 차로 30분~1시간 정도만 나가면 여러 소

수 부족 마을을 방문할 수 있다. 자동차는 하루 정도 렌트해야 하며 500위안 정도이다. 태국 국경 마을의 상업화된 소수 부족보다는 덜 상업화된 고산족을 만날 수 있다.

● 숙소
쉐제디 메인 로드(Shwe Jedi main RD) 양편으로 여러 개의 호텔이 있으며, 보통 1박에 150 위안 내외이다. (Jinma Hotel, Tien Long Hotel, Oriental Hotel, Shwe Lin Star Hotel, Nanya Hotel 등의 호텔이 있다.)

 따치렉(Tachileik)-매싸이(Mae Sai)

여행자들에게 새롭게 육로 개방된 지역 중 하나로 따치렉 자체는 크게 특별한 것이 없다. 완전히 육로 개방이 되기 전에는 태국에서 장기 거주를 위한 비자 클리어(비자 갱신) 목적으로 잠시 미얀마 땅만 밟았다가 태국으로 재입국하는 통로로만 이용돼 왔다. 이곳 국경이 완전 개방됨에 따라 태국 북부를 여행하고 미얀마로 육로 입국을 하려는 여행자들에게는 희소식이라고 하겠다.

태국 북부 치앙마이, 치앙라이를 여행한 후에 매싸이로 이동 따치렉을 통해서 미얀마 전역으로 여행할 수 있다. 단, 따치렉을 통과해서 육로 이동 가능한 지역은 짜잉뚱(쩽뚱), 멍라 지역만 가능하고 다른 지역으로 갈 경우 비행기를 이용해야 한다. 짜잉뚱에서 인레 호수 근처 도시인 따웅지까지는 여전히 외국인 육로 이동 금지 구역이다. 미얀마 모든 국경과 마찬가지로 국경 비자는 발급하지 않으니 사전에 미얀마 비자를 미리 발급 받아 와야 한다. 미얀마 비자가 없을 경우 따치렉 국경에서 임시 국경 패스 비자를 받을 수 있는데 사진 3장과 $10(500바트)가 필요하다. 이 임시 비자는 당일(반나절 투어로 4시간 정도 따치렉 쉐다곤 파고다와 레지나 고산족 마을 방문) 또는 최장 14일짜리가 있으며 여권을 따치렉 출입국관리소에 맡기고 임시 허가증(Entry Permit)을 가지고 짜잉뚱, 멍라 지역까지만 여행이 가능하다. 예전에는 임시 허가증 발급 시 현지인 가이드를 반드시 동반해야 허가가 났는데 지금도 가이드가 있어야 하는지는 출입국관리소에 문의해보기 바라며 임시 허가증으로 따치렉으로 입국한 여행자는 반드시 출국도 따치렉(여권을 이곳 출입국관리소에 보관)으로 해야 한다. 그러므로 미얀마 전역을 여행할 사람은 필히 한국이나 태국에서 미얀마 비자를 받아서 가도록 하자. 국경은 06:00~18:00사이에 개방한다.

ACCESS

따치렉-짜잉뚱(쩽뚱, 163km)
비행기 수, 일 운항, $65, 20분 소요
로컬 버스 07:30, 09:00~12:30 수시 운행, K10,000 이상, 5시간 소요
픽업 트럭 06:00~12:00, K15,000 이상, 수시 운행
택시 월, 화, 금, 토 운행, 1인당 K25,000 이상

따치렉-헤호(인레호수)
비행기 월, 화, 금, 토 운항, $60 이상, 1시간 소요

따치렉-양곤
비행기 화, 수, 금, 토 운항, $200 이상, 1시간 45분 소요

따치렉-만들레이
비행기 월, 화, 금, 토 운항, $130 이상, 30분(직항) 1시간 30분(경유) 소요

따치렉-랴쇼
비행기 화, 목, 토 운항, $195 이상, 1시간 소요

방콕 북부 터미널-매싸이(891km)
07:00, 16:30, 17:40(VIP 버스) 966B, 12시간 소요 / 16:30, 17:00, 18:00(고속버스), 500B 이상

치앙라이-매싸이(62km)
버스 05:45~18:00 20분 간격으로 수시 운행, 39B, 1시간 30분 소요

치앙마이-매싸이
버스 08:15, 09:45, 14:30, 15:30, 18:15 운행, 220B 이상, 5시간 소요

매솟-매싸이
버스 06:15, 06:45 운행, 400B 이상, 12시간 소요
*매싸이에서 썽태우를 타고 국경 출입국 사무소로 이동, 10분 소요

따치렉으로 출국 후 주변국 여행하기
❶ 태국-라오스-중국(캄보디아-베트남)
❷ 태국 치앙마이-치앙라이(버스 4시간)-치앙콩(버스 2시간)-라오스 루앙프라방(슬로우 보트 이용, 이틀 소요, 버스 14시간, 험한 산악 도로)
❸ 태국 치앙마이에서 여행사 패키지 버스(전세 버스)로 라오스 루앙남타까지 바로 가는 것이 시간, 비용 면에서 유리함.
❹ 태국 치앙마이-치앙라이-메콩강 건너 라오스 훼싸이(Huay Xai)-루앙남타(또는 루앙프라방)
❺ 라오스 훼싸이 버스 터미널에서 루앙프라방, 방비엥, 비엔티엔 또는 중국 멍라, 징훙, 쿤밍 가는 버스가 있음(우기 철에는 사전 확인 필요).

태국서 따치렉으로 입국 추천 여행 코스
❶ 따치렉-짜잉뚱-멍라-짜잉뚱(버스 이동)-헤호(인레호수, 비행기)-껄로(트레킹을 할 경우는 껄로 방문을 나중 코스로)-만들레이-아마라푸라-바간-양곤-따치렉(비행기) 출국(여행 기간 14일 전후 예상, 멍라를 가지 않고 바로 헤호로 갈 경우 10~12일 정도 예상)
❷ 따치렉-짜잉뚱-멍라-짜잉뚱-헤호(인레호수, 비행기)-껄로-만들레이-바간-양곤-바고-짜익티오-몰래미아인-파안-미야워디 출국-태국 매솟으로 입국(육로 입출국, 여행 기간 3주 예상, 멍라를 가지 않을 경우 15일 정도 예상)
❸ 따치렉-짜잉뚱-멍라-짜잉뚱-헤호(비행기)-껄로-만들레이-바간-양곤-바고-짜익티오-파안-몰래미아인-예-더웨이-미에익-더웨이-띠끼 출국-태국 푸남론 입국-칸차나부리-방콕(여행 기간 28일 예상)
❹ 위 여행 코스를 참고해서 태국 북부나 라오스, 베트남, 중국 쪽으로 갈 여행자들은 만들레이에서 항공편으로 출국하면 좋고, 미얀마 남부 쪽을 갈 여행자들은 남부 띠까나 꼬따웅 국경을 넘어서(시간이 많이 걸리고 경비 지출도 크며 교통편이 좋지도 않다.) 태국으로 입국하거나 양곤으로 돌아와서 항공편으로 출국하면 된다.

미야워디(Myawaddy)-매솟(Maesot)

미얀마 남부 꺼잉(카렌족) 주의 주도였던 파안과 미얀마 4대 도시 중 하나인 몰래미아인에서 육로로 태국으로 넘어가는 국경이다. 현지인들은 미야워디를 "먀우리"로 부르기도 하며 모이(Moei) 강을 경계로 태국과 미얀마로 나뉜다. 이쪽 태국과의 국경 지대는 꺼잉족 일명 카렌족이라 불리는 반군이 장악하고 있는 지역이라 얼마 전까지도 안전상의 이유로 외국인의 육로 통행이 엄격히 금지되던 곳 중 하나였다. 2013년 국경 개방 이후 외국인 여행자들도 이곳으로 마음 놓고 입출국을 할 수 있게 되었다. 태국의 북부 지역을 여행하고 육로로 미얀마로 입국하려는 여행자들에게는 최고의 코스라고 할 수 있다. 미얀마 남부와 태국의 북서부 지역을 여행할 사람들에게는 단비 같은 국경 길이다. 모이 강 위로 건설된 미얀마-태국 우정의 다리(Friendship Bridge)

를 건너면 태국 매솟으로 가게 된다. 요즘은 미얀마 정부와 반군 사이에 평화 협정이 맺어져서 별다른 충돌은 없지만 간혹 양측 사이에 충돌이 일어나기도 하니 출발 전에 여행사나 숙소, 버스 터미널에서 국경 통과에 문제가 없는지 확인하도록 하자.

매솟은 태국 딱(Tak) 주의 소도시로 치앙마이에서 5시간 정도 걸리며 태국 북부 지역에서 접근이 편리한 곳이다. 미얀마 정부군과 반군의 충돌을 피해서 태국으로 넘어온 카렌족 난민 캠프가 있고 실제로 매솟에는 미얀마인들이 많이 거주하고 있으며 국제 NGO 사람들도 많이 체류하고 있다. 매솟 버스 터미널은 국경 가까이에 있다(게스트하우스 거리에서 2km). 버스를 이용할 경우 터미널에서 하차하지 말고 터미널 직전 시장 가까운 곳에 하차해서 게스트하우스 방향으로 가는 것이 좋다. 매솟 시내 또는 버스 터미널에서 국경까지 썽태우는 20~30바트에 합승 가능하고 오토바이 택시를 이용할 경우에 시내서 국경까지 약 50바트 정도면 된다.

육로 이동 주의 사항

어느 미얀마 육로 국경과 마찬가지로 국경에서는 비자를 발급하지 않기 때문에 태국 매솟에서 미얀마로 입국하려는 여행자는 반드시 미리 비자를 받아 와야 하며, 미얀마 미야워디에서 태국으로 입국하려는 한국인 여행자는 태국과는 비자 면제 국가라 입국 심사 시 자동으로 90일간 체류 허가 비자를 스탬프로 찍어 주므로 별도의 비자는 필요가 없다. 국경 도착은 어디나 오전 중에 해야 출국 후 입국해서 새로운 목적지로 가는 교통편이나 숙소를 구할 수 있다.

ACCESS

양곤-미야워디
버스 07:00, 07:30, 08:00, 09:00 / 10시간 소요 / 요금 K8,100~17,500

미야워디-양곤
버스 국경 도착 후 현지 여행사 문의, 도로 사정으로 버스가 격일로 운행할 경우 교통편이 좋은 파안이나 몰래미야인으로 이동해서 양곤이나 기타 도시로 이동하면 된다.

미야워디-파안(150km)
버스 K7,500, 4시간 소요(고속도로 완공 시 2시간 이내).
픽업 트럭 수시 운행, 영업 승용차 합승(1인 K10,000 이상)

미야워디-몰래미야인(176km)
로컬 버스, 픽업 트럭, 미니밴 버스 수시 운행, K13,000

미야워디-메익틸라(Meikhtila)
버스 K20,000 이상

미야워디-만들레이
버스 K20,000 이상

파안-미야워디
픽업 트럭, 미니밴 수시 운행

몰래미야인-미야워디
미니밴 버스 07:00 출발, 13:00에 미야워디 도착, K13,000, 픽업 트럭 수시 운행

태국 매솟-양곤
비행기 11:35 출발, 12:25 양곤 도착(성수기에만 운항), 양곤서 13:00 출발 13:55에 태국 매솟 도착, 요금은 홈페이지(www.nokair.com)에서 확인(성수기인 겨울철에만 운항)

태국 방콕 돈무앙 공항-양곤
녹에어 운항, 편도 $60 이상, 1시간 소요

태국 매솟-몰래미야인
녹에어 운항, 편도 $40 내외(프로모션 시 더 저렴할 수 있음)

방콕-매솟
콘쏭 머칫에 있는 방콕 북부 터미널에서 VIP버스 21:00 출발, 05:00 매솟 도착, 666B, 8시간 소요 / 버스 08:15, 19:00, 21:00 출발, 428B

방콕-매싸이
버스 07:30, 17:30, 18:15, 19:00, 19:40 출발, 620B 이상, 12시간 소요

띠끼(Htee Khee)-푸남론(Baan Phunamron, Suranon)

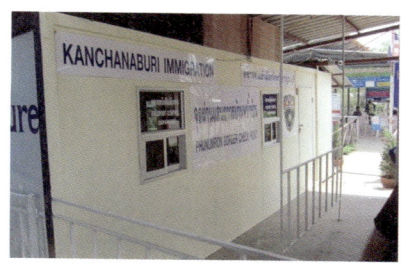

미얀마 남부 따닌따리 행정 주에 위치한 국경이다. 도로 확장과 휴게소, 교통, 숙박 시설 등 여행에 필요한 기본적인 인프라만 갖춰지면 미얀마의 여러 육로 국경 중에서 가장 인기 있고 경쟁력 있는 국경이 되리라 예상한다. 아직은 도로나 숙박 시설 등 여행자들이 방문하기에는 조금 불편한 점이 많다. 태국 쪽에서 보면 방콕에서 가장 가까운 국경이고, 칸차나부리에서 이곳 푸남론 국경까지는 차로 1시간 거리로 많은 관광객들이 방문 가능한 위치다. 푸남론 국경 지역이 개발되면 이곳 국경은 가장 인기 있는 육로 루트가 될 것이다.

현재 태국 칸차나부리 지역 여행사들은 미얀마 2박 3일 패키지 여행 상품을 내놓고 있다. 여행 코스로는 첫째 날 – 오전 8시에 조식 후 국경으로 이동, 지노 체크 포인트 도착, 마타 마을에서 점심, 100부다 사원 방문, 미얀마 더웨이 호텔 숙박. 둘째 날 – 왓야이 사원 방문, 마웅마칸 비치, 빅 랍스터와 해산물로 점심 식사, 오후는 해변서 수영 및 휴식, 타이식 레스토랑서 저녁 식사 후 취침. 셋째 날 – 마차 타고 더웨이 시내 관광, 딤섬으로 점심 식사 후 띠끼 국경으로 이동 출국 심사, 오후에 칸차나부리 도착, 저녁 식사 후 해산 등 일정으로 돼 있다. 태국에 여행을 와서 잠시 미얀마를 여행하고 싶으면 이런 투어 프로그램을 이용하는 것도 괜찮다.

육로 이동 주의 사항

이곳 태국 국경 넘어 미얀마 길은 비포장이라서 우기 철에는 도로 상태가 최악이라 추천하지 않고 시간도 평소의 두 배 이상이 걸린다.

ACCESS

띠끼-더웨이
픽업 트럭, 미니밴 비정규적으로 수시 운행, 6시간 소요(4시간 비포장도로)

더웨이-띠끼
미니밴, 픽업 트럭이 수시 출발

양곤-더웨이
버스 17:00 출발 다음 날 오전 10시 더웨이 도착, 17시간 소요

더웨이-양곤
VIP버스 15:00 출발, K20,000
일반 버스 16:00 출발, K13,000

더웨이-미에익
버스 06:00, 07:00 출발, 7시간 소요

더웨이-꼬따웅
버스 07:00 출발 다음 날 오전 11시에 꼬따웅 도착, 17시간 소요(미에익에서 11시간 정차) 총 28시간 소요

미에익-꼬따웅
버스 01:00 출발 오전 11시 도착, 10시간 소요(이 구간 육로 이동은 외국인 여행자들은 제한을 받거나 허가증이 필요할 수도 있으니 사전에 확인하기 바람)

방콕 전승 기념탑(아눗싸와리)-칸차나부리
미니 버스 2시간 40분 소요, 120B

칸차나부리-푸남론 국경
로컬 버스, 뚝뚝이나 택시로 국경 이동

미얀마 육지의 끝이자 가장 남쪽에 위치한 지역으로 1826년 영국과의 전쟁 때 제일 먼저 영국의 식민지가 된 지역이기도 하다. 끄라부리(Kraburi) 강을 경계로 태국과 국경을 나누고 있다. 꼬따웅 앞바다인 안다만(Andaman)에 있는 수백 개의 유, 무인도들은 향후 미얀마의 경제 발전과 함께 리조트 개발 또는 휴양지 개발의 시금석이 되리라 예상한다. 안다만의 미에익 군도(Myeik Merguri Archielago, 미에익 머구리 군도에 가기 위해서는 반드시 사전에 허가를 받아야 하며 허가 시 $200의 머구리 해상국립공원 자연 보호 기금을 납부해야 함)는 바다 색깔이 예쁘고 미개발된 섬들이 대부분이라 스킨 스쿠버를 즐기는 다이버들의 샹그릴라 같은 곳이다. 산호섬(바다 색깔이 대부분 에메랄드빛)들이 많고 석회암의 수중 동굴이 많아서 기묘한 바다와 다양한 물고기들이 많기로도 유명하다. 최근 주목받기 시작한 바다 짚시 묘켄(Moken)족은 꼬따웅 항구서 3시간 정도 바다로 나가면 묘켄 족 마을을 만날 수 있다.

몇 년 전만 해도 이곳 꼬따웅과 태국의 라농은 미얀마 태국에서 장기 거주하는 사람들의 비자 갱신(Visa Run)장소로 유명했던 곳이다. 파론톤톤 비치 가는 3마일(3Mile)길 주변에 해산물 식당이 있고, 파론톤톤 비치 가는 방향 삼거리 쪽으로 카페와 맥주 가게가 몇 개 있다. 시내에서 외곽으로 이동 시 (파론톤톤 비치, 꼬따웅 터미날)는 묘마 제티(Myoma Jetty)앞에서 다른 도시로 가는 픽업 트럭(썽태우)을 타고 이동하면 된다(K1,000 내외). 지금은 미얀마 비자만 있으면 외국인 여행자도 입출국이 가능하다.

육로 이동 주의 사항

우기 철에는 비가 많이 내려서 도로 사정과 배편이 좋지 않으니 사전에 확인이 필요하며 꼬따웅에서 미에익까지(역으로 미에익에서 꼬따웅)의 육로 이동은 외국인 여행자에게는 제한이 되고 있으니 숙소나 터미널, 여행사에서 사전에 이동 가능한지 또는 허가가 필요한지 확인하기 바란다. 지금까지는 꼬따웅에서 양곤, 미에익 구간을 비행기로 가거나 꼬따웅에서 미에익 구간은 보트(페리)를 이용했다.

태국서 입국할 경우 반드시 미얀마 비자를 미리 받아 와야 한다. 미얀마 비자가 없을 경우에는 임시 국경 통과 허가서를 받을 수 있다. 발급 수수료 $10을

내면 최장 14일간 머물 수 있는 임시 허가서를 주며, 여권은 이곳 출입국사무소서 보관하므로 반드시 이곳에서 출국해야 한다. 임시 허가서로 갈 수 있는 지역은 꼬따웅 주변 반경 40km 이내로 한정되기 때문에 양곤이나 바간 같은 다른 도시로 여행을 하려면 꼭 한국이나 태국 방콕에서 미리 미얀마 비자를 받아야 한다.

ACCESS

꼬따웅-미에익($54, 45분 소요)-더웨이($112, 80분 소요)-양곤($170, 3시간 소요)
위와 같이 비행기 경유, 1일 오전, 오후 운항

꼬따웅-양곤
보트(페리) 운항

미에익-꼬따웅
Hifi Express 보트 03:15 출발, $40, 7~8시간 소요

미에익-더웨이
Hifi Express 보트 03:15 출발, $80, 12시간 소요

미에익-양곤
비행기 $129~$135

태국 방콕 남부 터미널(Sai tai mai)이나 카오산 로드 방람푸 인근 지역에서도 버스 출발, 카오산 로드 여행자 거리에 있는 여행사에서 라농행 버스표 구입이 가능하다. 카오산 로드에서 19:30에 출발해서 남부 터미널(싸이 타이 마이)에서는 21:00에 출발한다(466B).

방콕(돈무앙 공항)-라농
비행기 매일 운항, 2,000B 이상, 홈페이지 (www.happyair.co.th www.nokair.com)에서 출발 시간, 요금 확인 가능하다.

국경 이동

미얀마-라농
미얀마 출입국사무소서 출국 허가를 받은 후 대기하고 있는 배(주로 롱테일 보트)를 타고 20분 가면 태국 라농 국경 검문소에 도착한다(1인 50B). 태국서 미얀마로 입국할 경우는 라농에서 배를 타고 20분간 가면 미얀마 꼬따웅 국경 검문소에 도착한다(1인 50B).

미얀마 국경 검문소(Myanmar border post, 입출국사무소)
꼬따웅 부두에 위치하며 근무시간은 07:00~16:00(미얀마 시간)이다.

태국 국경 검문소
라농에서 10km 정도 떨어진 사판플라 부두에 있다. 오토바이 택시나 썽태우, 픽업 트럭을 이용한다. 근무 시간은 07:30~16:30(태국 시간)이다.

추천 여행지

바윈나웅 힐 포인트(Bawint Naung HillL & Bawint Naung HillL Point, 미얀마 땅끝), 삐또애 사원(Pyi Taw Aye pagoda, 허니 베어 호텔 뒤편 언덕), 트리플 파이브 힐뷰 포인트(Triple five hill view point, 파론톤톤 비치에서 약 5분 거리), 파론톤톤 비치(Pa lone tone tone Beach, Myoma jetty서 오토바이로 30분 소요), 파론톤톤 어촌(Pa lone tone tone Fishing village, 파론톤톤 비치 안쪽에 위치한 작은 어촌, 어시장이 열림).

* 국경 지역 정보 및 사진 제공 김성기, 김범기

기후

 열대 몬순 기후

미얀마는 고온다습한 열대 몬순 기후의 영향을 받으며 크게 여름과 겨울, 우기 세 계절로 분류된다. 미얀마는 영토가 워낙 넓고 커서 같은 계절이라도 기후와 온도 차이가 크다. 겨울 날씨는 한국의 초가을 날씨와 유사해 여행하기에 좋다.

 3월~5월

무더운 건기로 제일 덥고, 평균 수은주가 섭씨 33도 이상이다.

 6월~10월

우기로 몬순의 영향으로 비가 매일 장대처럼 쏟아진다. 우기에는 평균 4,000mm 정도의 많은 비가 내린다. 온종일 내릴 때도 있지만 대부분은 한 시간 정도 내리다 해가 나고, 또 몇 시간 지나서 소나기가 반복되며 주로 밤에 내린다. 많은 양의 비가 내리지만 도로가 침수되거나 홍수가 나는 일은 좀처럼 없다. 신기하게도 비가 그치면 땅이 물을 다 흡수해 버린다. 그래서 대부분의 지역에서는 내리는 비의 양에 비하면 피해가 거의 없다.

이 시기에는 땅이 항상 젖어 있으므로 먼지가 나지 않아서 오히려 여행하기에는 상쾌하다. 평균 수은주는 섭씨 30~33도 정도 된다.

 10월 중순~2월

미얀마의 겨울로 건기로 접어든다. 내리던 비도 10월 중순을 전후해서 뜸해지기 시작하면서 11월이 되면 비가 한 방울도 내리지 않는다. 이런 날이 다음 해 5월까지 계속된다. 이 시기가 관광객들이 제일 많이 찾는 황금의 여행 시기이다. 날씨는 화창하고 수은주는 평균 섭씨 26~30도 정도를 보인다. 미얀마는 열대 기후로 우리나라의 계절과 비교하면 일년 내내 여름이라고 할 수 있다. 이 건기에는 먼지도 많이 나고 들판의 풍광이 조금 황량하게 보인다. 그늘에 가면 시원함이 느껴지는 계절이기도 하다.

> ★ **여행 팁**
>
> 동부 샨 주나 인레 호수, 따웅지 지역은 여름이라도 해발 고도가 높아서 수은주가 아침, 저녁으로는 섭씨 10도 이하로 떨어진다. 이 지역을 여행할 여행자는 반드시 긴팔 옷과 가벼운 외투를 준비하는 것이 좋다. 이 시기에 북쪽의 만들레이와 바간 지역은 많은 비가 오지 않고 주로 흐린 날이 많다. 특히 바간 지역은 우기에도 비가 많이 내리지 않으므로 여름철에도 여행하기 적합하다.

MYANMAR

교육

학제

미얀마의 교육 체계는 우리나라의 유치원 과정에 해당하는 취학 전 과정이 1~2년, 초등학교 4년, 중학교 4년, 고등학교 2년으로 고등학교 졸업까지 총 10년이 걸린다. 우리나라보다는 2년이 짧은 학제다. 대학은 2년제 전문 대학과 4년제 대학으로 우리나라와 같은 학제이다.

시골에 거주하는 대부분의 미얀마인들은 초등학교 졸업이 학력의 전부인 경우가 많다. 경제적인 이유가 제일 크며, 아직 농사짓는 데 많은 공부가 필요치 않다는 인식이 있다. 대학을 가는 사람들은 미얀마에서 선택받은 사람이라고 할 수 있다.

그러나 미얀마는 문맹률이 높지 않다. 2013년 기준으로 약 17%의 사람들이 문맹자로 파악되고 있다. 집 주변에 있는 많은 사원들이 일종의 학교 역할을 하기 때문에 어려서부터 미얀마 글을 자연스럽게 배운다. 그래서 학교 정규 교육을 받지 않았어도 글을 읽고 쓰는 경우가 대부분이다.

대학

미얀마에는 현재 총 45개(전문 대학 포함)의 대학이 있다.

1996년 대규모 반정부 시위가 일어나자 군사 정부는 전국의 모든 대학에 휴교령을 선포하고 대학의 문을 닫아 버렸다. 2000년 7월에 다시 대학 문을 열 때까지 미얀마의 그 당시 고등학생들은 대학 진학을 포기해야만 했다. 이 시기를 그들 스스로 '잃어버린 세대'라고 부른다. 그 후 2003년에도 아웅산 수지와 그녀의 소속 정당인 민족민주동맹(NLD) 당원

들이 북부 지역에서 군사 정부 지지자들과 충돌했을 때도 군사 정부는 대학에 휴교령을 내리고 아웅산 수지를 가택 연금해 버렸다.

오늘날은 대학을 단과 대학별로 분리해서 도시 외곽 지역으로 분산하는 정책을 시행하고 있다. 이유는 반정부 시위를 사전 봉쇄하기 위해서다. 양곤 대학의 경우 양곤 시내에는 석·박사 과정 학생과 교수 연구실만 있고, 학부 수업은 양곤에서 북쪽으로 1시간 정도 떨어진 곳에서 이루어지고 있다. 외곽으로 옮긴 대학은 담장 주변을 빙 돌아가면서 땅을 파서 수로를 만들었다. 대학 출입을 위해서는 다리를 건너야 하는데 시위가 있으면 바로 그 다리를 폐쇄해 버려 대학생들이 학교 밖으로 나올 수가 없다. 양곤 대학의 학생 80%가 여학생이라고 한다. 미얀마는 남자들보다는 여자들이 더 생활력이 강인하고 진취적인 것 같다. 잦은 휴교와 연구 분위기를 잃어버린 미얀마의 현재 대학들은 수준이 점점 떨어지고 있다.

대학 사진 촬영 금지

대학 건물 및 대학 구내에서 외국인 여행자가 사진 촬영하는 것은 금지되어 있다. 대학을 방문하는 여행자는 각별히 주의하기 바란다.

역사

미얀마의 기원

약 5000년 전에 에야워디(Ayeyarwady, 이라와디 Irrawaddy) 강변에 정착했던 구석기 시대의 사람들이 최초의 미얀마 거주인이라고 추정한다.

초기 미얀마로 이주해 온 민족은 북부 중국 지역에서 내려온 몽고 계열의 티베트 미얀마(Tibet Myanmar)족, 동북부 지역에서 이주해 온 몬(Mon)족과 타이(Thai) 계열의 종족, 네그리토(Negritto)계의 인도네시아 종족, 그리고 남부 해안을 통해서 올라온 말레이(Malay) 계열의 남방계 종족으로 추정된다. 여러 종족들 중의 한 분파인 크메르(Khmer) 종족은 메콩강 주변으로 이주하여 오늘날 캄보디아와 라오스, 베트남 지역에 정착했다.

미얀마 인구의 70%를 차지하는 버마족은 기원전 1세기를 전후해서 (약 2000년 전) 티베트 산맥의 남동쪽으로 이주해 온 티베트 미얀마 계열의 종족으로 쀼(Pyu)족이 이들의 선조가 된다. 당시 쀼족은 남부로부터 이주해 온 몬족에 밀려서 내륙으로 이주했다. 쀼족은 기원전 1세기부터 서기 약 800년까지 미얀마의 북부, 중부에 왕국을 건설해서 살았으며 서기 9세기경 중국의 침략으로 멸망했다.

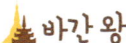 바간 왕조

11세기 중엽 바간(Bagan) 왕조의 아노라타(Anawrahta, 아노여타) 왕이 등극하면서 버마족이 역사의 전면에 나타났다. 미얀마는 여러 종족이 있어 문화나 미신이 다양해서 몽고 계열의 정령 신앙, 인도 계열의 힌두교 등이 혼재되어 있었다. 아노라타 왕은 이러한 미신과 다양한 종교를 하나로 통일시키려고 고심하던 중 남방 불교를 받아들여 강력한 국가 종교로 발전시켰다.

바간 왕조는 이웃 중국과 태국, 스리랑카까지 사신을 파견했으며 수많은 사원을 건립하고 불교 문화를 발전시켰다. 이 시기에 승려들의 지위는 높아졌으며, 각 사원은 문화와 문자를 가르치는 교육의 장으로도 활용되면서 더욱더 불교적 가치를 중요하게 여기는 토대를 만들었다.

하지만 13세기에 접어들면서 바간 왕조는 지방 재정 악화, 사이비 승려들의 기승, 왕위를 둘러싼 왕실의 싸움 등으로 극도로 허약해졌으며, 마침내 1287년 몽고를 지배한 칭기스 칸의 동생인 쿠빌라이 칸이 중국을 정복하고 세운 원나라의 공격을 받고 멸망했다. 미얀마 최초의 통일 국가였던 바간 왕조는 약 250년간의 통치를 끝으로 역사에서 사라졌다. 짧은 통치 기간이었지만 이 시기에 건립된 사원 수가 400만 개가 넘었다고 하며, 현재는 약 2,500여 개의 사원이 바간 지역에 남아 있다. 오늘날 전 세계로부터 관광객을 끌어모으는 일등 공신이 바간의 유적지이고 보면 바간 왕조는 1000년이 지난 지금에도 여전히 커다란 영향력을 끼치고 있음을 알 수 있다.

잉와 왕조, 바고 왕조

1310년경 몽고의 지배에서 벗어나면서 중부와 동북부 미얀마에는 샨족(Shan)이 잉와(Innwa) 왕조를 세우고, 남부 지역에는 몬족이 바고(Bago) 왕조를 세운다.

험난한 동북부 지역의 샨족들은 몽고군으로부터의 공격과 식량 부족으로 미얀마 내륙과 남부로 많은 이동을 했다. 1364년경 지금의 만들레이(Mandalay) 지역에 따도민뱌(Thadaw minbya)라는 샨족 출신의 인물이 잉와 왕조를 건설했다.

당시 남부 지역에서는 지금의 양곤에서 80km 떨어진 바고(Bago) 지역에 몬족과 샨족의 피를 반반씩 물려받은 마가두(Magadu)라는 사람이 '모뜨마'라는 왕국을 세웠는데 후에 바고 왕조로 바뀌게 된다. 남부 지역의 여러 부족들 간의 전쟁에 개입하게 된 잉와 왕조는 결국 바고 왕조와 40년간에 걸친 오랜 전쟁을 치르게 되면서 국력이 쇠약해졌다. 이 전쟁은 잉와 왕조의 속국으로 있던 따웅우(Taung Oo)에게 독립할 기회를 주었고 마침내 따웅우는 잉와 왕조와 바고 왕조를 무너뜨리고 미얀마의 통일 왕국을 건설하였다.

따웅우 왕조

현재 미얀마와 태국은 오랜 숙적 관계인데 이런 관계가 생겨난 것이 바로 따웅우(Thaung Oo) 왕조 때부터이다. 따웅우 왕조의 버잉나웅(Bayinnaung) 왕은 1550년경에 태국을 침략하였다. 지금도 역사적 유적지로 각광받는 태국의 수코타이 지역과 아유타야를 점령하고 그 당시 수천 명의 포로들을 미얀마로 데려왔는데, 그들 중에는 예술가와 가수, 무용가, 공예 기술자 등이 포함되어 있었다. 그리고 태국의 북부 도시인 치앙마이를 점령했을 때는 많은 칠기 장인들을 포로로 데려왔다. 이들 포로를 왕조가 생활하는 바고 지역에 거주하게 함으로써 예술과 칠기 문화가 꽃피는 계기가 되었다.

오늘날 미얀마의 음악과 전통 무용이 태국과 많이 닮은 이유는 바로 그 뿌리가 태국에 있기 때문이다. 강성했던 따웅우 왕조는 1581년에 버잉나웅 왕이 죽자 급격하게 쇠약해졌다. 힘이 쇠약해진 틈을 타서 남부의 지역 영주들과 몬족의 반란이 빈번하게 일어났고, 서구 열강들이 미얀마를 넘보자 1636년에 따룬(Tharun) 왕은 왕궁을 북부 지역인 잉와(만들레이 남부 지역)로 천도한다. 남부의 항구가 인접한 바고를 떠나서 북부로 옮겨간 결과 1885년 미얀마가 영국의 식민지로 전락할 때까지 따웅우 왕조는 약 250년간 왕조를 유지할 수 있었다.

꽁바웅 왕조

꽁바웅(Konbaung)은 미얀마의 마지막 비운의 왕조이다. 알라웅파야(Alaungpaya)가 1752년에 세운 꽁바웅 왕조는 군비를 재정비해 18세기 중엽에는 태국을 침략해, 태국이 오늘날 수도인 방콕으로 천도하는 동기를 제공했으며, 1872년 민돈(Mindon) 왕 때는 제5차 세계 불교 경전을 결집하는 등 왕성한 활동을 했다. 당시 영국은 인도와 인도차이나를 식민지화하기 위해서 혈안이 되어 있었으며 미얀마를 호시탐탐 노리고 있었다.

1819년 꽁바웅 왕조는 라카인 지역을 점령했다. 당시 군대를 피해서 도망간 라카인들이 영국령 아쌈(Assam) 지역으로 불법 이주를 했다. 이 문제는 결국 영국과 미얀마 간의 전쟁으로 이어졌다. 2년간에 걸친 영국과의 전쟁에서 패한 미얀마는 영국과 얀다보(Yandabo) 조약을 체결하고, 라카인과 뜨닌다리 지역을 영국에 넘겨주고 영국군이 잉와(만들레이) 지역에 주둔하는 것을 허락했다.

미얀마는 당시 왕이라 하더라도 관청에는 말에서 내려 안으로 들어가는 것이 관습이었다. 그럼에도 1852년 영국의 한 하급 관리가 말을 탄 채로 관청에 들어가는 일이 발생했다. 이에 미얀마 관료가 이들에게 사과 명령을 내렸지만 영국인들은 도주하려고 출항을 했고, 미얀마 해군이 포를 발사했다. 이에 영국 해군들도 곧바로 반격을 가해 결국은 미얀마 해군이 전멸해 버렸다. 바간 왕은 즉각 영국군에 대한 공격을 지시했고 영국과의 제2차 전쟁이 시작되었다. 그러나 결과는 미얀마의 완패로 끝났고 미얀마의 주요 항구와 기름진 삼각주 지역을 영국에게 넘겨주었다.

1885년 11월 28일, 영국군은 마침내 잉와 궁전을 에워싸고 항복을 요구하였다. 전쟁 11일 만에 영국군이 미얀마를 완전히 점령해 버린 것이다. 1824년, 1852년, 1885년 이렇게 3번에 걸친 미얀마와 영국 간의 전쟁은 영국의 승리로 막을 내리고 미얀마는 영국의 식민지가 된다.

미얀마 근대사

영국의 전쟁 승리 후 미얀마는 영국에 의해 인도의 한 주로 편입된다. 그리고 영국은 미얀마의 독립을 막기 위해서 철저한 분리 정책을 실시한다. 분리 정책의 주목적은 미얀마의 다수 종족인 버마족의 견제에 있었다. 그리하여 미얀마는 친, 꺼잉, 카친족 등 소수 민족을 우대하고 다수 종족인 버마족은 철저히 홀대하게 된다.

영국인들은 미얀마를 식민지화하면서 에야워디 강 하류의 곡창 지대에서 생산되는 쌀을 헐값에 사서 인도나 본국으로 가져갔다. 미얀마의 농민들은 살기가 점점 힘들어졌고 영국 통치에 대한 불만이 쌓여만 갔다. 또한 영국은 인도인들을 대량으로 미얀마로 이주시켜서 영국이 미얀마를 통치하는 하수인으로 부렸다. 인도인들은 관청이나 은행 등 주로 돈을 만지는 업종에 종사함으로써 미얀마의 경제권을 쥐게 되고 일부는 고리대금이나 사채업으로 막대한 부를 축적하게 된다. 이러한 일련의 사건들은 결국 미얀마인들에게 독립에 대한 민족주의가 싹트는 동기가 되었다.

1906년 불교 청년회라는 단체가 미얀마에서 결성되었고 인도 역시 영국의 식민지 지배에 대한 독립 요구가 높아져 간간이 독립을 요구하는 상황이 진행되고 있었다.

게다가 영국인들이 불교 사원에 신발을 벗지 않고 들어간 사건과 1919년 만들레이에서 유럽인들이 신발을 신고 사원 경내로 들어간 사건이 벌어졌다. 이 사건으로 많은 미얀마 승려와 국민들이 영국 정부에 항의하는 일이 발생했다. 영국 정부도 사태의 심각성을 깨닫고 사과와 재발 방지를 약속했지만 이미 미얀마인들의 마음속에는 독립에 대한 욕구가 활화산처럼 번진 뒤였다.

미얀마의 지도자들은 영국 정부에 우선 인도로부터 미얀마를 독립시켜 줄 것을 요구했고, 1937년 드디어 공식적으로 인도로부터 독립을 하게 되었다. 이 시기에 양곤 대학에서 공부한 미얀마의 젊은 엘리트 학생들은 민족 운동과 국민의 계몽이 절실함을 깨닫고 미얀마 전국을 돌며 독립과 애국 정신을 강조했다. 이 학생들이 1935년에도 버마 아시아용(Daw Burma Asiayone, 우리 버마 연맹)이란 정당을 만들어서 본격적으로 정치에 뛰어들었다. 다음 해에 이들은 학생 파업을 주도했는데, 그 주도자들이 마웅 아웅산(Maung Aung San)과 마웅 누(Maung Nu)이다. 이 두 사람이 바로 미얀마의 해방 영웅인 아웅산 장군과 우 누 수상이다.

아웅산은 자신의 비밀 결사 조직인 반파시스트 동맹(AFL)을 이끌다가 이 조직을 확대한 반파시스트 인민자유연맹(AFPFL)을 만들었다. 이 조직은 독립 후 집권 여당이 되었다. 영국은 1947년 1월 27일 아웅산의 내각을 준비 내각으로 인정하는 합의문을 만들고 미얀마의 독립을 약속했다. 반면에 아웅산 진영에 반대하는 정치적 세력들도 만만치 않았다. 당시 수상직을 수행했던 우쏘(U Saw)는 아웅산에 반대하는 정당을 만들어서 대항했으나 제헌 의회 구성을 위한 선거에서 아웅산의 반파시스트 인민자유연맹에게 참패하였다. 그 결과 우쏘는 아웅산에 반대하는 세력들을 규합해서 아웅산을 살해할 것을 공모하고 1947년 7월 19일 완전 무장한 저격수 3명을 각각 회의실로 침투시켜 각료 전원과 아웅산을 살해했다. 사건 후 당시 제헌 의회 의장을 맡고 있던 우 누가 내각의 수반으로 천거됐다. 그리고 마침내 1948년 1월 4일 이른 새벽, 미얀마는 영국으로부터 독립하였다.

미얀마 현대사

● 1948~1962년 우 누 수상

미얀마 역시 영국으로부터 독립한 후에 여러 정당의 난립과 이념의 혼란으로 어지러운 정치 현실이 전개되었다. 특히 미얀마는 영국 정부가 식민지 시절 분할 통치의 일환으로 소수 민족들에게 나중에 각각 자치권을 주기로 암묵적 합의를 해 놓은 터라 미얀마의 영국 식민지로부터의 독립은 소수 민족이 자치 독립을 요구하는 동기가 되었다. 이 문제는 오늘날에도 휴화산처럼 언제 폭발할지 모르는 시한폭탄과 같다. 미얀마는 테러가 많은 국가는 아니지만 2005년에 일어난 시내 중심가 세 곳의 폭탄 테러는, 명확하지는 않지만 분리 독립을 요구하는 소수 민족의 소행이라고 알려져 있다.

아웅산의 사망으로 수상직에 오른 우 누 수상은 불교를 통해서 좌, 우익 정치인들의 혼란한 상황을 해결하고 국민을 단합시켜 혼란한 사회를 안정시키기 위해서 수많은 불교 사원과 파고다를 건설했다.

식민지를 경험한 정치인들은 미얀마의 현실에서는 불교적인 정신에 바탕을 둔 사회주의 국가가 이상적이라고 생각했다. 우 누 수상은 정국을 안정시키고자 국영 공장 건설, 외국인 기업의 국영화, 토지 개혁 등 복지 사회 국가를 목표로 개혁 정책을 단행했다. 그러나 불안정한 사회와 해외 원조의 감소, 농업 생산의 감소, 국가 운영 미숙 등으로 개혁 정책은 사실상 실패로 끝났다.

1962년 3월 2일, 국토의 분할 반대 및 불교 국교화를 주장해 온 네윈(Ne Win)을 중심으로 하는 군부가 쿠데타를 일으켜 정권을 잡게 되면서, 미얀마의 현대사는 깊은 수렁으로 빠지게 되었다.

● 1962년 이후 군부 정치

1960년대 초반까지 미얀마는 석유 및 풍부한 지하 자원, 쌀의 생산으로 아시아 지역에서 몇 번째 가는 부자 국가였으나 네윈 정부의 독재 및 버마식 사회주의 경제 정책의 실패, 쇄국으로 인한 국가 경쟁력의 상실 등으로 지금은 세계 최빈곤 국가 중의 하나로 전락해 버렸다.

민주화와 자유를 요구하는 시위는 1988년을 기점으로 최고조에 달했으나 독재 군부에 의해서 많은 희생자를 내면서 대부분 무력으로 진압되었다. 결국 네윈 정부는 정치 일선에서 물러났지만 그를 따르는 군부 독재자들이 정권을 그대로 이어받았다. 정권을 이어받은 소장파 군부 세력은 '버마(Burma)'라는 국가 명칭을 '미얀마 연방(Union of Myanmar)'으로 바꾸고 당시 수도였던 '랭군(Rangoon)'의 이름을 '양곤(Yangon)'으로 바꾸었다.

군사 정권은 1990년 총선을 실시했다. 총선 결과 아웅산 수지(Aung san suu kyi 아웅산 장군의 딸)가 이끄는 버마 민족민주동맹(NLD: National League for Democracy)이 압승을 거뒀으나 군사 독재 정부는 선거 결과를 인정하지 않고 무효화함과 동시에 아웅산 수지를 가택 연금해 버렸다.

다음 해인 1991년 아웅산 수지는 미얀마의 민주화에 공헌한 공로로 노벨 평화상을 수상했으나, 정부의 출국 금지 조치로 당시 영국에 머물던 남편이 대신 수상했다. 이후 국제 인권 단체 및 미국, 유럽 국가의 압력과 경제 제재 조치로 1995년 7월에 아웅산 수지의 가택 연금이 해제되었다. 그러나 군사 정부는 아웅산 수지가 반정부 운동을 한다는 이유로 2000년에 또다시 가택 연금을 하였다.

그 후 떼인 세인 대통령이 취임하여 가택 연금을 해제했으며, 아웅산 수지는 2012년 보궐 선거에서 하원 의원에 당선되었다.

미얀마는 여전히 군사 독재로 인한 자유의 억압, 인권 침해, 외국인의 투자 환경 미비, 제조업의 부재, 유통·전기·통신·도로 및 운송 시설의 낙후가 경제 발전에 큰 걸림돌이 되고 있다. 1960년대 아시아 최고의 대학 중 하나였던 양곤 대학교는 오늘날 이름만 남아 있을 뿐이다. 반정부 시위를 방지하기 위해서 대학을 분리, 분산해 버려 대학으로서의 수준은 이미 잃어버린 지 오래다.

참고 도서 〈미얀마〉, 양승윤, 한국외국어대학교 출판부

종교

미얀마의 불교

미얀마의 종교 인구는 불교 89%, 이슬람교 4%, 기독교 4%, 무종교 및 기타 2%로, 불교를 믿는 사람들이 압도적으로 많다.

소승 불교
(테라와다, 근본 불교, Theravada Buddhism)

우리가 흔히 부르는 소승 불교는 남방 불교라고도 불리며 '테라와다'라고도 한다. 테라와다는 장로(長老) 또는 연장자를 뜻하며 주로 스리랑카, 미얀마, 태국, 캄보디아, 베트남, 라오스 등 남방 지역의 불교를 말한다. 소승 불교는 자신의 깨달음을 얻는 것을 목표로 하며, 부처님 당시의 불교 교리를 따르는 점에서 근본 불교라고도 불린다. 소승 불교의 가장 큰 특징은 오후 불식이라고 해서 오후 12시부터 다음날 아침 공양 전까지는 물이나 주스 이외에는 절대 먹지 않는다는 점이다. 이 오후 불식 계율은 지금도 철저하게 지켜지고 있다.

대승 불교(Mahayana)

대승 불교는 '마하야나'라고 불리며, 마하야나는 산스크리트어(부처님 당시 인도 언어)로 '큰 수레', '커다란 탈것'이란 의미다. 북방 불교로도 불리는 대승 불교는 주로 중국, 한국, 일본 등의 불교를 말한다. 대승 불교는 일반 대중, 즉, 즉 모든 대중들의 깨달음을 목적으로 한다.

스님과 후견인(스폰서) 제도

비구니(띨라신, Thilashin)

소승 불교는 지켜야 할 계율이 많아서 여성들이 출가해서 승려 생활하기 쉽지가 않다. 개인적인 생각이지만 부처님 당시 인도 사회에 신분 제도가 있는 엄격한 사회였기 때문에 여성에 대한 편견과 차별이 불교 계율에 얼마간 남아 있지 않나 생각된다. 미얀마 사원을 방문해 보면 큰 사원은 불단 근처에 여성이 오지 못하게 통제하는 곳도 있다. 우리나라는 대승 불교권으로 이런 차별을 찾아볼 수 없지만 소승 불교에는 아직도 여성에 대한 차별이 남아 있다. 미얀마에서 출가하는 여성이 많지는 않지만 여자 스님들을 간혹 볼 수 있다. 정식 출가나 단기 출가한 여자 스님들을 총칭해서 띨라신이라 부른다.

띨라신과 비구(남자) 스님들은 입은 옷만 봐도 금방 알 수 있다. 비구 스님들은 자주색 가사를 입지만 띨라신들은 화사한 분홍색 가사를 입는다. 일반적으로 띨라신의 이름 뒤에는 샬리(Shali)를 붙이는데, 샬리는 여자 스님이라는 뜻이다.

스님(폰지, Hpongyi)

미얀마는 황금빛 파고다와 사원, 그리고 스님을 빼놓고는 이야기할 수 없을 정도로 스님의 존재는 사회적으로 지위가 매우 높다. 종교성이라는 정부 조직(장관급)이 별도로 있어서 모든 승려와 사원에 관련된 업무를 맡고 있다. 2001년을 기준으로 미얀마에는 466,524명의 스님이 있고, 전국에 53,017개의 사원이 있다.

미얀마의 정식 승려들은 학식과 수행이 매우 높다. 가사를 입었지만 승려답지 못한 모습을(담배를 피우거나 사원 그늘에서 누워 자는) 보이는 스님들을 가끔 보는데, 그런 스님들은 정식 승려가 아니다. 정식 승려가 되기 위해서는 국가에서 치르는 공인 승려 시험에 합격해야만 승려 증명서를 준다. 국가에서 인정하는 정식 승려가 되기란 결코 쉽지 않다.

미얀마 사람들은 길을 가다가도 스님을 만나면 흙먼지 길에서도 삼배를 올릴 정도로 존경심이 대단하며, 스님이 스님답지 못한 행동을 하면 사회적으로 지탄을 받는다.

일례로 미얀마 스님은 호텔에서 숙박을 할 수 없으며, 해수욕장에서 수영을 하는 것도 법으로 금지되어 있다. 단, 여행이나 성지 순례 온 외국 스님들은 숙박에 아무런 제약이 없다.

스님은 미얀마어로 폰지(Hpongyi)라고 부르며, 큰스님 앞에는 우(U)라는 존칭을 붙이고, 이름 뒤에 사야도(Sayadaw)를 붙인다. 사야도가 붙은 스님은 일반적으로 존경받는 큰스님이라고 보면 된다.

스님은 승용차나 택시를 탈 때 운전석 옆 조수석에 탄다. 미얀마에서는 조수석이 제일 상석이다. 스님이 탄 자동차나 불교기(자동차에 꽂는 불교 깃발)를 단 자동차는 미얀마 어딜 가나 우선 통행이고, 고속도로 톨게이트 요금도 전부 무료일 정도로 사회적 대우가 특별하다. 군사 독재 정부도 스님과 사원에 대해서는 전혀 간섭하지 않는다.

★ 현지 스님과 접촉할 때 유의 사항

미얀마는 철저한 불교 국가로 스님에 대한 예와 계율이 철저하다. 여성(비구니 스님 포함)은 스님께 악수를 청한다거나 옷깃이 닿는 것을 포함한 신체 접촉을 해서는 안 된다. 옆을 지날 때 부딪치는 일이 없도록 주의해야 한다. 그리고 현지 스님과는 절대로 같은 식탁에서 식사하지 않는다.

★ 사원 방문 시의 옷차림 및 주의 사항

미얀마의 모든 사원을 출입할 때는 반드시 신발과 양말, 스타킹을 벗고 맨발로 입장해야 한다. 대부분의 사원에는 신발을 보관하는 직원과 신발장이 있다. 신발을 찾을 때 K200~500 정도를 시주하면 된다. 특히 단체로 관광을 할 경우 사원 안에서 너무 큰 소리로 떠들거나 요란하게 기념 사진을 촬영하는 일도 예의에 어긋나는 일이다.

미얀마는 무더운 열대의 나라로 여행자들이 반팔 티셔츠나 짧은 반바지 차림이 많은데 복장에도 주의해야 한다. 우선 반바지, 미니스커트 등 노출이 심한 옷차림은 피한다. 남성, 여성 모두 무릎 정도까지 내려오는 바지나 론지, 또는 여성의 경우 긴 치마가 무난하다.

후견인 제도

미얀마는 스님들이 돈을 직접 만지지 않는 것이 관례화되어 있다. 그만큼 스님들은 돈에 관여하지 말고 수행에 집중하라는 의미이다. 하지만 스님도 사람이라 살아가는 데 적지 않은 돈이 필요하다. 후견인(스폰서) 제도는 바로 이러한 미얀마의 현실에서 만들어진 일종의 스님 우대 제도이다.

미얀마의 재력가는 사미나 스님 중에서 자신이 존경할 만한 스님을 선택하여 그 스님이 여생을 마칠 때까지 지속적으로 물질적(현금 또는 사원 건립 등) 지원을 한다. 보통 스님 한 분에 4~5명의 후견인이 있다. 미얀마 사람들은 스님이나 사원에 보시하는 것을 제일 큰 공덕으로 생각한다. 자신이 후원한 스님이 삼장 법사가 되거나 훌륭한 스님이 되면, 그 스님을 후원한 집안은 대대로 자랑스럽고 영광스럽게 생각하며 사회적으로도 존경을 받는다.

🛕 정령 신앙 (낫. Nat)

미얀마 불교의 특이점은 바로 '낫(Nat)'이라는 토속 정령 신앙이 불교와 결합한 형태라는 데 있다. 불교가 미얀마에 전래되기 이전부터 북부 티베트 부근에서 살던 종족들은 자연에 모든 정령(영혼)이 깃들어 있다고 믿었다.

오래전에 이 부족들이 남쪽으로 이주해 생활하면서 여러 종족들이 합쳐져서 미얀마라는 나라가 되었고, 인도에서 불교가 전래되면서 자연스럽게 낫과 불교가 하나의 종교로 융합되었다. 오늘날은 37개의 낫을 모신다고 한다.

미얀마 사원을 방문해 보면 사원 한쪽에 사당이 있고 그 안에는 여러 낫들이 모셔져 있는데, 놀랍게도 우리 모습과 비슷한 몽골리언들이 많다. 실제로 우연히 낫 의식을 목격한 적이 있는데, 우리나라의 무당이 하는 굿과 똑같아서 깜짝 놀란 적이 있다. 꽹과리 비슷한 악기와 북을 치며 신들린 사람(우리의 무당)이 나뭇가지로 축복을 받는 사람의 머리, 어깨를 두드리며 뭐라고 말하면, 축복을 받는 사람은 연신 절을 한다. 굿을 하는 장면과 너무나 똑같아서, 그 뿌리가 먼 옛날 몽고, 티베트 쪽으로 올라가는 것이 아닌가 하는 생각을 하게 한다.

오늘날 낫 신앙은 미얀마 불교와 혼합된 형태로, 미얀마의 대다수 불자들이 복을 비는 기복 신앙으로서의 불교를 믿는 경우가 태반이다. 미얀마인들의 정령의 고향은 바간 남쪽에 있는 뽀빠산이다.

인구

미얀마의 인구 분포

미얀마는 아시아의 대표적인 다민족·다문화 국가 중의 하나로 167개 이상의 크고 작은 민족이 있으며, 이들이 사용하는 민족 고유 언어만 해도 107개 정도 된다. 2014년을 기준으로 미얀마의 총 인구는 약 5,575만 명이다. 주요 민족으로는 버마족 68%, 샨족 9%, 꺼잉족(카렌족) 7%, 라카인족 4%, 몬족 2%, 중국인 3%, 인도인 2%, 기타 5% 등이 있다.

버마족 (Burman)

미얀마의 대표적인 민족이다. 미얀마의 서북쪽인 히말라야 산맥 부근에서 내려온 민족으로 중부의 평야 지대 및 동부 고원 지대에 많이 거주했으며 일부는 곡창 지대인 에야워디 강 유역에 많이 거주했다. 11세기에 바간 왕국을 건설하기도 했으며 19세기 영국의 식민지 시절에는 제일 박해를 많이 받은 민족이기도 하다.

꺼잉 (카렌족, Kayin)

카렌족(Karen)으로도 불리는 이 민족은 주로 미얀마 동남부 고원 태국 국경 지역에 거주하며 태국과의 국경 밀수품에 대한 자체 관세를 받아 왔다. 영국 식민지 시절인 19, 20세기 초에 서방의 기독교 선교사들이 집중적으로 선교를 한 지역으로 지금도 크리스천이 많다. 주로 광물을 생산하거나 화전으로 밭을 일구어서 농사를 지으며, 코끼리를 길들여서 목재 벌목이나 운송 수단에 이용하기도 한다. 자칭 '신의 병사(God's Army)'라 불리는 군대를 보유하고 있고, 미얀마로부터 독립하기 위해 반군 활동을 계속하고 있으며, 지금은 미얀마 정부군에 의해서 태국 국경 지대까지 밀려나 있는 상태이다.

샨족 (Shan)

북동쪽으로는 중국과 라오스, 남동쪽으로는 태국과 국경을 마주하고 있는 샨 주에 주로 거주하며 이들이 거주하는 지역은 대부분 해발 고도가 1,000m 이상의 고원 지대가 많다. 험악한 산악과 협곡, 밀림 지대가 많아서 국경 밀무역품 중에는 마약(아편)도 많이 거래되고 있다. 샨족은 주로 중국계에 가까워서 피부가 하얗고 키도 큰 편으로 미남, 미녀가 많은 것이 특징이다. 주로 농업에 종사하며 고원의 평지나 저지대에 거주한다.

라카인족 (Rakhine)

북서쪽의 방글라데시 국경인 라카인 주에 주로 거주하며 이슬람교를 믿는 사람들이 많다. 이곳 특산품으로는 실크로 만든 론지가 유명하다.

친족 (Chin)

미얀마 북서쪽의 친 주에 주로 거주하며 방글라데시와 인도 접경에 많이 흩어져 산다. 산악 구릉 지대에 마을을 이루고 생활하며, 화전을 이용한 밭농사를 짓고 돼지, 염소, 소, 닭 등을 기르며, 농산물로는 조, 쌀, 옥수수가 있다. 외부의 영향을 가장 적게 받은 종족이다 보니 부계적 친족 공동체가 발달했다. 친 주 역시 19세기 영국의 식민지 시절 기독교 선교사들의 집중 선교 지역으로 지금도 크리스천이 많은 편이다. 오래된 전통으로 친족 여자들은 얼굴 전체에 거미줄 모양의 문신을 하는데 보통 12~13세가 될 때 한다. 지금은 전통이 거의 사라져서 극소수 여성만이 얼굴에 문신을 한다.

한국 교민

2018년 기준으로 미얀마에 거주하는 공식 교민 수는 7명이고, 현지에서 생활하는 체류자는 3,000명이다. 미국의 경제 제재가 있기 전에는 싼 임금과 우수한 노동력으로 한국인이 운영하는 봉제 공장이 많았다고 한다. 그 당시는 교민 수도 약 2천 명 이상으로 제법 한국인들이 많이 거주했는데, 미국이 미얀마 미성년자 노동 착취에 대한 제재로 '메이드 인 미얀마' 제품의 수입을 금지하면서 다 이웃 국가로 떠나 버리고, 호텔, 여행사 및 음식점을 하는 교민과 상사 주재원 정도만 남게 되었다. 하지만 2013년 미국, EU의 경제 제재 해제로 다시금 기업과 투자자들이 몰려들고 있다.

미얀마 사람들

미얀마는 대가족 제도이다. 할아버지, 할머니와 손자, 손녀까지 보통 3대가 같이 산다. 미얀마 사람들은 부모를 극진히 공경하고 가족 간의 우애가 무척 끈끈한 편이다.

미얀마 국민들은 외향적이기보다는 대체적으로 내성적이며, 본인의 감정을 잘 표현하지 않는 편이다. 연장자를 공경하며, 직선적인 잘못의 지적에는 마음의 상처를 받는 자존심이 강한 사람들이기도 하다. 지적할 사항이 있을 때는 직설적인 방법보다는 우회적으로 부드럽게 지적하는 것이 효과적이다.

그리고 머리 만지는 것을 금기시하기 때문에 귀여운 어린이라 할지라도 머리를 만지면 싫어한다. 미얀마 사람들은 체면을 중시하고 인간의 기본적인 도리를 지키는 것을 사회적으로 중요하게 여긴다.

재래시장의 상인들은 대부분 순박하고 정직한 사람들이다. 외국 여행자라고 바가지를 씌우거나 비싸게 파는 일은 드물다. 재래시장에서 물건을 살 때는 특별히 비싸지 않으면 깎지 말기 바란다. 다만 대형 쇼핑센터나 양곤의 보족 아웅산 시장, 만달레이의 제조 시장 등지의 가게에서는 될 수 있으면 물건 값을 많이(40~50%) 깎아야 한다.

타나카 (Thanaka)

미얀마를 여행하다 보면 어린이나 아가씨, 아주머니들이 얼굴 양볼에 하얀 가루를 바른 것을 흔히 볼 수 있다. 이것이 타나카라는 나무의 가루이다. 재래시장이나 관광지에서 많이 파는데 말린 타나카 나무를 장작처럼 쌓아 놓고 판다. 나무토막 한 개에 K500~1,000이다. 타나카 나무의 가루를 바르면 자외선이 차단되어 얼굴이 타지 않고 피부가 탄력을 유지한다고 한다. 가루 분말로 포장한 제품은 K2,000~3,000 정도 한다. 사용 방법은 벼루처럼 생긴 돌판에 대고 타나카 나무를 갈아서 가루로 만든 후, 물에 개어서 바르면 된다.

특산품

보석

미얀마는 보석의 산지로도 유명하다. 루비나 사파이어는 미얀마산이 최고라고 정평이 나 있을 정도로 유명하며, 최근에는 북부 모곡 지역에서 세계 최대 크기의 옥 광맥이 발견되기도 했다. 그럼에도 불구하고 투명하지 못한 군사 정부의 통치로 좋은 보석은 대부분 밀무역을 통해 태국으로 넘겨지고, 미얀마에서 파는 보석은 별 가치가 없는 것들이 많다고 한다. 시장 등지에서 보석을 파는 경우가 많은데 대부분은 별 가치가 없거나 가짜라고 보면 된다.

수록 가격도 비싸다. 수공예품으로 주변 분들에게 선물하기에 알맞다.

은

미얀마는 은(silver)이 많이 나는 나라로 은제품을 시장에서 쉽게 볼 수 있다. 컵이나 쟁반, 주전자, 숟가락, 물병, 소쿠리 형태의 은제품이 많으며, 가격은 저울로 은 무게를 달아서 결정한다. 작은 물컵 크기의 제품이 미화 20~25달러 정도 한다. 한국에 비해서는 저렴하다고 할 수 있다.

스피루리나

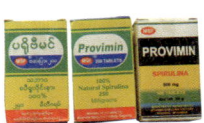

요즘 국내에서도 건강 식품으로 각광받고 있는 스피루리나(Spirulina)의 원산지가 미얀마이다. 미국의 나사 항공 우주국의 우주 비행사들이 달나라에 갔을 때 식량으로 가져간 알약이 바로 스피루리나라고 한다. 미래의 지구 식량이라고 불릴 정도로 몸에 좋다고 한다. 한국에 비해서 월등하게 저렴하고, 약이 아니라 건강식품이라서 세관 통과 시에도 아무 문제가 없으므로 지인들에게 선물용으로 좋다. 한 사람당 50병 이상은 통관이 안 된다.

칠기

칠기(lacquer ware)도 대표적인 특산품 중의 하나이다. 작은 컵에서부터 커다란 항아리까지 무척 다양하다. 좋은 칠기는 색상이 화사하고 표면에 티끌 하나 없이 깨끗하며, 문양이나 조각 그림이 화려할

MYANMAR

교통

🛫 비행기

미얀마는 국토가 한반도의 3배에 이를 정도로 광활한 나라이다. 하지만 사회 간접 자본의 미비로 도로 상태는 열악하기 그지없다. 이러한 이유로 여행객들은 주로 항공편을 많이 이용한다.

에어 바간 Air Bagan

프로펠러 비행기를 운항 중이며 제트기에 비해 그리 불편하거나 시끄럽지는 않다. 보통 중간 통로 양쪽에 2열씩 총 50석 내외의 좌석이 있는 작은 비행기다. 매일 오후 3시에 출발하여 헤호(인레 호수)-만들레이-바간-양곤으로 돌아오는 순환선이다. 미얀마 내에서 제일 힘 있는 항공사로 알려져 있다.

양곤 에어 웨이 Yangon Air Way

양곤 에어도 프로펠러 비행기를 사용한다. 주 노선은 양곤에서 바간-만들레이-헤호를 거쳐 양곤으로 되돌아오는 순환선이다. 비정기 노선으로는 나팔리 비치(딴뒈)나 젠뚱, 라쇼, 푸타오를 운항한다.

에어 만들레이 Air Mandalay

미얀마 최초의 민간 항공사로 프로펠러 비행기를 운항한다. 외국인들이 제일 선호하는 항공사라고 알려져 있다. 비정기적으로 국제선도 운항하는데 태국의 치앙마이나 캄보디아로 운항한다.

미얀마 에어 웨이 Myanmar Air Way

미얀마 국영 항공사로 미얀마 국내를 제일 많이 연결한다. 제트 비행기도 보유하고 있어서 프로펠러 비행기보다는 많은 좌석을 확보하고 있다.
국영 항공사라 내국인에게는 상대적으로 요금이 무척 저렴한 편이지만 외국인은 비싸다. 주로 내국인과 군인들이 많이 이용한다.

 비행기 요금 (외국인 요금)
- 양곤-헤호(인레 호수) $78~106 (1시간 15분)
- 만들레이-바간 $53~72 (30분 소요)
- 양곤-만들레이 $60~112 (1시간 25분)
- 바간(냥우)-양곤 $96~106 (1시간 20분)

🚂 기차

미얀마는 기차 여행의 묘미가 있다. 미얀마 철도는 철로의 길이가 약 4,000km에 이르는 장대한 노선이지만 주로 제2차 세계 대전 때나 영국의 식민지 시절에 건설되어서 철로가 많이 노후됐고, 철로의 폭도 일반 철로보다는 좁은 협궤 철로다. 따라서 열차의 속도가 느릴 뿐만 아니라 연착되면 마냥 기다리기를 감수해야 한다. 많은 불편과 인내심을 요구하는 여정이지만 미얀마를 제대로 즐기고 싶은 여

행자들에게는 적극 권장한다.

기차 요금은 버스보다는 비싸지만 비행기보다는 싸다(비행기의 반값 정도). 인도의 기차 여행과 비슷한 점이 많은데 열차가 역에 도착하면 머리에 먹을 것을 이고 나와서 팔려는 상인들로 금방 장터로 변한다. 낯선 풍경을 감상할 수 있는 좋은 기회이다.

외국인이 이용하기에는 특급 열차가 좋다. 양곤 기차역은 시내 사쿠라 타워 빌딩 건너편에 있다. 열차표는 미리 예약을 하는 것이 좋으며, 예약 시 여권과 비자 번호가 필요하다. 본인이 직접 예약하기 힘든 경우 묵고 있는 호텔이나 게스트 하우스의 프런트에 부탁하면 약간의 수수료(보통 택시비 K2,000~3,000 정도)를 받고 대행해 준다. 1등석에 해당하는 좌석은 어퍼 클래스(UPPER CLASS)다. 기차나 비행기표를 살 때 외국인은 반드시 달러를 내야 한다. (익스프레스 버스는 짯(K)으로도 지불 가능하다.)

✈ 양곤 외곽을 운행하는 기차

양곤 역에서 출발해서 양곤 시내 외곽을 운행하는 순환 열차(Local train)가 있다. 우리의 전철과 같은 열차로 양곤 외곽에 거주하는 서민들에게는 발과 같은 존재이다. 커다란 짐을 가득 들고 타는 현지인들을 만날 수 있다. 요금은 K200~400으로 여권 없이 표를 살 수 있으며, 아무 역에서나 자유롭게 타고 내릴 수 있다. 기차의 흔들림이 마치 배를 탄 느낌이 들 정도로 심하다. 달리는 기차 안에서 역무원이 차표를 확인하며 다닌다.

🛥 배

에야워디(이라워디) 강은 길이가 2,050km에 이르는, 미얀마의 젖줄과도 같은 중요한 강이다. 미얀마 북부에서 남부로 흐르는 에야워디 강은 영국의 식민지 시절 주로 티크 원목의 운반로로 쓰였으며, 오늘날에도 도로가 발달하지 않은 미얀마에서는 화물 운송과 승객 수송용으로 요긴하게 사용되고 있다.

미얀마의 서쪽에 있는 에야워디 강은 만들레이에서 불교 유적지 바간을 거쳐 남쪽으로 흘러간다. 여름철 우기에는 강폭이 3~4km에 이를 정도로 거대한 강이다.

해 질 녘에 에야워디 강의 유람선에서 바라보는 낙조와 바간의 사원 풍경은 환상 그 자체이다. 여객선에는 식당과 마사지 숍이 있어서 지루하지 않게 여행할 수 있으며, 음식도 좋은 편이다.

여객선을 이용한 여행은 시간이 많이 걸리므로, 시간적 제약이 없는 한가한 여행자가 아니면 이용하기 쉽지 않다. 대부분의 여행자들이 만들레이-바간 또는 바간-만들레이 구간을 이용한다.

여객선을 이용할 여행자들은 출발 이틀 전에는 예약을 해야 한다. 여객선이 자주 있지 않기 때문에 대부분은 출발일 전에 표가 매진되며, 당일에 표를 산다는 것은 거의 불가능하다. 적어도 출발 이틀 전에 묵고 있는 호텔이나 게스트 하우스 카운터에 부탁해서 미리 표를 구하도록 하자.

🚌 버스

익스프레스 에어컨 버스(고속버스)

고속버스에 해당하는 익스프레스 에어컨 버스는 미얀마에서 여행자들이 제일 저렴한 가격으로 미얀마 전 지역을 여행할 수 있는 교통수단이다.

양곤에 있는(국제공항 근처에 있음) 아웅 밍글라 익스프레스 버스 터미널에서 미얀마 각지로 출발한다. 장거리 노선은 주로 오후 3~4시경에 출발해서 밤새 달려 다음날 아침 7~8시경에 도착하는 경우가 많다. 보통 운전기사 2명이 교대로 운전하고, 조수가 2명 정도 탄다.

버스는 좌석제로 본인의 승차권에 표시된 번호에 앉으면 된다. 출발지나 도착지가 모두 미얀마어로 적혀 있으므로 반드시 차표를 기사나 조수에게 보여 주고 확인 후에 승차하기 바란다.

버스표 역시 미리 예약을 하는 것이 좋다. 특히 성수기에는 유명 관광지로 가는 버스표는 매진되기 쉽

다. 출발일 하루나 이틀 전에 미리 예약하도록 하자. 묵고 있는 호텔이나 게스트 하우스 카운터에 부탁하면 된다. 이때 여권은 필요 없지만 정확한 여권 영문 이름과 비자 번호를 적어 줘야 한다.

양곤에서 만들레이까지는 10시간 걸리며, 가는 도중에 휴게소에 3~4번 정도 정차한다. 보통 20분 정도 정차하며 비슷한 버스가 많으므로 자신이 타고 온 버스를 잘 기억해 두기 바란다. 익스프레스 버스에는 좌석마다 비닐 봉투와 생수가 한 병씩 준비되어 있다. 바나나를 한 다발 사 가지고 타면 좋은 요기 거리가 된다.

미얀마는 도로와 버스 상태가 워낙에 좋지 않아 가다가 고장이 나기도 하고 펑크도 자주 난다. 이럴 때면 1시간 이상 지체되기도 한다.

시내버스

20~30년이 넘은 털털이 일제 버스가 주를 이루며, 간혹 한글로 된 버스 노선표를 그대로 달고 다니는 한국 버스도 볼 수 있다. 차장이 2명으로 직접 버스 요금을 받는다. 구간에 따라 약간의 요금 차이가 나지만 시내 기본 거리는 K100~200이다. 양곤 외곽에서 시내까지는 K200 이상이다. 버스 노선 번호와 목적지가 전부 미얀마어로 쓰여 있어서 외국인이 이용하기는 어렵다. 시내로 다니는 것 외에는 이용이 불편해서 트럭을 개조한 미니버스를 이용하는 편이 훨씬 편리하다.

픽업트럭(라인카, Line car) 과 미니 버스

미얀마 서민들이 제일 많이 이용하는 교통 수단이 픽업트럭과 이를 개조한 미니버스이다. 주로 일제 토요타 소형 트럭을 개조해서 화물칸에 양쪽으로 나무 의자를 놓은 방식으로, 손님이 많으면 발판 위나 지붕 위에 매달려 가기도 한다. 스님은 운전석 옆 조수석에 모시며, 일반인들은 뒤편 나무 의자에 앉

는다. 차장이 한 명 있어서 차비를 받거나 목적지에 내려 준다. 주로 시 외곽에서 타도시의 외곽까지 운행하는 경우가 많으며, 시내에서도 우리의 마을버스처럼 이리저리 다닌다.

지방 도시에는 시내버스가 없기 때문에 미니버스나 픽업트럭이 대중교통을 대신한다. 요금은 거리에 상관없이 최고 1인당 K1,000이며 가까운 거리는 버스 요금에 준해서 낸다. 현지인들이 많이 이용하며, 외국 여행자들이 이용하기에는 안전에 문제가 있으므로 권하고 싶지는 않지만, 가까운 거리면 한번쯤 타 보는 것도 나쁘지 않다.

택시

미얀마에서 외국인 여행자들이 제일 많이 이용하는 교통수단이 택시다. 군사 독재 정부의 자동차 규제 정책으로 미얀마의 자동차들은 최소 10년, 거의 20~30년 된 골동품 차들이 많았으나 2012년부터 등록세가 완화되면서 새 차로 대거 교체가 이루어지고 있다. 깨끗한 새 택시가 나날이 늘고 있다.

택시는 흔해서 어느 지역에서든 부르기는 어렵지 않다. 호텔이나 음식점에서 택시를 불러 달라고 하면 곧바로 온다. 미터 요금이 아니라 승차 전에 목적지를 말하고 가격을 흥정한 다음에 타야 한다.

렌터카 (Rent a car)

미얀마는 개인 여행자들이 여행하기에 대중교통이 발달해 있지 않다. 짧은 시간에 많은 곳을 방문하거나 좀 더 편하게 여행을 하고 싶다면 렌터카를 이용해 볼 만하다. 우리나라처럼 렌터카 업체가 있는 것이 아니라 승용차를 소유한 사람이 몰래 영업을 하는 형태이다. 당연히 보험과 안전에는 문제가 있을 수밖에 없다. 미얀마는 차량이 많지 않아서 교통사고가 많지는 않다. 일행이 여러 명이라면 렌터카를 빌리는 것이 더 경제적일 수도 있다. 묵고 있는 숙소에 부탁해도 되고 양곤 시내 술레 파고다 주변에 가면 차를 렌트해 준다는 호객꾼들이 있다. 만들레이나 바간의 경우 묵고 있는 호텔에 부탁하면 된다.

특히 사진 촬영을 목적으로 미얀마를 방문하는 사진 애호가들에게는 이 여행법을 적극 권한다.

🌟 자동차 번호판

미얀마의 자동차 번호판도 미얀마어로 쓰여 있는 경우가 있다. 택시에 타면 운전대 옆에 택시 허가증이 붙어 있는데 기사 얼굴 사진과 이름(영어), 번호(아라비아 숫자)가 있으니까 잘 기억해 뒀다가 혹 무슨 일이 발생하면 경찰에 알려 주면 된다.
2013년부터 아라비아 숫자로 된 번호판이 나오기 시작했다. 양곤 등 대도시에는 제법 아라비아 숫자로 된 번호판을 단 차들이 보이지만 지방은 여전히 미얀마어로 된 번호판 차량이 많다.

미얀마 자동차 번호판 색깔
미얀마는 승용차의 소유 여부가 곧 부의 척도이다. 아무리 낡은 차라도 자가용이 있으면 부자라고 보면 된다.
검정색 자가용(번호판 숫자 앞에 별이 붙어 있으면 군용 차량)
빨간색 영업용, 주로 택시가 많음
노란색 불교 사원 소속 자동차
흰색 외교관 및 대사관 차량
파란색 외국인 관광객 수송 전용 차량

자동차 렌트 비용
(2018년, 오전 9시에서 오후 5시 기준)
* **양곤** 하루 $45~65, 반나절 $30
  운전기사가 가이드도 해 주며 톨게이트 요금이나 기름값은 다 포함된 요금이다. 교외로 멀리 갈 경우는 가격이 더 올라갈 수 있다.

* **바간, 만들레이** 하루 $25~35
  양곤보다 전체적으로 물가가 싸다. 바간에서는 반드시 택시나 승용차를 렌트할 필요는 없다. 마차나 자전거로도 충분하다.

싸이카 (Side-car, Trishaw)

미얀마, 태국 등 동남아시아 국가를 여행하면 꼭 만나게 되는 풍경이다. 미얀마 말로 싸이카라 불리는 이 자전거는 앞뒤로 두 명이 탈 수 있도록 자전거 옆에 의자가 붙어 있다. 기어장치도 없는 자전거를 무거운 햇살 아래서 바짝 마른 사람들이 끌고 가는 모습을 보면, 신기하기도 하면서 한편으로는 연민이 느껴진다. 가까운 거리를 이동할 때 주로 이용하며 기본 요금은 1인당 K500이다. 출발 전에 목적지를 말하고 가격을 흥정한 후에 출발하면 된다.

마차 (밍흘레, 호스 카, Horse cart)

바간 유적지를 여행하기에 가장 이상적인 교통수단이 마차이다. 영어를 잘하는 마부를 선택하면 훌륭한 개인 가이드가 된다. 마차당 4명(마부 포함)이 탈 수 있으며 한나절, 또는 하루를 빌릴 수 있다. 홀로 여행하는 사람은 숙소에서 같이 마차를 이용할 여행자를 모아서 빌리면 경제적이다.
바간 유적지의 경우 마차를 종일(오전 8시~오후 6시) 빌리는 데 K25,000이다. 이때 마부의 점심은 여행자가 부담하지 않는다.
일출을 보기 위해서는 숙소에서 새벽 5시에 출발해야 하는데 이럴 경우는 추가 요금을 더 줘야 한다.

보통 K2,000 정도 주면 된다. 전날 예약할 때 내일 일출 본다고 확실하게 이야기해 놓으면 다음날 새벽 5시경에 숙소 앞으로 데리러 온다. 여행을 다 마친 후 숙소 앞에서 요금을 지불하면 된다.

🌟 마차 여행 하루 일정
오전 5~7시 쉐산도 파야나 민예공 파고다에서 일출 감상
오전 8~12시 사원 방문 여행
오후 12~1시 음식점이나 숙소로 돌아옴
오후 1~3시 말이 쉬는 시간(숙소에서 쉬면 됨)
오후 3시~ 다시 사원 여행 시작
오후 6시 쉐산도 사원에서 석양을 보고 숙소로 돌아옴

MYANMAR

음식

추천 음식

미얀마 음식은 인종 숫자만큼이나 다양하지만 일상적인 식당에서의 메뉴는 어딜 가나 비슷하다. 미얀마 음식은 대체로 한국인의 입맛에 잘 맞는다. 인도나 태국보다는 향신료를 적게 쓴다. 미얀마는 닭고기 요리가 많으며, 주식은 쌀이다.

모힝가(쌀국수)

모힝가(쌀국수)는 미얀마인들이 먹는 대표적인 음식이다. 메기 육수로 만든 쌀국수인데 고소하고 맛있다.

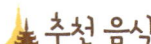

터민쪼(탐민접, 볶음밥) Fried rice with vegetable

어떤 가게에서나 가능한 메뉴다. 채소 대신 닭고기, 돼지고기, 새우 등을 선택할 수 있다. 가격은 재료마다 약간 다르다.

야채 **볶음밥** K1,500~1,800 치킨 **볶음밥**(쨋 터민쪼, 탐민팡) K1,800 **돼지고기 볶음밥**(웻 터민쪼) K1,800K 새우 **볶음밥**(버중 터민쪼) K1,800

카욱쉐 쪼(카우 싸이접, 볶음면)
Fried noodle with vegetable

볶음밥처럼 채소, 치킨, 참새우, 돼지고기, 해산물을 선택할 수 있으며 재료마다 가격 차이가 조금 난다. 고추장을 약간 넣어서 비비면 아주 맛있다. 볶음밥과 가격은 같다. 현지 가격으로 싸지는 않지만 타이(태국) 식당이 해산물 요리를 잘하는데, 참새우(Prawn)나 게(Crab) 요리를 추천한다.

그 밖의 미얀마 음식

일반적으로 메뉴는 다음과 같다. 타이 식당이나 고급 음식점은 음식 사진이 있는 메뉴판을 비치하고 있으며, 음식 가격은 작은(small) 사이즈 기준이다.

스낵(Snack)

* 감자튀김(Fried potato finger) : K1,800
* 새우가 들어간 감자 롤(Potato roll with prawn meat) : K3,500
* 돼지갈비 볶음(Deep fried pork rib) : K3,500
* 오리구이(Roast duck) : K3,500~5,000
* 참새우튀김(Prawn tempura) : K3,500
* 오징어튀김(Squid tempura) : K3,500
* 치킨 한 마리(Deep fried whole chicken) : K5,000

닭 요리 Chicken

* 양배추와 말린 고추를 넣은 닭 볶음(Fried chicken with dry chilli and cauliflower) : K4,500
* 매콤/달콤한 닭 요리(Sweet/hot and sour chicken) : K4,500

* 굴 소스로 볶은 닭 날개(Fried chicken wing with oyster sauce): K4,500
* 매운 닭 요리(Tangy spiced chicken): K4,500
* 레몬 소스를 얹은 닭튀김(Deep fried chicken with lemon sauce): K4,500

돼지고기 요리 Pork

* 양배추와 말린 고추로 볶은 돼지고기 요리(Fried pork with dry chilli and cauliflower): K4,500
* 매콤/달콤한 돼지고기 요리(Hot/sweet and sour pork): K4,500
* 카레가 들어간 돼지갈비(Pork rib with curry powder): K4,500
* 매운 돼지갈비 요리(Tangy spiced pork rib): K4,500
* 돼지고기 볶음(Fried pork slices): K4,500

참새우 요리 Prawn

* 양배추와 말린 고추를 넣은 참새우 볶음 (Fried prawn with dry chilli and cauliflower): K3,500~5,500(타이식당)
* 매콤/달콤한 참새우(Sweet/hot and sour prawn): K4,500~9,000
* 튀긴 참새우(Deep fried prawn): K4,500~7,000
* 매운 맛 참새우 요리(Tangy spiced prawn): K4,500~7,500

생선 요리 Fish

* 레몬 소스를 얹은 생선 튀김(Deep fried butter fish with lemon sauce):

★ 난난빙 마태바네

미얀마 현지 음식에는 난난빙(향차이, 팍치, 고수)이라는 향이 강한 야채가 들어가는데 이 향을 싫어하시는 분들은 음식을 주문할 때, "난난빙 마태바네 (난난빙 넣지 마세요)" 라고 말하면 된다.

K3,500~5,500
* 매콤/달콤한 조각 생선 요리(Fish slice with vegetable/hot & sour): K3,500~5,500
* 바삭하게 튀긴 생선(Crispy whole fish): K4,500~5,500

채소 요리 Vegetable

* 삶은 물냉이(Steamed water cress): K3,500
* 굴 소스로 볶은 케일 (Fried kale with oyster sauce): K1,800~3,500
* 굴 소스로 볶은 중국 배추 요리(Fried Chinese cabbage with oyster sauce): K3,500
* 채소 볶음(Fried mixed vegetable): K1,800~3,500
* 닭이나 돼지고기를 넣은 채소 볶음(Fried mixed vegetable with chicken/pork): K1,800~3,500
* 신선한 버섯과 애기 옥수수 볶음(Fried fresh mushroom with baby corn): K3,500
* 왕새우/맛살을 섞어서 볶은 채소 요리(Fried mixed vegetable with prawn/crab meat): K3,500~5,500
* 채소 말이(에피타이져, Poh rich): K3,500(타이 식당)

오징어 요리 Squid

* 매콤/달콤한 오징어 요리(Hot/sweet and sour squid): K3,500~5,500
* 오징어 채소 볶음(Squid with vegetable): K3,500~5,500
* 굴 소스로 볶은 오징어 요리(Squid with oyster sauce): K2,600
* 문어 볶음(Fried octopus): K5,500~9,000

게 요리 Crab

* 볶은 게 요리(Deep fried crab's claws): K3,500~5,500
* 삶은 게 요리(Steamed crab's claws): K3,500~5,500
* 매콤한 게 볶음 요리(Hot & sour crab's claws): K3,500~5,500

* 매콤, 달콤한 집게발 요리(Fried crab thumb/hot & sour); K3,500~5,500(타이 식당)
* 태국 스타일의 게 볶음 요리(Fried whole crab): K5,500~8,500(타이 식당)

수프 Soup

수프는 타이 수프(Thai soup)가 얼큰해서 우리 입맛에 잘 맞는다. 채소 수프(Assorted vegetable)도 먹을 만하다. 쏭탐 수프(Hot & sour soup)는 한약재를 넣어서 만든 수프로 한약 맛이 많이 난다. 가격은 그릇당 K1,000이다.

* 고기를 넣은 채소 수프(Assorted meats vegetables soup): K1,500
* 타이 수프(Thai soup): K1,500
* 피시볼과 메추리 알 수프(Fish ball and quail eggs soup): K1,500
* 해물 수프(Seafood soup): K1,500
* 똠얌 해물 수프(Tomyan seafood soup): K4,500~5,500

샐러드 Salad

* 달걀 샐러드(Preserved eggs salad): K1,800~3,500
* 돼지 껍질 샐러드(Pig's skin salad): K1,800~3,500
* 닭고기 샐러드(Chicken salad): K1,800~3,500
* 해파리 샐러드(Jelly fish salad): K1,800~3,500
* 왕새우 샐러드(Prawn salad): K3,500~5,500
* 오징어 샐러드(Squid salad): K3,500~5,500
* 왕새우와 해초 샐러드(Prawn with sea weeds salad): K3,500~5,500

술(맥주), 음료수

미얀마는 독실한 불교 국가로 음주가무, 향락 문화가 용납되지 않는다. 양곤 같은 대도시에서도 술집이나 유흥가는 손에 꼽아야 할 정도로 적다. 맥주는 가게나 음식점에서 쉽게 살 수 있으며 고급 양주는 극히 제한적이다. 고급 호텔의 바나 고급 음식점에서나 양주를 마실 수 있다.

'미얀마 비어(Myanmar beer)'라는 이름으로 나오는 미얀마 맥주는 애주가들 사이에서 맛있기로 소문이 나있다.

만들레이 럼(Mandalay Rum) 또한 애주가들 사이에서는 아주 유명하다. 특히 12년산은 구하기 힘들다고 하니 보는 즉시 사기 바라며, 가격은 K7,500 정도 한다. 생수는 1리터 크기가 K500이고, 작은 병은 K300 정도 한다. '미얀마 드링킹 워터(Myanmar drinking water)'나 '알파인(Alpine)'이란 이름의 생수가 일반적이다. 판매되는 미얀마의 생수는 정수된 물이다.

팁(Tip)을 주어야 할까?

미얀마는 팁 문화는 아니지만 여행을 하다 보면 팁을 줄 상황이 생긴다. 다음과 같은 경우 팁을 주면 된다.

* 공항이나 호텔에서 벨보이들이 짐을 옮겨 주었을 경우: K500
* 호텔이나 게스트 하우스에서 방 청소를 해 줄 경우: 베개 위에 K500~1,000을 올려놓는다.
* 무료로 세탁 서비스를 부탁할 때: K1,000K(유료일 경우는 팁 없이 세탁비만 계산하면 됨)
* 호텔 보이에게 잔심부름을 시켰을 때(약을 사다 달라든지): K1,000
* 식사를 계산하고 남는 잔돈은 팁으로 그냥 두면 된다(식사가 맛이 좋고 서비스가 맘에 들었다면 좀 더 줘도 된다. K500~1,000K).
* 호텔에서 장기간 머물면서 호텔 식당을 이용할 때는 하루에 한 번만 식사 후에 K1,000을 계산서 위에 놓으면 된다.
* 차량을 렌탈할 때 기사가 친절하게 가이드를 잘 해 주었으면 정해진 요금보다 조금 더 주면 된다. 하루면 보통 K1,000~2,000, 일주일 정도 렌트했을 때는 K5,000~10,000

제조업이 발달하지 않은 미얀마는 음료수도 몇 종류밖에 없는데, 우리가 아는 유명 브랜드의 음료는 전부 이웃 나라인 태국에서 수입하기 때문에 가격이 비쌀 수밖에 없는 시스템이다. 코카콜라를 모방하여 자체 생산하는 스타(Star)라는 가짜 콜라가 있는데 맛은 전혀 다르다. 스프라이트, 환타 오렌지, 콜라의 작은 캔 제품이 각 K900이며, 미얀마에서 생산하는, 병에 든 환타는 K400이다.

패스트푸드 및 피자

미얀마는 미국 다국적 기업의 영업을 허가하지 않기 때문에 맥도널드나 버거킹, KFC, 피자헛 같은 유명 패스트푸드점이 없다. 양곤의 중심가나 인야 호수 주변의 양곤 대학 근처인 래단 마켓 부근에 자체 브랜드의 햄버거 및 샌드위치, 피자 가게가 있다. 글로벌 패스트푸드 업계 최초로 롯데리아가 2013년에 미얀마에 진출했다.

과일

열대 지방은 곳곳에서 과일이 넘쳐나지만 미얀마는 조금 예외다. 시장에는 과일이 넘쳐 나지만, 동네 주변에서는 과일 가게 찾기가 쉽지 않기 때문이다. 연중 과일이 나지만 3~4월이 제철이라고 할 수 있다. 사과는 주로 중국에서 수입하기 때문에 가격이 비싸다. 오렌지는 동부나 북쪽의 샨 주에서 생산되는데 유통비가 비싸서 가격이 비싼 편이며, 종자나 품종 개량을 하지 않아서 맛이 좋지 않다.

그 밖에 파파야, 수박, 대추야자(지티, 맛은 우리나라 파란 대추 맛 같다), 파인애플, 바나나(겉이 빨간 색깔의 바나나도 있다), 딸기, 포도(수입이 많아서 가격은 비싸다), 두잉디(두리안), 밍굿띠(망고스틴), 떠옛띠(망고, 현지 말로 '마치수' 라는 망고가 제일 맛있다고 한다), 짬마우디(람부탄), 오자디(슈가 애플), 아보카도(믹서에 갈아 얼음 넣어서 주스로 마시면 좋다)가 있다. 미얀마는 과일에 비료나 농약을 거의 치지 않으므로 몸에는 좋다.

미얀마의 바나나는 특히 맛이 좋다. 통통하면서 끝이 뾰족한 미얀마 토종 바나나는 그리 달지 않으면서도 신맛이 있어서 많이 먹어도 질리지 않는다. 장거리 여행을 떠날 때는 바나나 한 덩어리를 통째로 사 가지고 가는 것이 좋다. 가격은 낱개 하나에 K100~200이고, 한 덩어리는(15~18개 정도) K1,000 정도 한다.

MYANMAR

건강

설사

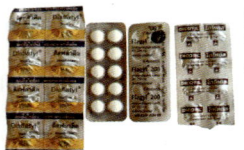

설사가 시작되면 빨리 약을 먹도록 한다. 설사는 몸의 수분을 빨리 고갈시키기 때문에 장시간 방치하면 생명이 위태로울 수도 있다. 일단 설사가 시작되면 여행 가이드, 호텔 프론트나 벨보이에게 약값과 약간의 팁을 주고 약을 사다 달라고 부탁하면 된다. 약 복용은 성인은 식후 30분에 한 알씩, 하루 세 번 먹으면 된다. 유아나 어린이는 사용 설명을 현지 의사에게 듣고 복용하기 바란다. 보통 약을 두 번 정도 먹으면 거짓말처럼 증상이 없어진다. 설사가 멈추면 약을 더 이상 먹지 않아도 된다. 'Dicotil(설사 방지제)'과 'Disflatyl'의 'Simethicone(소화제)' 약이 효과가 좋다. 한국에서 가져간 정로환이나 설사 방지 약은 아무 효력이 없다. 이유는 설사를 일으키는 이질균이 다르기 때문이다. 미얀마 현지약이 즉효이다.

주의 사항
미얀마는 아직 위생 관념이 낮기 때문에 여행자들은 위생에 각별히 유의해야 하며 시장에서 파는 수박, 파인애플처럼 잘라서 낱개로 파는 과일은 안 사 먹는 것이 좋다. 시장이나 음식점에서 파는 굴과 조개류가 들어간 음식은 안 먹는 것이 좋으며, 굴과 조개류를 절대 날것으로 먹지 말아야 한다.

말라리아 (Malaria)

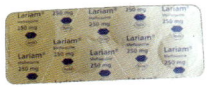

미얀마는 열대 지방으로 말라리아 모기가 있다. 양곤이나 만들레이, 바간처럼 큰 도시를 여행하는 사람은 크게 걱정할 필요가 없지만 남부 지방이나 인레 호수 주변의 소수 민족 트레킹이나 서부와 북부 산악 지대, 샨 주의 밀림 지역 트레킹을 계획 중인 사람은 출발 전 보건소에서 말라리아 약 처방전을 받아, 약을 미리 복용하고 출발하기 바란다. 미얀마로 출국하기 일주일 전에 한 알 복용하고 도착해서 한 알, 그리고 매주 같은 날에 한 알씩 복용하고, 귀국 후 매주 같은 날에 한 알씩 총 4주간 복용하면 된다.

간염 (Hepatitis A, B, C, D, E)

미얀마는 간염 보균자가 많은 나라이다. 간염은 신체 접촉이나 수혈, 음식, 음료수, 컵 등을 통해서 전염되기 때문에 길이나 시장 등 노천에서 파는 음식물이나 음료수, 과일 등은 피하고, 장거리 여행 시 들르는 휴게소의 음식이나 컵 등은 여러 명이 사용하기 때문에 특별히 주의하기 바란다. 음료수는 컵보다는 본인의 생수병을 이용하는 것이 좋다.

HIV와 AIDS

HIV(human immunodeficiency virus: 인체 면역 결핍 바이러스)와 AIDS(Acquired immune deficiency: 후천성 면역 결핍증)는 미얀마에서도 급증하는 추세이

다. 성에 대해 보수적인 편이지만 젊은이들은 급속하게 개방되어 가고 있다. AIDS는 성관계와 수혈, 주사기의 공동 사용 등으로 감염되므로 철저한 개인 위생 관리가 중요하다. 부득이하게 병원에서 주사를 맞을 일이 있으면 반드시 뜯지 않은 새 주사기인지 확인하기 바란다.

장티푸스 (Typhoid)

감염 후 1~2주 후부터 증상이 나타난다. 40도 이상의 고열이 나며 정신이 혼미해지고 근육통을 동반하며 장출혈을 일으키기도 하는 법정 전염병이다. 감염은 환자의 배설물이 묻은 음식이나 음식 재료, 음료수, 신체 접촉으로 전염되며 치료 시기를 놓치면 생명이 위험할 수도 있다. 감기 증상과 비슷한데 고열이 지속되면 빨리 병원을 찾기 바란다. 장티푸스 예방 주사는 전국의 보건소에서 무료로 맞을 수 있으며 한 번 맞으면 3년간 효과가 지속된다. 미얀마 및 아프리카, 동남아를 여행할 여행자는 미리 예방 주사를 맞기를 권한다.

뎅기열 (Dengue Fever)

우리나라에는 없는 질병으로 뎅기열은 동남아 지역에서 많이 발생한다. 뎅기열은 바이러스를 가진 모기에 의해서 발생하며, 미얀마는 5~9월이 우기로 이때 뎅기열 모기가 많다. 증상은 감기처럼 고열이 나며 근육통, 식욕 감퇴, 구토 등이며, 코피가 나거나 입에서 피를 흘리기도 한다. 예방법은 뎅기열 열 모기한테 물리지 않는 것이 최상이다. 모기 퇴치제나 긴팔 옷을 입는 것이 좋다. 모기에 물린 후 3일부터 13일까지 증상이 지속된다. 고열이 나면 빨리 병원으로 가기 바란다.

콜레라 (Cholera)

동남아 열대 지방에서 많이 발병하며 미얀마에서도 전국적으로 발병한다고 보고되어 있다. 콜레라는 설사와 고열이 나는 병으로 환자의 배설물을 통해서 전염이 된다. 콜레라는 법정 전염병으로 확산이 빠르므로 개인 위생에 각별히 유의해야 한다. 가능하면 공공 화장실이나 비행기 기내 화장실은 이용하지 않는 것이 좋으며, 이용 시 반드시 손을 깨끗이 씻거나 물티슈를 미리 준비해가서 수시로 손을 깨끗이 닦는 것이 좋다. 콜레라 예방 접종은 우리나라에서는 유일하게 인천 국제공항 3층 검역소에서만 접종을 하는데, 아직까지 국제적으로 콜레라 예방 백신의 효과에 대해서는 반신반의하고 있다고 한다. 그래도 불안한 분들은 예방 접종을 하고 가기 바란다.

기생충

민물 물고기에 많다. 미얀마에서 절대로 민물 물고기 회는 먹지 않도록 한다.

상처가 났을 때

벌레에 물리거나 여행 중에 상처가 났을 때는 소독용 알코올로 소독한 후 반창고를 붙이도록 한다. 약국에 가면 일회용 스타일의 소독용 알코올이 묻어 있는 포장용 소독약을 구할 수 있다. 작은 소독용 알코올을 준비해가도록 하자.

여행 정보

여행 준비
출국 수속
미얀마 입국
미얀마 출국
한국 입국

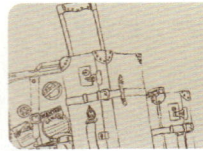

여행 준비

여권 만들기 → 비자 받기 → 항공권 준비 → 숙소 정하기 → 일정 짜기 → 환전하기 → 여행 가방 꾸리기

여권 만들기

여권은 외국을 여행하고자 하는 국민에게 정부가 발급해 주는 일종의 신분 증명서이다. 여권이 없으면 어떠한 경우에도 외국을 출입할 수 없으며 여권을 분실하였을 경우에는 명의인이 신고하여 재발급을 받아야 한다.

여권은 5년 또는 10년간 횟수 제한 없이 사용할 수 있는 복수 여권과 1년간 딱 1회만 사용 가능한 단수 여권으로 분류할 수 있다. 여권은 신청 후 보통 3~5일이면 발급받을 수 있는데, 여행객이 증가하는 6월 말~8월, 11월 말~1월 사이에는 여권 발급에 소요되는 시간이 길어질 수 있으므로 여유 있게 신청하는 것이 좋다. 여권 신청은 외교부 여권 안내 홈페이지(www.passport.go.kr) 또는 지자체별 여권 민원 홈페이지를 참고하여, 신청에 필요한 서류와 사진을 준비한다.

여권발급신청서

일반 전자 여권 발급에 필요한 서류
1. 여권 발급 신청서 1통(여권과에 비치)
2. 여권용 사진 1매(3.5×4.5cm 사이즈로 최근 6개월 이내에 촬영한 것이어야 하며, 눈썹과 귀가 보여야 한다. 긴급 사진 부착식 여권 신청 시에는 2매 제출.)
3. 신분증(주민등록증, 운전면허증, 공무원증, 군인 신분증)

❀ 여권 발급 수수료

여권 종류	유효 기간	발급 수수료
복수 여권	10년	53,000원
	5년	45,000원
단수 여권	1년간 딱 1회만 사용	20,000원
여권 연장		23,000원

Travel Tip:
여권을 소지하고 있다면 여권의 유효 기간을 확인하자. 6개월 미만이라면 반드시 연장해야 한다.

비자 받기

미얀마를 여행할 사람은 반드시 사전에 비자를 받아야 한다. 비자 신청은 여행사를 통해서 대리로 하는 경우와 직접 대사관을 방문해서 신청하는 두 가지 방법이 있다. 여행사를 통해서 신청할 경우는 수수료가 추가되므로 미얀마 대사관 가까이 거주한다면 직접 접수하는 것이 경제적이다. 비자 신청 후 걸리는 기간은 보통 3박 4일이다.

※ 주한 미얀마 대사관

주소 서울시 용산구 한남동 723-1 (한남초등학교 맞은편) **전화** (02) 790-3814~6 **팩스** (02) 790-3817 **이메일** komyanmar@naver.com **업무 시간** 09:00~12:00, 13:00~17:00 **휴무** 미얀마 국경일 및 토·일요일 **비자 접수 시간** 09:30~11:30 **비자 발급 시간** 15:00~16:30 **위치** 지하철 6호선 한강진역 하차하여 2번 출구, 도보 10분 / 용산에서 덕소행 국철 한남역에서 하차, 도보로 15분(한남 초등학교 맞은편)

※ 비자 관련

종류	구비 서류	체류 기간	발급 비용	비고
개인 관광 비자	1.여권(유효 기간 6개월 이상) 2.여권용 사진 2매(4X6cm) 3.대사관 신청서 1부 4.항공권 사본 5.미얀마에서의 영문 일정표	4주	49,000원	-인터넷 비자 발급에서 비자를 신청하면 1시간에서 1일 이내에 메일로 승인서가 온다. 요금은 $50 (www.evisa.moip.gov.mm) -발급일로부터 3개월 이내 입국
단체 관광 비자	1.여권(유효 기간 6개월 이상) 2.여권용 사진 2매(4X6cm) 3.대사관 신청서 1부 4.항공권 사본 5.미얀마에서의 영문 일정표	4주	대사관에 문의	-여행사의 단체 관광객에게만 발급 가능 -발급일로부터 3개월 이내 입국
상용 (비즈니스) 비자	1.여권(유효 기간 6개월 이상) 2.여권용 사진 2매(4X6cm) 3.대사관 신청서 1부 4.항공권 사본 5.영문 출장 증명서(명판과 직인이 반드시 있어야 함, 원본) 또는 미얀마 현지 회사의 초청장(원본)	10주	61,000원	-3개월 241,000원 12개월 721,000원 -발급일로부터 3개월 이내 입국 -현지 연장 가능

입국/수행 비자	1.여권(유효 기간 6개월 이상)
	2.여권용 사진 2매(4X6cm)
	3.대사관 신청서 1부
	4.항공권 사본
	5.미얀마 초청장(직인 날인된 원본)
		입국은 28일
		수행은 90일
			61,000원	-3개월 181,000원
				  6개월 361,000원
				  12개월 541,000원
				-발급일로부터 3개월 이내 입국

복수 비자	1.여권(유효 기간 1년 이상) 2.여권용 사진 2매(4X6cm) 3.대사관 신청서 1부 4.항공권 사본 5.영문 출장 증명서	3개월 6개월 12개월	241,000원 481,000원 721,000원	-미얀마 관광 또는 상용 비자를 최근 2년간 5번 이상 받은 경우에만 자격 부여

유학 비자는 대사관에 직접 문의하기 바람

비자 신청서

GOVERNMENT OF THE UNION OF MYANMAR
MINISTRY OF IMMIGRATION AND POPULATION
DIRECTORATE OF IMMIGRATION AND NATIONAL REGISTRATION
IMMIGRATION DEPARTMENT
APPLICATION FOR ENTRY TOURIST VISA
(To be handed over to the immigration officer at the port)

PHOTO (사진)

1. Name in full(in Block letters) : (성명) Hong Gil Dong-여권상 영문 이름
2. Father's name in full : (아버지 성명) Hong Jang Gun
3. Nationality : (국적) KOREA   4. Sex : (성별) - 여성은 F / 남성은 M
5. Date of birth : (생일) 여권에 있는 생년월일   6. Place of birth : (출생지) SEOUL
7. Occupation & Phone No. (직업, 연락처) 반드시 휴대 전화 번호 적음
8. Personal description (개인 신상 명세)
   (a) Color of hair : (머리 색깔) Black   (b) Height : (키)180cm
   (c) Color of eyes : (눈 색깔) Brown   (d) Complexion : (인종)Yellow
9. Passport (여권)
   (a) Number : (여권 번호)   (b) Date of issue : (여권 발급일)
   (c) place of issue : (여권 발급 도시) SEOUL   (d) Issuing authority : (여권 발급 기관) M.O.F.A.T.
   (e) Date of expiry : (여권 만료일)
10. permanent Address : (현 주소) #101-200, Insa-dong, Chong ro-Gu, Seoul, Korea
11. Address in Myanmar : (머물 주소) 주소를 모르면 레인보우 호텔 로 쓰면 됨(Rainbow Hotel, Yangon)
12. Purpose of entry into Myanmar : (입국 목적) Tour(관광) / Meditation(수행) / Business(사업)
13. Attention for Tourists (관광객들의 주의 사항)

    (a) Applicant shall abide by the laws of the Union of Myanmar and shall not interfere in the international affairs of the Union of Myanmar.

    (b) Legal action will be taken against those who violate or contravene any provision of existing laws, rules and regulations of the Union of Myanmar.

    I hereby declare that I fully understand the above mentioned conditions, that the particulars given above are true and correct and that I will not engage in any activities irrelevant to the purpose of entry stated herein.

Date : (신청 날짜)   Signature of applicant (신청자 서명)

(FOR OFFICE USE ONLY)
이하는 기재하지 않음(대사관 직원용)

Visa No.   Date
Visa authority   AUTHORITY: MINISTRY OF FOREIGN AFFAIRS
                  YANGON NO. 46.11.11(1712) DATED 5.10.92

Date   Signature of officer in-charge
Place   Embassy of the Union of Myanmar

이 신청서를 2부 작성함.

※ Myanmar Visa On Arrival(도착 비자)

사전에 비자를 받지 않아도 공항이나 국경 입국과 동시에 현지에서 비자를 받을 수 있는 제도로, 미얀마는 한국을 포함한 전 세계 26개 국가를 대상으로 2012년 6월 1일부터 시행 중이다.

※ 주의: 일반 관광 비자(여행자)는 도착 비자 적용 대상에서 제외, 다음의 경우에만 도착 비자를 발급함

종류	체류 기간	발급 비용	비 고
상용 (Business)	70일	문의	1. 첫 번째 비즈니스 비자를 받는 경우에는 미얀마에 있는 회사로부터 초청장(원본)을 지참해야 함(연장 불가능) 2. 두 번째부터는 미얀마 정부로부터 승인받은 사업자 등록증, 그리고 미얀마에 있는 회사로부터 초청장을 지참해야 연장 신청이 가능함 3. 비자 신청에 요구되는 서류에는 공장의 이름, 위치, 방문하는 회사 스폰서, 그리고 직위 등을 반드시 구체적으로 언급해야 함 4. 여권(유효 기간 1년 이상) 5. 여권용 사진 2매(4X6cm)
입국 (Entry)	28일 (4주)	문의	입국 비자는 미얀마 정부로부터 받은 초청장을 지참해야 함
경유 (Transit)	24시간	문의	목적지행 항공권을 지참해야 함

※ 태국 방콕에서 미얀마 비자 받기

버스 이용 15번 일반 버스, 35번 에어컨 버스를 타고 힌두 사원 왓캑에서 하차하면 미얀마 대사관이 있다.

수상 버스 이용 싸톤(Central) 역 하차, BTS 수라싹 역 방향으로 간다.

BTS 이용 쑤라싹 역 하차하여 3번 출구로 나와 300m 직진하면 오른쪽 건너편에 세인트루이스 병원이 나오고, 병원 맞은편 골목에 VISA SECTION 간판이 보인다.

준비물 1. 6개월 이상 유효 기간이 남은 여권
2. 여권용 사진 2매(4X6cm)
3. 비자 신청서(대사관에 구비)
4. 영문 여행 일정표
5. 항공권 사본(E 티켓의 경우 출력)-요구할 때도, 안 할 때도 있으니 일단 준비해서 간다.

비자 신청 시간 09:00~12:00 (08:30 이전에 도착해서 줄을 서야 빨리 신청할 수 있음)
비자 발급 시간 오후 15:30~16:30

※ 비자 신청서 작성 시 유의 사항

미얀마는 아직도 통제가 심한 편이다. 외국에 자국이 나쁘게 알려지는 것에 대해서 무척 민감하다. 본국의 눈치를 살펴야 하는 대사관으로서는 사전에 문제의 소지가 있는 신청자는 비자를 거부하는 것이 최상이라고 생각할지도 모른다. 따라서 비자를 신청하는 입장에서는 문제를 일으킬 인물이 아니라는 인상을 줘야 한다. 문제의 항목이 바로 p.364 〈비자 신청서〉 7번의 직업 항목이다.

다음 항목의 직업에 종사하는 분들은 솔직하게 자신의 직업을 적으면 비자가 거부될 확률이 80% 이상이다. 언론 및 잡지사 기자, 방송인, VJ, 작가, 프리랜서, 카메라맨, 사진작가, 정치인, 영화감독, 의사, 교사, 교수, 목사, 기독교 전도사 직업을 가진 분들은 관광 목적으로 갈 경우, 직업 항목에 그냥 회사원(Office man)이라고 적는 것이 좋다.

항공권 준비

※ 항공권을 싸게 구입하는 방법

항공권은 크게 비수기와 성수기, 그리고 항공권의 유효 기간에 따라서 요금이 많이 달라진다. 항공권의 기간은 크게 한 달, 6개월, 1년으로 나뉜다. 보통 한 달 기간과 1년 기간은 요금이 몇 십만 원 차이가 나므로 한 달 안에 돌아올 여행자가 1년짜리 항공권을 구입할 필요는 없다. 또한 할인 항공권을 파는 대형 여행사가 많이 있으므로 발품을 팔면 좀 더 싸게 항공권을 구입할 수 있다. 한 푼이라도 아껴야 하는 젊은 배낭여행자들은 조금 고생스럽더라도 우회해서 가는 항공편을 이용하면 보다 저렴하게 갈수 있다.

그전에는 타이 항공이 미얀마행 노선을 독점하다시피 해 왔는데 대한 항공과 아시아나 항공이 미얀마에 취항하면서 더 편하고 빠르게 갈 수 있게 되었다. 지갑이 가벼운 배낭여행자 입장에서는 할인 항공권을 구하는 것이 여행 경비 절감을 위해 중요한 부분이므로 할인폭이 큰 항공권을 구하기 위해서는 발품을 팔아야 한다.

※ 할인 항공권 참고 사이트

하나투어 www.hanatour.com
여행박사 www.tourbaksa.com
파란 풍선 www.parangb.com
넥스투어 www.nextour.co.kr
인터파크항공 air.interpark.com
대한 항공 mr.koreanair.com
아시아나 항공 www.flyasiana.com
땡처리닷컴 www.072.com
땡처리항공 www.072.com

※ 미얀마 관련 항공사 및 여행사

탑 항공(할인 항공권 판매) www.toptravel.co.kr / (02)725-9931, 9961
모두투어 여행사 www.modetour.co.kr
여행사 닷컴 www.good.co.kr
롯데 관광 www.lottetours.com
성산 항공 여행사 www.bbstour.com
투어 미얀마 여행사 www.myanmar.co.kr
강호 여행사 www.kanghotour.co.kr
(주)미얀마 항공 (02)723-5520

※ 태국에서 미얀마행 할인 항공권 취급하는 한국 여행사

홍익 여행사 www.hongiktravel.co.kr / 태국 방콕 282-4114(한국에서 걸 때는 001-66-2-282-4114)

 ## 숙소 정하기

미얀마는 영국의 식민지였던 이유로 영국이나 유럽 쪽의 여행자들이 많으며, 그로 인해 게스트 하우스가 잘 발달되어 있는 편이다.

술레 파고다 근처에는 게스트 하우스가 많이 몰려 있다. 저렴한 숙소를 원하면 술레 파고다 주변의 게스트 하우스가 좋고, 조금 비싸지만 조용하고 공기가 좋으며 고급 음식점이 많은 지역으로는 깐도지 호수 주변의 호텔들을 권한다. 단, 이 지역에 머물 경우 시내까지의 교통수단으로 또 택시(약 K2,000)를 이용해야 하므로 교통비가 소비된다. 여행 비용 가운데 상당 부분을 차지하는 것이 숙박 비용인 것을 고려해, 본인의 경제 상황과 여행 스타일에 맞게 숙소를 정하기 바란다. 각 여행지 정보 뒷부분에 있는 추천 숙소 정보를 참고하자.

 ## 일정 짜기

미얀마의 경우 대부분 이동 경로가 멀어, 다른 지역으로 이동 시에는 아침 일찍 일정을 시작해야 하는 경우가 많다. 지역 간의 거리와 교통수단을 고려해 시간적으로 여유 있게 일정을 짜야 한다.

 ## 환전하기

미얀마는 은행 시스템이 우리나라처럼 원활하지 않다. 지금은 예전처럼 보족 아웅산 시장이나 금은방에서 환전하지 말고 공항 및 시내 곳곳에 있는 환전소에서 교환하면 된다.

미얀마로 가기 전 반드시 달러를 현찰로 준비하기 바란다. 또 달러가 헌 돈이거나 낙서가 있거나 구겨져 있으면 환전을 거부당할 수 있다. 한국에서 여행 경비를 달러로 환전할

때는 반드시 신권 100달러짜리 위주로 환전하도록 한다. 100달러 이하의 환전 시에 불리하다.

신용카드 사용 시 주의사항
미얀마는 몇몇 고급 호텔 및 백화점이나 쇼핑점을 제외하고는 대부분 신용카드 사용이 불가능하다. 비상용으로 한두 장 정도만 챙겨가고 가능하면 동남아시아나 중국, 특히 태국에서는 신용카드를 사용하지 않는 것이 좋으며, 불가피하게 사용할 시는 출발 전에 미리 신용카드 회사에서 제공하는 SMS 문자 서비스(카드를 사용하면 바로 사용 내역을 핸드폰 문자로 알려 주는 서비스)에 가입하기 바란다.

미얀마 관련 인터넷 사이트
미얀마 정부 공식 사이트 www.myanmar.gov.mm
국정원 사이트(미얀마 정보, 지리, 역사, 종족, 경제, 인구)
www.nis.go.kr
미얀마 주재 한국 대사관(미얀마 정보, 공지 사항)
www.mofat.go.kr/myanmar
미얀마 온라인 신문 www.burmanet.org
미얀마 인터넷 신문 www.mizzima.com (블로그)
미얀마 선교회(역사, 지리, 종족, 미얀마어 배우기)
www.myan.or.kr
미얀마 정부 관광성 한국사무소(비자, 호텔, 여행, 투자 정보) www.myanmartour.net
미얀마 여행기 www.inkwi.com
버마 행동, 미얀마 민주화 운동 단체
cafe.daum.net/mmwc
미얀마 여행 정보 www.blueviet.com
담마 마마까 국제 선원(미얀마 위빠사나 수행 안내, 미얀마 소식, 미얀마 사진 갤러리)
cafe.daum.net/dhammamamaka
한국 위빠사나 선원, 미얀마 소식
cafe.daum.net/vipassanacenter
미얀마 여행 정보 www.travelgue.com
Quang-Tuan Luong이 찍은 미얀마 사진 갤러리
www.terragalleria.com/images/theravada/myan4730
미얀마 여행기 www.travel4edu.com
연오랑 가족의 미얀마 여행기
cafe.daum.net/meetangkor
저자의 미얀마 여행기, 미얀마 사진 블로그
blog.naver.com/pimas

여행 가방 꾸리기

※ 여행하기 좋은 계절
11월~2월 건기 온도가 섭씨 26~32° (비가 한 번도 내리지 않는다)

6월~10월 우기 온도가 섭씨 30~35° (후텁지근하지만 비가 자주 내려서 그리 덥지는 않다. 먼지가 나지 않아서 여행하기에는 오히려 편할 수 있다)

※ 준비할 옷
양말 1~2켤레
긴 여름 바지 1~2벌
반바지 2~3벌
여름용 티셔츠 1~2벌(쿨맥스 같은 소재의 등산복이나 스포츠웨어가 좋다)
겨울 점퍼(미얀마 동부나 북부로 가면 아침, 저녁에는 제법 춥다. 겨울에 출발하는 분들은 입고 간 겨울옷을 그대로 입으면 된다.)
속옷 3~4벌(2주 이상 여행 시 기준이며, 바지나 티셔츠는 짙은 색이 좋다)

미얀마허용하는 여행객의 짐 무게는?
1등석일 경우(Royal First Class): 40kg
실크 클래스(Royal Silk Class): 30kg
2등석(Economy Class): 20kg
기내로 가지고 탈 수 있는 짐 : 7kg(가로45cm, 높이 56cm, 깊이25cm)

짐을 쌀때 유의할 사항
미얀마 세관은 시설이 최신식이 아니라서 X-ray 검사와 직접 개봉 검사를 병행하는데 고가품이나 귀중품, 그리고 전자 제품은 절대 화물로 부치는 가방에 넣지 말아야 한다. 디지털카메라나 전자 모기 퇴치기 등을 화물칸으로 넣었다가는 분실할 우려가 있다. 하드케이스 여행 가방도 곧잘 깨진 채 물건이 없어지는 경우도 있다. 중요한 서류나 전기 면도기, 디지털카메라, 현금, 지갑 등은 반드시 기내로 들고 타기 바란다.

※ 꼭 준비할 물품 체크 리스트

품목	정보	준비
여행자 보험	여행 중 예상치 못한 사고나 질병에 대비.	○
모기 물린 데 바르는 약, 스프레이식 모기 퇴치제	모기향은 불필요, 호텔이나 게스트 하우스 카운터에 얘기하면 모기약 뿌려 줌.	
정로환	속이 거북하거나 소화 불량일 때.	
자외선 차단제(선크림)	인레 호수 여행 시 필수품	
감기약(알약)	비상약은 본인이 복용하던 것으로 준비한다.	
영양제(비타민제)	여행 시 많이 피로를 느낀다.	
손전등	대부분의 지방에서는 저녁이면 단전된다. 건전지는 국내에서 필히 준비해 가자.	
1회용 물티슈	장기간 이동 시에 버스에서 손을 닦는 등 유용하게 사용된다.	
호신용 최루액 분무기, 호신용품	단체 여행객은 필요 없음. 홀로 여행하는 배낭여행자나 여성 여행자는 절도, 강도 및 위급 상황 시 대비용으로 준비.	
건전지, 충전지 및 충전기	미얀마에서 만드는 건전지는 사용하지도 않았는데 방전된 건전지가 많이 있으며, 성능도 국산에 비해 훨씬 떨어진다.	
마스크(2~3개 정도)	매연도 심하고 비포장 도로가 많아서 먼지가 매우 많다. 여름철 우기에 여행할 경우는 준비하지 않아도 무방하지만 대도시의 경우 매연이 심하므로 노약자나 여성의 경우는 준비하는 것이 좋다	
여행용 튜브 고추장	있으면 여행이 즐거워진다. 포장된 김도 있으면 좋다.	
육포 3~4개	버스로 여행하다 보면 준비해 간 육포가 좋은 식사 대용이 된다.	
리필용 자일리톨 껌	대형 마트에서 구입한 리필용 껌 한 봉지면 충분하다.	
샌들	반드시 있어야 할 물품이다. 사원 방문 시는 신발 및 양말, 스타킹을 벗고 맨발로 다녀야 한다. 하루에도 열 번 이상 벗어야 한다.	
치약, 칫솔, 수건 등	수건과 세면용 비누는 대부분 호텔이나 게스트 하우스에 비치되어 있다.	
지퍼락, 비닐봉지 몇 장	신발이나 빨랫감을 넣어 다니기 좋음.	
필기구 및 노트	여행 경비 및 여행기를 적는다.	
MP3 및 전자 계산기, 알람 기능이 내장된 전자 사전	여행 시 무척 요긴하게 사용된다. 본인이 좋아하는 노래를 저장해서 가면 무척 행복하고 즐거운 여행이 된다.	
디지털 카메라	메모리 칩을 여유 있게 준비해 가자.	
여행 가이드북	미얀마 여행 가이드북을 챙겨 가는 것이 좋으며, 장기 여행자의 경우 읽을 만한 전자책(E-book)을 많이 다운받아 가면 무료하지 않게 여행을 즐길 수 있다	
선물	여행 중에 현지인의 도움을 받았을 때 고마움을 표하는 선물용으로 볼펜이 좋다. 대형 할인점에서 저렴하게 구입. 10~20여 개 정도면 여유 있다.	
우산	우기에 여행할 경우 준비한다. 11월~4월까지는 건기로, 전혀 비가 내리지 않기 때문에 우산이나 우비는 필요하지 않다.	

출국 수속

인천 공항 도착 → 탑승권 발급 → 출국장 → 보안 심사 → 출국 심사 → 비행기 탑승 → 이륙

 인천 공항 도착

서울에서 인천 공항까지 이동할 경우에는 공항 전철, 공항 버스를 타거나 자가용을 이용할 수 있다. 자가용을 이용할 경우 서울역을 기준으로 할 때 인천 공항까지는 약 1시간이 소요되지만 교통 체증 시간에 출발할 경우에는 미리 서둘러야 한다.

 탑승권 발급

출발 2시간 전에 공항에 도착하여 해당 항공 카운터에 가서 탑승권을 발급받도록 하자. 인천 공항의 경우는 공항 청사 3층에 항공사 카운터가 위치해 있다. 아시아나 항공의 경우는 K, L, M에서 탑승권을 발급받을 수 있으며 대한항공의 경우는 A, B, C, D이다. 어느 나라든지 최소한 2시간 전에는 도착해서 탑승 수속을 해야 안심이다. 또한 빨리 탑승 수속을 하면 원하는 좌석에 앉아 갈 수 있다. 비행기 창쪽에 앉아 가고 싶으면 탑승 수속 시 창쪽 자리로 달라고 부탁하면 된다.

 출국장

인천 공항의 경우는 3층에 4개의 출국장이 있으며 어느 출입구로 들어가도 무방하다. 출국장으로는 출국할 여행객만 입장이 가능하며 입장할 때 항공권과 여권, 그리고 기내 반입 수화물(7kg)을 확인한다.

또한 출국장에 들어오자마자 양옆으로 세관 신고하는 곳이 있는데 사용하고 있는 고가의 물건을 외국으로 들고 나가는 경우 미리 세관 신고를 해야만 귀국 시에 고가 물건에 대한 불이익을 받지 않는다.

 보안 심사

여권과 탑승권을 제외하고 소지품은 모두 검사를 받게 된다. 칼과 가위 같은 날카로운 물건이나 스프레이나 라이터, 가스처럼 인화성 물질은 반입이 안 되며 음료, 화장품 등의 액체류는 100㎖ 이하의 용기에 담긴 것만 반입되므로 기내 수화물 준비 시 미리 체크하도록 한다.

 출국 심사

출국 심사는 항공권과 여권을 검사하게 된다. 여권에 있는 사진과 지금 현재의 모습이 현저하게 다를 경우(성형이나 사고에 의한) 출국을 거부당할 수 있다. 2006년 8월부터 출국 신고서가 폐지되었으므로 출국 심사관에게 제출할 서류는 따로 없다. 출국 심사를 통과하면 공항 면세점이 있는데 입국할 때에는 공항 면세점을 이용할 수 없으므로 출국 전 이용하도록 한다. 면세 범위는 미화 $400까지 가능하므로 역시 너무 많은 물건을 구입하여 입국할 때 불이익을 당하지 않도록 주의하도록 하자.

 비행기 탑승

출국편 항공 해당 게이트에서 출국 30분 전에 탑승이 가능하므로 이 시간을 꼭 지키도록 하자. 항공 탑승권 'Boarding Time' 밑에 시간이 적혀 있다. 이 시간이 탑승 시간이므로 늦지 않도록 주의한다.

이륙

미얀마로 직항 노선을 운항하는 비행기는 아시아나와 대한 항공 자국기로 비행 시간은 약 5시간 정도 소요된다.

양곤 공항에 가까워지면, 출입국 신고서와 세관 신고서를 나눠 준다. 본인의 여권과 비자 서류를 참조하여 기내에서 미리 작성해 두자. 세관 신고는 미화 $2,000 이상은 반드시 신고해야 한다. 또한 스틸 카메라는 고가라도 신고하지 않아도 되지만 비디오 카메라에 대해서는 매우 민감하다. 보통 신고할 필요 없이 가방에 넣어 가지고 나가면 큰 문제는 없다.

※ 출입국 신고서

• 입국 신고서(Arrival Card, 좌측) 작성

1. **Family Name** 성 본인의 성을 영어로 기재한다. 예) HONG
2. **First Name** 이름 본인의 이름을 영어로 기재한다. 예) GILDONG
3. **Male / Female** 성별 남성은 Male, 여성은 Female에 체크한다.
4. **Date of birth** 생년월일
5. **Place of birth** 출생지 출생 지역명과 국가명을 기재한다. 예) SEOUL, KOREA

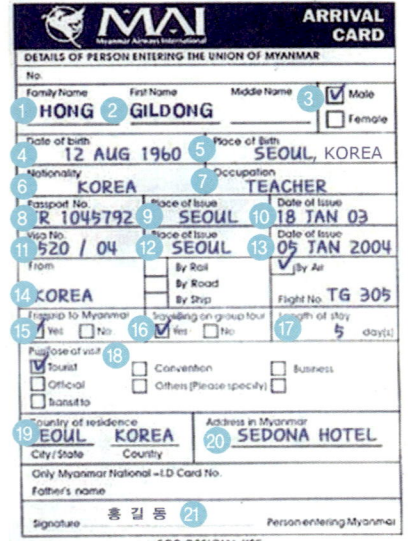

6. **Nationality** 국적 KOREA라고 기재한다.
7. **Occupation** 직업 예) 직장인 EMPLOYEE / 학생 STUDENT / 사업자 EMPLOYER / 주부 HOUSEWIFE / 무직 UNEMPLOYED
8. **Passport No.** 여권 번호 여권에 적힌 여권 번호를 기재한다.
9. **Place of Issue** 여권 발급 국가 KOREA라고 기재한다.
10. **Date of Issue** 여권 발급 일자 여권에 적힌 여권 발급 일자를 기재한다.
11. **Visa No.** 비자 번호 미얀마 비자 번호를 기재한다.
12. **Place of Issue** 비자 발급 국가 KOREA라고 기재한다.
13. **Date of Issue** 비자 발급 일자 미얀마 비자 발급 일자를 기재한다.
14. **From** 출발 지역 KOREA라고 쓴다. 입국편명 By Air를 체크하고, 항공편명 Flight No.에 미얀마 입국 시 탑승한 항공기의 편명을 기재한다.
15. **First trip of Myanmar** 미얀마 입국 여부 미얀마에 처음 방문하는 경우 Yes, 아닌 경우 No를 기재한다.
16. **Traveling on group tour** 단체 관광 여부
17. **Length of stay** 체류 기간 미얀마 체류 기간(관광 기간)을 날짜 단위로 기재한다.
18. **Purpose of visit** 방문 목적 Tourist 를 선택한다.
19. **Country of residence** 거주지 국내 거주지의 도시명과 국가명을 기재한다. 예) SEOUL, KOREA
20. **Address in Myanmar** 미얀마 내 거주지 미얀마에서 머무를 숙소를 기재한다. 예) OOO HOTEL
21. **Signature** 서명 본인의 이름을 기재한다. 이때 여권에 기재한 서명과 동일해야 한다.

• 출국 신고서 (Departure Card, 우측) 작성

1. **Flight No** 출국편명 미얀마 출국 시 탑승할 항공편명(Flight No)을 기재한다.
2. **Lost date of Arrive** 입국 일자 미얀마 입국 일자를 기재한다.
3. **Family Name** 성
4. **First Name** 이름
5. **Male / Female** 성별 남성인 경우에는 Male, 여성일 경우에는 Female에 체크한다.

6. **Passport No.** 여권 번호
7. **Place of Issue** 여권 발급 국가
8. **Date of Issue** 여권 발급 일자
9. **Nationality** 국적 KOREA라고 기재한다.
10. **Occupation** 직업 예) 직장인 EMPLOYEE / 학생 STUDENT / 사업자 EMPLOYER / 주부 HOUSEWIFE / 무직 UNEMPLOYED
11. **Visa No.** 비자번호
12. **Date of Issue** 비자 발급 일자
13. **Address in Myanmar** 미얀마 내 거주지 미얀마에서 머물렀던 숙소를 기재한다. 예)OOO HOTEL
14. **Signature** 서명 본인의 이름을 기재한다. 이때 여권에 기재한 서명과 동일해야 한다.

세관 신고서
1. 이름 본인 이름
2. 여권 번호 본인의 여권 번호
3. 국적 KOREA
4. 편명 타고 온 비행기. 예) TG305
5. 도착일 예) 2013/11/15
6. 방문 목적 예) Tourist
7. 미얀마에서 체류할 곳 호텔명만 가능. 예) SEDONA HOTEL
8. 신고하는 것이 있으면 왼쪽 □, 없으면 오른쪽 ○ 에 체크
9. 보석이나 귀중품을 가지고 있는 사람은 YES , 없으면 NO
10. 지참한 외화의 합계액이 미화 2000달러를 넘는 사람은 YES , 넘지 않는 사람은 NO
11. 미화 2000달러 넘는 사람은 여기에 합계 금액을 기입
12. 미얀마인만 기재하는 항목이므로 외국인은 공백
13. 9번 YES에 체크한 사람은 보석류를 기입
14. 9번 YES에 체크한 사람은 보석류 이외를 기입

미얀마 입국

미얀마 국제공항 도착 → 입국 심사 → 입국장 → 양곤 시내로 들어가기

미얀마 공항 도착

간이역 같았던 미얀마 밍글라돈 국제공항이 2007년 6월부터 신축된 공항을 이용하게 되어 규모는 여전히 작지만 이제는 제법 국제공항 같은 분위기가 느껴진다. 미얀마에 취항하는 항공기가 몇 대 없어서 공항 청사는 그리 복잡하지는 않다. 특히 직항기가 도착하는 시간대에는 다른 도착 항공기가 거의 없다.

입국 심사

비행기에서 내리면 곧바로 입국 심사대로 연결된다. 입국 심사대를 지나서 5m 정도 가면 수하물을 찾는 컨베이어 벨트가 나온다. 짐을 찾은 다음에 세관에 신고할 물건이 없으면 그린(녹색) 카운터로 가서 세관 신고서를 주고 나가면 된다.

입국장

입국장으로 나오자마자 포터(짐꾼)들이 우르르 달려들어서 무조건 가방을 들고 공항 밖으로 나가려고 한다. 짐이 무겁다 하더라도 입국장과 택시 승차장과의 거리는 불과 15m 정도이다. 포터들은 이 정도 짐을 옮겨 놓고 1달러를 달라고 한다. 1달러는 미얀마에서 결코 적은 돈이 아니다. 포터들이 짐을 들려고 하면 절대 들지 말라고 단호하게 "No, thanks(노, 땡스)"라고 말하는 것이 현명하다.

※ 은행과 국제 전화 이용

국제 전화를 이용하려면 대합실 한편에 있는 전화를 이용해야 하는데 아가씨가 테이블 위에 전화기와 초시계를 가지고 있다. 한국으로의 통화는 1분에 미화 4달러이다. 양곤 시내 호텔에서 한국으로의 국제 통화는 1분에 미화 5달러이다.
은행 환전소가 1층 입국장에 있다. 이제는 암시장에서 환전을 할 필요 없이 이곳 공항 환전소나 시내에 있는 환전소에서 안전하게 환전하면 된다. 암시장과 은행 환전소의 환율 차이가 없다.

양곤 시내로 들어가기

공항에서 양곤 시내로 들어가려면 택시를 이용하는 방법밖에 없다. 공항 출국장을 나와서 밖으로 나오면 택시들이 줄을 서서 기다리고 있다. 미얀마 현지인이나 외국인 여행자들과 합승하면 K5,000 정도로 시내까지 갈 수 있다.
택시는 미터 요금제가 아니라 반드시 먼저 가격을 흥정하고 타야 한다. 달러보다는 짯으로 계산하는 것이 이익이다.

※ 택시 요금
공항~깐도지 호수 부근 약 K8,000~9,000($8~9)
공항~시내 술레 파고다(Sule Pagoda) 부근 약 K9,000~11,000($9~11)

술레파고다 근처에는 게스트하우스가 많이 몰려 있다. 저렴한 숙소를 원하면 술레 파고다 주변의 게스트 하우스가 좋고, 조금 비싸지만 조용하고 공기가 좋으며 고급 음식점이 많은 지역으로는 깐도지 호수 주변의 호텔들을 권한다. 단 이 지역에 머물 경우 시내까지의 교통 수단으로 또 택시(약 2,000K)를 이용해야 하므로 교통비가 소비된다.

미얀마 출국

미얀마 공항 도착 → 탑승권 발급 → 출국장 → 보안 심사 → 출국 심사 → 비행기 탑승

 미얀마 공항

최근 들어 급증한 양곤의 자동차들로 시내를 통과해서 공항까지 오는 데 제법 정체가 심해졌다. 4~5년 전 같으면 양곤 시내 어디에서나 공항까지 40분 정도면 충분했는데 요즘은 거의 두 배 가까운 시간이 걸리고 있다. 특히 퇴근 시간대가 겹치는 오후 5시 이후부터는 시내 술레 파고다에서 공항까지 1시간 30분 정도가 소요되고 있다. 자국기의 출발 시간대가 밤 11시인 이후인 것을 감안하면 늦어도 공항에 밤 9시에는 도착해야 하므로 교통 체증을 감안하여 미리미리 출발해야 한다.

 출국 절차

대한 항공 직항기를 이용할 경우, 공항 1층 카운터에서 보딩을 하면 된다. 짐을 부치고 티켓을 받으면 2층으로 올라가서 출국 심사를 받는다. 출국 심사대를 통과하고 X선 검색대를 지나면 승객 대기실이 바로 앞에 있다. 취항하는 항공기가 별로 없어서 대기 승객이 그리 많지 않아서 대기실은 매우 한적하고 여유롭다. 시간이 되면 비행기에 탑승하면 된다.

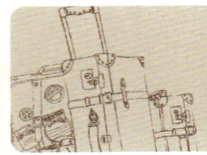

한국 입국

인천 공항 도착 → 입국 심사 → 짐 찾기 → 세관 검사 → 입국장

 인천 공항 도착

인천 공항에 도착하여 입국 심사대로 이동을 하게 된다. 입국 심사대에 줄을 설 때에는 한국인과 외국인 줄이 있는데 한국 국적을 가진 사람은 한국인 줄에 서서 대기하면 된다.

 입국 심사

입국 심사를 받을 때는 여권만 제출하면 된다.

 짐 찾기

입국 심사를 마친 후 아래층으로 내려오면 수화물 수취대가 여러 개 있다. 수취대 위에 항공 편명을 확인하고 짐을 찾도록 하자. 이때 수화물에 붙어 있는 표시의 일련번호와 자신이 가지고 있는 수화물 영수증의 일련번호가 일치하는지도 확인하도록 하자.

 세관 검사

기내에서 작성한 세관 신고서를 제출해야 하며 세관 신고를 할 관광객은 자진 신고가 표시되어 있는 곳으로 가도록 하자. 만약 면세 이상의 물건을 가지고 세관 검사장을 나가다 세관 심사관에게 발각되는 경우에는 추가 세금을 더 내야 하는 경우가 생길 수도 있다.

 입국장

세관 검사가 끝나면 입국장으로 나오게 된다. 입국장은 총 4곳으로 나뉘어져 있다. 도착하여 만날 사람이 있다면 비행기 편명을 알려 주고 그곳에서 만나면 된다.

외교부 (Ministry of Foreign Affairs) 와 **인조이시리즈**가 함께하는 해외안전여행 캠페인

미리미리 확인하자!
해외안전여행

D-90 여행지 선택

여행경보 신호등 확인
항공권 예매 전, 외교부 해외안전여행 홈페이지(0404.go.kr)에서 여행지의 여행경보단계 및 최신 안전정보 확인!

D-30 여행계획 세우기

해외안전여행 앱 다운받기
인터넷이 안 되도 쓸 수 있는 해외안전여행 앱 받고 유용한 여행 팁과 현지 연락처 확인!

D-07 짐 싸기

여행자 사전등록제 '동행' 가입하기
외교부 해외안전여행(0404.go.kr) 방문하여 여행 일정 등록하고 떠나기 전 여행지 안전정보 받기!

D-day 출국일

+822-3210-0404
영사콜센터 번호 기억하기
도착 후 영사콜센터 안내 문자 저장하여 언제든지 긴급상황 시 영사콜센터 전화하기!

해외여행에서 가장 중요한 것은 '**안전**'입니다
그 무엇도 여행자 스스로의 안전의식을 대신할 수는 없습니다

여행을 즐기는 가장 빠른 방법

인조이
미얀마
MYANMAR

류영수 지음

휴대용 여행 가이드북

넥서스BOOKS

인조이 **미얀마**
휴대용 여행 가이드북

넥서스BOOKS

map tour 미얀마 Myanmar

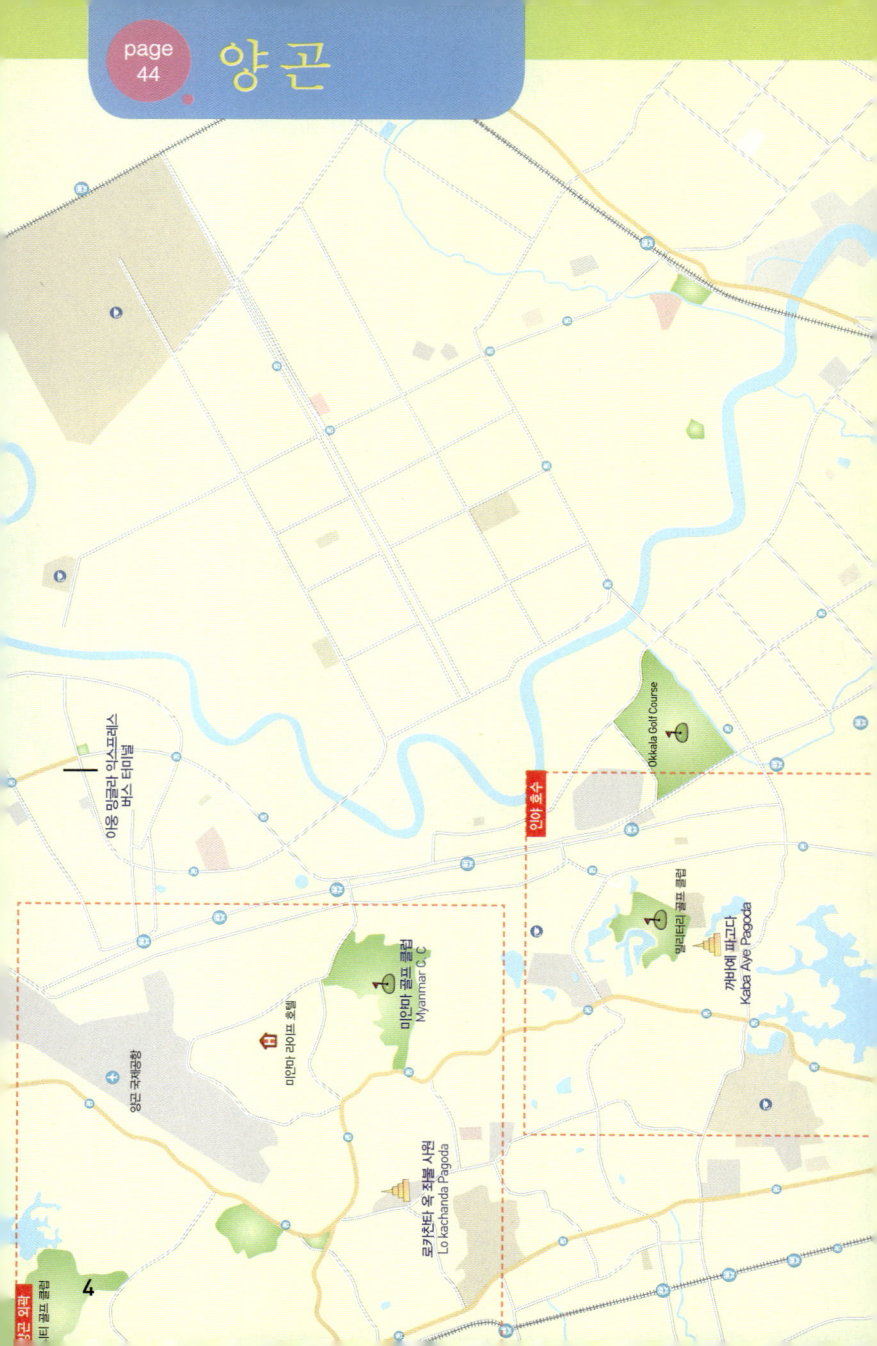

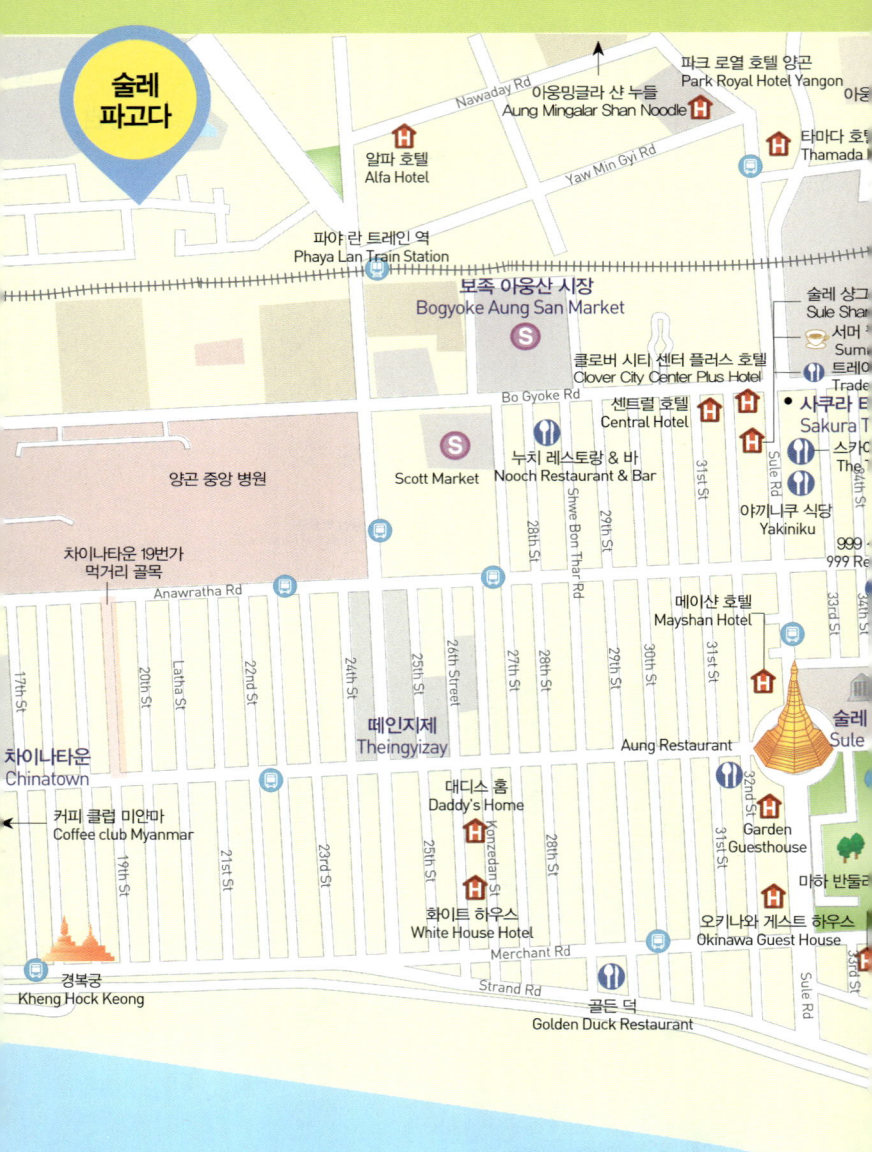

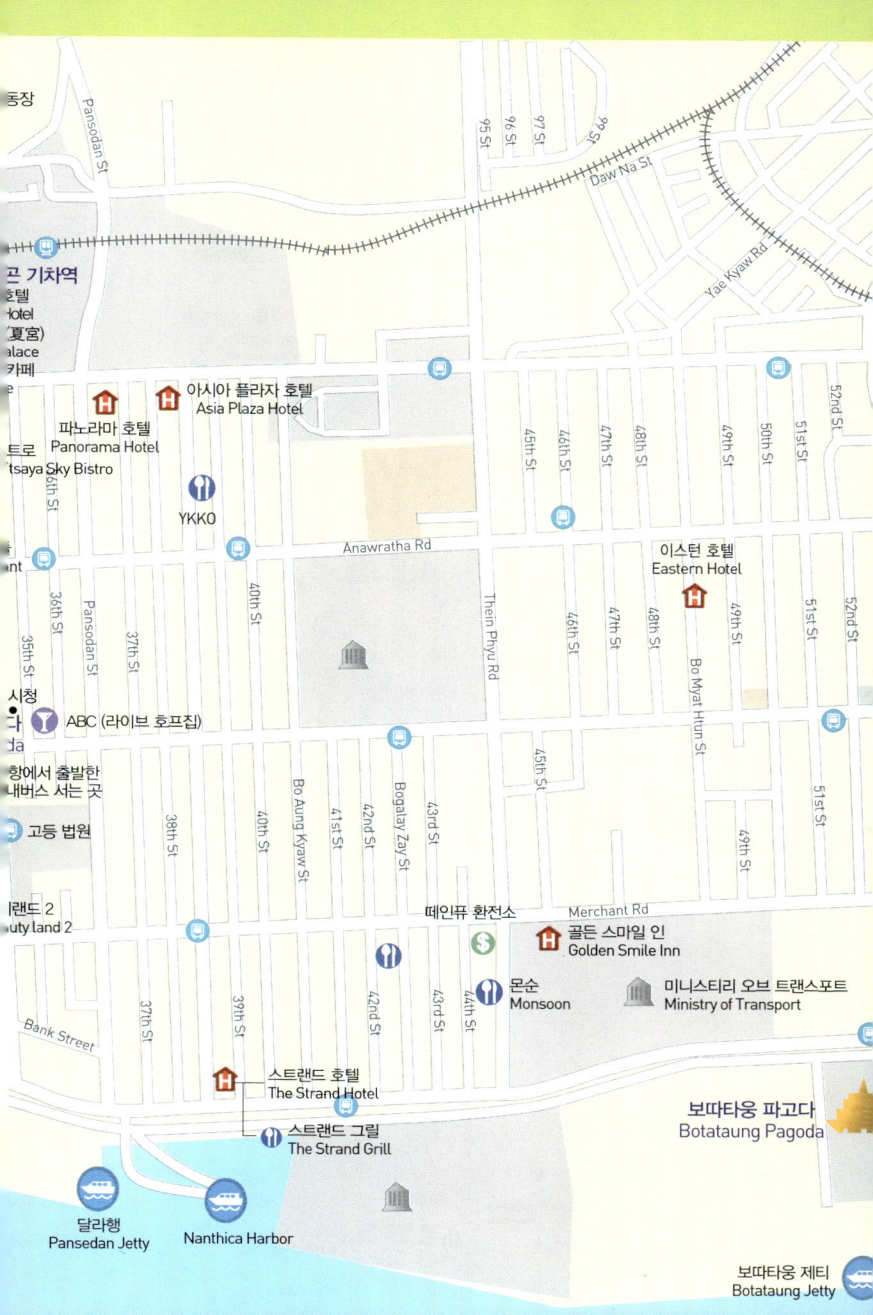

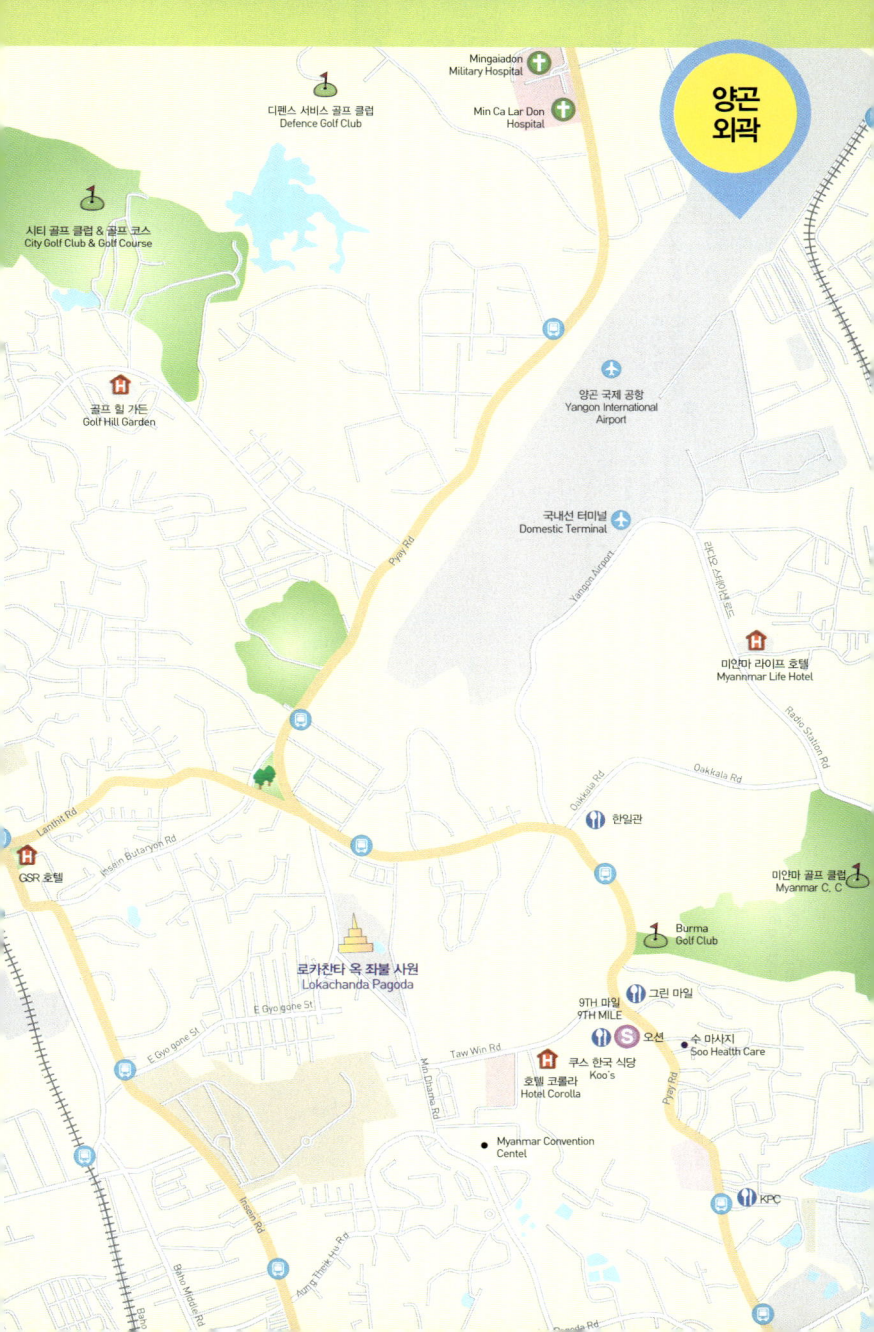

양곤 근교

바고

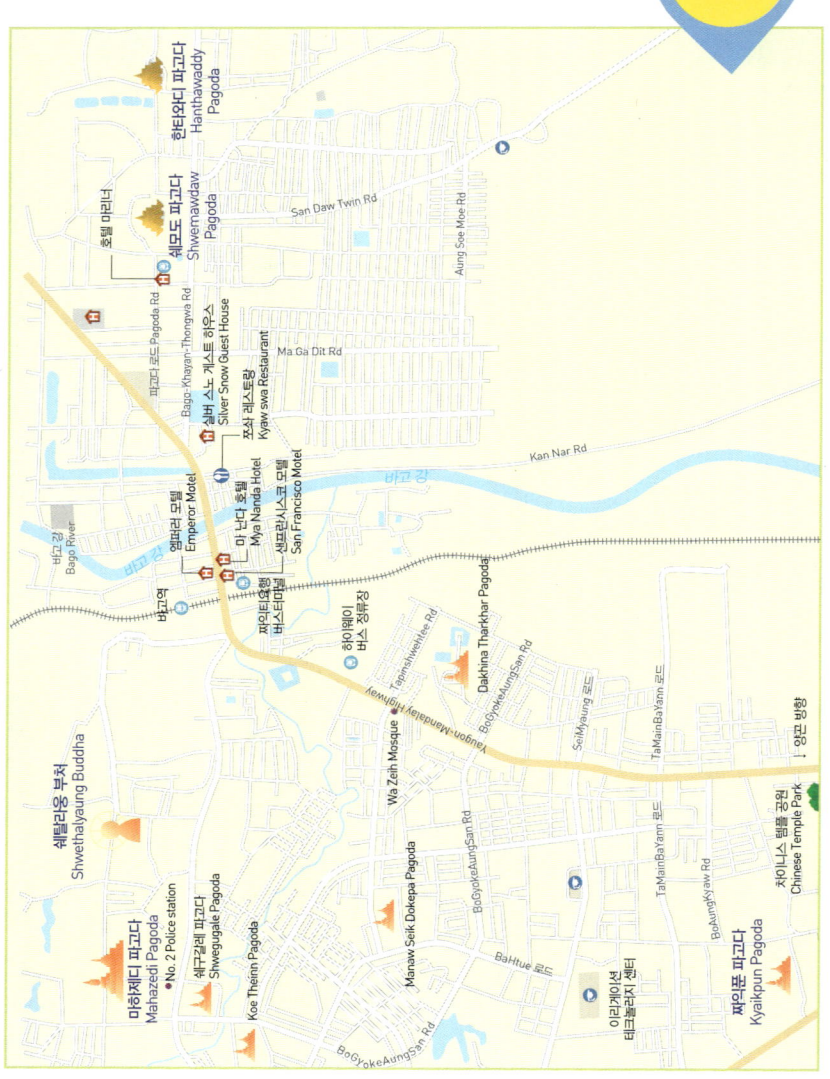

짜익티요

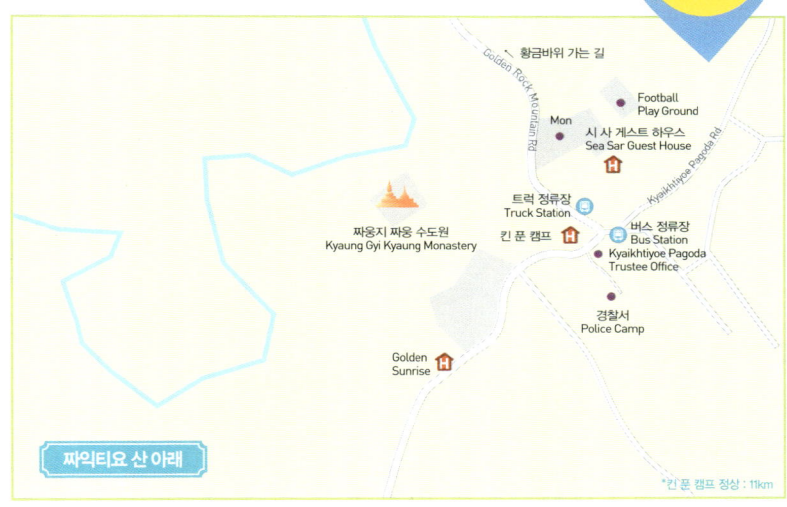

짜익티요 산 아래

짜익티요 산 정상

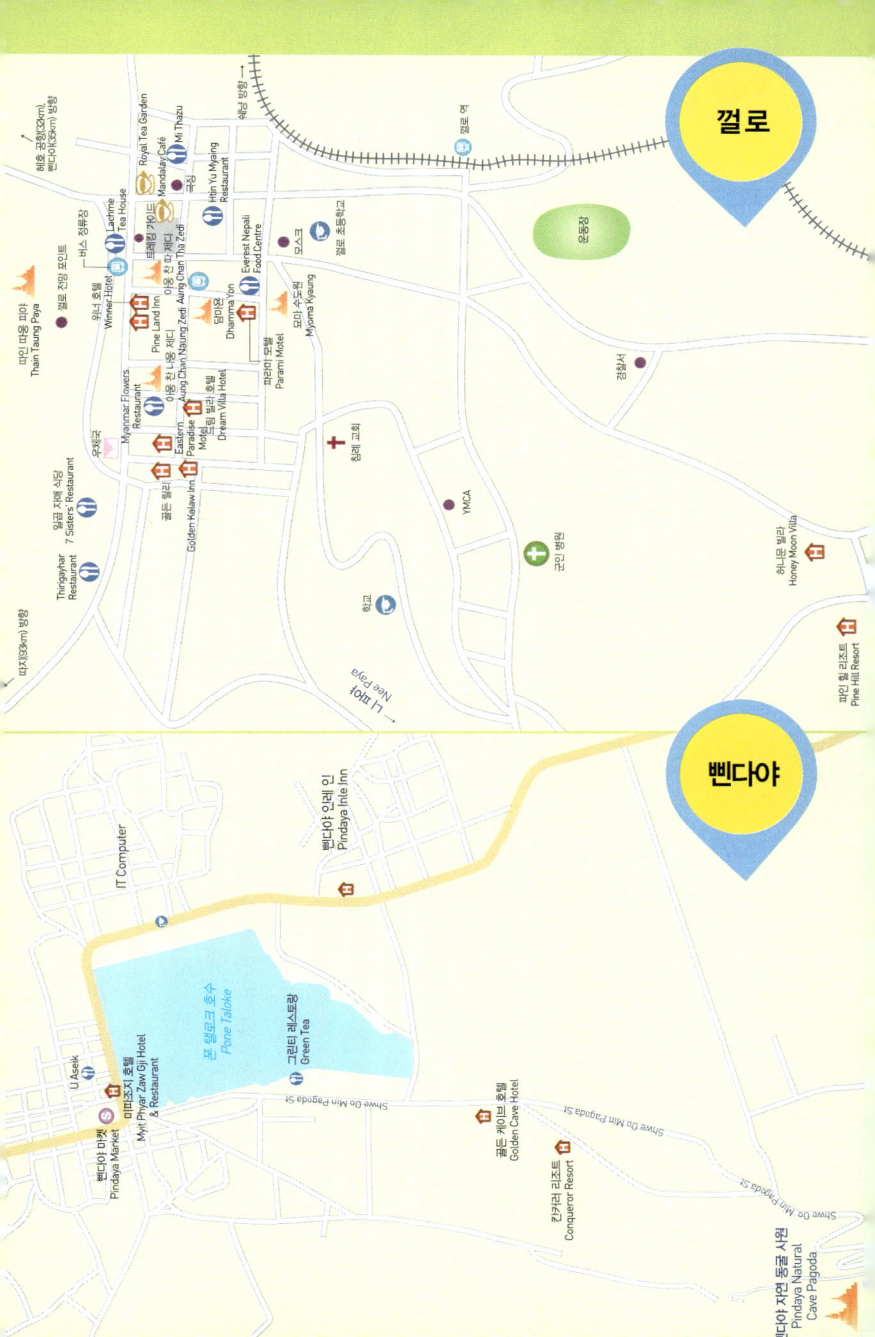

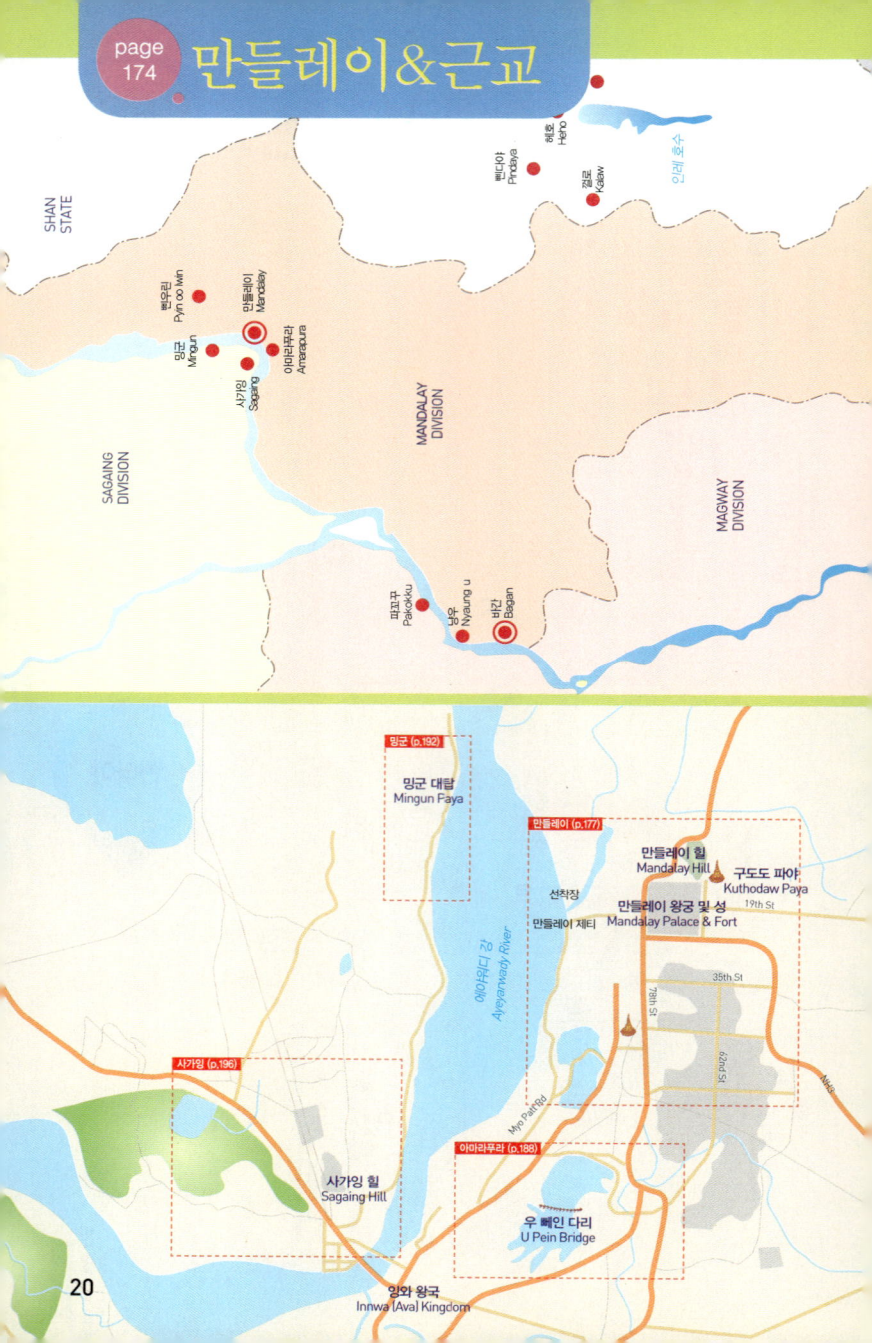

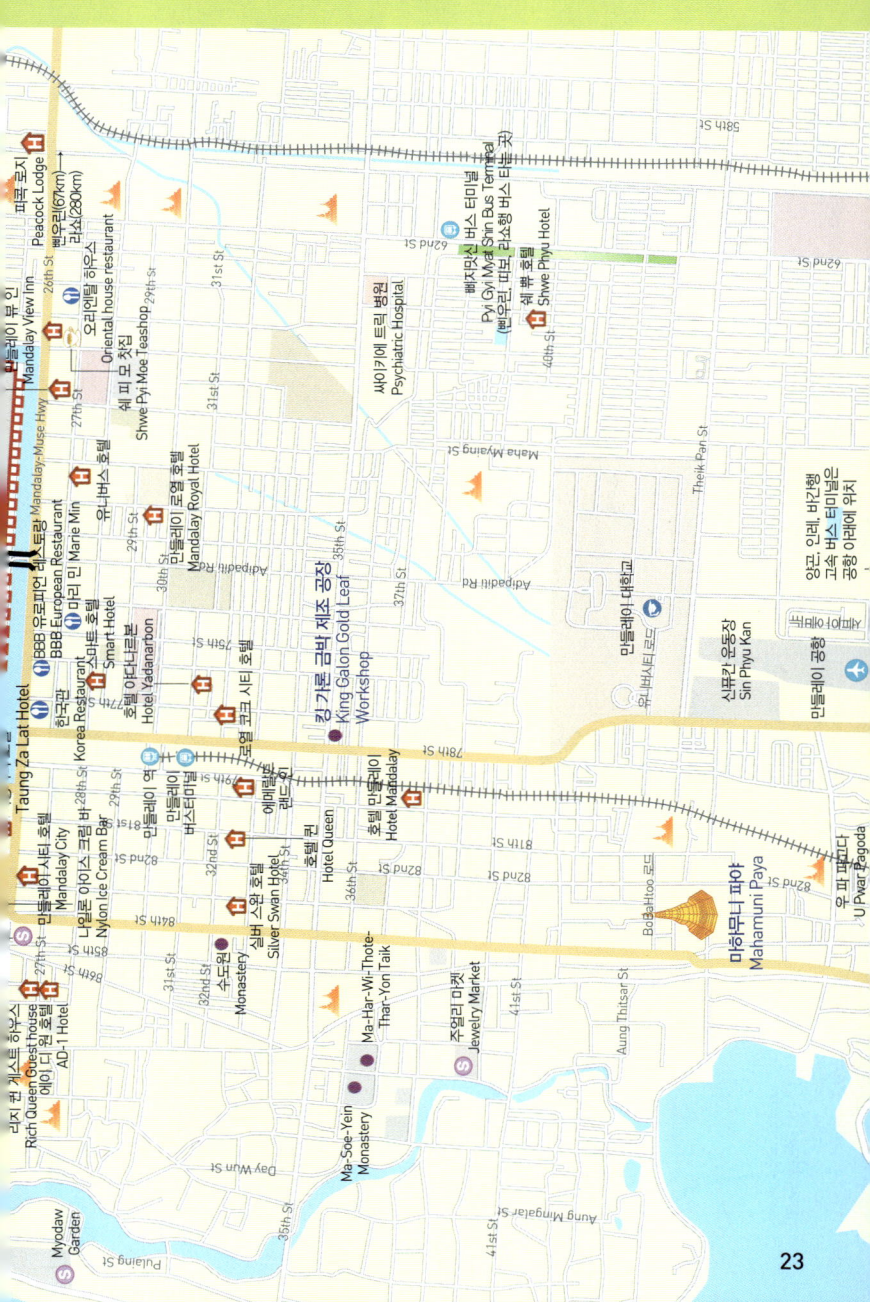

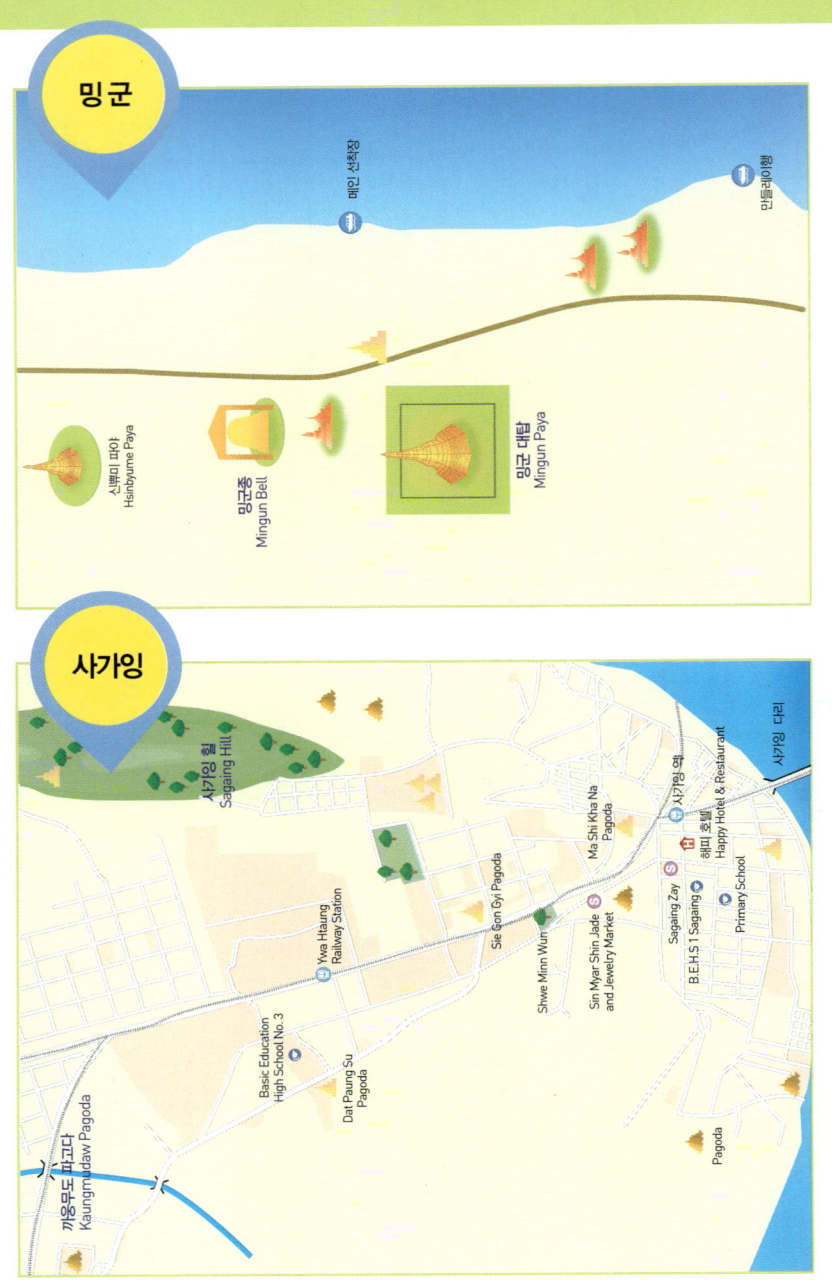

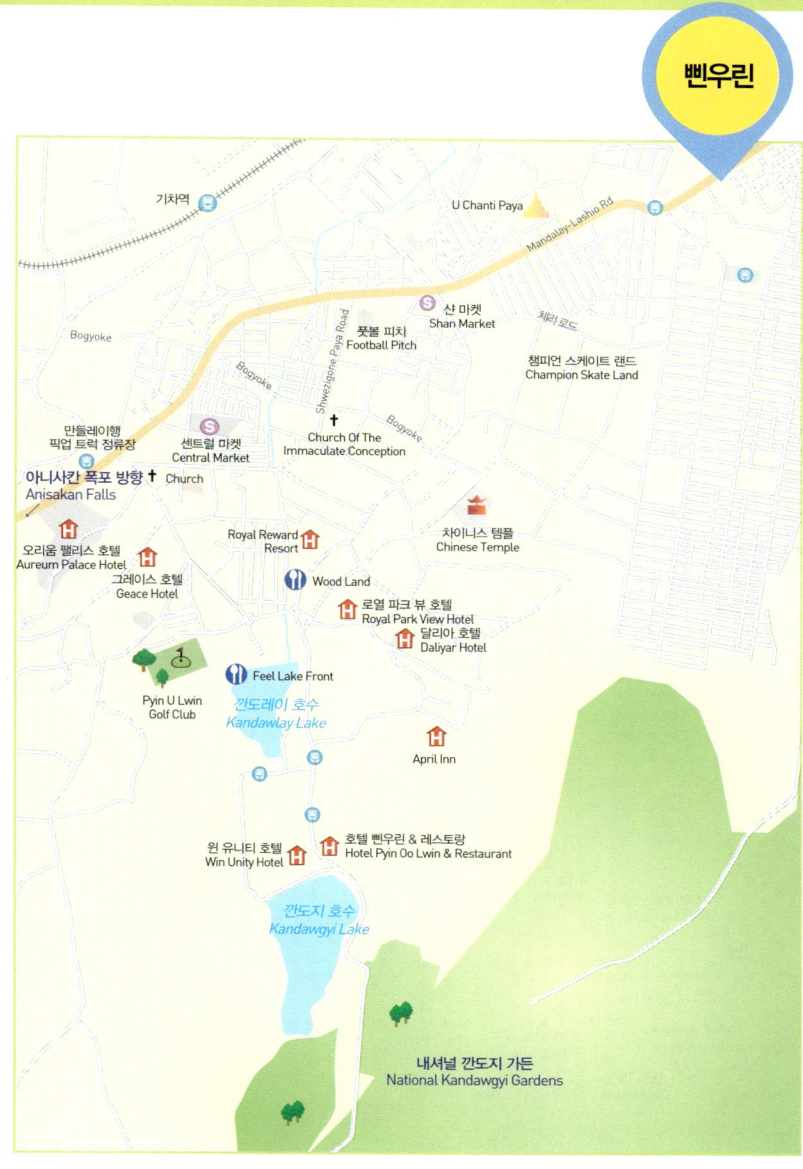

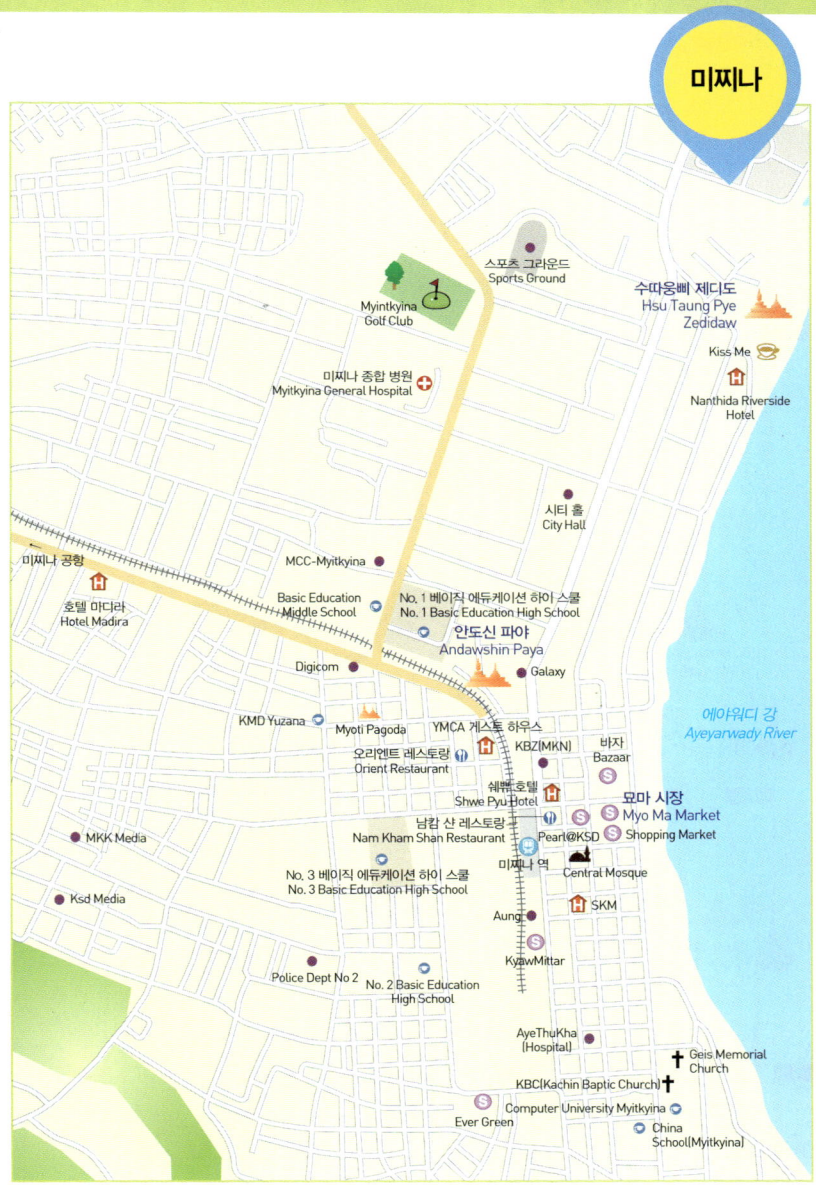

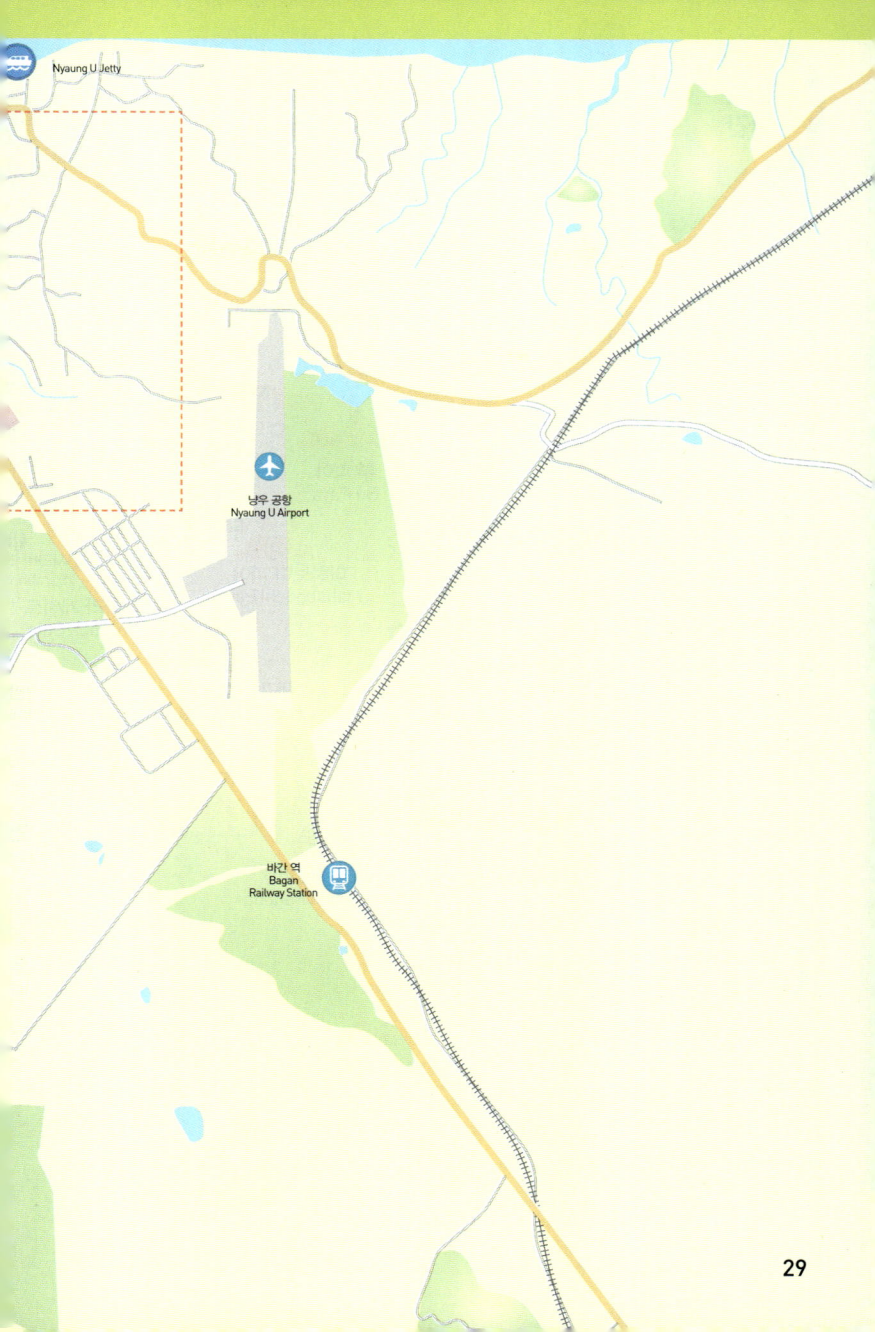

차웅따 응웨싸웅

차웅따

- Hotel ACE
- 차웅따 비치 / Chaungtha Beach
- 골든 비치 호텔
- Grand
- Chaung Thar Road
- Nan Htike Thu Guest House

벵갈 만
BAY OF BANGAL

- June Industry Ltd.

응웨싸웅

- 베이 오브 벵갈 호텔 리조트
- 오리움 리조트 & 스파
- 써니 파라다이스 리조트
- 타R 세콘다 카사
- Luxer Deluxe Hotel
- Myanmar Treasure Resorts
- Myanmar Treasure Resorts
- 응웨싸웅 비치 / Ngwesaung Beach
- The Palm Beach Resort
- Emerald Sea Resort
- Shwe Hin Tha Resort Hotel
- Myanmar Treasure Resort - Ngwe Saung
- Shwe Thazin Hotel

🌸 인사 감사

안녕하세요?	밍글라바
만나서 아주 반갑습니다.	뛔야다 잉마땅 원따 바데
당신의 이름은 무엇입니까?	카먀 나매 띠 바아제
다음에 뵙겠습니다.	뛔 야 데다 뽀
안녕히 계십시오.	똬 봐 오우 메
이것은 미얀마어로 무엇이라 합니까?	다고 미얀마로 밸로 코 바 덜레
감사합니다.	쩨주 띤 바레
미안합니다.	쪼소 바 데
잠깐만 기다려 주세요.	카나 싸웅 바
예.	호웃께 카먀
아니오.	힝잉
모릅니다.	마띠 바 부
제 이름은 ○○○입니다.	짜노 나매 ○○○바(남성)
	쩐마 나매 ○○○바(여성)
물 좀 주시겠어요.	예 내내 빼 바
좋습니다.	까웅 바비

❦ 공항에서

한국인입니다.   꼬리야 루묘 바

❦ 호텔 식당에서

이 짐을 옮겨주세요.   짜노 뻿씨뒈 고 유개 뻬 바
하루 숙박비는 얼마입니까?   따네 바라웃 짜 바 덜레
조용하고 시원한 방을 원합니다.   떼잇떼 세잇세잇 내레야대 아캉 마시 부라

메뉴판 좀 보여주세요.   힝아매 싸잉 유개바
오늘의 특별 요리는 무엇입니까?   디네 아투 힝 가 바레

몹시 배가 고픕니다.   짜노 타밍 떼잇 사비
맛이 아주 좋습니다.   싸 로 떼잇 까웅 바데
배부릅니다.   와바비
밀크 커피 주세요.   놔노 내 꼬피 뻬바
계산서를 주십시오.   빌 유개 바
영수증을 주세요.   삐예자 뻬바
택시 좀 불러주십시오.   땍까씨까 다지 코 뻬바
요금이 얼마나 됩니까?   까가 바라웃 뻬 야 말레
여기서 사진을 찍어도 괜찮겠습니까?   디 흐마 닷뽀웅 야잇 로 야 바 덜라

사진 좀 찍어 주십시오.   짜노 고 닷뽀웅 야잇 뻬바
천천히 운전해 주세요.   폐베 마웅 바
기차 요금이 얼마입니까?   야타가 바라웃 짜 바 덜레
여기서 내리겠습니다.   싱 바 도 메

☙ 아프거나 사고가 생겼을 때

제 몸이 좀 좋지 않습니다.

도와 주세요.

병원에 데려다 주세요.

한국 대사관이 어디에 있습니까?

짜노 네 로 타잉 로 마까웅 바부

짜노 고 꾸니 뻬바

세요웅 고 뽀 뻬바

꼬리야 땅요웅 배 흐마 시 달래 카먀 띠 바 덜라

☙ 쇼핑

환전을 하고 싶습니다.

쇼핑하러 가고 싶습니다.

오늘 환율이 얼마입니까?

값이 너무 비싸요.

값을 좀 깎아 주세요.

이것은 얼마입니까?

짜노 나잉강지응웨 레 징 바데

짜노 제 왜 툇 칭 바데

디네 응웨래흐노웅 바라웃 빠레

제 찌 릉 대

내 내 쇼뻬 바

벨라울레

❖ 숫자

0	1	2	3	4	5
또웅야	띳	흐닛	똥	레	응아
6	7	8	9	10	11
차웃	쿠흐닛	싯	꼬	떠새	새띳
12	13	14	15	16	17
새흐닛	새똥	새레	새응아	새차웃	새쿠흐닛
18	19	20	30	40	50
새싯	새꼬	흐나세	또웅재	레제	응아제
60	70	80	90	99	100
차웃세	구느새	싯새	꼬재	꼬재꼬	떠야
101	1,000	10,000	100,000	1,000,000	
떠야띳	떠타웅	떠따웅	떠떼인	떠땅	

❖ 과일과 음식

바나나	포도	오렌지	파인애플	수박
응아뽀디	자빗띠	레잉모디	나낫띠	파얘디
복숭아	멜론	파파야	홍차	메기탕
맷모응디	따콰흐뭬	띤보디	라팻예	모힝가
쌀국수	새우튀김	돼지고기 요리		
카욱세	비중쪼	왯따힝		
닭고기 요리	소고기 요리			
잿따힝	아매다행			

영어 회화

🌼 인사

처음 뵙겠습니다.	How are you.
대답 시	Pretty good / Fine thanks.
만나서 반갑습니다.	Nice to meet you.
저는 홍길동이라고 합니다.	My name is Hong gil dong.
이 분이 홍길동 씨입니다.	This is Hong gil dong.

🌼 공항

무엇을 도와 드릴까요?	May I help you?
탑승 개시는 언제입니까?	When is boarding time?
이름을 알려 주시겠어요?	Just your name, please.
여권번호를 알려 주시겠어요?	Passport number, please?
창쪽으로 좌석을 드릴까요? 복도 쪽으로 드릴까요?	Window or isle?
창쪽으로 주세요.	Window, please.
비행기 표를 보여 주세요.	Your ticket, please?
여기 있습니다.	Here you are. / Here it is.
짐은 두 개입니다.	I have two pieces of baggage.
이 예약을 취소해 주십시오.	Cancel this reservation, please.

❈ 환전

환전소는 어디입니까?	Where can I change money?
달러로 바꿔 주세요.	Change dollars, please.
달러를 미얀마 짯으로 바꾸고 싶습니다.	I'd like to change dollar into kyat.
환율은 어떻게 되나요?	What's the exchange rate?
1달러에 1,200짯입니다.	One dollar is 1,200kyat.

❈ 비행기 기내

이 비행기는 예정 시간에 떠납니까?	Will this flight leave on time?
어느 정도 늦어지나요?	How long will it be delayed?
좀 비켜 주세요.	May I get through.

❈ 입국 수속시

여권을 보여 주십시오.	Passport, please.
방문 목적이 무엇입니까?	What's the purpose of your visit?
관광차 왔습니다.	For sightseeing. For tour.
사업차 왔습니다.	I'm here on business. On business.
미얀마에서는 어디서 머물 예정입니까?	Where will you stay in Myanmar?

양곤 레인보우 호텔에서 묵을 겁니다.	At the Rainbow Hotel in Yangon.
트레이더스 호텔에 머물 겁니다.	I'll stay at a Traders Hotel.
얼마나 계실 겁니까?	How long will you stay here?
한 달간 있을 예정입니다.	I'll stay here for a month.
2주간 있을 겁니다.	Two weeks.
세관 신고할 것이 있습니까?	Do you have anything to declare?
없습니다.	No, I don't. / Nothing.
좋은 여행 되십시오.	Have a good trip.
	Have a good time.
행운을 빕니다.	Have a good luck.

❖ 교통 수단

택시를 불러 주세요.	Taxi, please.
택시 정류장은 어디입니까?	Where is the taxi stand?
기차역까지 가 주세요.	To the train station, please.
이 주소로 가 주세요.	To this address, please.
여기서 세워 주세요.	Stop here, please.
국제공항까지 요금이 얼마입니까?	How much is it to the international airport?
만달레이 가는 기차가 맞나요?	Is this the train for Mandalay?
바간 가는 버스가 맞나요?	Is this bus for Bagan?
버스는 어디에서 타나요?	Where can I get on a bus?
요금은 얼마입니까?	What's the fare?

이 기차는 바고 역에서 정차하나요?	Does this train stop at Bago?
어디서 갈아타나요?	Where do I change?
양곤까지는 얼마나 걸립니까?	How long dose it take to go to Yangon?
이 표를 취소할 수 있나요?	Can I cancel this ticket?
침대 열차가 있습니까?	Is there a sleeping train?
다음 역에서 내릴 겁니다.	I'm getting off at the next stop.
택시는 어디에서 타나요?	Where can I get a taxi?
어디로 가십니까?	Where are you going?
사쿠라 타워로 갑시다.	To the Sakura tower, please.
여기서 세워 주세요.	Let me off here, please.
얼마입니까?	What's the fare, please? How much is it?
1,500짯 여기 있습니다.	Here it is. It's 1,500kyat.
잔돈은 그냥 가지세요.	Keep the change.
차를 한대 빌리고 싶습니다.	I'd like to rent a car.
하루에 요금이 얼마입니까?	What's the charge per day?
여기에서 지도를 살 수 있나요?	Can I buy a map here?
자동차를 얼마간 사용하실 건가요?	How long do you plan on keeping this car?

❖ 사진 촬영

당신 사진을 찍어도 될까요? — May I take your picture?

저랑 같이 찍을래요? — Please pose with me?

죄송하지만 셔터 좀 눌러 주세요. — Excuse me, press the shutter, please.

❖ 호텔

오늘밤 묵을 방이 있나요? — Have you a room for tonight? Do you have a room for tonight?

방 값은 얼마인가요? — What's the rate for the room?

방 좀 미리 볼 수 있나요? — Can I see it, please?

더블 룸으로 하고 싶어요. — I'd like double room. Double room, please.

욕실이 딸린 방으로 하고 싶어요. — I'd like a room with bath.

좀 더 싼 방은 없습니까? — Have you nothing cheaper?

지금 체크인을 할 수 있나요? — Can I check in now?

아침 식사가 포함되어 있는 요금입니까? — Does it include breakfast?

체크아웃 시간은 몇 시입니까? — When is check out time?

귀중품을 맡아 주시겠어요? — Can I check my valuables with you?

맡긴 짐을 찾고 싶은데요? — May I have my baggage back?

세탁 서비스가 있습니까?	Do you have laundry service?
세탁을 부탁합니다.	I have some laundry. Laundry, please.
언제까지 될까요?	When will it be ready?
모닝콜 서비스를 받을 수 있나요?	Can I get a morning call service?
지금 체크아웃을 하고 싶습니다.	Check out, please.

❦ 아플 때

몸이 안 좋아요.	I feel sick. / I feel no good.
병원에 데려다 주세요.	Please take me to the hospital.
의사를 불러 주세요.	Please call a doctor.
열이 있어요.	I have a fever.
머리가 아파요.	I have a headache.
나는 A형입니다.	My blood type is A.

❦ 음식점

금연석으로 주세요.	Non-smoking, please.
주문하시겠어요?	May I take your order? Would you like to order now? Are you ready to order?
이것으로 먹겠어요.	I'll have this one.

추천 할만한 요리가 무엇입니까?	What would you recommend?
이것은 무슨 요리인가요?	What kind of dish is this?
아이스티가 있나요?	Do you have ice-tea?
커피 주세요.	I'll have coffee, please.
사양합니다, 배가 너무 불러요.	No, thank you. I'm full I had enough.
계산서를 주세요.	Check, please

❦ 길 묻기

실례지만, 가든 게스트 하우스가 어딥니까?	Excuse me, Where is the Garden guest house?
여기가 지금 어딥니까?	Where am I now?
역에 가는 길을 가르쳐 주세요.	How can I get to the station?
여기가 무슨 거리입니까?	What street is this?
인레 호수까지 얼마나 멉니까?	How far is it to inle lake?
얼마나 걸립니까?	How long will it take?

❦ 전화

잠깐 기다려 주세요.	Wait a moment, please. One minute, please
(전화하신 분이) 누구세요?	Who is calling?
네, 접니다	speaking.

Mr.김입니다.	This is he speaking.
김 씨가 있나요?	This is Mr. Kim speaking.
전화 잘못 걸으셨네요.	Is Mr. Kim in now?
	Sorry, you have the wrong number.
여보세요, 홍길동 씨 좀 바꾸어 주세요.	Hello! I'd like to speak to Mr. Hong gil dong.
	Can I speak to Mr. Hong gil dong.
전화 좀 써도 될까요?	Can I use your telephone?
천천히 말씀해 주시겠어요?	Please speak slowly.
방을 예약하고 싶은데요?	I'd like to reserve a room.
통화 중입니다.	The line is busy.
외출 중입니다.	He is out now.

❖ 국제전화를 신청할 때

한국에 수신자 부담으로 전화를 하고 싶습니다.	I want to place a long distance collect call to Korea.
국제 전화를 하고 싶은데요.	I want to place an overseas call.
어느 나라에 하실 건가요?	Where are you calling?
한국에 하고 싶은데요.	I'm calling Korea.
서울 123국에 1234번입니다.	I'm calling Seoul and the number is 123-1234.

❧ 항공권을 예약할 때

다음주 월요일 인천행 비행기를 예약하려고 하는데요?
I'd like to make a reservation to In cheon(Seoul) for next monday.

2등석으로 예약하고 싶습니다.
I'd like to travel economy-class.

언제 탑승 수속을 하지요?
When am I supposed to check in?

❧ 쇼핑

그냥 둘러보고 있는 중입니다. I'm just looking around.
시계 좀 볼 수 있나요? Can I see some watches?
다른 물건 좀 보여 주세요. Show me another one, please.

너무 큽니다(작습니다). It's too big(small).
이것으로 하겠습니다. I'll take this one.
이것을 사겠어요. I'll buy this.

❧ 기타 유용한 일상 회화

어느 나라에서 왔나요? Where are you from?
지금 몇 시죠?
What's the time?
What time is it now?

물어봐도 될까요? Can I ask you a question?

어디 가는 중입니까?	Where are you going?
무슨 일입니까?	What happened?
당신 정말 예쁩니다.	You are so beautiful.
당신은 정말 매력적이네요.	I think you are charming.
매우 친절하시네요.	You are very kind.
당신이 부럽네요.	I envy you.
콜라 드시겠어요, 제가 살게요.	How about a coke, on me.
한잔 하러 갑시다.	Let's go for a drink.
시간 있나요?	Do you have time?
제가 한턱내겠습니다.	It's on me.
택시를 같이 탑시다.	Let's share a cab.
이곳에는 자주 오나요?	Do you come here often?
한국 음악 좋아 하세요?	Do you like Korean music?
이 책을 빌릴 수 있을까요?	Can I borrow this book?
계속 연락하는 거 잊지 마세요.	Remember to keep in touch.
당신 맘대로 하세요.	It's up to you.
너무 배가 고파요.	I'm starving.
목이 마르군요.	I'm thirsty.
맥주가 마시고 싶군요.	I'd like a beer.
맛있네요.	It's delicious. / It's yummy.
각자 계산 합시다.	Let's go Dutch.
아주 좋은 날씨네요.	What a beautiful day.
날씨가 나쁘네요.	What a terrible day.
비가 올 거 같네요.	Looks like it will rain.
날씨가 개었으면 좋겠는데.	I hope it's going to clear.

건강에 주의하세요.	Take care.
당신 의견에 동의합니다.	I agree with you.
당신 전화 번호 좀 알 수 있을까요?	May I have your phone number?
전화해도 될까요?	May I call you?
다시 한번 말씀해 주실래요?	I beg your pardon?
화장실이 어딥니까?	Where is the restroom(toilet)?
당신 직업이 뭡니까?	What do you do? What's your occupation?